中国人民大学科学研究基金（中央高校基本科研业务费专项资金资助）项目成果（项目号：15XNL014）

敦煌文献咒语对音研究丛书

梵汉对音与汉语研究

刘广和 著

中国社会科学出版社

图书在版编目（CIP）数据

梵汉对音与汉语研究／刘广和著．—北京：中国社会科学出版社，2024.6

（敦煌文献咒语对音研究丛书）

ISBN 978－7－5227－3132－2

Ⅰ.①梵…　Ⅱ.①刘…　Ⅲ.①梵语—字音—对比研究—汉语　Ⅳ.①H711.1②H11

中国国家版本馆 CIP 数据核字(2024)第 041338 号

出 版 人　赵剑英
责任编辑　吴丽平
责任校对　朱妍洁
责任印制　李寡寡

出　　版　中国社会科学出版社
社　　址　北京鼓楼西大街甲 158 号
邮　　编　100720
网　　址　http://www.csspw.cn
发 行 部　010－84083685
门 市 部　010－84029450
经　　销　新华书店及其他书店

印　　刷　北京明恒达印务有限公司
装　　订　廊坊市广阳区广增装订厂
版　　次　2024 年 6 月第 1 版
印　　次　2024 年 6 月第 1 次印刷

开　　本　710×1000　1/16
印　　张　23.75
字　　数　380 千字
定　　价　139.00 元

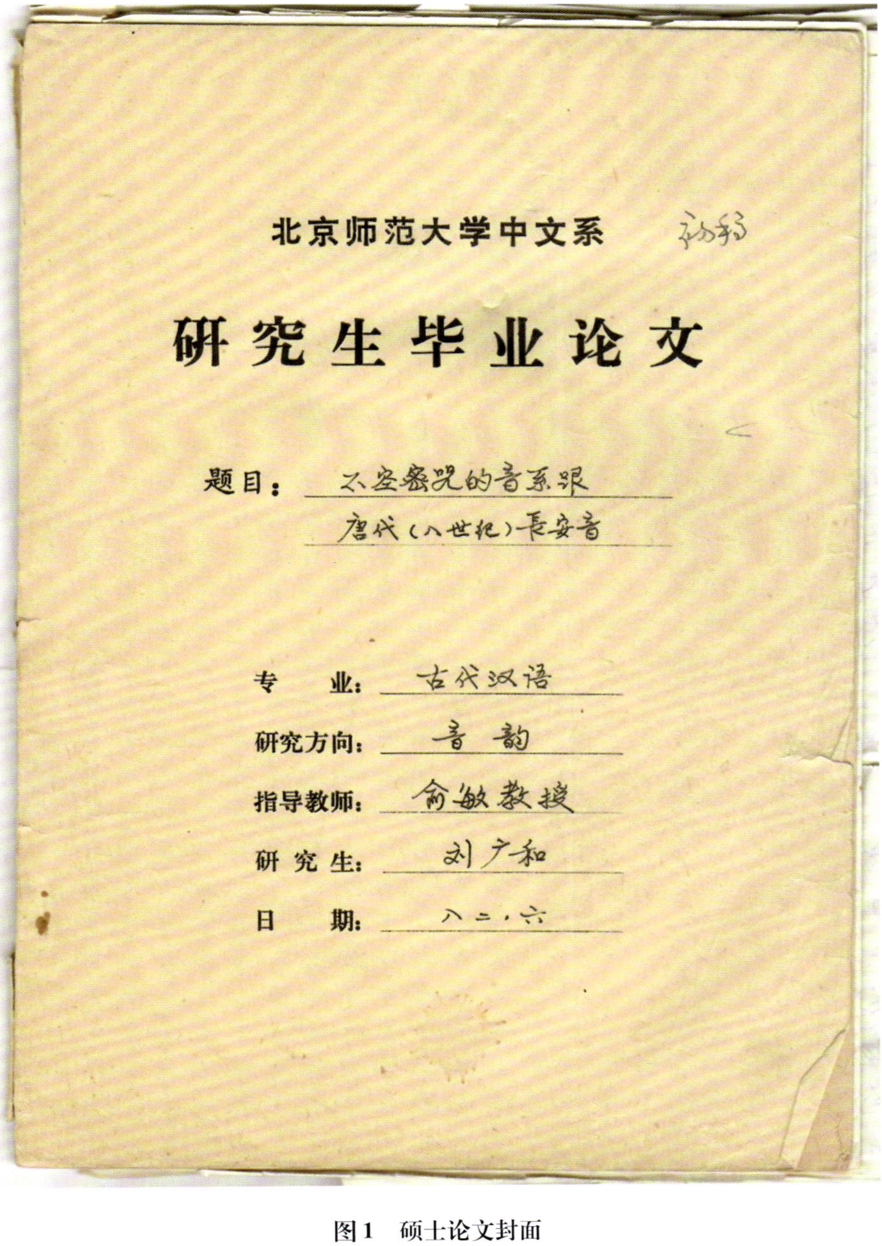
北京师范大学中文系
研究生毕业论文
题目：不空密咒的音系跟
唐代（八世纪）長安音
专　业：古代汉语
研究方向：音韵
指导教师：俞敏教授
研究生：刘广和
日　期：八二.六

图1　硕士论文封面

究如何对准,职业要求他必须注意长安话的发音,加上他受过语音训练,硬说他跟平常有些外国人侨居中国学汉语似的马马虎虎,恐怕不行。

惟其如此,说不空"善唐梵之言"的记载根本可以信从。⑤

所以,研究音译密咒体系不容忽视的材料早就引起了人们的重视。走此二十年代法国学者马伯乐(H.MASPERO)最早认识到,不空学派发现了一种梵汉对音的规则体系,能比较准确地把梵文原始经文保存下来,这种系统相当规则,比上代翻译家的翻译强得多。⑥很遗憾,他没系统研究不空的材料,只挑了一点儿,涉及到三十六个汉字,还不到不空译经用字的5%。

后移 材料本来就少,还丢了五个镜儿:
佩殺儞曳 bhaiṣajya 曳当对 ye 却对 ya
索婆捺罗 subhadra 索当对 sa 却对 subh
讫娜野 hṛdaya 统嚜对 hṛ,讫渓,哩遮
没啰憾銘 brahmā 銘当对 me 却对 mā
蕃誐黎 maṅgala 黎当对 le 却对 la

他材料少,等到概括鼻音对浊音的规律就以偏概全,把牟、亩对mu的事实当成例外排除,接出不合事实的假说。汉字只有鼻韵尾保护下(并鸣)的鼻声母字才对梵文的鼻辅音音节。⑦历来的学者谈论不空都没系统研究过。他的大量汉译密咒材料,

④根据这点儿材料提出的一些论断,有的观点就经不住检验。比如,他说长安音只有鼻韵尾保护下的鼻声母字才对梵文鼻辅音打头儿的音节。这个论断就站不住脚。

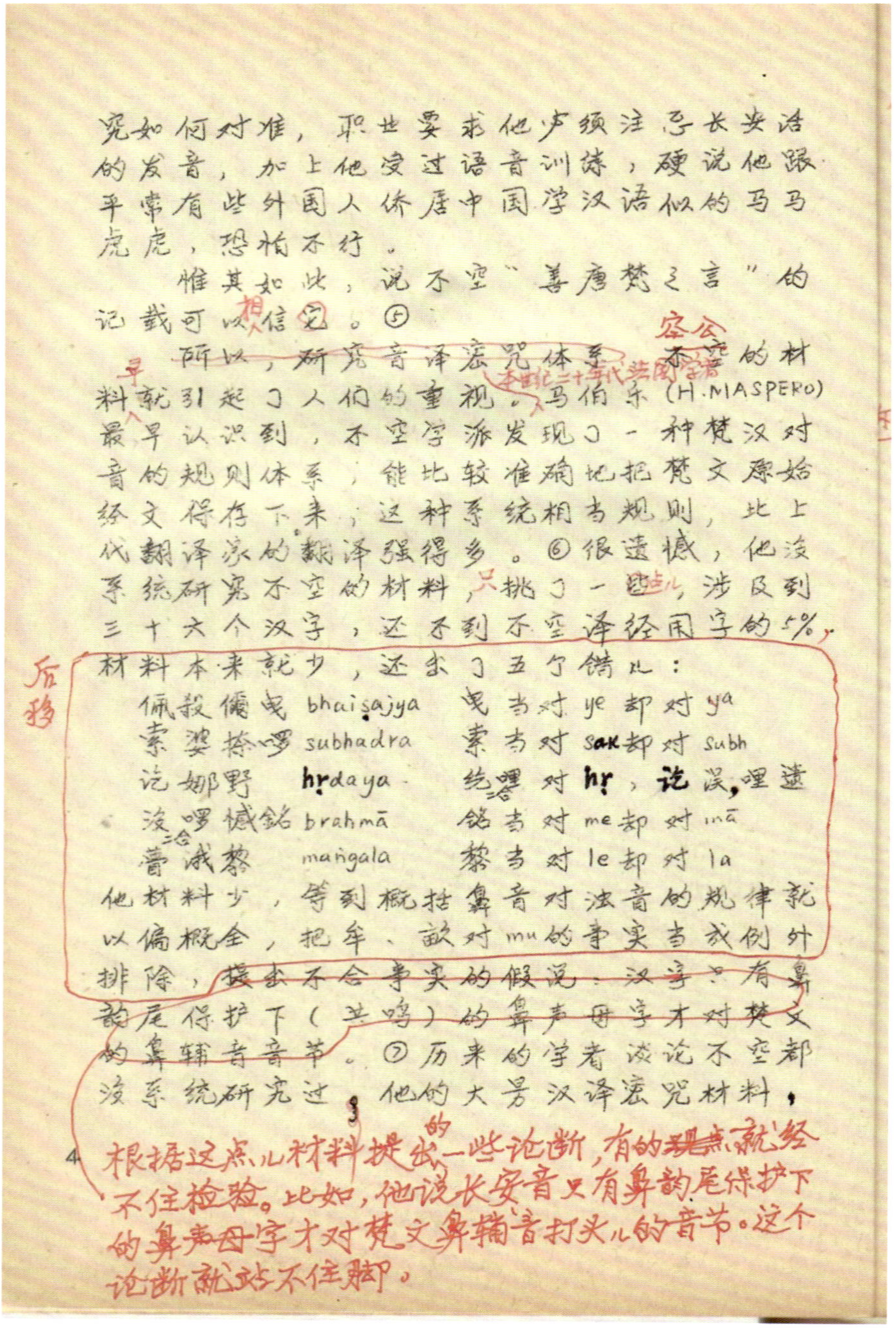

图2 刘广和先生硕士论文油印本的书影,红色文字为刘先生后来的修订

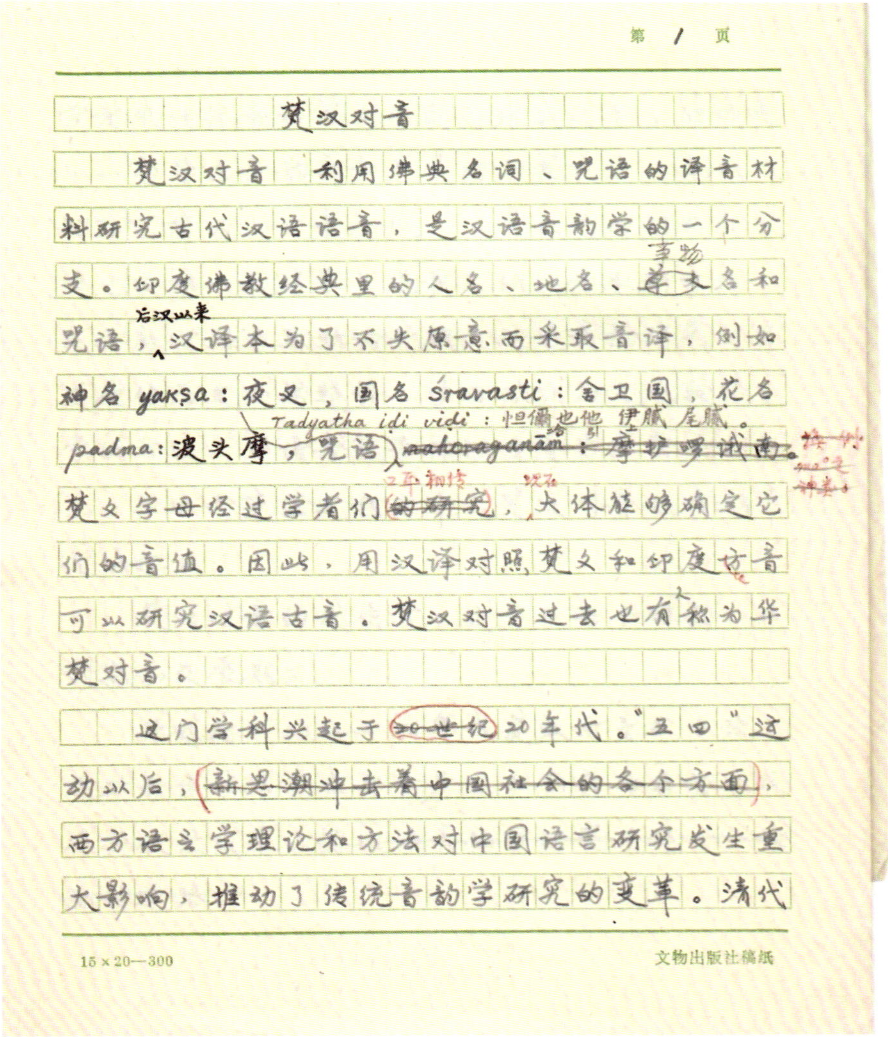
第 1 页

梵汉对音

梵汉对音　利用佛典名词、咒语的译音材料研究古代汉语语音，是汉语音韵学的一个分支。印度佛教经典里的人名、地名、事物名和咒语，后汉以来汉译本为了不失原意而采取音译，例如神名 yakṣa：夜叉，国名 śravasti：舍卫国，花名 padma：波头摩，咒语 Tadyatha idi vidi：怛儞也他 伊膩 尾膩。梵文字经过学者们，大体能够确定它们的音值。因此，用汉译对照梵文和印度方音可以研究汉语古音。梵汉对音过去也有人称为华梵对音。

这门学科兴起于20年代。"五四"运动以后，西方语言学理论和方法对中国语言研究发生重大影响，推动了传统音韵学研究的变革。清代

15×20—300　　文物出版社稿纸

图3 《中国大百科全书》"梵汉对音"条初稿

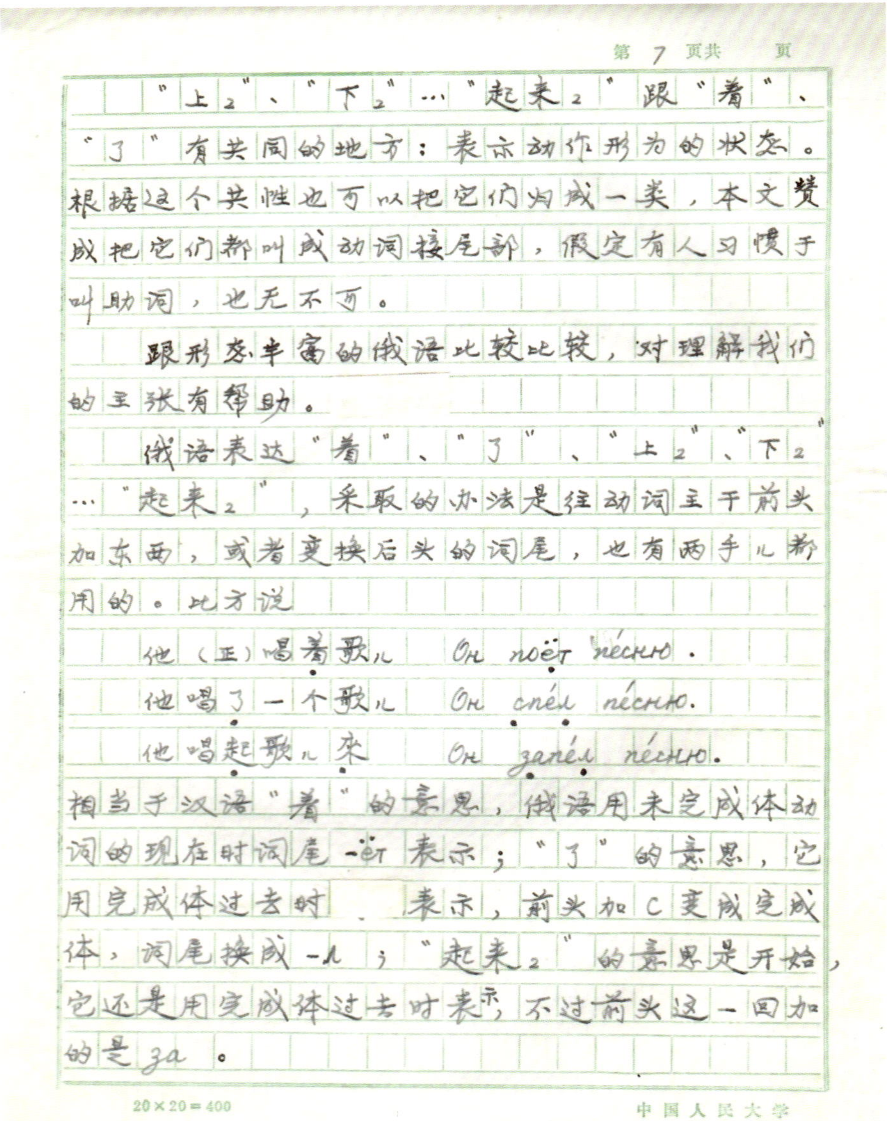

"上2"、"下2"…"起来2"跟"着"、"了"有共同的地方：表示动作形为的状态。根据这个共性也可以把它们归成一类，本文赞成把它们都叫成动词接尾部，假定有人习惯于叫助词，也无不可。

跟形态丰富的俄语比较比较，对理解我们的主张有帮助。

俄语表达"着"、"了"、"上2"、"下2"…"起来2"，采取的办法是往动词主干前头加东西，或者变换后头的词尾，也有两手儿都用的。比方说

他（正）唱着歌儿 Он поёт песню.

他唱了一个歌儿 Он спел песню.

他唱起歌儿来 Он запел песню.

相当于汉语"着"的意思，俄语用未完成体动词的现在时词尾 -ёт 表示；"了"的意思，它用完成体过去时 表示，前头加 с 变成完成体，词尾换成 -л；"起来2"的意思是开始，它还是用完成体过去时表示，不过前头这一回加的是 за。

图 4 《说"$上_2$、$下_2$……$起来_2$"》手稿

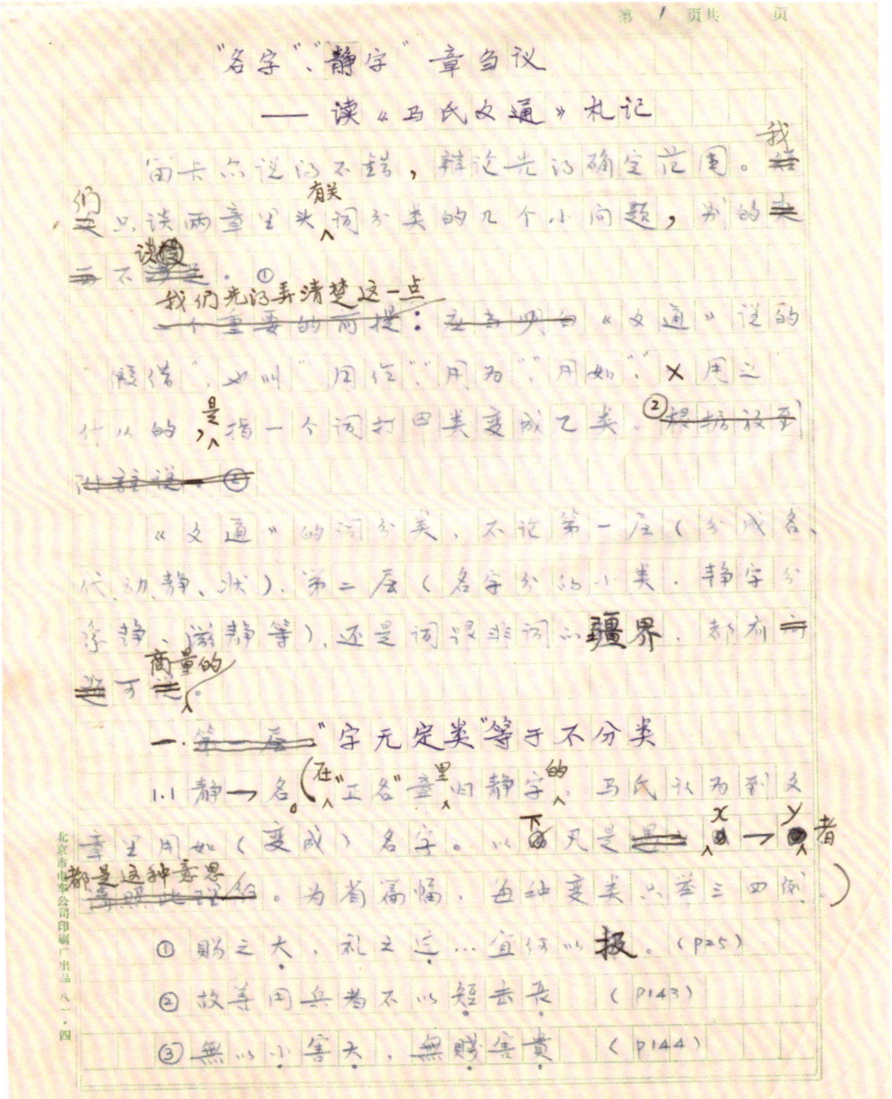

图5 《"名字"、"静字"章刍议》手稿

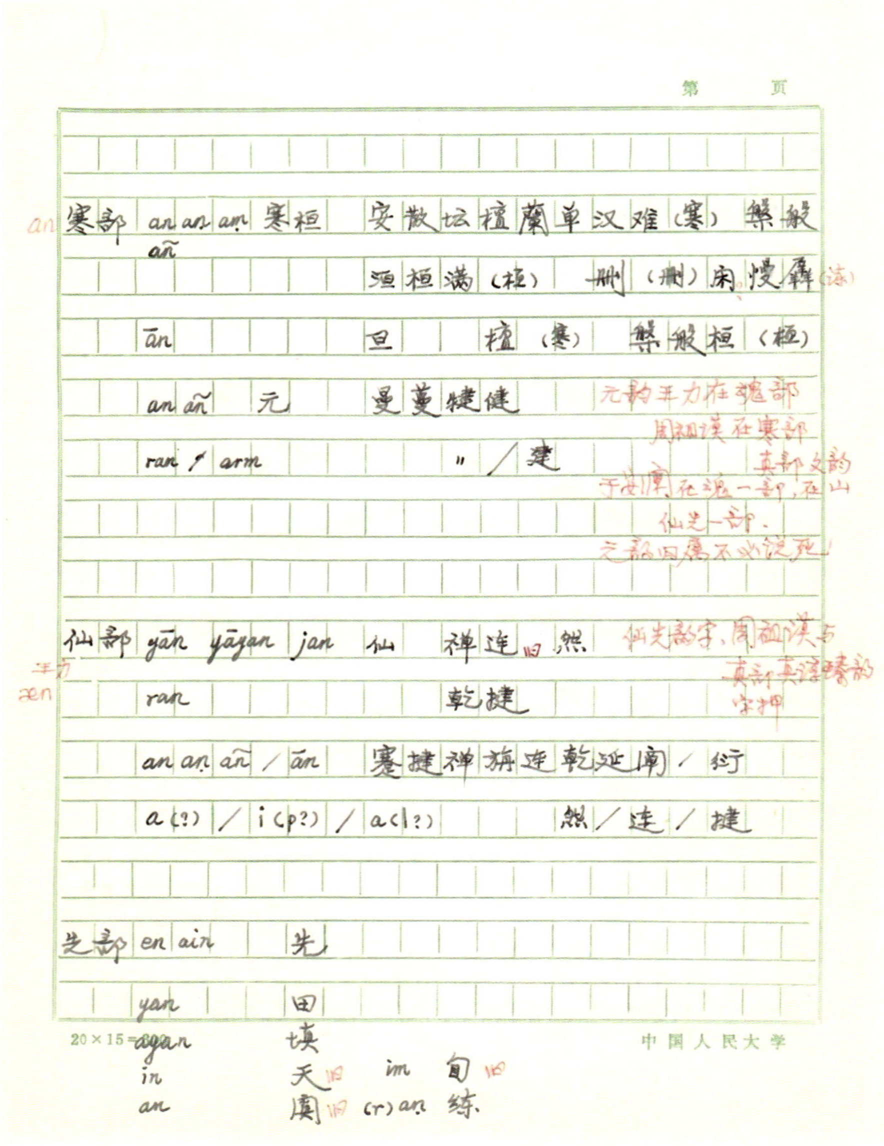

图 6 《东晋梵汉对音字谱》（未刊稿）

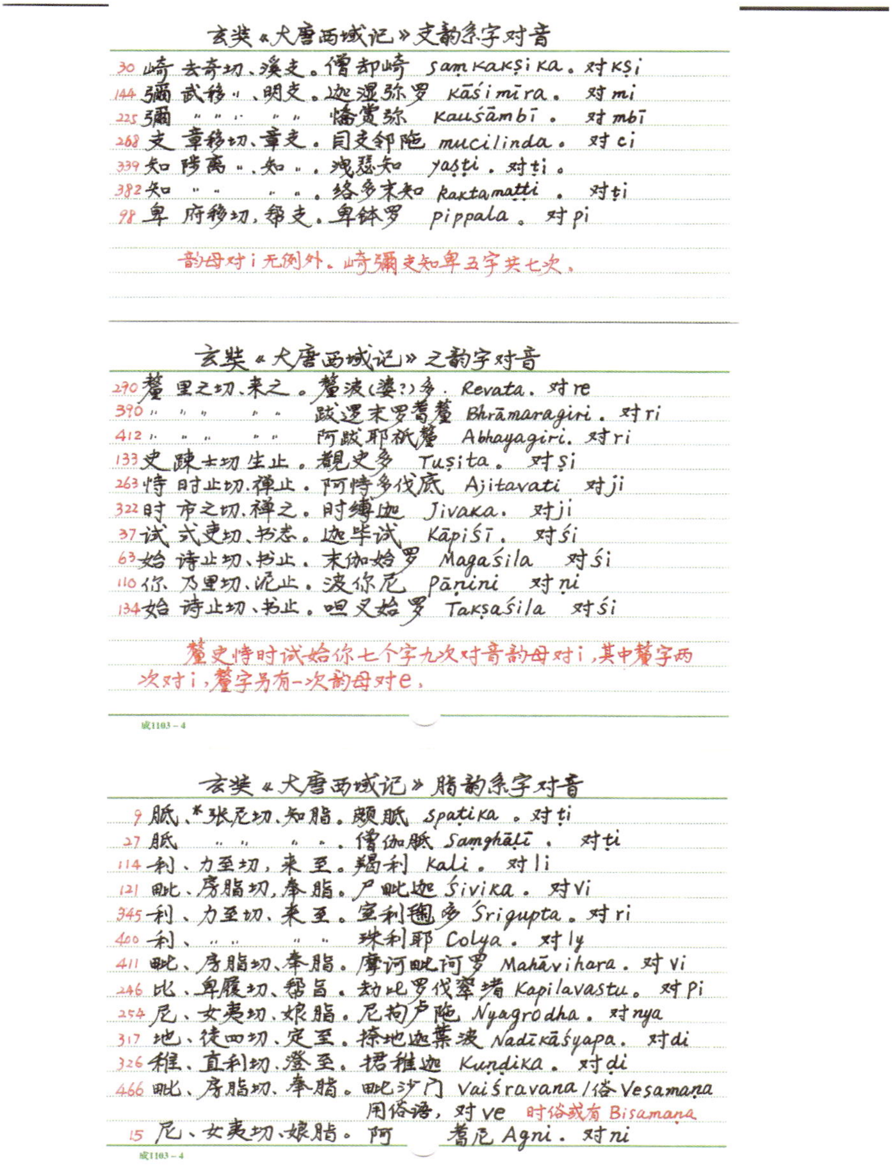

玄奘《大唐西域记》支韵系字对音
30 崎 去奇切、溪支。僧却崎 saṃkakṣika。对kṣi
144 彌 武移〃、明支。迦濕弥罗 kāśmīra。对mi
225 彌 〃〃 〃〃 憍赏弥 kauśāmbī。对mbī
268 支 章移切、章支。目支邻陁 mucilinda。对ci
339 知 陟离〃、知〃。洩瑟知 yaṣṭi。对ṭi。
382 知 〃〃 〃〃。络多末知 kaxtamatti。对ṭi
98 卑 府移切、帮支。卑钵罗 pippala。对pi
韵母对i无例外。崎彌支知卑五字共七次。
玄奘《大唐西域记》之韵字对音
290 釐 里之切、来之。釐波(婆?)多。Revata。对re
390 〃〃〃 〃〃 跋逻末罗耆釐 Bhrāmaragiri。对ri
412 〃〃〃 〃〃 阿跋耶祇釐 Abhayagiri。对ri
133 史 踈士切生止。覩史多 Tuṣita。对ṣi
263 恃 时止切、禅止。阿恃多伐底 Ajitavati 对ji
322 时 市之切、禅之。时缚迦 Jivaka。对ji
37 试 式吏切、书志。迦毕试 Kāpiśī。对śi
63 始 诗止切、书止。末伽始罗 Magaśila 对śi
110 你 乃里切、泥止。波你尼 Pāṇini 对ṇi
134 始 诗止切、书止。呾叉始罗 Takṣaśila 对śi
釐史恃时试始你七个字九次对音韵母对i，其中釐字两次对i，釐字另有一次韵母对e。
成1103－4
玄奘《大唐西域记》脂韵系字对音
9 胝、*张尼切、知脂。颇胝 spaṭika。对ṭi
27 胝 〃〃 〃〃。僧伽胝 Saṃghāṭī。对ṭi
114 利、力至切，来至。羯利 kali。对li
121 毗、房脂切，奉脂。尸毗迦 Śivika。对vi
345 利、力至切、来至。室利毱多 Śrigupta。对ri
400 利、〃〃 〃〃 珠利耶 Colya。对ly
411 毗、房脂切、奉脂。摩诃毗诃罗 Mahāvihara。对vi
246 比、卑履切、帮旨。劫比罗伐窣堵 Kapilavastu。对pi
254 尼、女夷切、娘脂。尼拘卢陁 Nyagrodha。对nya
317 地、徒四切、定至。捺地迦葉波 Nadīkāśyapa。对di
326 稚、直利切、澄至。捃稚迦 Kuṇḍika。对ḍi
466 毗、房脂切、奉脂。毗沙门 Vaiśravaṇa/俗 Vesamaṇa
用俗语，对ve 时俗或有 Bisamaṇa
15 尼、女夷切、娘脂。阿耆尼 Agni。对ni
成1103－4

图7　玄奘对音研究卡片

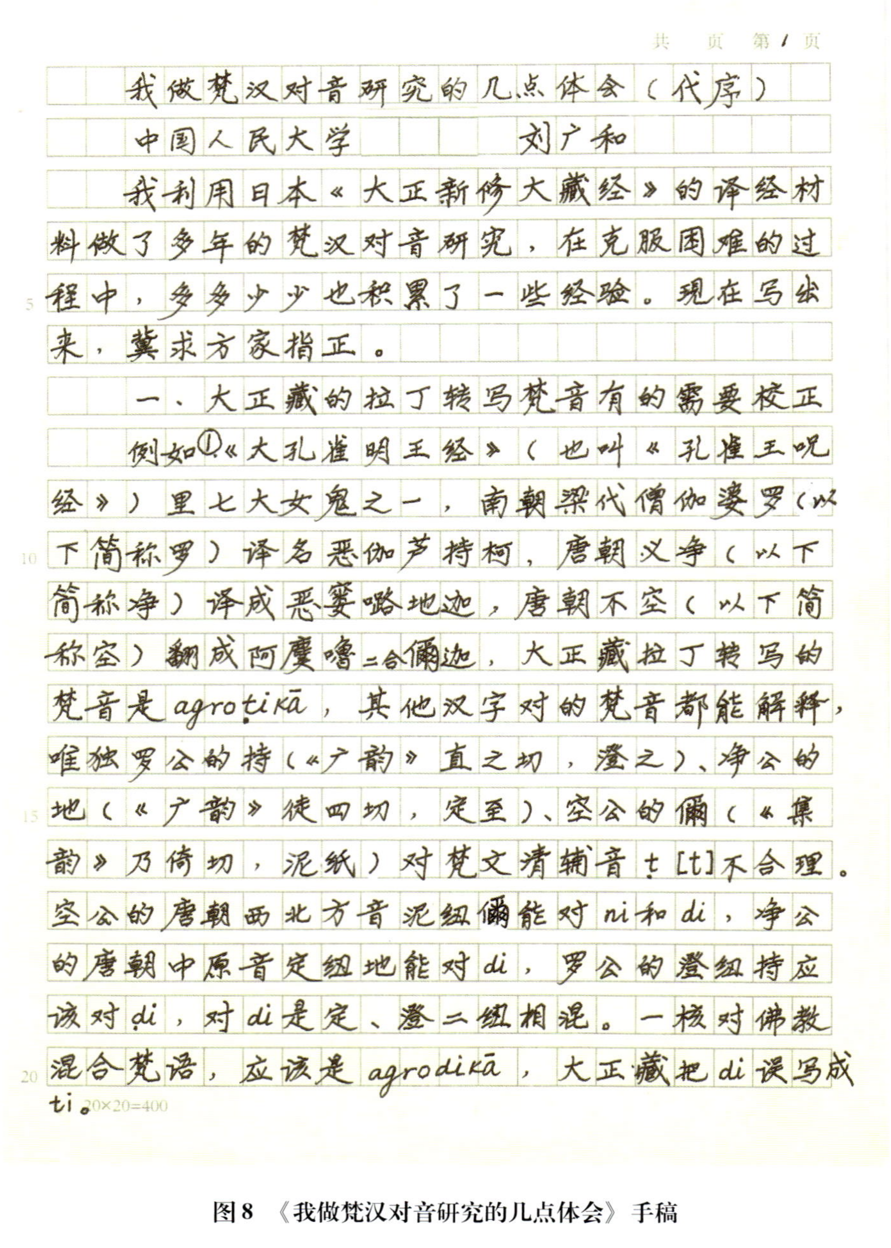
共 页 第1页

我做梵汉对音研究的几点体会（代序）

中国人民大学 刘广和

我利用日本《大正新修大藏经》的译经材料做了多年的梵汉对音研究，在克服困难的过程中，多多少少也积累了一些经验。现在写出来，冀求方家指正。

一、大正藏的拉丁转写梵音有的需要校正

例如①《大孔雀明王经》（也叫《孔雀王咒经》）里七大女鬼之一，南朝梁代僧伽婆罗（以下简称罗）译名恶伽芦持柯，唐朝义净（以下简称净）译成恶窭喀地迦，唐朝不空（以下简称空）翻成阿虞噜二合儞迦，大正藏拉丁转写的梵音是agroṭikā，其他汉字对的梵音都能解释，唯独罗公的持（《广韵》直之切，澄之）、净公的地（《广韵》徒四切，定至）、空公的儞（《集韵》乃倚切，泥纸）对梵文清辅音ṭ[t]不合理。空公的唐朝西北方音泥纽儞能对ni和di，净公的唐朝中原音定纽地能对di，罗公的澄纽持应该对di，对di是定、澄二纽相混。一核对佛教混合梵语，应该是agrodikā，大正藏把di误写成ti。

20×20=400

图8 《我做梵汉对音研究的几点体会》手稿

我做梵汉对音研究的几点体会（代序）

刘广和

我利用日本《大正新修大藏经》的译经材料做了多年的梵汉对音研究。在克服困难的过程中，多多少少也积累了一些经验。现在写出来，冀求方家指正。

一　大正藏的拉丁转写梵音有的需要校正

例如①《大孔雀明王经》（也叫《孔雀王呪经》）里七大女鬼之一，南朝梁代僧伽婆罗（以下简称罗）译名恶伽芦持柯，唐朝义净（以下简称净）译成恶窭嚕地迦，唐朝不空（以下简称空）翻成阿麌噜$_{\text{二合}}$儞迦$_{\text{引}}$，大正藏拉丁转写的梵音是 agroṭikā，其他汉字对的梵音都能解释，唯独罗公的持（《广韵》直之切，澄之）、净公的地（《广韵》徒四切，定至）、空公的儞（《集韵》乃倚切，泥纸）对梵文清辅音ṭ［ȶ］不合理。空公的唐朝西北方音泥纽儞能对 ni 和 di，净公的唐朝中原音定纽地能对 di，罗公的澄纽持应该对ḍi，对ḍi 是定、澄二纽相混。一核对佛教混合梵语，应该是 agrodikā，大正藏把 di 误写成ṭi。

二　译音汉字传抄、传印当中有误、衍、漏

例如①《大孔雀明王经》里喜见药叉神住在 avantī（汉译佛经的对音里多处有梵文 v 念成 b 的例子，此处实际读成 abantī）。罗公翻成阿槃底，槃（《广韵》薄官切，並桓）对 ban 合适；净公译文传下来的有两个版本，高丽藏是阿槃底，是对的，另一个版本是阿难底，是错的，大正藏偏偏认为阿难底对；空公的阿般底也有问题，般（《广韵》布还切，帮删）能对 pan，不能对 ban，像是槃字误抄成了般。

②《大孔雀明王经》里有一个神名叫 aparājita，罗公译音阿难波□實多，净公对音阿钵罗市多，空公对译阿跛罗爾多。一眼就能看出來，罗公的对音多出来个“难”字，这个梵名里边儿，没有 nan 这个音；罗公又丢了个该译 rā 的“罗”字。

③《大孔雀明王经》有一种大毒名叫 āmuramati，罗公译音阿□罗摩底，净公对音阿没罗末底，空公对译闇引母□麽底。传抄过程罗公本漏抄了对 mu 的汉字，空公本漏抄了对 ra 的汉字。

三　佛教梵语某些词音跟经典梵文词音有差别

例如①梵文词 kalpa，意思是极长、无限的时间。早期梵汉对音字是劫，南北朝刘宋的求那跋陀罗的《杂阿含经》对译劫波。劫字（《广韵》居怯切，见业）对音 kal 不合适，中古音对 kap 才对。梵文的 kalpa，巴利文念 kappa，劫字对音应当是巴利文的 kap。

②梵文词 prajña，意思是智慧、知法。常见的对音是般若，若（《广韵》而灼切，日药）是日纽字，对 ña 可以理解；般（《广韵》布还切，帮删）该对 pan，怎么对 praj（ña）了呢？咱们知道梵文的 prajña，到巴利文里念 pañña，般字该是对了 pali 文的 pañ。

③佛名 krakucchanda，过去七佛之一。《大孔雀明王经》里，罗公对音鉤留孙驮，净公对拘/俱留孙驮，空公沿用过拘留孙，新译是羯句忖那。《慧琳音义》廿六说不空羯句忖那反映“正梵音”。羯《广韵》居竭切，见月）对 kra，拘、俱（《广韵》举朱切，见虞）对 ku，忖（《广韵》仓本切，清混）对 chan，那（《广韵》诺何切，泥歌）字不空用西北方音可以对梵音 na，也可以对 da。可是罗、净二公对鉤/拘留孙的孙字怎么解释？孙（《广韵》思浑切，心魂）对不了 chan，可是巴利文管这位佛叫 kakusaṃdha，梵文的 chan 在俗语里有像巴利文那样念 san 的。

四　受梵文语音观念影响，梵汉对音出现音近混淆现象

生活在唐晚期的日释安然写过《悉昙十二例》，文章里讲过“诸梵语中伊（按指梵文 i 音）翳（指梵文 e 音）通用，或伊处用翳。何以知之？且如 virocana，或云 verocana。又如 sumiro，或云 sumero……其例巨多。”“传悉昙者音韵各异……乍见汉字伊翳之转，难定梵字伊（i 音）翳（e

音）之转。”他说唐朝的时候，日本僧人由中国带回去的悉昙梵本已经有 i 和 e 的混乱了。

不光是梵音 i、e、ai 之间汉译有混乱，梵音 u、o、au 之间汉译也有混乱的例子。

请看唐朝高僧给这些根本字的对音：

	i	ī	e	ai	u	ū	o	au
玄应	壹	伊	鷖$_{\text{乌奚反}}$	藹	坞$_{\text{乌古反}}$	乌	汙$_{\text{乌故反}}$	奥
地婆诃罗	伊	伊	翳	爱	乌$_{\text{上声}}$	乌	乌	懊
善无畏	伊	缢	翳	藹	坞	乌	汙	奥
不空	伊$_{\text{上}}$	伊$_{\text{引去}}$	噎	爱	坞$_{\text{上}}$	污$_{\text{引}}$	汙	奥

译音汉字坞（《广韵》安古反，影姥）、乌（《广韵》哀都切，影模）、污（《广韵》哀都切，影模）、汙同污，这几个影纽字韵母相同，可是能对 u、ū，也能对 o，译音混淆。

译名对音有 i、e、ai 混淆。

例如①《大孔雀明王经》八大女鬼之一名叫 aśanī。罗公译作阿舍尼，净公译为頞设腻，空公译成阿$_{\text{上}}$捨顊。十二天母之一 āgneyī，罗公翻为恶祁尼夜（？），净公翻成阿祇腻异，空公翻作阿佐顊$_{\text{二合}}$曳。罗公的尼（《广韵》女夷切，娘脂）、净公的腻（《广韵》女利切，娘至）、空公的顊（《广韵》乃挺切，泥迥）既对 nī，又对 ne，梵音 i、e 汉字译音混同了。②一个龙王名叫 elapatra，罗公对成倚罗贝多罗，净公对为翳罗钵多□，空公对了翳啰葉，葉是 patra 的义译。罗公的倚（《广韵》於绮切，影纸）、净公的翳（《广韵》乌奚切，影齐）、空公的翳对梵文 e。可是另一个龙王 airāvaṇa，罗公对鷖（《广韵》乌奚切，影齐）罗婆那，净公对翳罗畔那，空公对爱啰嚩拏，净公的翳字对 e 又对 ai，e 跟 ai 的译音字混同了。

译名对音也有 u、o、au 的混淆。

例如①一个龙王名 kolaka，罗公对鼓罗柯，净公对孤洛哥，空公对句洛迦。鼓（《广韵》公户切，见姥），孤（《广韵》古胡切，见模）、句

（《广韵》九遇切，见遇）对 ko。有一个夜叉名为 kutaraka，净公对矩怛洛迦，空公对俱怛洛迦。矩（《广韵》俱雨切，见麌）、俱（《广韵》举朱切，见虞）。净公拿模韵系字对 o 元音，虞韵系字对 u 元音；空公用虞韵系句字韵母对译 o 音，又让虞韵系俱字韵母对 u 音，造成 u 和 o 的混淆。②一个夜叉的住地名叫 goyoga，罗公对瞿渝瞿（末音 ga > go），净公、空公都对瞿瑜伽，瞿（《广韵）其俱切，群虞）字韵母三位大德都对梵文 o。可是大圣王 gautama，罗公对瞿昙，净公、空公都对乔答摩。乔（《广韵》巨娇切，群宵）的韵母对 au 合适，罗公拿虞韵字瞿的韵母对 o 又对 au，造成 o、au 的混淆。

为什么会产生这样的混淆？南朝到唐朝汉语语音没有发生止摄、蟹摄之间的混乱，也没有发生遇摄、效摄之间的混乱。最大的可能是跟梵语的语音观念有一定的关系。请看一个元音表：

简单元音		i、ī	u、ū
二合元音（guṇa）	a	e	o
三合元音（vṛddhi）	ā	ai	au

梵语学者认为，梵语 i 或者 ī 上头加上一个 a 成为 e，这是 Guṇa。e 上头再加上一个 a 成为 ai，这是 Vṛddhi。梵语 u 或者 ū 上头加上一个 a 成为 o，这是 Guṇa。o 上头再加上一个 a 成为 au，这是 Vṛddhi。i、e、ai 之间有转换关系，u、o、au 之间有转换关系。

梵语构词的时候有元音转换现象。比方说，mitra（阳性）朋友，（中性）友谊；maitra（形容词）友情的。gotama（阳性）圣仙名；gautama（阳性）与 gotama 有关的。

在这种观念影响下，不管是 gotama 还是 gautama，梵汉对音一律翻成汉字瞿昙或者乔答摩，混淆 o、au。

五　同一部经可能有不同的梵本

僧伽婆罗、义净、不空翻译了同一部经，比较一下他们的译音可以发现，他们对音根据的梵词绝大部分一致，不一致的很少。不同之处不像有错字，可能是他们各自依据的梵本有某些差别。

例如①阿难的东西南北四方十六个夜叉将的译名，其中五位名称对音不完全一致。东方第3位，大正藏拉丁转写为 pūrṇaka，空公对布啰二合拏迦，罗公对分那柯，大体相合；可是净公对晡啡拏，该对梵音 pūrṇa。虽说 pūrṇa 跟 pūrṇaka 都有“圆满”这个义项，毕竟它们是两个语音有别的梵词。南方第1位梵音转写为 siṃha（狮子），空公对僧贺，净公对僧诃，唐朝的诃、贺对 ha 符合规律；罗公的译音字僧伽该对 saṃgha，是另一个梵词，假定伽字是错字，就另当别论了。南方第4位名叫 nanda，空公对难那，唐朝西北方音泥纽音是 nd，那字能对梵音 na，也能对 da。罗公的汉译是旃陀那，净公的汉译是旃惮那，旃（《广韵》诸延切，章仙）该对 can，陀（《广韵》徒河切，定歌）该对 da，惮（《广韵》徒案切，定翰）该对 dan，可以推定后二位对译了梵词 candana（白檀），大正藏的罗公的译文正是写成旃陀那梁言栴檀。罗、净二公传本跟空公的不一样。西方第4位名叫 piṅgala（黄褐色的），罗公对冰伽罗，译音准确，净公的水伽罗，一眼就能看出来水是冰字的误写，空公的劫（《广韵》居怯切，见业）比（《广韵》卑履切，帮旨）罗该是 kapila 的译音，梵文 kapila 有黄褐色的意思，可终归跟 piṅgala 不是同一个词。北方第4位叫 viṣnu 的神，净、空二公对音一致，净公对吠（《广韵》符废切、奉废）率（《广韵》所率切，山质）怒（《广韵》乃故切，泥暮），空公对尾（《广韵》无非切，微尾）瑟（《广韵》所栉切，山栉）弩（《广韵》奴古切，泥姥）；罗公译成别（《广韵》方别切，帮薛；皮列切，並薛）伽那，眼下找不着可以相应的梵词音。

六　梵汉对音有不能避免的音近代替

梵语跟汉语各有各的音韵系统，拿汉语语音描写梵语语音，有时候不得不用相近的音去对音。

典型的例字是梵文的腭音一组，也就是用拉丁文转写的C组，通常写成 c、ch、j、jh、ñ，是腭塞音、腭鼻音什么的。有的梵文学者认为念成［tʃ］、［tʃʻ］、［dʒ］、［dʒʻ］什么的，可以得到近似的梵音。印度的这种音，跟汉语音的对应，唐朝智广的《悉昙字记》给 c 组梵音做过注解：

者	ca	止下反，音近左可反
车	cha	昌下反，音近仓可反
社	ja	杓下反，音近作可反

止（《广韵》诸市切，章止）、左（《广韵》臧可切，精哿），辅音 c 读音跟唐朝音相比，在章 tɕ、精 ts 之间。昌（《广韵》尺良切，昌阳）、仓（《广韵》七冈切，清唐），辅音 ch 在昌 tɕ‘、清 ts‘ 之间。杓（《广韵》市若切，禅药）、作（《广韵》在各切，从铎），辅音 j 读音在禅 dʑ、从 dz 之间。给梵文 C 组的读音描写，日本高僧跟欧洲学者的说法相似。

李荣先生的《切韵音系》声母表的拟音是：

精 ts	清 ts‘	从 dz	心 s	邪 z
章 tś	昌 tś‘	船 dź	书 ś	常（禅）ź

日释安然、欧洲梵文学者描写的梵文 C 组读音像［tʃ］、［tʃ‘］、［dʒ］什么的，介于［ts］组和［tś］组之间，有一定道理。顺便说一句，陆志韦、邵荣芬先生主张船、禅二纽位置倒个儿，常（禅）纽是浊塞擦音，船纽是浊擦音，他们有证据。

唐朝译经的汉语音系当中没有 C［tʃ］组音，做梵汉译音的时候，自然会出现音近代替，一派拿章［tɕ］组对梵文 C 组音，一派拿精组字对梵文 C 组音，都是音近代替。

七　梵汉对音有旧译、新译之分

汉译佛典里头有后汉三国翻译的，有魏晋南北朝译的，有唐宋译的，还有元明清译的，咱们把相对在前的叫旧译，相对在后的叫新译。

语音发生历史音变是普遍存在的事情。咱们对比同一个音类的不同时期的梵汉对音，能帮助认识不同时期、不同地区汉语语音的面貌。

例如①早期汉译的《阿含经》，梵文 āgama，对音阿含，含（《广韵》胡男切，匣覃）对 gam。印度的名河之一 gaṅgā，对音恒河，恒（《广韵》

胡登切，匣登）对 gaṅ。到了唐朝，玄奘希呬呼虎汉诃兴等晓母字，跟匣母曷纥护怙睺等匣母字一块儿对梵文 h 音，不对 g 了；不空的匣母字曷纥鹤户护斛鹄贺憾啥恨兮奚傒系係撼縠等，跟晓母字呬醯虎汉诃喝汉罕喝吽等一样对梵文 h 音。汉语的匣纽一部分字音由后汉三国的 g，到唐朝变成了 h。

②也有反映汉语韵类音值变化的例子。比方说，一种恶魔名叫 asura。唐朝以前一般译成阿修罗，唐朝改成阿苏罗或者阿素洛；印度一条大河叫 sindhu，唐以前译成辛头，唐朝改译信度；佛的儿子、十八罗汉之一的 rāhula，唐以前一般译成罗睺罗，唐朝翻成罗怙罗；四大部洲的北 kuru 洲，唐以前翻为鸠娄，唐译改成拘卢；有位菩萨名叫 vasubandhu，唐以前汉译婆薮槃豆，唐译伐苏畔度。请注意给梵词当中 u 元音的对音。唐以前用修（《广韵》息流切，心尤）对 su，头（《广韵》度侯切，定侯）对 dhu，睺（《户韵》户钩切，匣侯）对 hu，鸠（《广韵》居求切，见尤）对 ku，娄（《广韵》落侯切，来侯）对 ru，薮（《广韵》苏后切，心厚）对 su，豆（《广韵》徒候切、定候）对 dhu，都是拿流摄尤侯韵系字对 u 音。唐朝对 u 音局面大变，改用苏（《广韵》素姑切，心模）素（《广韵》桑故切，心暮）对 su，度（《广韵》徒故切，定暮）对 dhu，怙（《广韵》侯古切，匣姥）对 hu，拘（《广韵》举朱切，见虞）对 ku，卢（《广韵》落胡切，来模）对 ru，杜（《广韵》徒古切，定姥）对 dhu，拿遇摄的模虞韵系字对 u 音。这个现象提示，模虞韵系主元音唐朝是 u 音，唐以前不是 u 音。

序

刘广和先生又有著作将要出版，嘱我写一篇序。我虽然愧不敢当，却有两个缘由不想推托：第一个原因是我从多年以前就开始读刘先生的论著，长期以来受益良多，论“心得”“感悟”是有一些的，也就有话要说。当然不是套话、空话。第二个原因是我和刘先生相交多年，他年长于我，按道理是师长辈分，或者亦师亦友，而性格谦和的刘先生一直以平辈朋友关系相来往，谊深情久，他的新作出版，我有一份由衷的祝贺，正好借这序文来表达一下。

刘先生此书的主要部分是梵汉对音的研究，成就蔚为大观。梵汉对音的研究是现代音韵学的几根主要支柱之一。现代的汉语音韵学是“旧学”和“新学”相结合的产物。“旧学”是清代以前的传统音韵学，它的主要支柱有反切、韵书、等韵图、诗文押韵、谐声字等；“新学”是二十世纪产生和引进的新方法和相配的研究材料，它的主要支柱有方言（含域外汉字音）和亲属语言的比较、梵汉对音、语音学和其他西方语言学理论。两宗学问的结合造就了汉语音韵学的“现代化”。梵汉对音的研究发端于二十世纪早期，这个领域的研究可以分成两个阶段：前一阶段在二十年代到四十年代，是“奠基立业”的时期，那个时期的研究主要还在“点”上，从钢和泰的首倡文章发表以后，汪荣宝、罗常培、陆志韦等人的论文都是针对声母中或者韵母中的某一个问题进行考证；后一阶段在八十年代以后，是“开疆拓土”时期，研究范围扩大到“面”上，学者们展开了对语音系统的整体性研究，而且运用的材料大大扩展，开创了新局面。后一阶段的主力学者是俞敏先生和他的高足刘广和、施向东等先生。如俞敏先生的后汉三国音系的研究、刘广和先生的两晋、南朝、唐代长安音系、元代音系的研究，施向东先生的北朝音系、唐代洛阳音系的研究。他们的研究方式是断代并且分地域的，分别对东汉以后每一时期里的梵汉对音材料进行系统性穷尽式的发掘研究，整理出多个汉语语音系统，成果卓著，贡献重大。汉语音韵学至此新增一根重要支柱，刘先生是这根支柱的铸造者之一 。

梵汉对音的研究在汉语音韵学里边是“皇冠上的明珠”，研究难度大。音韵学过去就被看作是比较艰深的学问，曾被归于“绝学”之列；而在这学科里边最艰深的部分，梵汉对音无疑是其中之一。从事这项研究，在学养、识见、工力等方面要求之高无须待言。“学养”不用赘语。论“识见”，我觉得需要开阔通达的视野、敏锐的观察分析眼光、精准的判断把控能力。论“工力”，这种研究不仅需要着力克服诸多难点，“扛鼎之力”和“绣花功夫”相济并用，并且还要积年累月久久为功。试从本书中摘举例证：在研究元代梵汉对音的时候，面对的一个问题是元代译经没有附着梵本或者梵文拉丁转写音，于是去找唐宋异名同经的译作，根据前朝译作所附梵本或者拉丁转写做对音研究。此为识见通达之一斑。再看“研究梵汉对音材料须知”一节，总结整理了梵汉对音材料里种种复杂情况，探源穷本，条分缕析，端绪分明。此为工力深厚之一斑。当然，工力必须以学养、识见为依托，上乘的产品是三者的凝聚。

梵汉对音在汉语语音史研究中的重要功效至今已经充分彰显。从学术史的意义上说，它是二十世纪汉语音韵学发展的一种强大推动力。本书就是这股力量中的一部分。试举几种例证。

（一）填补空白。语音史上有些时间段落里的某一部分，由于缺乏足够的文献依据，在传统方法的研究中十分薄弱。而梵汉对音就提供了大量材料，把这些空白点给补上了。例如关于两晋和南朝时期的汉语声母，文献材料中线索少，难以展开系统的研究，这时梵汉对音显得弥足珍贵，刘先生就通过这类材料整理出西晋、东晋、宋齐、梁的汉语声母系统，解决了重大问题。再例如唐代的四声调值，以前虽然有依据“悉昙藏”而作的一些推测，终究过于模糊。刘先生根据梵文的轻重音规则，分析对音中用字的选择规律和加注方式，研究出唐代长安的调值特点，使得这一时一地的声调具体化了。

（二）补证成说。以前的研究结论，在梵汉对音中得到更充分的证明。这一类面广量多，不用具体举证。

（三）裁决歧异，匡正前贤。语音史上某些问题，以往的研究者存在着不同的看法，梵汉对音的研究能够支持其中更为恰当的一种说法；以前研究中一些不正确的看法可以从梵汉对音研究中得到纠正。例如舌上音从舌头音分化出来的时间，众说不一，有认为晚至隋唐的。刘先生研究了梵汉对音，证明早在晋代就已经分化。不仅早于隋唐，比南北朝还早。更可以直接看作匡正前贤的例子，是对马伯乐一个说法的订正。马伯乐提出过一个不空的对音规律："用有鼻音韵尾的鼻声母字对梵文鼻辅音开头的音节"，"用没有鼻音韵尾的鼻声母字对梵文浊塞音开头儿的音节"。刘先生通过全面细致的统计分析，指出了他这个说法不符合事实，"译经师并不计较鼻声母字有没有鼻韵尾"，"马伯乐先生的假设不合适"。

举例远不及冰山一角，更多的精粹之处可详读全书。

刘先生的文风甚可称道，特点是深入浅出，语言质朴自然，简洁平易。学术著作有不同的写作风格，其间也有高下之分。比如有的作者似乎看重文采，要加进些文学气息，其实文采不是学术著作所必需，读者也未必在意。有的失于芜杂，不分主次轻重随意铺展，枝节漫衍。也有用"浅入深出"写法的，造一些概念含混的词语，编一些不明所以的句子，有故作高深炫惑后学之嫌。刘先生的著作是主流学者的正宗写法，用最容易明白的话语讲清楚高深的学问，处处为读者着想。文风相伴的是学风，此书贯彻着"实事求是"的根本大法，从足够可靠的材料中提炼出严谨的结论。在一些不太肯定的地方，采取"阙疑待考"的态度。这就是汉语史学科内向来延续的"信以传信、疑以传疑"的传统。

以上所述，有的是以往形成的认识，有的是近日读稿的体悟，今去繁取简录于纸面，僭充序文。

耿振生

2023 年 3 月

在本书即将付印之际，刘先生不幸遽归道山，痛惜何限！兹录我所献挽联于此，以志悼念。

穷梵汉精微，为中华韵学添至宝；
痛春秋遽尔，令海内同俦悼斯人！

2023 年 10 月 5 日

目　　录

第一章　梵汉对音概论 ……………………………………………… (1)
第一节　梵汉对音 ………………………………………………………… (1)
第二节　研究梵汉对音材料须知 ………………………………………… (4)
一　i、e、ai 混淆，u、o、au 混淆 ……………………………………… (4)
二　梵语清音浊化 ………………………………………………………… (7)
三　非经典梵文音 ………………………………………………………… (8)
四　同一部经可能有不同的梵本 ………………………………………… (9)
五　新译旧译不同 ………………………………………………………… (10)
六　梵汉音近代替 ………………………………………………………… (12)
七　译音汉字误写 ………………………………………………………… (13)
第三节　梵汉对音学科述略 ……………………………………………… (15)
一　梵汉对音学科是在什么历史背景下产生的 ………………………… (15)
二　梵汉对音学科的产生与发展 ………………………………………… (20)

第二章　西晋译经对音与西晋音系 …………………………………… (34)
第一节　声母研究 ………………………………………………………… (34)
一　引言 …………………………………………………………………… (34)
二　对音的情况和说明 …………………………………………………… (35)
三　声母的讨论和声母表 ………………………………………………… (40)
第二节　韵母研究 ………………………………………………………… (43)
一　引言 …………………………………………………………………… (43)
二　对音的情况和讨论 …………………………………………………… (44)
三　韵母的讨论和韵部表 ………………………………………………… (50)

四 尾声 …………………………………………………………………………（54）

第三章 东晋译经对音与东晋音系 ……………………………………………（56）
第一节 声母研究 ……………………………………………………………（56）
一 东晋语音系的性质和对音材料的说明 …………………………………（56）
二 对音的情况和说明 ………………………………………………………（58）
三 声母表和尾声 ……………………………………………………………（63）
第二节 韵母研究 ……………………………………………………………（65）
一 引言 …………………………………………………………………………（65）
二 对音情况和韵母的讨论 …………………………………………………（66）
三 韵母音值表和说明 ………………………………………………………（75）
四 余论 …………………………………………………………………………（78）

第四章 南朝宋齐译经与宋齐音系 ……………………………………………（80）
一 引言 …………………………………………………………………………（80）
二 声母系统 ……………………………………………………………………（82）
三 韵部系统 ……………………………………………………………………（88）

第五章 僧伽婆罗译咒与南朝梁语音系 ………………………………………（97）
第一节 声母研究 ……………………………………………………………（97）
一 引言 …………………………………………………………………………（97）
二 对音情况和说明 …………………………………………………………（98）
三 声母讨论和声母表 ………………………………………………………（102）
四 结语 …………………………………………………………………………（109）
第二节 韵母研究 ……………………………………………………………（110）
一 引言 …………………………………………………………………………（110）
二 对音的情况和说明 ………………………………………………………（111）
三 韵系的讨论和韵部表 ……………………………………………………（115）
四 尾声 …………………………………………………………………………（120）

第六章　梵汉对音与唐代语音研究 ………………………… (122)
第一节　《佛顶尊胜陀罗尼经》与初唐北方方音 ……………… (122)
一　对音材料说明 …………………………………………… (122)
二　对音情况分析 …………………………………………… (127)
三　结语 ……………………………………………………… (139)
第二节　不空译咒梵汉对音研究 ………………………………… (141)
一　绪论 ……………………………………………………… (141)
二　声母的梵汉对音研究 …………………………………… (145)
三　韵母的梵汉对音研究 …………………………………… (181)
四　声调的梵汉对音研究 …………………………………… (201)
附录一　不空梵汉对音字谱（声母部分） ……………………… (208)
附录二　不空梵汉对音字谱（韵母部分） ……………………… (233)
第三节　唐代长安音重纽 ………………………………………… (260)
一　从梵汉对音看重纽音值 ………………………………… (260)
二　重纽的相关问题 ………………………………………… (265)
第四节　唐代北部方音分歧 ……………………………………… (270)
一　引言 ……………………………………………………… (270)
二　声母 ……………………………………………………… (271)
三　韵母 ……………………………………………………… (276)
四　声调 ……………………………………………………… (280)
五　尾声 ……………………………………………………… (283)

第七章　指空、沙啰巴对音与元代音系 ……………………… (285)
第一节　引言 ……………………………………………………… (285)
第二节　声韵讨论 ………………………………………………… (287)
一　全浊声母 ………………………………………………… (287)
二　照穿审 …………………………………………………… (289)
三　疑母 ……………………………………………………… (292)
四　日母 ……………………………………………………… (293)
五　微母 ……………………………………………………… (293)
六　晓匣影喻 ………………………………………………… (295)

七　入声韵 …………………………………………………………… (295)
八　歌戈韵 …………………………………………………………… (297)
第三节　尾声 ………………………………………………………… (298)

第八章　梵汉对音的专题研究 ……………………………………… (300)
第一节　介音问题的梵汉对音研究 ………………………………… (300)
一　引言 ……………………………………………………………… (300)
二　后汉三国对音 …………………………………………………… (301)
三　两晋对音 ………………………………………………………… (303)
四　唐朝对音 ………………………………………………………… (305)
五　宋朝对音 ………………………………………………………… (307)
六　重纽跟介音的关系 ……………………………………………… (308)
七　尾声 ……………………………………………………………… (312)
第二节　《圆明字轮四十二字诸经译文异同表》梵汉对音考订 …………………………………………………… (313)
一　引言 ……………………………………………………………… (313)
二　字表的校勘 ……………………………………………………… (313)
三　异文成因探讨 …………………………………………………… (315)

第九章　汉语的其他研究 …………………………………………… (318)
第一节　“名字”“静字”章刍议 ………………………………… (318)
一　分类存在的问题 ………………………………………………… (318)
二　背后原因的探讨 ………………………………………………… (322)
第二节　熟语的语形问题 …………………………………………… (326)
一　引言 ……………………………………………………………… (326)
二　语形单位和变体 ………………………………………………… (327)
三　语形的两类变异 ………………………………………………… (329)
四　异形语的来源 …………………………………………………… (331)
五　词典条目和异形语的安排问题 ………………………………… (332)
第三节　说“上$_2$、下$_2$……起来$_2$” ……………………………… (334)
一　语言现象的描写与分析 ………………………………………… (334)

第一章

梵汉对音概论

第一节 梵汉对音[①]

梵汉对音（Sanskrit-Chinese transliteration），即用汉字对译梵文音，多见于佛典中的专名、咒语等。佛教自东汉传入中国后，在翻译梵文佛经的工作中，对专名和咒语往往采取音译。例如，一种神灵名 yakṣa 译作夜叉，国名śrāvastī 译作舍卫国，花名 padma 译作波头摩；咒语 Tad yathā iḍi viḍi 译作怛你也$_{二合}$他$_{引}$伊$_{上}$腻尾腻，等等。利用梵汉对音材料，通过梵文的读音来了解汉字的读音，是汉语音韵研究方法的一种。

最先倡导用梵汉对音研究汉语音的是俄国汉学家钢和泰（1877—1937）。1923 年，北京大学《国学季刊》第一卷刊载了他的《音译梵书和中国古音》的译文。该文利用宋代法天的对音材料同瑞典汉学家高本汉拟测的中古音相比照，来说明利用梵汉对音研究汉语音韵的重要性，在方法论方面作了有益的探索。

汪荣宝实践了钢和泰提出的新方法，他的《歌戈鱼虞模古读考》（《国学季刊》1 卷 2 号，1923）论文，考证出唐宋以上歌戈韵的字都读 a 音，不读 o 音；魏晋以上鱼虞模韵的字也都读 a 音，不读 u、ü 音。他的新方法和新成果打破了传统音韵学研究的成见，因此引起古音学上一场空前的大辩论。围绕着如何认识和评价译音材料和音韵研究方法等问题，以林语堂、唐钺、汪荣宝为代表的新派同以章炳麟、徐震为代表的旧派

---

① 本节发表于《中国大百科全书·语言文字》，中国大百科全书出版社 1988 年版，第 74—75 页。

展开了激烈的论争。在辩论过程中，一方面暴露了新派引用材料方面的某些缺点，另一方面也显示了新方法的优越性。

法国汉学家马伯乐（1883—1945）1920 年发表的《唐代长安方音》利用了天竺高僧不空的汉译梵咒（30 多个汉字）的材料，虽然这些材料只占不空全部译音用字的 5%，但是从中发现了唐代长安音鼻声纽字对梵文鼻音，又对浊塞音这一特点，从而最先提出汉语鼻声纽包含鼻音和浊塞音两个成素的见解（例如，“娜”应当读 nda）。后来罗常培在汉藏对音材料里也发现唐五代西北方音有类似的情形。

梵汉对音的研究，促使汉语音韵研究由清代学者的古韵分部转向古音音值的拟测，并考定了个别声母、韵母的音值。但最初阶段也不免有粗疏、简单化的弊病，例如，用宋音证隋音和用魏晋隋唐音证先秦音而时代不分，用历史音变解释不同来源的材料而忽视这些材料的地域差异，所以得出的某些结论与古文献的事实不符。

罗常培《知彻澄娘音值考》论文，考证出 6 世纪末至 11 世纪初知彻澄三个声纽读［ʈ］［ʈʻ］［ɖ］（或［ɖʻ］），娘纽读［ɳ］，订正了高本汉在《中国音韵学研究》里所作的［ȶ］［ȶʻ］［ȡʻ］［ȵ］的拟测。选取对音材料时也注意到了它的时间性、地域性以及梵文文本之间的差别，同时又参证了汉藏对音、现代方言和韵图等材料，所以结论比较可靠。

陆志韦和李荣用梵汉对音证明《切韵》的浊音声母不送气，读作［b］［d］［g］，订正了高本汉所拟测的送气音［bʻ］［dʻ］［gʻ］。陆志韦的《古音说略》指出，梵文的不送气浊音可以直接译成《切韵》的浊音，梵文的送气浊音好像无从对译，肯定古汉语的浊音全作不送气的，不至于有大错。李荣的《切韵音系》把隋以前各家对译梵文字母的情形归纳成如下几种：

ḍa 茶	ḍha 重音茶	送气浊音另加说明
da 陀	dha 陀呵	送气浊音对二字
ga 伽	gha 咺	送气浊音对带口旁字
da 轻陀	dha 轻檀	送气浊音对鼻韵尾字

他们还分别参证了《广韵》又读、壮语的汉语借字和广西傜歌等材料。

以上诸家考证的问题大多集中于声纽，取材也以《圆明字轮》和《四十二根本字表》等字母译音表为主。

俞敏《后汉三国梵汉对音谱》论文，取材范围扩大了，研究方法进一步改善，由零星的某些声纽、韵部的考证转向对一个时期、一个地区的整个语音系统的研究。他考证的后汉三国时期的声纽系统（部分声纽缺而不论）是：

k	见	kh	溪	g	群、匣$_1$	ṅ	疑
t	端	th	透	d	定	n	泥
p	帮	ph	滂	b	並	m	明
(ts)	精	tsh	清	(dz)	从		
tṣ	庄	tṣh	初	(dẓ)	床		
y	喻$_{四}$			l	来	v	匣$_2$
ś	审	ṣ	山	s	心	h	晓

韵部（部分韵部证据少，缺而不论）是：

阴	歌 al	鱼 a	幽侯 u，o	宵 au	脂支 i，ir			之 ɐi				
入 （去）	泰 ad as				至 id， ed，is	队 ud，us		职 ɐig	缉$_{甲}$ ib	缉$_{乙}$ ub，ob	盍 ab
阳	元 an				真 in，en	谆 un	清 iŋ	蒸 ɐiŋ	侵$_{甲}$ im	侵$_{乙}$ um，om	谈 am

论文利用20多位经师所译的全部经本，收集到500多个音节，材料丰富。在对音研究上有如下贡献：①借助日本悉昙家的材料解决对音上的疑难问题，例如运用梵文元音替换规律解释对音材料里i、e、ai之间或者u、o、au之间的混淆现象；用“连声之法”分析梵文和汉语之间的音节对应。②辨识汉译梵音的中亚、印度方言因素，解决对音上的

疑难问题，例如利用 prakṛta（梵语方言）清辅音在两个元音中间发生浊化的现象来解释对音材料里一部分清浊辅音混淆的原因。③处理对音材料时，用梵文原文和别种译本进行校勘。此文确证后汉入声收浊塞音，发现至祭两部去声收 -s 韵尾，订正了高本汉关于闭音节不用 i、u 作主元音的学说，考定四声的起源年代和分类，讨论了平、入、去声的调值，论证了歌部韵值应为 al，侵部应两分，匣于互补，后代所谓重纽三等字有 r 介音，喻为审浊，等等；并肯定了古无轻唇、古无舌上和娘日归泥等。

美国学者柯蔚南 1981 年发表的《汉朝佛教徒对音方言札记》考证出后汉时期的声纽 24 个。韵尾入声 -p、-t [t、θ]、-k，阳声 -m、-n、-ŋ。介音 w、r、j。元音 i、e、a、ə、u、o、â。此文在一定程度上印证了高本汉等人的某些拟测。但关于邪纽的拟音只能算作凭空推论。

梵汉对音材料里也存在音近替代现象，这是由于梵语和汉语是不同系属的语言，各有各的语音系统和组合规则，不是一对一的关系。这就要求研究者分析对音材料时，力避简单从事，应从多方面去考虑问题，参证尽可能多的材料。

第二节　研究梵汉对音材料须知①

梵汉对音研究要避免机械对音，需要注意多方面的问题。

一　i、e、ai 混淆，u、o、au 混淆

梵汉对音里头有 i、e 之间混淆，u、o 之间或者 o、au 之间混淆的现象。

请先看看译经师们给这些根本字的对音。

---

① 本节发表于周碧香主编《语言之旅——竺家宁先生七秩寿庆论文集》，台北：五南图书出版股份有限公司 2015 年版，第 184—194 页；又收在孙伯君、麻晓芳主编《“译音对勘”的材料与方法》，黄山书社 2021 年版，第 2—11 页。

	i	ī	e	ai	u	ū	o	au
法显《大般泥洹经·文字品》	短伊	长伊	哩		短憂	长憂	乌	炮
昙无谶《大般涅槃经·如来性品》	亿	伊	哩	黔	郁	优	乌	炮
僧伽婆罗《文殊师利问经·字母品》	伊	长伊	堅	翳	憂	长憂	乌	燠
玄应《一切经音义·大般涅槃经文字品》	壹	伊	黳乌奚反	蔼	坞乌古反	乌	污乌故反	奥
地婆诃罗《方广大庄严经·示书品》	伊	伊	翳	爱	乌上声	乌	乌	懊
善无畏《大毗卢遮那成佛神变加持经·字轮品》	伊	缢	翳	蔼	坞	乌	污	奥
不空《文殊问经字母品》	伊上	伊引去	噎	爱	坞上	污引	污	奥

译经师给梵文 i、ī 对音用汉语脂韵伊字，有的对 ī 在伊字下加注“长”或者“引”表示长音，说明由东晋到盛唐脂韵系主元音就是 i。昙无谶用亿字对 i，《集韵》亿字有之韵跟入声职韵两读，假定用了之韵音，说明当时之韵主元音也是 i 或者极像 i，要是用的职韵音，说明职韵主元音是 i，同时拿入声韵里头元音在听觉上的短促表示梵文 i 音之短，这就跟后来玄应拿质韵壹字给 i 对音是同一个道理。善无畏挑缢字对 ī 有点特别，缢字在《集韵》有寘韵和霁韵两读，不该拿霁韵音对 ī，应当用寘韵音对 ī。

给梵文 e、ai 对音，得分两组，东晋南北朝一组，唐朝一组。东晋法显给 e 对哩（《龙龛手镜》乌奚反，齐韵），对 ai 的一段文字漏刊了；北朝昙无谶对 e 用齐韵哩字，对 ai 也用齐韵黔（《龙龛手镜》乌奚反）；南朝僧伽婆罗对 e 用霁韵堅字，对 ai 用霁韵翳字。时间靠前的这一组，对 e、ai 倾向不加分别地混对齐韵系字。唐朝这一组对 e 拿齐韵系字黳翳噎，对 ai 用泰韵蔼、代韵爱字，分得清清楚楚。

给梵文 u、ū 对音还得分两组。东晋南北朝对 ū（长 u）用尤韵字憂或者憂字加注“长”，说明当时尤韵的 u 音色响亮。对 u（短 u）也使唤憂字或者屋韵郁字。唐朝一组迥然不同，对 u、ū 全部改成模韵系字，对 u 用姥韵坞字或者乌字加注“上声”；对 ū 用模韵乌字或者污字加注“引”。

给梵文 o、au 对音依旧分成两组。东晋南北朝对 o 音统一用模韵乌字，对 au 音用肴韵炮字或者号韵燠字。唐朝对 o 音拿模韵污乌二字，对 au 音拿号韵奥懊二字。

由打对音字表能够发现，东晋南北朝对音对 e、ai 都用汉语齐韵系字，出现梵语 e 和 ai 混淆；唐朝对音对 u、ū、o 都用模韵系字，出现梵语 u、ū、o 的混乱。

上头是给单个儿字母对音的情况，下边儿看看咒语和梵语名词的对音情况。

请看唐朝不空法师的对音。在咒语对音里头，眼下搜集到脂韵系的伊鼻毗地尼腻利唎器弃胝旨至致撴墀尸矢私一般对 i、ī 或者 y，跟字母对音一致。伊字有一次对 e。在名词对音里头例外比较多，比如译音常用字毗，在 vemacitra 对 ve，在 vairamaka 里对 vai。也就是说，译咒对音偶尔有 i 跟 e 的混淆，译名对音见过 i 跟 e、ai 的混乱。

再看空公用模韵系字在咒语里的对音情况。咱们收集到的乌呜邬坞一律对 u，污（加“引”）对 ū，补对 u、ū、o，布对 ū，步对 u，怖对 o，部对 u、ū、o，普对 u、o，菩对 u、o，谟对 u、o，暮对 o，慕对 u、o，都对 u，覩对 u、(加“引”对）o，堵对 u，度对 u，妬对 o，土对 u，吐对 ū，菟对 o，努对 u、（加“引”对）o，怒（加“引”）对 o，嚧对 u、o，弩对 u、o，鲁对 u、o，噜对 ū、o，粗对 o，路对 ū、o，嘚对 o，护对 u、（加“引”对）o，虎对 u，户对 u，祖对 u、o，苏对 u、ū，素对 u。模韵系字又对 u、ū，又对 o 音，乱成一片，咒语对音如此，名词对音也一样。

造成这些混淆的主要原因在哪儿？从汉语方面想，不大可能出现蟹摄内部齐韵系跟咍泰韵系混同的情况，南北朝跟唐朝都应该能分别这二者的读音，南北朝对音混淆 e、ai 应当从梵语音读上找原因。有意思的是，东晋南北朝对音还会拿尤韵系字对 u、ū，拿模韵系字对 o，界限清楚，到了唐朝忽然间统一用模韵系字给 u、ū、o 对音，绝不会是到唐朝的时候模韵系的字音突然冒出来元音可 u、可 o 的两种念法儿，唐朝对音 u、o 混乱也可以在梵语语音方面找到原因。

日释安然《悉昙十二例》就讲到“诸梵语中伊（按指 i）翳（按指 e）通用，或伊处用翳，或翳处用伊。何以知之？且如 virocana，或云

verocana，又如 sumiro，或云 sumero[①]……其例巨多。”照着他的分析，造成入唐的日本人带回去的悉昙众本音韵不同，原因是“传悉昙者音韵各异……注梵音者随闻即录……故知，乍见汉字伊翳之转，难定梵字伊（按指 i）翳（按指 e）之转。”他告诉我们，唐朝的时候，传入日本的悉昙梵本已经有 i、e 之间的混淆了。

依着安然和尚的说法儿，梵汉对音里头 i、e 出现混乱，是传承梵音的时候口传、耳闻、笔记产生的误差。

为什么梵汉传译当中会产生 i、e、ai 混淆和 u、o、au 混乱？我想，可能跟梵语的语音、语法有一定关系。先请看一个元音转换表：

简单元音		i、ī	u、ū
二合元音（guṇa）	a	e	o
三合元音（vṛddhi）	ā	ai	au

梵语学者认为，i 或者 ī 上头加上一个 a 成为 e，这是 guṇa，e 头上再加上一个 a 成为 ai，这是 vṛddhi；u 或者 ū 上头加上一个 a 成为 o，这是 guṇa，o 上头再加上一个 a 成为 au，这是 vṛddhi。i 和 e、ai 之间，u 和 o、au 之间，存在转换关系。另外，梵语构词的时候有元音替换现象。比方说，形容词śiva（亲切的、仁慈的）和śeva（亲切的、亲爱的），mitra（阳性：朋友；中性：友谊）和 maitra（友情；形容词：友情的），guhā（阴性：洞、隐匿处）和 goha（阳性：隐匿处，禽兽巢穴），gotama（阳性：圣仙名）和 gautama（阳性：gotama 的；形容词：跟 gotama 有关的）。在这种观念影响之下，无论 gotama 或者 gautama 都能译成汉字瞿昙或者乔答摩，混淆 o、au。

二　梵语清音浊化

说到梵语辅音的对音，通常是拿汉语清声母字给梵语清辅音对音，用汉语浊声母字给梵语浊辅音对音，可是也有例外，有的浊声母字偶尔

---

① 此处原文为悉昙字，本文用拉丁转写。virocana 是太阳神，sumeru 即须弥卢山。

对梵语清辅音。比方说，咒语的梵汉对音里头，不空用定纽字大弟递驮弹荡殿地邓顿淡钿达定提昙特第睇陀堕谈度钝鞞二十五个字对 dh，蹋地柁豆四个字对 d，浊声母字对梵文浊辅音，完全合乎规律，可是定纽悌字偶尔对过梵文清辅音 t，bute subute 对音没悌苏没悌。这可以有三种解释，头一种解释成梵本传抄出了问题，把 bude 抄成 bute；二一种解释成汉语浊声母已经清音化，定纽的 d > t，可是绝大多数定纽字对梵文浊辅音的事实不大支持这种猜想；第三种解释成梵语清音浊化，印欧语言里存在两个元音夹着的清辅音产生浊化的现象，上头的例子就是 u 和 e 夹着的 t 浊化 > d。

名词的梵汉对音也有类似的例子。比方说，释尊说法的一处地方，山名儿叫 Gṛdhrakūṭa，Gṛdhra 鹫，kūṭa 峰、顶、头，意译鹫峰，对音是耆阇崛，崛是浊声母群纽物韵字，对 kūṭ > gūṭ，k 在 a 和 ū 的中间浊化 > g。再说一个例子，过去佛教徒的言语里头常说“施主”这个词儿，它的梵音是 dānapati，dāna 施舍，pati 主人，对音檀越，檀对 dān（a），越对 pat(i) > vat(i)，越字是云母月韵字，对 vat 正好儿，这个 v 是两个 a 中间的 p 浊化 > b 再擦音化 > v。

三　非经典梵文音

由汉译佛典的梵汉对音资料看，汉译大都反映了梵文音，可是也有一部分反映了非经典梵文音。这些非经典梵文音可以用prakṛta（方言、俗语）概括。为了更简括，把巴利文、中亚于阗文等的读音也放在这个小节里说。

有的汉译反映的 prakṛta 到底是哪种方言俗语，咱们还说不清楚，比如过去七佛的第四佛 krakucchanda 对译成“俱留孙”或者“拘留秦”。可以肯定汉译“俱留”“拘留”不是由 kraku 对出来的。比如梵文的 kṣ 连缀，后汉三国把 bhikṣu 译音为比（bhi）丘（kṣu），把 kṣa 音对成“差”，直接念 kṣ 为［tʂʻ］，这不是正梵文音，是一种方言形式，真正对梵文音是唐朝咒语里的 kamalākṣi 对“迦么攞引乞史二合”，对 kṣi 是乞对 k，ṣi 对史。

有的汉译也许跟巴利文有牵连。比方说梵文 kalpa，早期对音“劫”，刘宋求那跋陀罗的《杂阿含经》对“劫波”，与其说“劫”（见纽業韵）

对了 kalp，不如说“劫”对 kap，“波”对 pa，S. kalpa 到了巴利文是 kappa。再比如地名 vaiśālī，在中印度，是七百圣贤第二次集结的地方，《杂阿含经》对成毗耶离①，可是《大正藏》所注的梵语拉丁转写音是 vesālī，梵文的śā 变成了 sā，像巴利文的音。

梵语 arhat 的单数体声 arhan，后汉三国对成阿罗汉，与其说阿罗汉对的是梵文，不如说它对的是古代于阗话的 arahan；后汉“萨”字对（v）tha，应该是中亚方音，波斯人发祥地 parthia 后来成了民族名，希腊文写成 perses。②

四 同一部经可能有不同的梵本

日本新修《大正藏》第 19 册有南朝梁代僧伽婆罗译《孔雀王咒经》、唐朝义净译《佛说大孔雀咒王经》、唐朝不空译《佛母大金曜孔雀明王经》，这三部作品是同一部经的不同译本。比较之后发现，他们的译音虽说大都一致，也有不同，不同之处可能反映他们各自根据的梵本有某些差别。

比方说，译文里头都有阿难四方夜叉大军主十六个名字，其中五位名称的对音有分歧：

	梵本音	僧伽婆罗	义净	不空
1. 东方	pūrṇaka	分那柯	晡嗶拏	布啰二合拏迦
2. 南方	siṃha	僧伽	僧诃	僧贺
3. 南方	nanda	旃陀那	旃惮那	难那
4. 西方	piṅgala	冰伽罗	水伽罗	劫比罗
5. 北方	viṣnu	别伽那	吠率怒	尾瑟弩

头一个译名，《大正藏》给的梵本音跟罗、空二公汉译相合，净公汉译当对 pūrṇa，虽然 pūrṇa 跟 pūrṇaka 都有“圆满”这个义项，毕竟还是

① vaiśali 的ś音，声明学家描写成硬颚音，应当是［ç］，夹在两个元音中间浊化为［j］，正是 y。

② 看俞敏师《后汉三国梵汉对音谱》，《中国语文学论文选》，日本光生馆 1984 年版，第 314 页注 40。

词形不同的两个词。二一个梵本音 siṃha 狮子跟净、空二公汉译一致，罗公的僧伽该对 saṃgha，是众、多的意思。第三个梵音 nanda 跟空公的汉译一致，罗公旃陀那、净公旃惮那都能对 candana，白檀树的名儿。第四个梵音 piṅgala 跟罗、净二公汉译一致（净公的“水”字是冰字误写），黄褐色的意思，空公的劫比罗该对 kapila，也是褐色的。第五个梵音 viṣṇu 跟净、空二公的汉译一致，罗公汉译别伽那眼下还没找着可对的梵音。

再比方说，咒语的对音分歧也不少。拿《孔雀明王经》的开头儿来说，空公叫“启请法”那部分咒语，梵本有断句，前十五个小句里头，罗公就比空公少了四句，另外还有四句两者有分歧：

	第五句		第六句		第十二句	第十三句
	kamalākṣi	hārīti	harikeśi	śrīmati	yamarākṣasi/ mahārākṣasi	bhutagrasani
罗公译	柯摩罗起柅	诃梨底	诃梨枳试		夜摩洛叉死	部娑柅
空公译	迦么攞引乞史二合	贺引哩引底	贺哩计引施	室哩二合引么底	摩贺啰引乞洒二合枭	部多孽啰二合萨颗

第五句头一个词罗公对音多出一个“柅”字音。第六句罗公没有第二个词的对音。第十二句罗公译音合乎《大正藏》拉丁转写的梵本音，空公译音跟悉昙字梵本音一致。第十三句罗公对音跟传本梵音不完全匹配，空公对音跟传本梵音严格相符。

假定罗、空二公的汉译传世本没有大的误漏，他们的对音存在参差的重要原因可能是各自所据的梵本有差别。

五　新译旧译不同

汉译佛典当中无论是译名还是译咒，都有前朝旧译跟后代新译的材料。产生新译、旧译差别的原因有种种不同。头一种是旧译有省略，新译是详尽的对音，比如：

十大弟子的 Ānanda，旧译阿难，省略尾音 da，唐译阿难陀；Kaśyapa，旧译迦叶，迦对 ka，叶对śyap，省略尾音 a，唐译迦叶波，又以波对 pa。阿难的弟子 Madhyantika，旧译末田地，略去尾音 ka，唐译末田地迦，以迦对 ka。一位圣仙叫 Gotama，旧译瞿昙，省下尾音 a，唐译乔达摩，又拿 ma 对摩。佛典里经律论的论字是 abhidharma，旧译阿毗昙，阿对 a，毗对 bhi，昙对 dharm，减省了尾音 a，唐译阿毗达磨，达对 dhar，磨对 ma。

二一种是反映语言的历史音变。有的反映汉语韵母历史音变。比方说，一种恶魔名字叫 Asura 旧译阿修罗，唐译阿苏罗或者阿素洛，对 su 的汉字由修转换成苏、素；印度有条河叫 Sindhu，旧译辛头，唐译信度，对 dhu 把头换成度；佛的儿子、十八罗汉之一的 Rāhula，旧译罗睺罗，唐译罗怙罗，对 hu 把睺字换成怙；四大部洲的北 Kuru 洲，旧译鸠娄，唐译拘卢，两字儿全改了；有个菩萨叫 Vasubandhu，旧译婆薮盘豆，唐译伐苏畔度，对 su 由薮换成苏，对 dhu 由豆换成度。旧译对 u 元音用了修头睺鸠娄薮豆这些尤侯韵系字，唐译改用了苏素度怙拘卢这些模虞韵系字，这个现象提示咱们，模虞韵系的主元音唐朝的时候是 u，南北朝的时候不是 u，南北朝的尤侯韵系的元音含有响亮的 u 音，打南北朝到唐朝汉语韵母的读音有这么一个变化。有的新旧译文反映汉语声母的历史音变。比方说，菩萨 Mañjuśrī 旧称文殊师利，文对 mañ，殊对 ju，师对ś，利对 rī，唐译曼殊师利，最重要的改动是把文对 mañ 改成曼对 mañ；一个国名叫 Vaiśālī，旧译也叫毘舍离，唐译改成吠舍离，毗字改成吠字。这两个例子都反映了唐朝声母轻重唇分化。m 是汉语叫重唇音的。mañ 旧译用轻唇微纽文这个字儿对音，是南北朝轻重唇不分，唐朝轻重唇分了，才改用重唇明纽字曼对 mañ。v 在汉语可以对应唇声分化以后的轻唇奉纽音，唐朝有人就换成奉纽吠字对梵音 vai，南北朝並奉不分，因此用並纽毗字对 vai①。还有反映汉语匣母历史音变的例子，比方说，闻名于世的 Gaṅga（恒河）旧译恒伽，唐译殑伽，恒属匣纽开口，对音显示匣纽合口对 v 开口对 g，是后汉三国语音格局，可是唐朝晓匣合流，多数法师拿它们对 h 了，因此唐译改恒为殑（群纽）。类似的还有，比如小乘经的总名 Agama，旧译阿含，含也是匣纽开口字，对 gam，虽说后来有新译阿笈摩，也没流行开。一直到 21 世纪的今天，咱们不论印度人听咱们叫“阿含经”“恒河”

① 这个问题有点儿复杂，梵文 v 古代也念 b，似乎到了唐朝还有一些法师有 b、v 不分的时候。

对味儿不对味儿，照说不误。

第三种是反映对音根据的是不是正梵文。比如创立印度孔雀王朝的Aśoka王，旧译阿育王，新译阿输迦等。旧译的育字是以纽屋韵字，对的不是正梵文śok，是对（ś夹在两个元音中间浊化成 y 的）yok。四大洲的南 Jambu 洲旧译琰浮，琰字对的不是 jam，是 j 擦音化变成的 yam，可能是一种方音，唐译赡部，赡字禅纽艳韵，对 jam 合适；西 Godānīya 洲，旧译瞿耶尼，唐译瞿陁尼，唐译跟正梵文吻合，陁对 dā 正合适，旧译更像对的巴利文 Goyānīya，耶对 yā。

六　梵汉音近代替

汉语和梵语各有各的语音系统，对音的时候免不了有音近代替的现象。

有个典型的例子。梵文的 C 组音，欧洲梵文学者主张念［tʃ］组音，c 念［tʃ］，ch 念［tʃʻ］，j 念［ʤ］什么的。这种音跟普通拟测的中古音精组念［ts］组音、章组念［tɕ］组音都接近，又都不完全一样。这种学说能由悉昙学文献找到证据，唐朝智广的《悉昙字记》给梵文 C 组对音的小注说：

ca 者	止下反，音近左可反
cha 车	昌下反，音近仓可反
ja 社	杓下反轻音，音近作可反

给梵文 c、ch、j 对音用章纽止、昌纽昌、禅纽杓，又用精纽左、清纽仓、从纽作，正好表现 C 组音在汉语章纽（［tɕ］组）跟精组（［ts］组）之间。

梵汉对音史实际情况是法显、僧伽婆罗、义净等法师根据承传的梵音多用章组字对 C 组音，不空、慧琳法师根据承传的梵音多用精组字对 C 组音，这两派应当都是用近似 C 组的汉语字音对音。

另外一种典型的证据是对音字加反切小注。唐朝的梵汉对音体系比前朝更严密，有时候找不着合适的对音汉字，就选一个跟梵音比较接近的汉字，再用小号字写上自造的反切小注，力求更好地表示所对梵音。

例如：

siṅ［siŋ］对僧思孕反。僧字原反切是苏增切，心纽登韵字，普通构拟唐朝音念［səŋ］，该对梵文 saṅ。空公加注思孕反，孕字是三等蒸韵系字，可以构拟成韵母［iəŋ］，更接近梵文的 iṅ音。蒸韵系没有心纽字，只好新造一个反切来注音。

ṭu［ʈu］对跓胝鲁反。跓字原反切是直主切，澄纽麌韵字，麌韵唐朝音可以构拟成［iu］，带 i 介音，对单纯的 u 韵母不合适。对梵文ṭ该用知纽字，汉语一等模韵又没有知纽字，就造个知纽胝跟模韵鲁拼合的反切，力求逼真表示ṭu 音。

thi［t‘i］对体听以反。体字原反切是他礼切，透纽荠韵字，齐韵系韵母可以拟成［iei］，主元音是 e，对梵文的单纯 i 元音不合适。汉语支脂之三个韵系盛唐中唐虽说可以拟成 i 韵母，可它们没有透纽字，只好拿齐韵系的“体”字音近代替，加小注听以反，听是透纽，以是之韵系上声，能确切地表示 thi 音。

dhim［d‘im］对朕地淫反。朕字原反切是直稔切，澄纽寝韵字，侵韵系唐朝音可以拟成［im］，可是澄纽唐朝音一般拟成［ɖ］或者［ɖ‘］，跟所对梵音［d‘］不合，可惜侵韵系没有舌头音字，只能加注地淫反，地是定纽，淫是侵韵字，对 dhim 正合适。

śud［ɕud］对秫诗聿反。秫字原反切是食聿切，船纽术韵字，船纽浊声母，对清音ś不合适，聿是术韵字，韵母一般拟成［iuet］跟梵音 ud 音比较靠近，但是术韵没有可对ś音的书纽字，只好以之韵书纽字诗为切上字改注书纽音。

七　译音汉字误写

译音汉字大多数对音正确，也有少数对音错乱。对音错乱的汉字大多数应该属于形近相混，也有极少数错得离谱儿。

先看翻译梵名的例子。波（帮纽）、婆（並纽）、迦（见纽）、伽（群纽）、陀（定纽）是对音里头最常见的，也是最容易产生形近误写的。请看南朝时期译经的例证。国名 Campa，同一人译的同一部经里，前头写瞻波，波对 pa 正合适，后头抄成瞻婆，误用婆对 pa；佛的一个弟子 Upatiṣya，陈朝真谛对优波低舍，波对 pa 正合适，可《大正藏》别本抄成婆；八寒地狱之四 Apapa，僧伽跋陀罗、真谛都对阿波波，以波对 pa，可是《智度论》十六刊为阿婆婆，误拿婆对 pa。人名 Kālasumana 在汉译同一部经里有时候写迦罗须末那，迦对 kā 正合适，有时候又改写伽罗须末那，误用伽对 ka；佛经神话传说的金翅鸟 Garuḍa（ > ḷa > la），一部经里，宋本、元本对伽楼罗，以伽对 ga 正合适，可明本刊成迦楼罗，误以迦对 ga。如来十个称号的一个 Tathāgato（体声 aḥ > o）真谛译的一部经里对成多他阿伽覩，他字对 tha 正合适，另一部经里写成多陀阿伽度，把“他”抄成“陀”，陀当对 da、dha，对 tha 对错了，佗他是异体字，像是佗误写成陀。梵文词义金花鬘的 kāñcana mālā，梁朝一部经对成千遮那摩罗，千（清纽）对 kān 不合适，应当是干（见纽）字写错了；八识之一 Ālaya 真谛译的三部经里都多次出现，对音复现率最高的是阿黎耶，阿对 ā，黎（郎奚切，来纽齐韵）对 lay，耶对 ya，很合适，经里有的抄成梨（力脂切，来纽脂韵），梨对 li 才合适，它是黎字的误写，还出现一次阿黍耶，可以肯定黍是黎的错字。

再看翻译咒语的例子。阿（影纽）一般对 a，也有过对 ha，该是呵（晓纽）字误抄。梵音 hat 对曷（匣纽）是正例，一处对葛（见纽），葛应当是曷字误刊。雞（见纽）对 ke 是正例，一处对 he，可能是奚（匣纽）或者溪（《集韵》有匣纽一读）字错写。梵音 ṛ 多对嘌（来纽），一处对噁（影纽），噁字像嘌字误写。帝字（端纽）通常对 te，一处对 dhe，怀疑是定纽字褅或者缔之讹。你（泥纽）字在不空译音当中一般对 ni、di、dy，一处对 jī，应该是尔（日纽）字多加了单立人儿，空公日纽字多数儿对 j 音。時字市之切属禅纽之韵，对音应该对 ji，可是对了 dh，怀疑它是特字误刊。也有错得让人莫名其妙的，比如语（疑纽语韵）字，照不空法师的规矩，该对 gu、ghu、go、gho 一类的音，居然对了 ya，可是《大正藏》给了谜底，别本是“野”字。野，羊者切，以纽马韵，正对 ya 音。让人纳闷儿，要不是抄经的人走神儿、打盹儿，怎么能把野字抄成语字呢？修《大正藏》的人也忒有意思了，偏偏挑了个错字儿当正宗的。

第三节　梵汉对音学科述略[①]

梵汉对音是汉语音韵学的一个分支学科，它是在中国本土逐渐形成和发展壮大的。俞敏老师在这个新学科的形成、发展过程中，发挥了非常重要的作用。

一　梵汉对音学科是在什么历史背景下产生的

汉语音韵学是研究汉语历史语音及其发展的学科。一开始学者们探求古音为的是读通经典，比方说《诗经》押韵，《召南·草虫》一章，“虫螽忡降”押韵，唐宋时代的学者觉着不押韵，就改某个字的读音让韵脚字音合谐，宋朝朱熹的《诗集传》在“降”字下注明“户江反，叶乎攻反”，让临时改念成中古东韵字音。这个办法叫叶音或者叶韵。这是不懂古今音变。明朝的陈第研究《诗经》韵发现，《诗经》用韵跟时代相近的《左传》《国语》《周易》《离骚》《楚辞》及汉赋等用韵大体相合，他推定《诗经》用韵应当反映当时的实际语音。他说：“盖时有古今，地有南北，字有更革，音有转移。”提出古今音变的创见，否定了叶音说。他的《毛诗古音考》用押韵、谐声研究古音的方法启发了后代音韵学者。可是他的研究仅限于每个字的古音，没有探索古韵的部类。

明末清初，顾炎武是研究《诗经》古韵部的先行者，他凭借韵文押韵和文字的谐声研究古韵分部，分古韵为十部。他的一项发明是离析《广韵》，比如把《广韵》支韵的一半儿（支巵萎提兒等）跟脂之韵字合为一部，另一半儿（移匜为靡披等）跟歌戈韵字合为一部；尤韵字半入脂之韵，半入萧宵韵；麻韵字半入鱼虞韵，半入歌戈韵；庚韵字半入阳唐韵，半入耕清韵。他的另一个重要贡献是提出上古阴声、阳声、入声的相承关系跟《广韵》的格局不同。《广韵》是入声韵跟阳声韵相承，比如东韵跟屋韵相承，寒韵跟曷韵相承，覃韵跟合韵相承，阴声韵

---

① 本文曾以《梵汉对音学科述略——纪念俞敏老师一百周年诞辰》为题，发表于《励耘语言学刊》2017 年第 2 期，第 1—18 页；该文修改后与储泰松、张福平共同署名，以《音韵学梵汉对音学科的形成和发展》为题，发表于《博览群书》2017 年第 4 期，第 94—98 页。

没有相承的入声韵。他认为古韵里阳声韵除了侵覃等闭口九韵有入声相承，其余的阳声韵都没有入声韵相承；阴声韵除了歌戈麻三韵古无入声，别的韵部都有入声韵相承。这些学说，对清朝的音韵学研究有很大的影响。

前修未密，后出转精。江永精通等韵学，从审音的角度分平上去各十三部和入声八部。戴震以入声为枢纽分九类二十五部。段玉裁分古韵十七部（假定入声独立就是二十五部）。孔广森把东部又分为东冬两部。王念孙让至部独立。章太炎从脂部里又分出队部。黄侃以阴阳入三分古韵为二十八部。他们利用传统的材料、方法做古韵分类，攀上了历史的高峰。

清儒钱大昕研究古音声纽有重要发明，他主要利用古籍异文做证据，提出古无轻唇音、古无舌上音。比如非母古代读成帮母音，《诗经·桑扈》"彼交匪敖"，《左传》引成"匪交匪敖"；《诗经·猗嗟》"四矢反兮"，《经典释文》："反，《韩诗》作变。"他利用这样的材料至少能证明，古音帮组音跟非组音相混，知组音跟端组音相混。钱大昕为进一步证明古无轻唇音，还利用现代方言音当证据，比如吴音"蚊"读"门"，"亡忘望"读重唇，江西湖南方言读"无"如"冒"。

现代学者曾运乾研究古音声纽也有重要发明，他利用异文、读若、读如、谐声等证据，提出喻三归匣、喻四归定。比如，古读援（雨元、为眷二切）如换，《诗·皇矣》"无然畔援"，《汉书·叙传》注引作"畔换"。……按，畔援古叠韵字，无正字，衹取声相近之字通作。……古读爰又如换，《左·僖十五年》："晋于是作爰田。"服注："爰，易也。"按，易犹换也。何休《公羊》注正作"换田"。爰，雨元切，和援同是喻三，换，胡玩切，匣纽。《毛诗》："出自东门，聊乐我员。"《释文》："员，《韩诗》作魂，神也。"员，王权切、王分切、王问切，喻三；魂，户昆切，匣纽。喻三和匣混同，他说"于母（喻三）古隶牙音匣母"。再比如说，《周易·涣卦》"匪夷所思"，《释文》"夷，荀本作弟"；《毛诗》"弃予如遗"，《韩诗章句》遗作隤；《老子》"亭之毒之"，《释文》"毒本作育"；夷，以脂切，遗，以追、以醉二切，育，余六切，都属于喻四；弟，徒礼、特计二切，隤，杜回切，毒，徒沃切，都隶属定纽。喻四跟定纽混同，他说"喻母（喻四）古隶舌音定母"。

先前的学者利用传统的材料和相应的研究方法对上古韵部、声母分类的研究攀上了一个高峰，令人赞叹。可有一宗，他们的研究有时候也受到所用材料、方法的制约。

清儒做上古韵部分类明察秋毫，可是考古派有时候对分类结果知其然不知其所以然。举个例子，段玉裁分古音支、脂、之为三部，是他的得意之作，他的老师戴震赞誉他："至支、脂、之有别，此足下卓识，可以千古矣！""寔千有余年莫之或省者，一旦理解，按诸三百篇划然，岂非稽古大快事欤？"段玉裁能够分古音支、脂、之为三，可是不知道三部之分的所以然，他晚年写信给兼精考古和审音的江有诰，说："能确知所以支、脂、之分为三之本源乎？何以陈隋以前支韵必独用，千万中不一误乎？足下沈潜好学，当必能窥其机倪。仆老耄，倘得闻而死，岂非大幸也？"可惜，段氏一直没有得到答案。问题的关键在于段玉裁不知道支、脂、之三部古音的音值。清儒审音派应当猜测过某个韵部古时候读某音，他们给古韵部做的分类就透露了这种信息。比如戴震给古韵分出九类二十五部（见《答段若膺论韵》），各部部名绝大多数用影纽字，影纽字韵母前头没有辅音，方便别人推测他想说的韵部音值。实际上，依着他的声类表猜他想说的音值也不容易。王力先生在《汉语音韵学》里拟测过戴氏"所欲言之音值"：

一	1	阿	平声歌戈麻	o
	2	乌	平声鱼虞模	u
	3	垩	入声铎	ok
二	4	膺	平声蒸登	iŋ
	5	噫	平声之咍	i
	6	億	入声职德	ik
三	7	翁	平声东冬钟江	uŋ
	8	讴	平声尤侯幽	ou
	9	屋	入声屋沃烛觉	uk
四	10	央	平声阳唐	aŋ
	11	夭	平声萧宵肴豪	au
	12	约	入声药	ak

续表

五	13	婴	平声庚耕清青	eŋ
	14	娃	平声支佳	e
	15	戹	入声陌麦昔锡	ek
六	16	殷	平声真谆臻文欣魂痕	in
	17	衣	平声脂微齐皆灰	i
	18	乙	入声质术栉物迄没	it
七	19	安	平声元寒桓删山先仙	an
	20	霭	平声祭泰夬废	ai
	21	遏	入声月曷末黠辖屑	at
八	22	音	平声侵盐添	im
	23	邑	入声缉	ip
九	24	腌	平声覃谈咸衔严凡	am
	25	諜	入声合盍叶帖业洽狎乏	ap

表里头右边儿的音标符号是王先生加上的，是他猜想戴氏假设的读音，咱们没法子证实这是不是戴老先生"所欲言之音值"。王先生的拟音有可疑之处，比如戴氏赞成段玉裁的支（戴氏娃部）、脂（戴氏衣部）、之（戴氏噫部）三分，可是王先生把戴氏衣部（脂部）、噫部（之部）韵母音值拟成相同的 i 音，这不是让戴氏自相矛盾吗？这个例子可以说明，单拿汉字表示古音会给后人带来多么大的识读困难。

顾炎武把《广韵》麻韵字的古音一分为二，一部分字跟鱼虞韵字古音相同，一部分字跟歌戈韵字古音相同。比如，车字《诗·北风》三章"狐乌车"押韵，《诗·有女同车》首章"车华琚都"押韵；华字《诗·山有扶苏》首章"苏华都且"押韵；《诗·著》首章"著素华"押韵；瓜字《诗·木瓜》首章"瓜琚"押韵，《诗·七月》六章"瓜壶苴樗夫"押韵；家字《诗·鸱鸮》三章"据荼租瘏家"押韵，《诗·常棣》八章"家帑图乎"押韵，《诗·采薇》首章"家故居故"押韵。顾氏认为，"车华瓜家"等这部分麻韵字跟"琚且苴据居都苏壶樗夫帑图乎故"等鱼模韵字押韵，上古音在同一部。他的结论大家认可。可有一宗，单凭归纳韵部的方法、结论，很难正确地判断古韵部的音值。顾先生在《音学五书·唐韵正》里推测过这部分麻韵字的上古音，他说：瓜，古音孤；

车，古音居，鸦，古音乌；牙，古音吾；下，古音户；马，古音莫补反；者，古音渚；等等。他主张中古麻韵有一批字韵母的主元音跟鱼虞模韵一致，上古是 u，不是 a。这个说法儿太可疑了，《诗·生民》："诞置之寒冰，鸟覆翼之。鸟乃去矣，后稷呱矣。"周朝始祖后稷一生下来被抛弃，放到冰上，大鸟用翅膀盖着他温暖他，大鸟飞走了，后稷呱呱地哭。假定依着顾先生的学说，后稷不会［kua］［kua］地哭，只会像鸽子似的［kuku］地叫，说得过去吗？

传统的研究利用异文、谐声归纳上古声纽，说合容易，说分难。比如，钱大昕先生说"古无舌上音"，把中古的知彻澄娘四纽合并到端透定泥四纽；曾运乾先生又说"喻母古隶古声定母"。这样，中古的定澄喻四三个声母，照他们说的，上古发同一个音。假定他们猜测的上古定母音值是［d］，那么，这个［d］后来怎么分化出来音值不同的几个声母的？单凭他们的那些材料、方法很难给出有说服力的答案。

18、19 世纪欧洲产生、发展出历史比较语言学。1786 年英国学者W. 琼斯发现欧洲的拉丁语、希腊语跟亚洲的梵语之间语音上有系统的对应关系。比方说，数词一二三的二，梵语是 dva，拉丁语是 duo，希腊语是 dyo，这三种时间、空间相隔比较远的语言在语音上有明显的对应关系。这种系统的语音对应关系不属于偶然因素，只能有一种解释：它们共同来自已经消失的某种语言。后来又有一些欧洲学者，比如拉斯克、博普、格林，在更多的语言里头发现了类似的语音对应现象。历史比较语言学家利用多种语言之间系统的语音对应关系，推测原始母语的语音形式，为研究古代语音打通了一条新路。

比较早用历史比较法研究汉语中古语音的学者有瑞典学者高本汉（Bernhard Karlgren）。他从 1915 年到 1926 年分四次出版了《中国音韵学研究》，把《切韵》系统的语音设定为中古汉语母语语音，假设现代汉语方言差不多全是从《切韵》音系演变出来的。根据《切韵》音系框架，他用 30 余种现代汉语方言语音资料和四种译音（日译吴音、日译汉音、高丽译音、安南译音），拟测中古汉语语音的音值。他让汉语音韵学除了做分类研究，又有了一个拟测音值的新办法。

自 20 世纪 20 年代起，中国学者就介绍高本汉的研究成果。比方说，林语堂翻译了高本汉的论文《答马斯贝啰论切韵之音》，他还写了《珂罗崛伦考订切韵韵母隋读表》；1932 年到 1936 年，赵元任、罗常培、李方桂翻译了《中国音韵学研究》，1940 年出版。20 世纪 30 年代以后的中国音韵学著作，不论是重申高本汉意见的，还是修正他的意见的，都脱离不开他的影响。

中国音韵学的一批研究者在古音分类研究的基础上，开始了探索汉语古音音值之旅，这个潮流就是产生梵汉对音研究的历史背景。

二 梵汉对音学科的产生与发展

这个学科的产生和发展过程可以分成三个阶段。

1. 滥觞期

1923 年，时任北京大学教授的钢和泰写了《音译梵书与中国古音》，胡适翻译的，发表在北京大学《国学季刊》第 1 期。在中国，这是第一篇提倡研究梵汉对音的文章。钢和泰说，研究各个时代的汉字读音有三种重要的材料，其中一种是外国字在中国文里的译音；在外国字的汉字译音里头，最应该特别注意的是梵文咒语的汉字译音。他说，“释迦牟尼以前，印度早已把念咒看得很重要；古代的传说以为这种圣咒若不正确的念诵，念咒的人不但不能受福，还要得祸。梵文是诸天的语言，发音若不正确，天神便要发怒，怪念诵的人侮蔑这神圣的语言。这个古代的迷信，后来也影响到佛教徒，所以我们读这些汉文音译的咒语，可以相信当日译音选字必定是很慎重的。因为咒语的功效不在它的意义，而在它的音读，所以译咒的要点在于严格地选择最相当的字音”。[①] 他拿宋朝初年法天和尚给佛经咒语和诵诗的少量对音资料举例，跟高本汉拟测的《切韵》音、现代宁波音、北京音对照，说明梵咒译音的参考价值。钢和泰倡导中国学者研究梵汉对音的功劳不可埋没。

在中国，头一个利用梵汉对音考证汉语古音获得重要成果的学者是汪荣宝。1923 年他在北京大学《国学学刊》第 2 期发表了《歌戈鱼虞模古读考》。他的结论是，唐宋以上，凡歌戈韵之字皆读 a 音，不读 o 音；

---

① ［俄］钢和泰：《音译梵书与中国古音》，胡适译，收入胡适《胡适全集》第 42 卷，安徽教育出版社 2003 年版，第 630 页。

魏晋以上，凡鱼虞模之字，亦皆读 a 音，不读 u 音或 ü 音也。① 他用了 66 个梵汉对音的例子证明唐宋以上歌戈韵字韵母主元音是 a，比方说：

梵音	词义	对音汉字
agada	灭毒之药	阿伽陀
anuttara	无上	阿耨多罗
aśoka	无忧	阿输柯
asura	鬼神的一种	阿修罗
karmadāna	授事	羯磨陀那
kalandaka	山鼠之名	迦蘭陀
cinta	思	振多
deva	天、天神	提婆
pāramita	到彼岸	波罗蜜多
bodhisattva	次于佛者之称	菩提萨埵，菩萨

66 个汉字译音词里头，属于歌戈韵的译音字有 21 个，是阿迦柯伽多埵陀驮那波簸婆槃魔摩磨罗逻娑莎诃。他说：“今惟阿迦伽那四字有读 a 音者，余皆读 o；而古概用以谐 a。”②

提出魏晋以上凡鱼虞模韵字也读 a 音而不读 u 音，他是从正反两个方面论证的。正面论证是说梵文 a 音，魏晋以上多用鱼虞模韵字对音，宋齐以后改用歌戈韵字对译。比方说：

梵语 buddha，《释老志》称“浮屠”之教，《后汉书·襄楷传》作浮图，屠、图对 dha；后代改译佛陀，用歌韵陀字对 dha。

梵语 caṇḍala，《佛国记》对译旃荼罗，荼对ḍa；后代译为旃陀罗，用陀对ḍa。

梵语 upāsaka，意思是信徒。《后汉书·楚王英传》对伊蒲塞，蒲对 pā；《后汉书》注“伊蒲塞即优婆塞”，后代改用婆字对 pā。

---

① 汪荣宝：《歌戈鱼虞模古读考》，《国学季刊》1923 年 1 卷 2 期，第 241 页。

② 汪荣宝：《歌戈鱼虞模古读考》，《国学季刊》1923 年 1 卷 2 期，第 250 页。

一位罗汉名叫piṇḍolabharadvāja，晋时对译宾头卢，卢对 la；后代改对宾度罗，罗对 la。

又引朝鲜三国时期 sinra 国名译音佐证，《南史·新罗国传》："魏时曰新卢，宋时曰新罗。"魏朝卢字对 ra，南朝宋代用罗字对 ra。

反面论证是，汉魏六朝译音凡是遇上梵文带 u 元音的音缀儿，都是用尤侯韵字或者屋沃韵字对音，没有用鱼虞模韵字对音的。比方说：

梵文 udumbala，三国时期译音优昙，优字对 u；唐朝《西域记》改译乌谈跋罗，乌字对 u。

梵文 kuru，北大洲名，三国时期对音拘留，拘对 ku（拘从句声，本当入侯部，《广韵》杂入虞），留对 ru；《西域记》改对拘卢，用卢对 ru。

梵文 kumara，义为童子，十六国时期对译鸠摩罗，鸠对 ku；《西域记》改译拘摩罗，拘字对 ku。

梵文 tuṣita，天界名，唐以前对兜术、兜率陀，兜对 tu；《西域记》改译睹史多，睹字对 tu。

梵文śudra，第四阶级的人，唐以前对首陀、首陀罗，首对śu；《西域记》改译戍陀罗，戍对śu。

梵文 jambudvīpa，南大洲名，唐以前对阎浮、阎浮提、剡浮，浮对 bu（浮在《广韵》尤韵）；《西域记》改译赡部，部字对 bu。

梵文的 u 音，汉魏六朝用中古尤侯韵的鸠楼兜斗头娄首优留浮等对音，唐朝都改成鱼虞模韵字对音。这也能证明鱼虞模韵魏以上不念 u 音。

从打顾炎武说"车古音居""家古音姑""瓜古音孤"，江永赞成，他在《古韵标准》里说"家古胡切""瓜亦古胡切""遮止余切"；段玉裁《六书音韵表》第五部主要包括《广韵》的鱼虞模韵和相应的上去入声韵字，他也把麻韵系的家瓜遮车华等的古本音归到第五部；顾先生的学说成了金科玉律。汪荣宝靠新材料新方法发现古音实际是"读姑如家，读孤如瓜……与亭林诸人所想像者正相反也"。

汪荣宝的文章一发表立时引起中国音韵学界的一场大辩论。赞成者有钱玄同、林语堂、李思纯、唐钺，反对者有章太炎、徐震。

反对者的意见可以用太炎先生的说法儿作代表。他在《与汪旭初论阿字长短书》里主要说了两点意见。一是他跟印度学者学的梵文音，“有阿字长音，无阿字短音”，不能分别印度的长短阿。二是古音“歌戈必为阿字短音……歌戈部字音稍敛则近于支……再敛则遂入支，唐韵支部所采皮施奇仪匜离吹为等字是也……若本阿字长音，虽曼音转移，无由有此转变，此音理之自然”。

太炎先生说的第一条儿，是他学的梵文长 ā 念 a 音，短 a 不念 a 音。语堂先生《再论歌戈鱼虞模古读考》说，章氏说短 a 念短 ö，像北京歌字音略加圆唇。咱们能肯定的是，太炎先生说，他学的梵文音长 ā 念 a 音，短 a 不念 a 音，没有长音 ā 跟短音 a 的单纯长短对立。汪荣宝先生的《论阿字长短音答太炎》反驳太炎先生的意见，他拿六朝和唐代几位译经师给悉昙字母的对音表证明，跟可以区别梵文的 i 和 ī、u 和 ū 一样，译经师也能分别 a 和 ā，有单纯长短音的对立。

	a	ā	i	ī	u	ū
昙无谶译大般涅槃经	噁	阿	亿	伊	郁	优
僧伽婆罗译师利问经	阿	长阿	伊	长伊	憂	长憂
不空译文殊问经	阿上	阿引去	伊上	伊引去	坞上	污引
不空译金刚顶经	阿上	阿引去	伊上	伊引去	坞	污引
玄应大般涅槃经音义	褱	阿	壹	伊	坞	乌
慧琳大般涅槃经音义	榱 阿可反	啊 阿箇反去声	賢 伊以反伊上	縊 伊异反伊去声	坞 乌古反	污 坞固反

昙无谶对 a 拿入声铎韵噁字对音，是利用它主元音 a 听觉上的短促，跟对长 ā 用平声歌韵阿字形成长短 a 对比。僧伽婆罗跟不空拿阿字对 a，用长阿或者阿引对 ā，明明白白告诉咱们，a 和 ā 音值相同，音长不一样。至于太炎先生说他跟印度学者学的梵文 a、ā 音不同，唐钺先生的《歌戈鱼虞模古读的管见》说，他向印度梵文专家问过，得知章氏所闻是一种方音，不能拿来讨论古梵文，古梵文的 a、ā 都读本音。

太炎先生说的第二条儿是上古音歌部里有一批字中古转入支韵系，比方说，皮、施、奇、仪、匜、离、吹、为等，在唐韵里转入支韵系。支韵系是伊字韵（按，元音是 i）。他认为上古歌部读长 ā 就没有理由变成后来的伊（i）音。语堂先生的《再论歌戈鱼虞模古读》回答了章先生的质疑，他说："章先生未尝虑及齐齿呼的 a 音（即 a 前有 i 音 = ia）变为伊音乃极顺音理的事。其变更的程序乃由 ia 而 ie，然后由 ie 而 i，这就是支韵自周秦至隋唐变迁的历史。"①

赞成汪先生上古有 a 音说的学者也有人提修正意见。钱玄同的《歌戈鱼虞模古读考·附记》里说："因为三百篇中鱼虞模部的字和歌戈部的字画然有别，不相通用，所以知道它们并不同韵。"他推测，周代歌戈字读 a 韵，鱼虞模字读 o 韵。林语堂先生在《读汪荣宝〈歌戈鱼虞模古读考〉书后》说："今据汪君所说，汉魏以上鱼部既与歌部相合（同为 a），何以魏晋以下鱼歌的历史有不同呢？……若鱼部是读 a，何以不但周秦并且于汉魏时常与尤幽萧肴等部相转变呢？……我们假定鱼部普通为开 o 音（如英文 law 之 aw 音，音标为［ɔ:］，有的时候因前音的影响或因为方音不同变成合 o（音标［o］）。"②

汪先生的文章以及这场大辩论显示了新材料、新方法在古音研究上的长处，为汉语音韵研究开辟了一条新路。从具体成果来说，破除了汉语上古无 a 音的旧有见解、顾炎武《唐韵正》认为 a 音由西域传入的假说；汪、钱、林三位先生拟测的歌戈麻（部分字）古音念 a，鱼虞模麻（部分字）古音念 a 或者 o、ɔ，对后来学者的古音拟测有很大影响。比方说，王力先生的《汉语史稿》上册拟测上古音，歌戈麻（部分字）韵母主元音是［a］，鱼虞模麻（部分字）韵母主元音是［ɑ］；郭锡良先生《汉字古音手册》继承了王先生的拟音。王先生的《汉语语音史》拟测的汉朝音，歌部主元音是［a］，鱼部主元音是［ɔ］。

跟高本汉同期研究过汉语中古音的还有法国学者马伯乐（Henri

① 林语堂：《语言学论丛》，《林语堂名著全集》第 19 卷，东北师范大学出版社 1994 年版，第 153 页。

② 林语堂：《语言学论丛》，《林语堂名著全集》第 19 卷，东北师范大学出版社 1994 年版，第 137—147 页。

Maspéro），1920 年他发表了《唐代长安方言考》，跟高本汉争论唐朝长安音。他根据的资料有日译汉音、越南译音和唐代不空法师少量的梵汉对音。他是用法文写的，当时没有汉语译本，在中国学术界没能引起应有的注意和反响。

2. 形成期

头一位用梵汉对音研究汉语古代声母的是罗常培罗先生。因为钱大昕、邹汉勋、章太炎说上古音知彻澄娘跟端透定泥不分，可是敦煌写本《守温韵学残卷》写着："端透定泥是舌头音，知彻澄日是舌上音"，《归三十字母例》也写着端透定泥跟知彻澄来的对立，这证明最晚在晚唐舌上音已经分化出来了。罗先生想追究知彻澄三母独立之后的音值。他的结论是知、彻、澄分别跟梵文卷舌音 ṭ、ṭh、ḍ 相当，读成舌尖后的塞音［ʈ］［ʈ‘］［ɖ］或者［ɖ‘］。1931 年他发表的《知彻澄娘音值考》用梵汉对音、藏译梵音、现代方音、韵图排列几个方面做了论证，其中梵汉对音的分量最重。所用的梵汉对音资料有两类，一类是梵文字母的译音，有《圆明字轮》舌音五母的译音和四十九根本字舌音五母的译音；另一类是佛典译名的梵汉对音。他一共搜集了 155 个含有舌音（linguals or cerebrals）的梵名，比方说，aṭali 对阿吒厘，知母字吒的声母对 ṭ；kaṭhina 对迦絺那或者羯耻那，彻母字絺耻的声母对 ṭh；avaṇḍa 对阿鑫荼，澄母字荼的声母对 ḍ。他统计的对音情况是：

ṭ 对音 51 个：知母 45　澄母 4　定母 1　穿母 1
ṭh 对音 11 个：彻母 7　知母 3　透母 1
ḍ 对音 36 个：澄母 31　定母 5
ḍh 对音 4 个：澄母 3　彻母 1
ṇ 对音 53 个：娘母 40　泥母 10　日母 3

罗先生主张知组应当念成舌尖后音，除了梵汉对音的根据，还有音理上的考虑。高本汉给中古知组的拟音是知［ȶ］、彻［ȶ‘］、澄［ȡ‘］，舌面前塞音。罗先生构拟的是知［ʈ］、彻［ʈ‘］、澄［ɖ］或［ɖ‘］，舌尖后塞音。罗先生认为，从音理上说，知上古 t > 中古 ʈ > 后来的 tʂ 是可能的；要是知上古 t > 中古 ȶ，后代的音怎么能变成 tʂ 呢？

高本汉先生跟罗先生的两种学说在中国音韵学界都有相当大的影响。王力先生《汉语史稿》接受高本汉的学说。李方桂先生的《上古音研究》接受罗先生的学说，指出高本汉的拟音有解释不了的问题，比方说高本汉给知组、照组的拟音：

	二等和三等
知	ȶ
彻	ȶʻ
澄	ȡʻ

	二等	三等
照	tʂ	tɕ
穿	tʂʻ	tɕʻ
床	dʐʻ	dʑʻ

李先生批评他，说：“依高本汉的学说，知彻澄娘跟照$_{二}$穿$_{二}$床$_{二}$审$_{二}$都是从上古的舌尖前音，受二等韵母的影响变来的，我们找不出适当的理由去解释为什么二等韵对于一种舌尖前音使它变成舌面前音如知彻澄等，对于另一种舌尖前音使它变成舌尖后音如照$_{二}$穿$_{二}$床$_{二}$审$_{二}$等。这种不同的演变在音理上也不易说明。”①

接下来拿梵汉对音研究汉语中古音声母的是陆志韦先生和李荣先生。陆先生 1940 年用英文发表的《汉语全浊声母是什么时候才送气的》利用梵汉对音证明，北方洛阳方言里 4 世纪以前不可能出现全浊声母读送气音。李先生 1951 年发表的《切韵音系》进一步用更多的梵汉对音材料证明，隋以前汉语全浊不送气。他先举例子证明，梵文有两套浊塞音，一套不送气，一套送气，汉语只有一套浊音，就不加区别地用这一套对译梵语的两套浊塞音：

① 李方桂：《上古音研究》，商务印书馆 2015 年版，第 7 页。

buddha	佛陀	並母字对 b
guṇabhadra	求那跋陀罗	並母字对 bh
deva	提婆	定母字对 d
dhūta	头陀	定母字对 dh
gunabhadra	求那跋陀罗	群母字对 g
ghoṣa	瞿沙	群母字对 gh

这能证明並定群确实是浊音，不能证明它们送气不送气。他又找着了对译梵文字母的材料，证明並定群不送气，其中最有说服力的是东晋法显、刘宋慧严的对音材料：

	ga	gha	ja	jha	ḍa	ḍha	da	dha	ba	bha
法显	伽	重音伽	阇	重音阇	茶	重音茶	陀	重音陀	婆	重音婆
慧严等	伽	重音伽	阇	重音阇	茶	重音茶	陀	重音陀	婆	重音婆

法显、慧严等对不送气的 g、ḍ、d、b 直接使唤汉语的群、澄、定、並母字，对送气的 gh、ḍh、dh、bh 要在群、澄、定、並母字上另外加注“重音”两字，明明白白告诉人们，汉语全浊不送气。

李荣先生还用梵文字母对音证明，《切韵》的日母音值不是高本汉拟测的［ńź］，应当是［ñ］（=［ń］）。他举证隋以前对 ña，竺法护用偌字，佛陀跋陀罗用壤字，无罗叉、鸠摩罗什、法显、昙无谶、慧严、僧伽婆罗、阇那崛多用若字。唐朝玄应、玄奘、智广都用若字，地婆诃罗、实叉难陀、善无畏都用壤字。大家都是拿日母字对 ñ［ȵ］。王力先生的《汉语语音史》魏晋朝北朝、隋—中唐音系给日母的拟音就用［ȵ］。

国内头一个用梵汉对音研究汉语一个历史时期声母、韵母音值和声调调值的是俞敏老师。1979 年俞先生在北京师范大学一次学术研讨会上发表了《后汉三国梵汉对音谱》。这篇力作再一次显示了新材料、新方法的优点。比方说，王先生的《汉语语音史》把汉语的语音系统划分成九个阶段：先秦、汉、魏晋南北朝、隋至中唐、晚唐五代、宋、元、明清、现代。各个阶段的声母、韵部基本都有拟音，唯独汉朝缺少声母拟音。

为什么？他说："关于汉代的声母，我们没有足够的材料可供考证，这里缺而不论。"① 王先生的做法体现了一位大家的严谨学风，同时也反映了靠传统的材料、方法有某些缺陷。俞先生用梵汉对音求证后汉三国的声母系统，在一定程度上弥补了这个缺憾。您证明后汉三国声母没复辅音；古无轻唇音；古无舌上音；娘日归泥；喻四对 y［j］，跟定母［d］音值距离很大；匣母一分为二，一部分跟群母相同念［g］，一部分跟喻三相同念 v［w］。文章列出了开头辅音表，凡是推论它有，没经证明的，加（　）：

k 见	kh 溪	g 群匣$_1$	ṅ疑
t 端	th 透	d 定	n 泥
p 帮	ph 滂	b 並	m 明
（ts）精	（tsh）清	（dz）从	
ṭṣ庄	ṭṣh 初	（ḍẓ）床	
y 喻$_{四}$		l 来	v 匣$_2$
ś审	ṣ山	s 心	h 晓

填补了汉语语音史研究上的一段空白。在声母音值的推定上，跟王先生《汉语语音史》相比较，俞先生的学说有自己的特色。比方说，匣母，王先生拟测从先秦到隋—中唐只有一类，念［ɣ］音，俞先生把后汉三国的匣分为两类，一类跟群一样念［g］，一类念成半元音 v［w］；喻四，王先生拟测先秦念［ʎ］，魏晋南北朝变成半元音［j］，俞先生认为后汉三国的喻母是ś的浊音。俞先生还有一项发明是用梵汉对音研究汉语声调的调值。汉语是声调语言，声调能区别音节的意义，比方说，mā 妈，má 麻，mǎ 马，mà 骂，造成不同声调的决定性因素是音高的变化。过去研究汉语古音声调的文章凤毛麟角，推测调值的文章尤其罕见，根源就是记录汉语声调情况的古文献少，早期的相关文献对各个声调的音高变化又缺乏清楚的描写。比方说，日本了尊和尚《悉昙轮略图抄》卷一引《元和新声韵谱》说："平声者哀而安，上声励而举，去声清而远，入声

① 王力：《汉语语音史》，商务印书馆 2007 年版，第 88 页。

直而促。”平声音高如何？看不出来，上声似乎音高比较高，去声好像说音长更长，入声音长短。俞先生说：“印度人念吠陀，用一种声调重音，和希腊人、原始拉丁人一样。带重音的音节用高调 udātta，不带重音的音节用低调 anudātta。”咱们正好儿可以利用古汉语译音字四声在梵词带重音音节和不带重音音节上的分布规律，研究汉语四声的调值。您的结论：后汉去声是低调，平声是高调，入声字高低调都有。

以前，音韵学界对梵汉对音的关注不多，俞先生的论文发表后，逐渐引起越来越多的学者的关注。《后汉三国梵汉对音谱》是一部里程碑式的作品。1988 年第一版《中国大百科全书》语言文字卷收有“梵汉对音”辞条，它标志着一个新学科的形成。

美国学者柯蔚南（W. South Coblin）1981 年发表了《汉朝佛教徒对音方言札记》，用梵汉对音考证出后汉时期的汉语声母 24 个，元音有 a、â、i、e、ə、u、o，介音 j、r、w，韵尾阳声有 -m、-n、-ŋ，入声是 -p、-t［t、θ］、-k。他基本上是在印证高本汉给《切韵》音做的拟测。他的论文是用英文写的，加上那时候缺乏交流，在大陆语言学界没有产生应有的影响；在国外，他对梵汉对音学科的形成和发展有一定的贡献。

3. 发展期

20 世纪 80 年代以前，国内除了几位著名的语言学家，很少有人做梵汉对音研究，原因在于它需要研究者具备汉语和梵语两个方面的知识。为了薪火相传，俞叔迟老师从 1979 年到 1995 年，先后招收三批古汉语研究生。拿第一批研究生来说，您亲自讲解毛诗传疏和古音、《史记》《马氏文通》，指导研读《十九世纪欧洲语言学史》、高本汉《中国音韵学研究》，还亲自讲授梵语，请相关专家教授藏语、拉丁语等，为我们研究古汉语，特别是为研究梵汉对音打下了基础。您指导第一批研究生用梵汉对音研究唐朝音，刘广和研究不空译音、施向东研究玄奘译音、聂鸿音研究慧琳译音；第二批研究生用梵汉对音研究宋朝音，张福平研究天息灾译音，储泰松研究施护译音。俞先生为发展梵汉对音学科培养了一支学术队伍，这是不可磨灭的贡献。

由 20 世纪 80 年代初开始到目前，30 多年来，梵汉对音研究得到较快的发展。国内发表相关论文的作者多数是俞先生的弟子和再传弟子。

他们研究、拟测的汉语语音涉及两晋、十六国、南朝、北朝、隋唐、宋、元时代。他们的研究有利于探索汉语古代方言的面貌。比方说唐朝北方的汉语语音，梵汉对音材料清清楚楚地告诉咱们，北方的东部中原方言势力很大，北方的西部西北方言势力很大。玄奘是河南人，义净是齐州（北京或者济南）人，他们两位的译音系统一致，用的是中原音；不空是天竺人，十五岁随着师傅金刚智来到中国，开头儿学汉语的十几年主要在长安，学的应当是长安话，他的译音系统用的是西北音。比较这两派的译音能发现若干极有趣儿的方音差别。请看中原方音的声母系统：

帮 p	滂 ph	並 b	明 m		
非 pf					奉 v
见 k	溪 kh	群 g	疑 ṅ		
端 t	透 th	定 d	泥 n		来 l
知 ṭ	彻 ṭh	澄 ḍ	娘 ṇ		
精 ts	清 tsh	从 dz		心 s	
	初 tṣh			山 ṣ	
章 tś	昌 tśh	禅 dź	日 ñ	书 ś	
影 ʔ				晓匣 h	喻四 y

再看西北方音的声母系统：

帮 p	滂 ph	並 bh	明 mb	
非 pf				奉微 v
见 k	溪 kh	群 gh	疑 ṅg	
端 t	透 th	定 dh	泥 nd	来 l
知 ṭ	彻 ṭh	澄 ḍh	娘 ṇḍ	
精 ts	清 tsh	从 dzh		心 s
	初 tṣh			山 ṣ
章 tś	昌 tśh	禅 dź	日 ńdź	书 ś
影 ʔ			晓匣 h	喻四 y

这两大方言区的明显区别，头一个区别是明疑泥娘日五声母，中原

方音是单纯的鼻辅音 m、ṅ、n、ṇ、ñ，西北方音是鼻辅音加上同部位的浊塞音或者浊塞擦音 mb［mb］、ṅg［ŋg］、nd［nd］、ṇḍ［ɳɖ］、ńdź［ȵdʑ］，因为西北方音明母字声母既对 m 又对 b，比方说迷字对 me 又对 be、么字对 ma 又对 ba、牟对 mu 而谋对 bu；泥母字声母既对 n 又对 d，例如泥字对 nai 又对 de、能字对 naṅ又对 daṅ、努字对 no 又对 do、那字对 na 又对 da；娘母字声母对ṇ 又对ḍ，比如腻字对ṇi 又对ḍi、聂字对ṇap 又对ḍap、拏字对ṇa 又对ḍa；日母字声母对 j［dʑ］又对 ñ、ṇ、n。日若惹而耳入孺乳染髯穰等十六个字声母对 j，其中穰惹也对过 ñan、ña、ṇya、nya；疑母字仰鼻声呼对译字母ṅa［ŋa］，虞愚玉语儗诣艺屹彦俨巘业虐孽等二十九个字声母对 g。二一个区别是全浊声母读音不同，中原方音並群定澄从五个声母是不送气的 b、g、d、ḍ、dz，西北方音是送气的 bh、gh、dh、ḍh、dzh。第三个区别是中原方音唇音並奉分化，並母对 b，奉母对 v，微母字在玄奘译音里只用过物文两个字声母对 m，跟明母牵连；西北方音不单是並奉分化，微母字在不空译音里还跟奉母混合，声母同对 v，比方说奉母的奉对 vaṃ，吠对 ve、vai，梵对 vaṃ，筏对 vat，罚对 vas、vaj，微母的微对 vi、vy，尾对 vi、ve、vai，舞对 vo，刎对 vaṃ，挽对 van、vaṃ 等。这个现象证明，西北方音唇音分化的步伐走得更快。再看韵母系统，西北方音跟中原方音梗摄里头有一个明显的区别，西北方音丢了鼻音韵尾ṅ［ŋ］，中原方音没有这个现象。比方说咒语译音：

	grasani	kāñcanī	dume	pacani	mohani	pūrṇe
义净	揭喇散腻	干折泥	度谜	钵者你	谟汉你	哺嘾泥
不空	仡啰二合萨宁	建左宁	努铭	钵左顊	谟贺顊	布啰儜

宁顊铭是青韵系字，应当有ṅ［ŋ］韵尾，对音只对元音 i 或者 e；儜是耕韵字，韵母应当对 eṅ，只对 e，同样失落ṅ［ŋ］韵尾。“敦煌曲子词”字音能反映唐五代西北方音，《捣练子》有句“辞父娘了进妻房”，另一个抄本把“妻房”抄成“清房”，把清读成妻，丢了［ŋ］尾，跟不空的梵汉对音相映成趣儿。

俞先生的弟子们所做的梵汉对音研究的主要情况介绍如下。

刘广和1998年申请教育部人文社会科学研究“九五”规划项目“两晋南北朝汉语语音研究”（项目批准号：98JAQ740012），2009年经教育部社会科学司审核批准结项（结项通知书编号：2009JXZ403）。这项研究填补了梵汉对音研究上的一段空白。过去有少数学者依靠韵文、韵书、音义书研究过这个时期的韵部、声母系统，对声、韵分类做了很多工作。我们利用梵汉对音材料可以分开南方、北方，分别不同朝代，观察研究汉语各个声母、韵部的音值。刘广和主持研究，分工负责西晋、东晋、南朝的宋齐和梁陈四部分，施向东负责十六国、北朝两部分。刘广和发表的相关论文如下：《西晋译经对音的晋语声母系统》《西晋译经对音的晋语韵母系统》《东晋译经对音的晋语声母系统》《东晋译经对音的晋语韵母系统》《南朝宋齐译经对音的汉语音系初探》《南朝梁语声母系统初探》《南朝梁语韵母系统初探》《不空译咒梵汉对音研究——唐代八世纪长安音探索》（曾在国内和日本分为《唐代八世纪长安音声纽》《唐代八世纪长安音的韵系和声调》《唐代不空和尚梵汉对音字谱》三篇发表），及《试论唐代长安音重纽》《〈大孔雀明王经〉咒语义净跟不空译音的比较研究——唐代中国北部方音分歧初探》《〈佛顶尊胜陀罗尼经〉大正藏九种对音本比较研究——唐朝中国北部方音分歧再谈》《元朝指空沙啰巴梵汉对音初探》《〈圆明字轮四十二字诸经译文异同表〉梵汉对音考订》《介音问题的梵汉对音研究》《梵汉对音》《研究梵汉对音材料须知》，等等。

施向东的相关论文如下：《十六国时代译经中梵汉对音》《鸠摩罗什译经与后秦长安音》《北朝译经反映的北方共同汉语音系》《玄奘译著中的梵汉对音研究》《梵汉对音与古汉语的语流音变问题》《梵汉对音与“借词音系学”的几个问题》《再谈梵汉对音与“借词音系学”的几个问题》，等等。

聂鸿音的相关论文如下：《慧琳译音研究》《番汉对音简论》《西夏佛教术语的来源》《番汉对音和上古汉语》《西夏的佛教术语》《〈文海〉中的梵语译音字》《“波罗密多”还是“波罗蜜多”》《梵文 jña 的对音》《论“八思巴字梵语”》《床禅二母佛典译音补议》《〈同文韵统〉中的梵字读音和汉语官话》《番大悲神咒考》《从梵文字母表的音译汉字看古代汉语的声调》《〈显密圆通成佛心要集〉里的梵语真言》《音韵学研究中

的梵汉对音法》，等等。

储泰松的相关论文如下：《梵汉对音概说》《鸠摩罗什译音研究（声母部分）》《鸠摩罗什译音的韵母研究》《施护译音研究》《梵汉对音与中古音研究》《梵汉对音与上古音研究》《中古佛典翻译中的“吴音”》《唐代的秦音与吴音》《唐代的方言研究及其方言观念》《等韵发音部位认知探源》，等等。

张福平的相关论文有《天息灾译著的梵汉对音研究与宋初语音系统》等。

尉迟治平是严学窘先生的高足，俞先生给第一批研究生讲梵语和梵汉对音的时候，他是旁听生。他的相关论文如下：《周隋长安音初探》《周隋长安音再探》《论隋唐长安音和洛阳音的声母系统》《论“五种不翻”——梵汉对音语料的甄别》《对音还原法发凡》《论梵文“五五字”译音和唐代汉语声调》《梵文“五五字”译音和玄应音的声调》《〈法华经·陀罗尼品〉梵汉对音所反映的隋唐汉语声调》，等等。

还有叔迟师的再传弟子和其他学者发表了一批论文，恕不一一列举了。

第二章

西晋译经对音与西晋音系[①]

第一节 声母研究[②]

本节利用汉译佛经的对音材料研究西晋声母系统，全文分三个部分。

一 引言

研究魏晋音的重要意义，丁邦新先生已经说过了。

到目前为止，研究魏晋音声母的成果凤毛麟角，丁先生做的也是韵部研究。原因很简单，用传统的方法研究，材料太少。研究晋朝声母，传统材料恐怕只能用反切，这个时期的韵书、音义书、字书大都亡佚，魏李登《声类》、晋吕静《韵集》辑本里音不多，晋吕忱《字林》辑本的音多一点儿，也没法儿跟《切韵》比。再说，根据《字林》音也只能笼统研究晋朝音，不能再分成西晋、东晋音。

反映魏晋音声母的传统材料少，是个薄弱环节。这个时期的译经对音可以“补天”，咱们可以根据确定的西晋译经文献研究西晋语的声母，汉译佛经这份文化遗产真算得上是“弥足珍贵”了。

译经的语言是一种什么性质的语言?

照着社会语言学的理论说，官场、宗教、课堂等正式场合流行的语言应当是一种语言的高变体，不会是在一个狭小区域使用的方言土语。

---

① 本章由《西晋译经对音的晋语声母系统》《西晋译经对音的晋语韵母系统》合并而成。

② 本节以《西晋译经对音的晋语声母系统》为题，发表于《中国语言学报》2001 年第 10 期，第 189—198 页。

由译经的意义和目的看，译经是宗教上极郑重的活动，意在弘扬佛法，应当采用当时的通语。

本节采用了哪些对音材料？

西晋经师竺法护、法规、法立、白（帛）法祖、聂承远、聂道真、安法钦、无罗叉、支法度、若罗严等人的译经对音材料。用竺法护的译音作主要依据，其余诸公的作补充材料。

为什么主要依据法护公的材料？

护公是译经史上著名经师，由《高僧传》的记载可以知道，他是西晋译经最多的人，一生译经一百六十五部，日本《大正藏》保存着其中的八十一部共一百九十九卷；他学识渊博，游学西域，"外国异言三十六种……护皆遍学……音义字体，无不备识"；"大赍梵经还归中夏"，译经对音是靠自己带回来的梵本；译经地点在敦煌到长安沿线。①

另外，再说几句跟对音材料有关系的话。对音里有 b 和 v 混乱的现象，原因有两个，一个是把历史上的 v 说成 b，现代印度方言也有这种例子；另一个是 b 擦音化，念成 v。对音里有清、浊辅音之间的混乱，比方 gotama 的 t 对浊纽昙字，是因为梵文两个元音夹着的清辅音特别爱浊化，t＞d。典型的例子是 danapati 对檀越，是 p 浊化成 b，b 擦音化变成 v，pat 念成 vat，自然对出云纽字越。涉及整理、分析材料的其他工作，先前都说过了。②

二　对音的情况和说明

先交代罗列材料的规矩。第一，先列出梵文，顺序照着印度人的习惯；ts 安排到 c 组是照顾对音实际，方便汉语学者看。第二，梵文后头的对音汉字分类排列，第 1 类（如 k_1）是不需要再加说明的对音字。其他类（如 k_2）是需要加上说明的对音字。第三，有又音而出现在不同声类的汉字前头加＊号儿。

（一）k 组

1. k_1加袈＊迦吉既谏＊骄羯劫金鸠驹＊拘　k_2诘崛竭伽含

①《高僧传》卷一，日本《大正藏》第 50 册。

② 参见俞敏《后汉三国梵汉对音谱》（《中国语文学论文集》，日本光生馆 1984 年版）及本书第三章第一节。

k_1是见之类。k_2里的诘，《篆隶万象名义》去质反，唐写本《切韵》（王三）、《广韵》《集韵》相同，都在溪纽，该对 kh，唯独梵汉对音对 k，显着怪，可是诘字今音念 jié，跟对音的 k 正好儿“一脉相承”。k_2的伽崛竭是群之类，含，匣类，它们对的 k 已经浊化成 g，道理在前一部分说过。伽竭崛含这么对音大多继承汉朝旧译。

2. kh_1佉　kh_2祇

kh_1佉属溪类；kh_2祇属群类，对 kh 的浊化音 gh。

3. g_1伽 * 迦犍揵憍 * 骄偈竭䵷 * 拘俱掘崛乾桥 * 祇 * 耆瞿　g_2含曷恒

g_1群之类，g_2匣类开口字，后汉以来一直对 g。比如 anāgāmin 对阿那含。

4. gh_1伽揵

gh_1群之类，群类字对 g 又对 gh，证明西晋汉语群纽音不分 g、gh 两类。

5. $\dot{n}g_1$严

suraṃgam 对首楞严，汉译沿用。严字疑纽。

6. $kṣ_1$叉刹差羼　$kṣ_2$丘

$kṣ_1$初之类，这是西晋佛教徒把 kṣ 念得跟塞擦音［tʂ‘］差不多了。$kṣ_2$丘字属溪类，恐怕比丘对的不是正梵文 bhikṣu，是巴利式的 bhikkhu。

（二）c 组

1. c_1旃詹瞻遮真甄震至朱 * 阇

c_1章之类，阇字是对音常用字，《集韵》又音之奢切，属章类。

2. ch_1车　ch_2秦

ch_1车、昌类。ch_2秦、从类，可能对 ch 的浊化音 jh。虽说对 ch 的字只有这么可怜巴巴的两个，可是打东汉到东晋，车秦一直能对 ch 音。①

3. j_1逝殊 * 阇 * 祇 * 旬　j_2阎逸阅

j_1禅之类。阇《广韵》《集韵》有禅纽音。祇耆旬在《经典释文》里头都有禅纽音一读。《诗·何人斯》“俾我祇也”，祇，《释文》：“郑上支反”；《诗·楚茨》“神耆饮食”，耆，《释文》：“市志反”；《易·丰》

① 参见俞敏《后汉三国梵汉对音谱》及本书第三章第一节。

“虽旬无咎”，旬，《释文》：“王肃尚纯反”。j_2以之类，可能是 j 擦音化之后音色跟 y 混淆了。现代孟加拉文把梵文的 y 念成 j，由另一个方向混淆 j 和 y。

4. jh_1阇

阇字对 j 又对 jh，是禅纽不分 j、jh 两类。

5. ñ$_1$若然

若然，日之类。

6. jñ$_1$ 旬

旬字有禅纽音。

（三）ṭ 组

1. ṭ$_1$吒　ṭ$_2$椎槌

2. ṭh$_1$絺　ṭh$_2$吒提

ṭ$_1$吒，知类字，ṭ$_2$椎槌，澄之类，对ṭ浊化成的ḍ。ṭh$_1$絺，彻类字。ṭh$_2$知类吒字是例外，可是 akaniṣṭha 的ṭha，西晋竺法护、安法钦，东晋法显、佛陀跋陀罗，南朝僧伽婆罗全都用吒字对音，绝不是偶误，可能这个音的卷舌动作减弱了它的送气成分，在佛教徒的相传读音里成了 akaniṣṭa。提字对的是ṭh 的浊化音ḍh 或ḍ。

3. ḍ$_1$茶荼长苌　ḍ$_2$①跎；②陀梨

ḍ$_1$澄之类。ḍ$_2$①：知纽，该在ṭ组，对音只是混淆了清浊。②陀，定纽，竺法护用陀对ḍ一类音二十见以上，安法钦、聂道真用陀对ḍ各见一次。梨对ḍ是梵文ḍ > l。

4. ḍh$_2$黎勒

ḍh 对来纽黎勒，也是变读成 l 了。

5. ṇ$_1$尼奴　ṇ$_2$那奈耨

ṇ$_1$娘之类字，ṇ$_2$泥之类字，泥、娘同对ṇ，而且“势均力敌”。

6. ṇḍ$_1$匿　ṇḍ$_2$陈

匿，娘纽字念ṇḍ，鼻音带浊塞音成分。陈，澄纽字，该对ḍ，也对ṇḍ，可能 kauṇḍinya 里头的ṇ 音弱化了，后汉三国以来这个梵词的ṇḍin 音经常对陈。

（四）t 组

1. t_1怛单忉得登兜多哆＊提　$t_2$①达潭头陀地；②罗梨勒；③旃支致

t_1端之类，提字《集韵》又典礼切，属于端类。$t_2$①定之类，对 $d < t$，②来之类，$l < d < t$，③旃支，章之类，译名迦旃延、辟支佛沿用后汉的。致，知类字，avaivarti 对译阿惟越致菩萨，假定 t 受前头 r 的卷舌作用影响念成ṭ，致对ṭi 再合适不过了。

2. th_1 ＊突　th_2萨沙

th_1突有透类音。th_2萨沙对音很怪。释迦牟尼佛通号是如来，如来的梵音是 tathāgata，假定对怛他阿竭或者多陀阿伽陀，那就顺了，可是竺法护对怛萨阿竭，聂道真对怛沙竭，可能念这个极常见的词儿，有些佛教徒把 tathā 念成 tatsā 或者 tasā。这种 th、s 的替换不是不可能的，波斯人发祥地 Parthia，在希腊文里是 Perses。

3. d_1达大逮调豆檀坛昙填头投驮陀 ＊提 ＊突　$d_2$①堤坻；②蝉禅；③翼

d_1定之类。$d_2$①端之类，混入浊音；②蝉，禅之类；③翼，以类。②、③在声母讨论里说。

4. dh_1沓檀昙提田头陀图　dh_2禅

dh_1定之类，定纽同对 d、dh，无 d、dh 之分。dh_2禅纽。

5. n_1那棕纳男难泥涅耨　$n_2$①拿尼腻匿；②如

n_1泥之类。$n_2$①娘之类；②日之类，如字对 nya 源于后汉。

6. ts 蹉

蹉，清类字，佛教徒已经把梵文 ts 念成［ts‘］。

（五）p 组

1. p_1般贝毕辟薜宾邠波钵博不布 ＊跋 ＊拔　$p_2$①分弗富；②毗婆匐蔔；③和惒洹旬；④越卫维。

p_1帮之类。$p_2$①非之类；②並之类，对 $b < p$；③匣之类，旬字是訇之误[①]，对 $v < b < p$；④云之类，维字《切韵》音系属于以类，对音入云类，对 $v < b < p$。

2. ph_1颇。颇，滂之类。

3. b_1盘盆仳鈚萍菩　$b_2$①梵佛浮；②钵惟

---

① 慧琳《一切经音义》十：“旬字本从目，音悬……盖书写误耳。”

b_1 並之类。$b_2$①奉之类；②钵对 bar，袭用汉译，惟所对的 b 实际发音是 v。惟，《广韵》在以纽，对音入云纽。

4. bh_1 ＊跋＊拔飚比毗婆菩　$bh_2$①浮；②波惟。

bh_1 並之类，$bh_2$①奉纽字；②波字对 bh 一见，许是婆抄刊之误；惟字对 bh，可能有一派教徒念 abhisaṃbuddha 把 bhi 念成 vi。

5. m_1 曼慢昧门弥密蜜藐摩磨魔末牟目　m_2 蔓文无勿

m_1 明之类。m_2 微之类。

6. mb_1 弥。弥，明之类。

（六）其他

1. y_1 夷翼阎盐炎衍焰延夜＊耶由俞喻逾阅　y_2 术邪

y_1 以之类。y_2 术有船邪二纽音；邪耶隶古定以前只有邪字，《说文》音属以类。

2. r_1 赖兰蓝岚类棱离梨犁蠡利荔羚连练留娄楼罗伦仑律

r_1 来之类。

3. l_1 兰离梨犁利羚连陵楼卢罗

l_1 来之类。来之类同对 l、r 是没有 r 音。

4. $ṛ_1$ 勒　$ṛ_2$ 夷

ṛ有一派发音为 ri，对来纽勒合适。以纽夷字对ṛ，在声母讨论里说。

5. v_1 和恕洹桓会　$v_2$①为卫围韦于域曰越云芸；②唯惟维；③鼻毗薄频婆；④梵附；⑤随

v_1 匣之类。$v_2$①云之类；②以之类，对音入云纽；③並之类，把写成 v 的念 b；④奉之类，也是念 v 为 b；⑤随，是隳之误？隳、晓纽。

6. $ś_1$ 奢舍扇商尸世贳释首输　$ś_2$ 夷翼耶葉育悦　$ś_3$ 术师

$ś_1$ 书之类。$ś_2$ 以之类，ś浊化音ź［ʑ］容易混同 y［j］。$ś_3$ 术，船之类，对ś的浊化音；师，生之类，该对ṣ。

7. $ṣ_1$ 裟＊沙师瑟率　$ṣ_2$ 术属

$ṣ_1$ 生之类。$ṣ_2$ 术，船纽、邪纽，属、禅纽，同对浊化的擦音。

8. s_1 莎萨塞三僧娑私斯苏宿孙修须＊沙　$s_2$①尸深；②刹

s_1 心之类。$s_2$①书之类，该对ś；②刹，初纽字，该对 kṣ，法矩对 s（sat），有两种可能：也许是萨字之误，或者是法矩的方音刹字声母念 s。

9. h_1汉呵诃醯希休　h_2睺

h_1晓之类。h_2匣之类，混入晓类。

10. $Ø_1$阿安奄鸯伊因沤乌郁　$Ø_2$盂

$Ø_1$影之类，对译梵文没有辅音开头$_{儿}$的元音或者音丛。$Ø_2$盂字匣类，应当有声母 v，对音没有，存在两种可能：一个是盂字读音为 v 加上一个圆唇高元音，音色跟 u 很近，拿盂对 u 是音近代替；另一个是盂字失去了 v 声母。

三　声母的讨论和声母表

先按五音讨论声母。

（一）唇音

帮、非对 p，滂对 ph，並、奉对 b、bh，明、微对 m。这还是“古无轻唇音”。

全浊並纽到底是不送气 b，还是送气的 bh？恐怕还是陆志韦、李荣的不送气说合适①。以下凡是碰上全浊的这个问题就不再重复了。

明纽弥字对 mb，娘纽匿字对ṇḍ，疑纽严字对ṅg，都是鼻辅音带上同位的浊塞音，这个现象值得注意。从东汉对音一直到东晋对音都有零星的例证，唐朝西北音对音有大规模的、规律很强的证据②。西晋对音例证少，暂时不断定鼻声母同时有 m 和 mb、n 和 nd 等两套读音。

（二）舌音

端组一般对 t 组，知组一般对ṭ组。

端、知二组分别清楚；透、彻二组不相混；定、澄二组有二十三个对音字，只有两个定纽字对了ṭ组音，提对ṭh 一见，可是提对 d、dh、t 二十几见，陀对ḍ两见，可是陀对 d、dh、t 二十几见，混类现象所占比例较低。咱们可以说，西晋语端透定跟知彻澄大体上分开了。

泥、娘二纽纠缠比较多。对ṇ 的，娘、泥纽各有三个字；对 n 的，泥纽八个，娘纽四个。混淆比例很大，泥、娘没分开。

---

① 参见陆志韦《古音说略》，《陆志韦语言学著作集》（一），中华书局 1985 年版，第 8 页；李荣《切韵音系》，科学出版社 1956 年版，第 119—122 页。

② 参见本书第六章第二节。

（三）牙音

见 k，溪 kh，群 g、gh，疑ṅ（ṅg）。没有什么可讨论的。

（四）齿音

1. 章组一般对 c 组音。章对 c，昌对 ch，书对ś，都很清楚。昌类只有个车字似乎太孤单，东晋对音跟西晋一致，东晋有阐车掣昌等四个昌纽字对 ch，可以参证①。禅多数对 j，念塞擦音，可是禅类属字跟船类术字都对了ṣ，念摩擦音，属术这一对儿例证至少让我们想到两点：其一，西晋禅纽字可能有塞擦和擦音两种声母；其二，西晋可能船、禅二纽有的字同音了，这可太有意思了，晚些时候南朝的颜之推（531—?）批评南方人船禅不分②，而西晋北方话可能早就有了。对音还证明，从后汉一直到唐朝禅纽一般对 j，念塞擦音，跟后来等韵图安排的音韵地位不一致。

章纽旃支对 t，禅纽代表字禅对 dh，后汉如此，可是禅纽蝉字后汉没对过音，聂道真用它对 d，也许是西晋有些言语社团或者有些地方章组字还有塞音一读。

日纽对 ñ，发音部位在 c［tç］组。

2. 庄组独立了。初纽 kṣ有了，生纽ṣ有了。庄、崇二纽也应当产生了，它们没有在对音里出现，是梵文里没有像［tʂ］［dʐ］的辅音。章组（照三）和精组对音一般不跟庄组（照二）混淆，从另一面证明庄组独立。

3. 精组是上古就存在的音，普通拟测成［ts］组音，梵文没有［ts］［dz］，精、清、从三组的字西晋和东晋对音里难得见着。西晋拿从纽秦字、东晋拿秦和清纽蹉字对 ch，是音近代替。心纽对 s，清清楚楚。

邪纽，邪对 y［j］，术有邪纽音也对 y，读入以纽，可见没有独立的邪纽。

（五）喉音

影纽字今音普通念阴平，它应当有个清辅音打头儿，可以拟成［ʔ］。

晓纽念 h，没有例外。

匣纽情况复杂一点儿，它一分为三。匣纽合口字和会洹等对 v，开口

---

① 参见本书第三章第一节。

② 《颜氏家训·音辞篇》："则南人……以石（禅）为射（船）……以是（禅）为舐（船）。"（王利器：《颜氏家训集解》，上海古籍出版社 1980 年版，第 474 页。）

字一部分比如曷含恒对 g，开口字另一部分比如河睺对 h。匣合口对 v 跟云组合口一致了，匣开口对 g 跟群纽混一了，匣开口对 h 跟晓纽难分了。俞敏师根据后汉三国对音把匣纽劈成匣$_1$g、匣$_2$v，这是最忠实于材料的拟音，它不光是严格“考古”，“审音”上也通得过，今天的广州话云域为等云纽合口字、和会还等匣纽合口字都念［w］。多数音韵学者把匣$_2$拟成［ɣ］，用它也能解释 v［w］，匣合口有 u 介音造成的撮唇［$ɣ^w$］，听觉上接近 v。咱们根据材料再加上个匣$_3$h，它混入晓纽，既然目前没有办法区别匣$_3$h 和晓纽 h，只能先合二为一，把这部分匣纽开口字看成晓匣合流的先驱，它们表现出词汇扩散式音变。

云纽合口对 v，跟匣$_2$合流，证明了“喻$_三$入匣”。西晋对音是喻$_三$合口归匣纽合口。

以纽一般对 y。其中翼字也对过 d，可能当时翼字有两读，念 d 正是“喻$_四$归定”，夷字对 ṛ（=ri），跟来纽字凑热闹，由这$_儿$想，王力先生把先秦的以纽拟成舌面边音［ʎ］有一定道理①；西晋时代以纽音的摩擦成分可能比较明显，夷翼育对 ś 的浊音都能暗示这一点，咱们从众把喻$_四$拟成 y［j］，实际上的音可能比这个半元音的摩擦要重。

由刚才的讨论可以做出以下的归纳：西晋没有娘、邪，共有三十四个声母；其中二十九个有直接证据，五个声母可以推论出来。

下头是西晋语声母表，推论的声母标 * 号，分布在三处的匣纽加（　）号。

p 帮	ph 滂	b 並	m 明		v 云（匣$_2$）	
t 端	th 透	d 定	n 泥			l 来
ṭ 知	ṭh 彻	ḍ 澄				
k 见	kh 溪	g 群（匣$_1$）	ŋ 疑	h 晓（匣$_3$）		ʔ 影
* ts 精	* tsh 清	dz 从		s 心		
*t̤s̤ 庄	t̤s̤h 初	*d̤z̤ 崇		ṣ 生		
tś 章	tśh 昌	dź 禅	ñ 日	ś 书	*ź 船	y 以

① 王力：《汉语语音史》，中国社会科学出版社 1985 年版，第 18 页。

第二节 韵母研究[①]

一 引言

西晋译经的梵汉对音材料能够反映公元265年到316年的汉语语音状况。下面接着研究晋语的韵母系统。

看梵汉对音材料，得注意两个问题，一个是后代沿用古译，另一个是音近代替。

译经对音里头有的人名儿翻译有相当顽强的生命力。比方说，随侍释迦牟尼的两大菩萨之一，梵名 mañjusrī，自从后汉三国译成文殊师利，到今天一千多年了，咱们还管他叫文殊菩萨，现如今除了像广州话那样的方言管文叫［mɐn］，别的地方文的声母早都不念 m 了。唐朝高僧玄奘、不空已经改译成曼殊师利，玄奘特别声明：译成文殊，“讹也”。可是谁说也没用，既然文殊“古已有之”，叫顺嘴儿了，不管汉语音变化没变化，这个古译照用不误。咱们当然不能用“文殊”研究20世纪汉语语音一般状况。

任何有不同语音系统的两种语言之间，做音译往往做不到个个儿等值，有时候迫不得已就用相近的音代替一下。细琢磨音近代替现象，可以分成两种情况，一种是同一个汉字对译梵文相近的两个音，另一种是梵文的同一个音节对译两个读音相近的汉字。前一种情况，比如印度的梵文学者认为元音 i、e、ai 音近相关，i 的加强（guṇa）音是 e，再加强(vṛddhi)音是 ai；u、o、au 也是这种关系。梵文 i、e、ai 之间存在元音替换，例如名词“友人”是 mitra，形容词“友好的”就是 maitra。梵汉对音的时候，佛名儿 vipaśyin 对毗婆尸，国名儿 vaiśāli 对毗舍离，同一个毗字既对 vi，又对 vai。梵文 u、o、au 之间也存在元音替换。后一种情况，比如梵文的 su 这个音，对了苏、修两个汉字，苏、修韵母不同可是相近。

另外，对音材料累代传抄，容或有“鲁鱼亥豕”。由梵文方面看，字

---

① 本节以《西晋译经对音的晋语韵母系统》为题，发表于迎澳门回归、语言与文化学术研讨会编《芝兰集》，人民教育出版社1999年版，第186—202页。

形可能产生形近混淆，比方说天城体（devanāgarī）的मेme、मैmai，只差那么一点儿，मोmo、मौmau也是只差那么一点儿，ai少抄一画儿错成e，au少抄了一画儿错成o；反过来，e能错成ai，o能错成au。由汉字方面看，也能产生形近易讹，比方有一种大风叫vairambhaka，对音随岚，ram对岚合适，vai对随可能是抄错了汉字，随是邪纽字，怎么能念出v音？随可能是隓的错字，隓的异体堕隳都容易误抄成随。不过，隓《篆隶万象名义》《广韵》许规反，晓纽，假定晋朝隓隳堕有匣纽音，对v正合适，匣纽洹字就对vāṇ。

二 对音的情况和讨论

对音材料按摄分韵排列，这样方便考察汉语韵母。

（一）歌哿箇戈果过

歌戈两类主元音普通对a或者ā。

对音字有波颇婆摩魔磨多哆陀驮大那罗逻佉蹉莎娑阿诃呵和悉。

歌戈两类对音没有区别。《广韵》娑、歌韵，莎、戈韵，它们都对过sāgara里头的sā。《切三》《王三》正是歌戈不分。

婆字有一处对音得另作考察。[①]

（二）麻马祃

麻类主元音一般对a或者ā。

对音字有吒跎荼茶加迦袈伽叉沙裟遮车奢舍阇若耶邪夜。

麻类韵母跟歌戈类的对音流露出一些区别的信息。

头一个区别，歌戈类主元音对长a的多，比如pā，用戈韵波字对，不用麻韵巴字；hā音用歌韵呵诃河对，不用麻韵下遐对。这个不难解释。一般认为，歌戈韵元音是［ɑ］，麻韵元音是［a］。梵文长ā是十足的

---

① 安法钦译《阿育王传》（《大正藏》第50册，No. 2042，第99页）“频婆娑罗王子名阿阇世”，梁朝僧伽婆罗译作“频头娑罗”。玄奘《大唐西域记·摩揭陀国·无忧王地狱处》：“有阿输迦……王者，频毗娑罗，唐言影坚，旧曰频婆娑罗，讹也。王之曾孙也”。季羡林等《大唐西域记校注》（中华书局1985年版，第628—629页）认为，频毗娑罗Bimbisāra是公元前6世纪摩揭陀国王，他的儿子是阿阇世王；宾头娑罗Bimdusāra是孔雀王朝第一个国王的儿子，“玄奘可能在这里把他们弄混淆了”。实际上玄奘说到的是频毗娑罗和频婆娑罗。安法钦译频婆娑罗，婆如果不是错字，他承传的梵音就该是Bimbasāra。

[ɑ]，它的短 a 因为出现频率高已经磨损了，念 [ɐ] 或者 [ə] 什么的①，当然是拿歌戈韵的字对 ā 更合适。

二一个区别，麻韵对音有带 i 介音的，歌戈韵没有。比如，迦对 kya，若对ṇya。迦字跟家加嘉同音，《韵镜》列在二等，音韵学家很多人说，二、三等的区别在于 i 介音，二等没有，三等有。对音是三等若字有，二等迦字也有。咱们至少可以证明，前颚 i 介音存在。

（三）支纸寘脂旨至微尾未

1. 支类元音对 i、ṛ、e、ai、ye、ya、a。

对音字仳弥离祇蚔支斯为随（隳?）。

梵文ṛ有一派的念法是 ri，ri 音色是 i。《释文》音祇字有祈支反、上支反，是群纽、禅纽两读，祇字对音有 gṛ、ji，反映ṛ、i 音近。

2. 脂类元音对 i、ṛ、e、ai、ay、ya、it。

对音字鼻毗比鈚地致絺尼腻梨利耆师率至尸私伊夷惟维唯。

单看上头的材料，这两类简直混成一团了，可以用统计的办法看看它们的区别。先简化梵音类别，i 和ṛ（=ri）看成 i 类，e 和 ai、ya 什么的看成 e 类，然后计算 i 类和 e 在各韵系里占的比重。结果是，支韵系字全部对音音节当中，对 i 类的有 13 个，对 e 类的有 10 个，两者相差不太多；脂韵系字全部对音音节当中，对 i 类的 59 个，对 e 类的 13 个，i 类音占绝对优势。

3. 微类对 i、ṛ、e、ai。

对音字既希围韦四个字。

开口字既希对 i、ṛ，合口字围韦对 e、ai。

（四）齐荠霁祭咍海代泰

1. 齐类对 i、ṛ、e、ay。

对音字堤提泥犁黎蠡荔醯。

去声荔从后汉以来就对 ret。

2. 祭类元音多数对 a，个别对 e。

对音字罽世贳逝卫。

---

① 金克木：《梵语语法〈波你尼经〉概述》，《印度文化论集》，中国社会科学出版社 1983 年版，第 239—260 页。俞敏师面授我，短 a 有 [ə] 音。

它们对音往往带上 -s 或者 -t 尾。

3. 咍类元音对 e。

只有去声逮一个字。

4. 泰韵元音对 a。

对音字贝奈赖会。

它们对音也带着 -s、 -t 或者 -r 尾。

祭泰两韵对音字韵母大都是对 as、at 或者 ar，祭韵逝字对了 et。祭韵五个字所有对音都跟后汉三国译音一样，泰韵四个字大部分对音也是如此。是祭泰一部由东汉到西晋没发生变化，还是顺承古译而掩盖了祭泰派入去声的音变？单看西晋这几个字的对音，好像该说祭泰是入声，跟曷还没分开；再看看东晋对音，泰韵贝字念 bai，丢了入声尾巴，自然是归了去声，那么，似乎又难断定祭泰在西晋没出现这种音变。不过，有一点可以肯定，对音祭霁混淆，到西晋诗赋用韵里也找得着。[①]

（五）鱼语御虞麌遇模姥暮

1. 鱼类只有一个如字韵母对 ya，跟后汉三国读音一样，这个韵系的面貌不清楚。

2. 虞类对 u、o、au、a，对 ṛ 一见。

对音字附无拘驹句俱瞿须朱输恕殊俞逾喻于盂。

ṛ 有一派读音带 u，字母 ṛ 对鲁、留，附对 vṛ 属于这一派。

3. 模类对 u、o、a。

对音字布菩图奴（拏?）卢苏乌。

鱼虞模韵系对 a、ya 值得讨论。kauṇḍinya 对憍陈如，pañcavārṣika 对般遮于瑟，pūrvavideha 对弗于逮，buddha 对浮图，如念 nya，于念 vā/va，图念 dha，后汉如此对音，西晋承袭了。说上古音鱼虞模主元音是 a 没有问题，单凭几个例子说西晋音它们主元音还是 a 就有问题了。问题在于不能解释同类的字大量对 u、o。鱼虞模对 a、ya 可以做两种推测，一个是把它们看成纯粹的顺古，到今天咱们不是还常说一句俗语，“胜造七级浮图”吗？另一个是猜想它们当中也许有变之未尽的落伍者，用词汇扩散理论解释。

至于巴利语形式 kappina 对劫宾奴另当别论，另一个版本作拏，奴可

① 于安澜：《汉魏六朝韵谱》，河南人民出版社 1989 年版，第 246—247 页。

能是错字；假定奴字不误，那就可能是对变化形式 kappino。

（六）尤有宥侯厚候幽黝幼

1. 尤类元音对 u、o、a。

对音字牟浮富留鸠丘首修忧优休由。

佛教大自在天的梵音 maheśvara，对音摩醯首罗，首对śva。印度声明家把前头没有辅音的 v 念成唇齿音，前头有辅音的 v 念成双唇音，双唇音就跟［w］差不多了，像汉语 u 介音。首对śva［ɕwə］可以算音近代替。那位一出生就穿着衣裳的śāṇakavāsa，安法钦译成商那和修，像是主格词尾 as > o 而对修字。

2. 侯类元音对 u、o、av、a。

对音字兜豆头投瓫耨楼娄沤睺。

兜豆头投对过 a，后汉三国就有这类情况，都能用体声 as > o 的 Sandhi 现象解释。

3. 幽类只见过一个烋字，对 o。

（七）豪晧号肴巧效宵小笑萧篠啸

1. 豪类只有忉对 av 一例。

2. 宵类骄憍桥对 au、av。

3. 萧类只见一个调字对 ev。

（八）侵寝沁，缉

侵韵字深对 im，金对 um。

侵韵系对 im、um，从后汉直到 8 世纪，七百来年一直有，直到唐朝玄奘和尚还用金对 um，不空用朕对 im，禁对 um。音韵学者一般认为魏晋时期侵部念 əm，[①] 拿它解释对音的 im 还行，解释不了对音的 um。

对 um 能做两种解释。第一种是音近代替，带 - m 尾的音只能到闭口九韵译音字中去找，找不着合口字就只好找开口字了，下头标覃韵的昙字普通对 dam，也对 dum，属于同一类现象。第二种可能侵韵有 um 音，想想北方现代方言管舅舅的太太叫妗子，也叫舅母，妗在侵韵去声，可

① 侵部，各家归入的韵数不同，王力只归入侵韵系，丁邦新归并侵覃以及部分咸盐添东韵系字。参见王力《汉语语音史》，中国社会科学出版社 1986 年版，第 131 页；丁邦新《魏晋音韵研究》，中研院历史语言研究所专刊第 65 期，第 247 页。

是该念合口音 ium。

（九）覃谈咸衔盐严添凡，合盍洽狎葉业帖乏

阳声韵目太多，举平以赅上去。后边儿臻山梗通四摄也这么办。

1. 覃谈类对 am、ām，um 一见；合韵对 ap、as。

对音字昙潭男岚蓝三庵含；沓纳。

昙字对 dum 一见，上头说过了。

2. 盐严凡类对 am、rahm；葉业韵对 ap、alp、yap、up。

对音字梵詹赡盐阎炎焰严；葉劫笈。

笈对 gup 也能用刚才说的音近代替解释。

覃谈类对音没有 i 介音，盐严凡类对音流露出 i 介音来。葉śyap 的 i 介音清清楚楚，梵对 brahma 的 r 暗示了 i 介音；詹赡 cam 的 c［tç］跟 a 拼合的过程能产生过渡性 i 音，跟汉语詹［tçiam］音极相近；盐阎炎焰是以纽字，声母 y 后头 i 介音存不住，对梵音 yam 正相当。

（十）真谆臻文欣魂痕，质术栉迄物没

1. 真类对 in、ir、urn、in、an，质韵对 it、ṛt、il、ir、ik、ip。

对音字宾邠频陈邻甄真震秦因；毕密吉诘瑟逸。

邠对 pūrṇ，唇音 p 后接元音的时候可以产生过渡性 u 音，也可以吞没 u 音，pūrṇ跟 pṛn 音相似，就跟 pin 音接近了。

2. 谆类对 an，术韵对 ut、ud、uc、odh。

对音字伦旬，术类律。

谆类对开口音，相对的入声对合口音。

3. 文类对 uṇ、urn、ud、uc、ul、ajñ、an，物韵对 ut、ur、ud、up（t）。

对音字分文云芸，弗不佛勿崛爵。

4. 魂类对 un、an、a（p），没韵对 ur、uṣ。

对音字盆门仑孙，突。

谆文魂对 a 集中在唇音字上，比如文 man，门 man，云 vain（= van），是 m、v 后接元音的发音过程能产生过渡性 u。伦仑对 an，也许它们当时就有开口音的读法，听听现代方言就会同意这个猜想。旬念 jan、孙念 chan（或 san）是顺古，或者是音近代替。

（十一）寒桓删山元仙先，曷末黠鎋月薛屑

1. 寒桓类对 an、ān、aṇ、am、an、ar、rajñ，曷末韵对 at、ad、ar、

āl、ādh、ath，ud 一见。

对音字单坛檀难兰安汉般盘曼桓洹，怛达曷萨钵跋飏末。

般若与其说对 prajña，不如说是对了巴利式的 pañña。末字普通对 mat，聂道真对 mut 一见，也许是传抄之误，或者是他的方音。

2. 删山类对 an，鎋韵对 at、as、adh。

对音字慢谏羼，刹拔。

3. 元类对 an，月韵对 at、ar、al、adh、āṇ、ul。

对音字蔓犍，羯竭掘越曰。

贤者 aṅgulimāla 对鸯掘魔，掘对 gul，跟物韵崛 gup（t）一致，看来西晋掘字仍然不出屈字谐声系列，该放在物韵一类。

4. 仙先类对 an、aṇ、ān、ayan、yān、al、in；薛屑韵对 ath、ag、ak、ud、ir。

对音字连乾揵旃扇禅蝉然衍延填田练；偈悦阅涅。

仙韵连对 lyāyan（= lyān）、禅对 dhyān，先韵填对 dayan、田对 dhyān，等韵上的三等、四等字都有 i 介音。

（十二）唐荡宕阳养漾江讲绛，铎药觉

江、宕两摄对音字太少，放在一组说。

对音字长苌商上鸯都是阳类字，对 aṅ、yaṅ；薄博在铎韵，对 ak；藐在觉韵，对 yak。

阳韵主元音是 a，有 i 介音，对音显示得挺清楚。江韵只有一个入声藐字，先放一放。

（十三）庚耕清青，陌麦昔锡

总共出现三个对音字，青韵萍对 im，昔韵辟对 rat，释对 ak。

摩揭陀国王 bimbisāra 的 bim 在侵韵找不着並纽音，用並纽青韵萍字对音了，东晋译音换成並纽真韵频字，并非西晋 ŋ 尾跟 m 尾混，或者东晋 n 尾跟 m 尾混。萍字对音表现出元音是前高的。辟、释对音沿用了后汉的。

（十四）登等嶝蒸拯证，德职

1. 登类对 aṅ，德韵对 ak、ag、eya。

对音字登楞僧恒，德勒塞。

2. 蒸类对 iṅ，职韵对 ik、ak、ajik。

对音字陵，匿翼域。①

（十五）东冬钟，屋沃烛

屋韵对 ug、ukh、uc、up、us、ok、obh、aud、ak。

对音字匐蔔目鵰宿郁育。

屋韵主元音像是 u。

烛韵出现一个褥字。pūrna maitrāyaṇi 一般对分耨文陀尼，耨换成褥字一见，褥可能是错字。

三 韵母的讨论和韵部表

对音字没有出现或者出现极少的韵，前者比如之、沃、冬，后者比如鱼、觉，不讨论。

先谈阴声韵，后说入声和阳声韵。

（一）歌戈麻

通常归在一个部，叫歌部，韵母主元音拟成 ɑ，也有写成 a 的，都可以，反正是个音位式的描写。从对音看，麻比歌的主元音应当高或者靠前一点儿；从音理上说，麻受 i 介音影响可能会比歌高、前一点儿。

（二）支齐

支齐两个韵系（除了齐去声霁）对音相近，都对 i、ṛ、ei、ai（=ay），支还对 ye、ya。

支韵对 i 十三见，对 e 类十见，i 音色比较强。王力先生推测魏晋南北朝韵部音值为了系统性而拟支为 e。用 e 解释对音比较困难，咱们改成 ei，跟对音容易合拍。

我在推测东晋音的时候拟支为 e，拟齐为 ei，现在改支为 ei，支齐合为一个支部。

（三）脂微

脂韵系对 i 类五十九见，对 e 类十三见，i 音色比支部更强。王力先生拟脂为 ei，它强调脂比支 i 音色强，跟对音的表现吻合。可是咱们已经

---

① 杜鹃鸟叫 Kalaviṅka，对迦陵频迦，聂道真承传的梵音 la 后头产生鼻音尾，它也许是受 viṃ 远同化的结果。东晋法显也沿用这个对音。

让支占了 ei 的位置，跟王先生的脂 ei 顶牛儿了。丁邦新先生拟晋朝的脂为 əi，这个音能回避 ei，又能反映脂部一些字的上古来源，可是用 əi 解释脂部那么强的 i 音色不是很理想。可以改成 ɨi，拿 ɨi 解释 i、e 更合适。

微韵开口对 i、ri（＝ṛ），合口唇声母字对 e、ai。对音支持把韵母拟成 i、uəi。比如希念 hi，对 hi 当然可以；唇声母 v 能吞没 u 介音，韦念 vəi，对 vai 自然合适。

（四）祭泰

祭、泰，《切韵》列为去声，从后汉到西晋这两韵对带 s 尾或 t 尾的音，主元音是 a，西晋诗韵又有它们通押的证据，至少说明，它们的韵母极相近。既然目前的对音材料不能区分，只好把它们合为一部。它们有 t 尾、s 尾，应当算入声。

通常祭霁一部。霁韵荔字对 ret，是这种归纳的有利证据。

（五）虞模

严格地说，虞和模对音情况有差别。虞对 u 二十九见，对 o、au 十二见，u 音色更强。模对 u 三见，对 o 六见，o 音色偏强。怎么解释？咱们可以假设主元音是 o，模是 o，虞是 io，虞韵的 o 受 i 介音影响而偏高，音色接近 u。

（六）尤侯

尤侯两韵对音也是同中有异。尤对 u 二十九见，对 o 两见，u 音色明显地强，尤韵影纽字憂优一律对 u，对音支持咱们把尤的主元音拟成 u。侯对 u 十八见，对 o、au 八见，u 音色较强，可是 o 音很难忽略不计，由系统上说，侯也该拟成 u，那么，怎么解释那些 o？要是承认词汇扩散理论，可以猜想，这一部有些字的韵母开始 u＞ou，是两折化的先声。

（七）豪宵

它们的对音字都对 au，证明王力先生拟的 o 不大合适。

以下讨论入声、阳声韵。

（八）职蒸

由职蒸对 i、a 看，主元音拟成 ə 合适。三等带 i 介音，写全了是职 iək，蒸 iəŋ。

（九）德登

对音主元音都是 a。王力先生为了跟职蒸区别，给它们拟成 ɐk、ɐŋ，咱们的材料不能充分反映蒸登的这种差异，这是照着通常的另一种做法，把登德主元音也拟成 ə。

（十）锡耕

三个对音字对 i、a，青韵萍对 iṅ显示主元音是前高的。通常认为它们跟支相配，那么耕是 eṅ、锡是 ek。

（十一）铎阳

它们对音主元音是 a、ā，阳韵影纽鸯字对 aṅ，支持阳拟 aṅ，铎拟 ak。

（十二）屋东

屋对 u 六见，对 o、au 三见，影纽郁字对 ug，主元音定成 u 合适。

它们跟侯的主元音相同。王力先生排列的鱼屋东相配得改改了。

（十三）质真

质真主元音的 i 音色强。真对 i 十六见，对 a 四见，影纽因字对 in；质对 i 十见，对 ṛ（=ri）一见。韵母极接近 ɨn、ɨt，跟脂韵对音情况一致。真拟为 ɨn，质拟为 ɨt。

（十四）物文

文部包括文、谆、魂三个韵系，物部包含物、术、没三个韵。

它们主要对 u，也对过 a、o。对 u 二十七见，对 o 一见，对 a 十四见。物韵影纽欝字对 ut、ud 四见。对音流露出来，它们的韵母有相当于梵文 a 的元音，合口字有个很强的 u 音。文的韵母是 uən，物的韵母是 uət。

（十五）曷寒

对 a、ā 很清楚，寒部拟 an，曷部拟 at。

王力先生寒部包括寒桓删山，把元归到魂部，我们根据对音把元划归寒部。这是一个重要的分歧。

（十六）屑先

仙韵禅、先韵田都对 dhyān，跟田同音的填对 dayan（=dyan），仙韵连对 lyān，让咱们非得把仙先合成一部不可。仙韵旃字对 can 又对 cin 提示主元音不是十足的 a，可以拟成 ɛ。先是 ɛn，屑是 ɛt。

丁邦新先生把元韵纳入仙先部，是猜测元韵的元音没有寒韵那么低。咱们跟丁先生以元入山摄在大原则上一致，至于元随寒还是随先，是材料显示的面貌不同让大家产生了不同的认识。

（十七）缉侵

普通是侵拟 əm，缉拟为 əp。对音字少，提不出其他看法儿。

（十八）合覃

对 a、ā 一般拟音是合 ap 覃 am，对音支持这个学说。

（十九）葉盐

它们对音流露出 i 介音，葉对śyap，梵对 brahama 都有介音，对音情况允许咱们把这一批字从合覃里头分出来。

下面是各韵部拟音表，介音不写。

王力先生的《汉语语音史》拟测了魏晋南北朝韵母音值，列了一张表，给我们的研究提供了重要的参考资料。迻录如下，方便读者拿来跟我们的探索结果做比较。

王先生的魏晋南北朝韵部表：

阴声	入声	阳声
1. 之部 ə	2. 职部 ək	3. 蒸部 əŋ
	4. 德部 ɐk	5. 登部 ɐŋ
6. 支部 e	7. 锡部 ek	8. 耕部 eŋ
9. 歌部 ɑ	10. 铎部 ɑk	11. 阳部 ɑŋ
12. 鱼部 ɔ		
13. 模部 o	14. 屋部 ok	15. 东部 oŋ
16. 宵部 ou		
17. 幽部 u	18. 沃部 uk	19. 冬部 uŋ
20. 微部 əi	21. 物部 ət	22. 文部 ən
23. 脂部 ei	24. 质部 et	25. 真部 en
26. 灰部 ɐi	27. 没部 ɐt	28. 魂部 ɐn
29. 泰部 ɑi	30. 曷部 ɑt	31. 寒部 ɑn
32. 祭部 æi	33. 薛部 æt	34. 仙部 æn
	35. 缉部 əp	36. 侵部 əm
	37. 业部 ɐp	38. 严部 ɐm
	39. 合部 ɑp	40. 覃部 ɑm
	41. 葉部 æp	42. 盐部 æm

以下是西晋韵部表，出现对音字太少的韵部标 * 号，没有对音字或者不能肯定的韵部标/号，可能存在的读音加（　）号。

阴声	入声	阳声
之部/	职部 ək	蒸部 əŋ
支部 ei	锡部 ek	耕部 eŋ
歌部 a	铎部 ak	阳部 aŋ
模部 o		
侯部 u（ou）	屋部 uk	（东部 uŋ）
宵部 au		
	沃部/	冬部/
脂部 ɨi	质部 ɨt	真部 ɨn
微部 əi	物部 ət	文部 ən
	屑部 ɛt	先部 ɛn
	（泰部 at、as） 曷部 at	寒部 an
	缉部/	* 侵部 əm（um）
	葉部 æp	盐部 æm
	合部 ap	覃部 am

四　尾声

跟王先生魏晋南北朝韵部比较一下，西晋音各韵归部、各部拟音有些不同。

第一类是归部、拟音都有分歧的。

1. 王先生是职蒸一类，德登一类，主元音不同；西晋音是合职德蒸登为一类，主元音相同，区别就在于有没有 i 介音，自然得修改王先生的拟音。

2. 王先生是祭齐一部，西晋音是支齐一部；王先生拟支部为 e，咱们拟支为 ei。

3. 王先生物部只包括迄物两韵，文部只包括欣文两韵，西晋音物部有物术没三韵，文部包括文谆魂三韵，得取消王先生没部、魂部的拟音。

4. 王先生是质栉术一部，真臻谆一部，西晋音真韵一部，质韵一部，拟音也改 et 为 ɨt，en 为 ɨn。

5. 王先生祭、泰分立，列在阴声，两晋音合在一部，暂列入声，改为 at、as。

6. 王先生薛部含鎋薛屑，仙部含山仙先，西晋音屑部只含薛屑，先部只含仙先，主元音改为 ɛ。

第二类是归部有分歧的。

7. 王先生曷部有曷末黠，寒部有寒桓删，元入魂部，西晋音曷部又加上鎋月，寒部再加上山元。

第三类是拟音分歧的。

8. 王先生拟宵部为 ou，西晋音拟宵为 au。

9. 王先生拟屋为 ok，东为 oŋ，西晋音拟屋为 uk，东为 uŋ。

咱们跟王先生产生分歧的原因大概有两个。一个是他要照顾到魏晋南北朝三百六十多年期间的语音，咱们只管西晋这五十年左右的语音。另一个是根据不同，他的材料主要是韵文，咱们的材料是梵汉对音。

最后再说说西晋韵系的特点。

特点是比出来的。拿它跟汉朝音、隋唐音比，从音系面貌上看，它处在过渡状态。跟汉朝音比，它的韵部数量增多，比如汉代元部分成西晋的寒、先两部，月部分成西晋的曷、屑两部，汉代盍部分成西晋的合、葉两部，谈部分成西晋覃、盐两部。西晋音比汉朝音显着晚近。跟隋唐音比，它的韵部有的还需要进一步分化，比如宵部隋唐音分裂成豪、肴、宵，歌部分出歌、麻，等等；西晋音同屈旁的崛掘都在物部，隋唐音崛在物而掘入月。西晋音比隋唐音古老。

本节的研究只能算是西晋韵系的初步探索，若干问题还需要进一步的讨论。

第三章

东晋译经对音与东晋音系

第一节　声母研究[①]

打《说文》（121）到《切韵》（601）流逝480年，东晋（317—420）正在中游。为了摸索由汉到隋唐的语音演变脉络，应当考察东晋语的音系。

东晋的反切材料流传下来的不太多，其中存古或者方言因素又难剔除出去，不能不影响对某些声母分合的决断。当时译经的梵汉对音材料给我们认识晋语提供了一条新途径，能帮助突破那些反切材料带来的局限。

一　东晋语音系的性质和对音材料的说明

东晋语指东晋时代南方流行的通语。这个通语的音系基础可能是黄河中下游大中原方音，而洛阳方音的地位最突出。我们的推测有三个根据。头一个是历史背景，永嘉之乱导致西晋灭亡，司马睿南渡建立东晋，有百家世族地主集团随迁，老百姓流徙南方的数量更大。东晋政府登记在册的人口六分之一是北来侨民，至于豪强挟藏户口的北人也不会少。京都建邺（后改叫建康）的东邻南徐州（州治丹徒，今镇江市）一共42万多人，其中北来侨民22万，超出旧有人口2万多。[②] 那么多人形成的

---

① 本节内容以《东晋译经对音的晋语声母系统》为题，发表于《语言研究》1991年增刊。

② 谭其骧：《晋永嘉丧乱后之民族迁徙》，《燕京学报》第15期，第51—76页；又《晋书·山涛传孙遐附传》记余姚县令稽查隐瞒不报的户口，“到县八旬，出口万余”（中华书局1974年版，第1230页）。

大中原方言潮流扩散到京都和南方某些地区，喧宾夺主，这是可能出现的事。陈寅恪先生曾经根据若干史料推断东晋通语是洛阳一带的话。[①] 第二个是文献记载，当时的士人集团推崇洛阳音，读书人纷纷模仿谢安的“洛下书生咏”[②]。第三个是《大藏经》记载，《后出中阿含记》说前译“名不当实”，原因是“未善晋言”，而由僧伽提婆后译的本子可信，因为他在洛阳学习、研究四五年，“渐晓汉语”[③]，证明和尚译经传教也追求洛阳语音。当时南方恐怕存在双语现象（coexistences of dialects），晋语作为官场、宗教、课堂等正式场合的用语，土著的吴语作为这些正式场合以外的用语。颜之推说“易服而与之谈，南方士庶数言可辨。隔垣而听其语，北方朝野终日难分”[④]，就是因为南方士人集团说晋语而老百姓说吴语，北方人全都说晋语。另外，有材料能证明晋语在南方的影响极深，唐张籍（768—830）《永嘉行》说：“北人避胡皆在南，南人至今能晋语。”[⑤]

本节依据哪些个对音材料，可靠不可靠？我们采取了法显、佛驮跋陀罗、僧伽提婆、昙无兰、尸梨密多罗、祇多蜜和迦留陀伽的对音材料。拿法显、佛驮跋陀罗的对音当主要依据，其余各位的作为补充材料。《法显传》说他在中天竺住了三年“学梵书、梵语”（T51，no. 2085，p. 864b28－29），所带回的梵本大都出自此地。《高僧传》说佛驮跋陀罗是甘露净饭王后人，跟释迦牟尼同族（T50，no. 2059，p. 334b27－28）。他们二位又在京都建康（今南京市）道场寺合作译经。无论是他们的梵本、梵音，还是译经地的汉语语音，都足够可靠，因此就拿显、罗二公合译或分别主译的对音材料构成主体。其余各位的对音体系，跟显、罗体系基本一致，可以当补充材料。

出于种种原因，使用对音材料必须做整理和分析。一、校勘。比如

---

① 陈寅恪：《东晋南朝之吴语》，《金明馆丛稿二编》，上海古籍出版社 1980 年版，第 267—272 页。

② 陈寅恪：《东晋南朝之吴语》，《金明馆丛稿二编》，上海古籍出版社 1980 年版，第 267—272 页

③ 《后出中阿含记》：“招集门徒，俱游洛邑，四五年中研讲遂精，其人渐晓汉语，然后乃知先之失也……自是之后，此诸经律渐皆译正”（第 1 册，no. 26，第 809 页 b12－13）。

④ 王利器：《颜氏家训集解》，上海古籍出版社 1980 年版，第 473 页。

⑤ （唐）张籍：《张籍诗集》，中华书局 1959 年版，第 6 页。

外道六师之一摩息迦利正该对梵文 maskari，《中阿含》拉丁转写是后人做的，写成 makkhali，显然跟晋译不合，这类问题都根据《梵英辞典》、日本中村元《佛教语大辞典》《佛学大辞典》和季羡林《大唐西域记校注》等书做了订正。再比如富楼奚哆，拉丁转写是 rurohita，参照对音内部证据，富，非纽，对 p，可以断定 r 是抄刊之误，取 p 舍 r。二、存疑。比如外道六师之一梵名 kakuta - kātyāyana，汉译是波复迦旃延，《中阿含》拉丁转写是 pakudha kaccayana，第二个音节对音歧出，不知道是梵汉哪一方面儿有问题，这一类的存疑，俟方家指教。三、识别旧译。东晋上距汉末大约一个世纪，由于语音变化已经有同一个梵词的新旧不同译音，比如佛的儿子 rāhula，后汉三国译成罗云，显、罗合译“比丘戒本”叫罗睺罗，因为东晋云之类合口对 v，匣之类开口对 h，因此可以判定《法显传》叫罗云是沿袭旧译。四、分别梵巴。对音材料里有 pāli 文音的影响，比如般若，与其说是对梵文的 prajñā，不如说对巴利式的 paññа。五、注意音变。打汉译看，梵文有清音浊化、浊塞变擦等条件音变现象，比如耆阇崛山对 gṛdhrakūṭa，是两个元音夹着的清音 k 浊化成 g，念 gūṭ，因此对群类崛字；檀越对 danapati，是清塞音 p 浊化成 b，再擦音化念 v，vat 对云类越字。梵文有历史音变现象，比如四天王之一 vaiśravaṇa 对毗沙门，是 vaṇ 念成 maṇ；五大河之一 yamunā 东晋对遥捕（扶）那，是 mu 念成 bu，这种 b（v）和 m 混乱反映了古今音变带来的不同宗派或者地区的异读。至于 Whitney《梵文语法》第 50 节所讲的梵文 b、v 混乱，有历史音变问题，也有文字形近易混的问题。

二　对音的情况和说明

对音材料排列顺序照着梵文的习惯。各辅音的第一类对音字（如 k_1）都是正例，其余各类对音字（如 k_2）都是有疑问需要说明的。

（一）k 组

1. k_1 甘高歌吉羁羇迦加袈建剑蹇劫竭金紧鸠拘军觉憍　k_2 伽揵强含屈翅趐钦复

k_1 是见之类。k_2 伽揵强、群类，第一部分说过的 k 浊化成 g 可以解释它们。含、匣类，承汉译。屈（茨）出自《法显传》，思溪藏本注居勿反，读入见类。翅《类篇》又居企切、见类。翅，宋本《玉篇》许劣切、晓纽，是喉牙相通[①]；或者是翅的错字。钦，后汉和东晋对音都念不送气音。复字存疑，前头说过。

2. kh_1辆弃丘佉呿　kh_2祇

kh_1溪之类。kh_2祇，群之类，对了 kh 浊化成的 gh。

3. g_1伽奇耆祇乾健揵犍偈揭竭咎掘崛瞿渠群　g_2憍含于闲俱拘　gh 伽犍渠

g_1群之类。g_2憍，《类篇》又音渠娇切，群类。（阿那）含、于（阗）顺承古译。闲，匣类开口，对音入群类。俱拘、见类，是例外。g 和 gh 同对群之类，法显给根本字注音 ga 伽、gha 重音伽，为描写梵文送气音特别加上"重音"两字，是东晋语没有 gh 这种送气音[②]。下头碰上同类情况就不重复这种解释了。

4. ṅ俄　ṅg 疑严

ṅ和ṅg 都是疑之类。疑类对ṅg，可能是梵词 g 受了ṅ的同化，也可能是东晋语鼻声母有寄生的浊塞音。

（二）c 组

1. c_1者遮瞻薝旃真支枝脂质柘周斫照　c_2纯淳阇

c_1章之类。c_2纯《切韵》又音之尹反，淳《集韵》又音朱伦切，阇《集韵》又音之奢切，是章类。

2. ch_1阐昌车掣　ch_2秦磋

ch_1昌之类。ch_2蹉、清之类，秦、从之类，c 组是舌叶［tʃ］组音[③]，既能对章组的［tç］组音，又能对精组的［ts］组音。

3. j_1禅社阇逝殊树　j_2耆祇旬夷逸阅延　jh_1阇　jh_2耶

j_1禅之类。j_2耆祇旬都有禅类又音。耆，《诗·楚茨》"神耆饮食"《释文》音市志反。祇，《诗·何人斯》"俾我祇也"《释文》音郑上支反。旬《易·丰》"遇配其主，虽旬无咎"王肃音尚纯反。夷逸阅延是以之类，反

① 李登《声类》"以系（匣）音羿（疑）"，是喉牙相通。参见《颜氏家训·音辞》，王利器：《颜氏家训集解》，上海古籍出版社 1980 年版，第 487 页。

② 唐代西北方音全浊送气，对音格局不同。如不空以次浊声母对梵文鼻辅音和不送气浊塞音，比方泥对 ni、di；全浊声母对梵文送气浊塞音，比如伽 gha。参见本书第六章第二节。

③ Whitney，*Sanskrit Grammar*，Ginn and Company，Boston，1896，p. 16.

映塞擦音 j 擦音化读成 y。耶是后起字，古文字有邪无耶①，《广韵》“邪，俗作耶”，有邪类以类两读。

4. ñ 若然壤如　jñ 若　ñj 然

ñ 日之类。jñ、ñj 的 j 已经同化成 ñ，或者东晋语日类鼻声母带浊塞擦音。

（三）ṭ 组

1. ṭ$_1$ 吒咤胝　ṭh$_1$ 絺侘　ṭh$_2$ 陟吒

ṭ$_1$ 知之类。ṭh$_1$ 彻之类。ṭh$_2$ 知之类对成送气音，这种混乱后汉到宋代译经总能见着，大概 ṭh 受卷舌作用阻塞送气成分较弱，有时候容易听成 ṭ。

2. ḍ$_1$ 茶荼苌坻墀　ḍ$_2$ 罗琉　ḍh 荼

ḍ$_1$、ḍh 澄之类。ḍ$_2$ 来之类，所对是巴利文式 ḷ，比如梵文的 cuḍā，巴利文念 cūḷā，周罗正对后者。

3. ṇ$_1$ 拿纽尼　ṇ$_2$ 袲若那　ṇḍ$_1$ 匿陈　ṇḍ$_2$ 驎邻

ṇ$_1$ 娘之类。ṇ$_2$ 袲《切韵》裴务齐本女沟反，娘类。若，日类，对 ṇya 或许因为麻韵类当时也没有带 i 介音的娘类三等字，就拿日类字替代了。那，混入娘纽，一见。ṇḍ 顺承汉译，ṇḍ 由于同化作用读成 ṇṇ 可以对娘类匿，读为 ḍḍ 可以对澄类陈。ṇḍ$_2$，来之类，ḍ、l 混淆看 ḍ$_2$ 的解释。

（四）t 组

1. t$_1$ 单忉德得帝谛鞮斗多哆埵兜　t$_2$ 昙地提阗达头致竺支遮旃巾

t$_1$ 端之类。t$_2$ 昙至头这六个字是定之类，对 t 浊化成的 d。竺，知类，承古译。致，知类，对 t 可能卷舌化了②。支遮旃，章类，沿汉译，证明古音章组端组是一类。巾，存疑。

2. th$_1$ 梯偷鍮　th$_2$ 陀

th$_1$ 透之类　th$_2$ 对浊化的 dh

3. d$_1$ 达题提禘填昙坛檀头调陀驮堕突　d$_2$ 哆竺持　dh$_1$ 达大提缇沓田头图陀驮　dh$_2$ 阒塔禅

---

① 邪，金文作[illegible]，战国邪布；《说文》牙声。《切韵》王仁昫本、裴务齐本皆有邪无耶。

② 阿惟越致对 avaivartya，受卷舌 r 音同化，t 变成 ṭ。

d_1、dh_1定之类。d_2竺承汉译。哆、端类，持、澄类是例外，或者持是特之讹。dh_2闼，从达声，达、定类。墖《类篇》“又达合切，累土也”，在定类。禅，禅类，也证明章端两组古音是一类。

4. n_1那纳男南难泥涅耨瓮　n_2匿尼腻饶　nd 那

n_1泥之类。n_2匿承汉译。尼腻、娘类，饶、日类，都混在泥类。nd 参看ṅg、ñj 的解释。

（五）p 组

1. p_1巴茇卑蜱贝般簸博钵毕荜辟宾奔　p_2不弗富分邠　p_3颰婆槃匐默维和洹越

p_1帮之类，p_2非之类，东晋语唇音只有一类，正是“古无轻唇”。p_3婆颰槃、並类，匐、並类，对 p 浊化后的 b。默、明类，参看第一部分的 m、b 音变。和洹匣、匣类，越、云类，维、以类，对 p 浊化变擦的 v 音，到半元音组再详细讨论。

2. ph_1颇破　ph_2宾

ph_1滂之类。ph_2宾一般对 p，对 ph 一见。

3. b_1跋傍鞞昆鼻比陛频瓶萍贝婆薄菩旃　b_2梵佛浮　b_3波钵　bh 跋比毗颰婆薄槃

b_1、bh 並之类，b_2奉之类，並奉是一类。b_3钵顺古译。波一般对 p，对 b 一见，或许是婆的错字。

4. m_1满慢门邈摩磨魔末弥密蜜民牟木目　m_2无文物曼　m_3捕蒲扶　mb 弥民

m_1明之类，m_2微之类，明微不分。m_3第一部分说的对 yamuna 的 mu 那几个字，是 m、b 音变。mb（论）民（园）、明之类，梵文 lumbini，阿育王石柱铭文的方言音是 luṃmini，法显对音用“论民”，像后者的念法①。

（六）半元音、擦音及其他

1. y_1 夷逸炎盐延阎衍焰摇遥药耶夜余喻逾

y 是以类。

---

① 季羡林等：《大唐西域记校注》，中华书局 1985 年版，第 521 页。

2. r_1赖兰蓝劳牢勒类楞犁璃利厉隶丽砾连练邻楼留琉律卢罗逻轮伦 r_2那 l_1兰蓝勒椤梨离利丽连邻陵留卢罗逻螺论 l_2难

r_1、l_1都是来之类；汉语声母只有l，对r是音近替代。l_2、r_2泥之类，所对可能是巴利式的音。梵文 lāṅgala，巴利文念成 nāṅgala，n、l混淆。打汉语想，也可能东晋语里有n、l不分现象。

3. v_1和惒桓洹会 v_2韦卫于域曰越云芸 v_3傍鞞贝鼻陛比薄旆惟维阅随

v_1匣之类。v_2云之类，都是合口字，这就是"喻$_{三}$入匣"。v_3由傍到旆八个字是並之类，属于b、v混乱。惟维当时不是以之类，倒像跟帷一起归云之类；阅也不在以类，读入云类。顺承汉译随葉佛、随蓝大风的随字，邪类，不清楚它到底是有特别的读音，还是隳的错字。

4. $ś_1$ 尸湿施世贳式释睒商伤赊舍摄首输葉室 $ś_2$师沙耶夷

$ś_1$书之类。$ś_2$承汉译文殊师利的师字。译经对音里śa、ṣa、sa 三个音几乎全让沙"承包"了。耶夷对了ś的浊化音，夷字或者有书类音，《周礼》注："夷之言尸也。"

5. $ṣ_1$沙瑟师筛裟史瘦率 $ṣ_2$术

$ṣ_1$生之类。$ṣ_2$术、船类字，汉译就跟生类混；唐朝不空拿船类秫字对ś。由汉至唐，船类有一批字读擦音①。

6. kṣ叉刹差羼儭閦初刍

kṣ初之类，没有例外。东晋所传梵音把kṣ读成送气的塞擦音，k由于ṣ的同化，发音部位前移到舌头，ṣ的摩擦像送气，合二而一，变成近似［tʂʻ］的音。

7. s_1私斯肆萨塞三散僧薮娑孙洗悉先新修须荀 s_2沙删嗏 ts 蹉茨

s_1心之类。s_2沙《类篇》桑何切、心纽，删《类篇》相干切、心纽，都不是例外。嗏、澄纽，《中阿含》拉丁转写的音可疑。②

ts 蹉、清纽，茨、从纽。由《圆明字轮》译音观察，西晋就有人把ts念成一个塞擦音了，无罗叉拿蹉字对音。

---

① 唐代高僧实叉难陀梵名śikṣananda，实，船类对ś，不空和尚译经用船类秫字对śud。

② 嗏，即荼、澄纽，当对ḍa，或是跟sa形近而误写。

8. h_1汉呵诃醯希熙　h_2害恒睺奚　h_3云

h_1晓之类，h_2匣之类，全是开口字。虽说梵文的 h 到底是清音［h］还是浊音［ɦ］争论不清；匣开口一批字对音跟晓是一类，只能先看成晓匣合流的先驱。h_3前头说过。

9. Ø 阿庵安頞沤乌衣伊翳鸯殃因应优欝郁一咽憂

Ø 影之类，对音没有辅音声母。

三　声母表和尾声

列出声母表之前还有几个问题需要讨论。

（一）舌音端组和知组。“根本字”和一般梵词的对音一致，是端组对 t 组，知组对ṭ组。知彻澄跟端透定沟界比较清楚，娘泥两类混乱稍多点儿。娘类细音字尼腻混入泥类，泥类字仅有“那”一次混入娘类，从多数倾向看，娘类已经独立，也许分之未尽，娘类有的字还在泥类。

（二）齿音庄组和精组。庄组初类对 kṣ，生类对ṣ，有“初”和“生”，“庄”“崇”可能也有了。精组清类和从类对 ts、ch，心类对 s，有“清”“从”和“心”，“精”也该有。

邪类值得注意，只出现了三个对音字：随对 v，旬对 j，耶（邪）对 j、y。v、匣类音，j、禅类音，y、以类音，邪类好像还没独立。

（三）喉音组。影类对音都是元音开头儿，果真如此的话，它的平声字今读该念阳平，实际今读阴平，那么影类可能有个清辅音声母，通常拟成［ʔ］，可以信从。“晓”“以”前头已经说过。

匣类情况比较复杂。匣、云的合口字对 v，匣的开口字有的对 h，有的对 g。对音三分的现象全用一个［ɣ］解释显得勉强。匣类依着俞敏先生说应该有两个声母：［g］［v］，跟晓类混淆的那部分匣类字念了［h］。

（四）带浊塞音的鼻音ṅg、ñj、ṇḍ、nd 和 mb，材料零零星星，而且还能打梵文方面得到解释，因此，不能肯定说东晋语有这一套。

现在我们能列出 36 个声母，已经证明的 32 个，推论有的那 4 个加（　）标明。下面列一个表，写出读音：

p 帮非	ph 滂（敷）	b 並奉	m 明微		v 云匣$_2$	
ts（精）	tsh 清	dz 从		s 心		
t 端	th 透	d 定	n 泥	l 来		
ṭ 知	ṭh 彻	ḍ澄	ṇ娘			
ṭṣ（庄）	ṭṣh 初	ḍẓ（崇）		ṣ生		
tś章	tśh 昌	dź禅	ñ 日	ś书	ź（船）	j 以
k 见	kh 溪	g 群匣$_1$	ṅ疑	h 晓匣$_3$		ʔ影

开头儿我们说过，魏晋经师各有承传。他们的反切包含的存古因素或者方言因素，单凭反切材料本身很难识别出来。对音材料能不能帮助我们解决这个难题？能。比如舌音，东晋徐邈音端知两组有分组趋势，可是混切部分让他们合成一组，郭璞音这两组混切；齿音，徐邈音庄精两组里庄初跟精清能分而崇生跟从心不分，郭璞音庄精两组有相当一部分混切而难分。对音表明东晋通语端知二组两分，庄精二组两分，咱们大体上可以判定，凡属两组混切的是存古或者方言因素①。

利用东晋的对音结果可以上溯古音下察《切韵》。东晋对音，特别是顺承古译那部分材料，能证明上古音确有“古无轻唇”、“古无舌上”（竺 t）、“娘日归泥”（尼、饶 n）、“喻三入匣”（云 v）和章组来自舌头（支 t、禅 dh），等等。对音还证明俞敏师主张匣纽有一部分来自上古舌根塞音的说法正确（闲 g）②，证明王力先生拟先秦的喻四（即以纽）为舌面中边音［ʎ］有一定道理（夷 rya）③。如果拿我们得出来的东晋语声系跟隋代修的《切韵》的声系对照，很容易发现，二者大同小异。“小异”表现在两个方面，一方面是声类划分，东晋语匣分在三个声母中，而《切韵》是一个声母，邪类东晋语不独立而《切韵》独立；另一方面是某些字的归类，比如惟维东晋语归匣云类而《切韵》归以类，钦东晋语归

① 陆志韦：《古反切是怎样构造的》，《中国语文》1963 年第 5 期，第 349—385 页；蒋希文：《徐邈反切声类》，《中国语文》1984 年第 3 期；陈亚川：《〈方言〉郭璞注的反切上字》，《中国语文》1981 年第 2 期。

② 俞敏：《后汉三国梵汉对音谱》，《中国语文学论文选》，日本光生馆 1984 年版，第 277 页。本文所引汉译对音材料悉出此书。

③ 王力：《汉语语音史》，中国社会科学出版社 1985 年版，第 18 页。

见类而《切韵》归溪类。东晋语和《切韵》声类划分“大同”：拿邵荣芬先生《切韵研究》里划分的声母做比较，除了俟类对音不见可以暂且不论，《切韵》有36个声母，东晋语也是36个。我刚得出这个结果的时候真觉着是“匪夷所思”，从语音体系上说，去古未远的东晋语居然离上古谐声系统反映的声类远，离《切韵》声系近。

第二节 韵母研究[①]

一 引言

本节讨论东晋语的韵母。东晋语指东晋时代南方流行的通语。东晋语音系的性质在第三章第一节里已经说过。

我们依据的主体材料是高僧法显和佛驮跋陀罗的译经对音，僧伽提婆和其他译经师的对音作辅助材料。

一个汉字读音的声母假定对出两个不同的梵音，可以由汉字和梵文两个方面考虑。汉字有的有又音，比方耆字《释文》音市志反又巨之反，是禅纽、群纽两读，因此对音出现 ji 和 gi。梵语有语流音变，夹在两个元音中间儿的清辅音可以浊化，比如 p 实际读成 b，kārṣāpaṇa 的 paṇ 念成 ban，因此对音字是罽利沙槃，梵文字形是 paṇ，对了汉语浊声母的槃。梵文读音有历史音变，字形是 v 的在东晋时期有的念 b，因此出现 bi 和 vi 同对毗字。咱们分析对音材料碰上声母方面的这些规律性问题就不一一重述了。

一个汉字读音的韵母也有对了不同梵音的，同样需要打汉字和梵文两方面考虑。汉字韵母有的有又音，比方梨字有力脂切和怜题切（《集韵》），脂、齐韵两出，因此它对 li 又对 le。梵文元音有 i、e、ai 变换和 u、o、au 变换，元音 i 强化（guṇa）变成 e，再强化（vṛddhi）变成 ai，元音 u 强化（guṇa）变成 o，再强化（vṛddhi）变成 au。例如名词“友人”是 mitra，形容词“友好的”是 maitra；名词“圣人”是 gotama，形

---

① 本节曾以《东晋译经对音的晋语韵母系统》为题，发表于《薪火编》，山西高校联合出版社 1996 年版，第 217—234 页。

容词“圣人的”是 gautama。译经师用瞿昙既对 gotama，又对 gautama，瞿字音的韵母就对出 o 和 au 两个梵音。梵文字形有形近易混的情况，vi 的字形是𑖪𑖰（悉昙体），ve 的字形是𑖪𑖸（悉昙体），字符的区别仅仅在于其中一画儿，长的是 i，短的是 e，累代传抄，稍有疏忽就造成 i 和 e 的混淆①。止、蟹、遇摄的汉字对音 i、e、ai 混淆和 u、o、au 混淆的现象，可以用上面所说的来解释。

梵文短 a 复现率太高了，受磨损之后已经不是十足的 a，念［ə］或者［ɐ］之类的音，金克木、俞敏先生都说过。② 观察对音材料一定得记住这一点。

译经师念的梵文音有俗语 prākṛta，特别是 pāli 文音。比如梵文 Anavatapta，pāli 是 Anotatta，汉译是阿耨达多（龙王），其中的“达”字对音至少是 pāli 式的 tat。

二 对音情况和韵母的讨论

（一）阴声韵

1. 脂旨至

显公用脂韵字对字母 i 音：i、短伊，ī、长伊。

这一类的字音元音一般对 i、ī 或者 yi。胝 ṭi，致（r）ti，絺 thi，迟 ḍi，墀 ḍi，坻 ḍi，尼 ṇi、ni、nī，梨 li、ri、di、dī，利 li、lī、ri、rī，弃 khi，耆 ji、gi、gṛ，师 ṣi，筛 ṣi，脂 ci，尸 śi、śī、si，私 si、sī，夷 i、yi、ji、si，惟 vi、pi，毗 bi、bhi、mbi、vi、pi，鼻 vī，腻 niṣ，率 ṣit，地 ti，肆 si。对音字里有 8 个对过 ī，暗示出 i 音色比较强。

伊毗尼尸对过 e 或者 ai，一可以用 i、e、ai 替换解释；二可以拿沿袭旧译解释，比如 vaiśravaṇa 后汉对音毗沙门 *③，东晋乃至 7 世纪玄奘都照

---

① 安然《悉昙十二例 · 十一伊翳难定例》：“或伊处用翳，或翳处用伊……又如𑖪𑖰，或云𑖪𑖸……然传悉昙者音韵各异……故注梵音者随闻即录。”（《大正藏》第 84 册，No. 2703，第 465 页 b18 – 25）

② 金克木：《梵语语法〈波你尼经〉概述》，《印度文化论集》，中国社会科学出版社 1983 年版，第 259—260 页。俞敏师面授。

③ 本节所用的后汉三国对音材料加 * 标出，都出自俞敏师《后汉三国梵汉对音谱》，见俞敏《中国语文学论文选》，日本光生馆 1984 年版。

抄不误，[①] 这种沿译保不齐给毗字带来跟韵书规定不一致的读音。伊尼尸也是历代译经常用字。耆对 gṛ，是念成 gri，欧洲讲梵文的有一派念 ṛ 为 ri。对音带入声尾的率 ṣit，腻 niṣ 是沿用汉译，后汉支谶对 niṣ，后汉以兜率天对 tuṣita，东晋新译是兜瑟哆、兜师哆。

这一类的元音是 i。

2. 支纸寘

这一类的元音一般对 e、ai、ye 或者 i。支 cai、cchi、tye，枝 ce，奇 ge、gi，祇 ge、ghi、gṛ，羁 kye，羇 ke、kye，斯 se，离 re、li，弥 me、mai、mi，施 śyi，卑 pi，蜱 pāy，翅（俗音翅）ke，随（隳?）ve、vai、vi，差 kṣe。

毗琉璃对 vaiḍūrya，璃对 rya 是旧译。僧伽（迦?）施对的可能是 saṃkāśya 的于声 saṃkāśye，施对 śye。

这一类最响亮的元音是 e，韵母写全了是 ie。

3. 之止志

显公用它们的元音也对 i，拿厘字对字母 ṛ、ṝ，ṛ 念 ri。

其余三个对音字一律对元音 i：茨 tsi、熙 hi、疑 ṅgi。

这类的元音也该是 i。

4. 微尾未

对音字真是“微乎其微”，只见着两个：开口的希 hi，合口的韦 vai。

这一类的音值暂置不论。

5. 齐荠霁

除了端组字，这一类一般对元音 e、ai、ay 等，个别对 i。鸡 ke，梨 re、ray，犁 ray，黎 ray，提 de，题 dey，梯 the，褅 de，陛 vai，鞞 ve、vai、vaji、vi、bi，翳 e，醯 he、hi，奚 hi，洗 se。

端组字常对 i 音，帝 ti，谛 ti，堤 tī，鞮 ti，缇 dhi，泥 ni。这好解释，脂之韵元音是 i，可是它们没有端组字，碰上梵文 ti、di、thi、dhi、ni，译经师们都跑到齐类借字对音，后汉三国的安世高、支谦他们就这么办，300 年后玄奘照样做，拿苏部底对 subhūti，再往下不空用烁底对 śakti，都是照方儿抓药。这是音近代替现象。

① 玄奘《大唐西域记》卷十二“瞿萨旦那国”。

这一类的元音好像是 ei。

6. 歌哿箇戈果过麻马祃

从显公的字母对音看，歌、戈、麻三类都对 a 音。

a 短阿，ā 长阿，aḥ最后阿，ka 迦，kha 呿，ga 伽，gha 重音伽，ṅa 俄，对音的是歌韵字。

pa 波，pha 颇，ba 婆，bha 重音婆，ma 摩，对音的是戈韵字。

ca 遮，cha 车，ja 阇，jha 重音阇，ña 若，ṭa 吒，ṭha 侘，ḍa 茶，ḍha 重音茶，ṇa 挐，对音的是麻韵字。

梵词对音跟字母对音一致，这一组的对音字特别多，为节省篇幅就不罗列了。

它们的元音是 a。

7. 鱼语御虞麌遇模姥暮

鱼类多数对 o，也对 au、u。渠 gho，巨 go，馀 yo，初 kṣau。

虞类对 o、u、au。瞿 go、gho、gau，拘 ko、ku、kau，俱 ku、kau，逾 yo，踰 yu，扶 m（b）u，树 jyo，输śo、śva，须 sro、su，殊 ju，刍kṣau。

模类多数对 o，个别对 u。布 po，哺 po，晡 po，捕、蒱 m（b）u，蒲 bho，菩 bo，都 to，卢 lo、ro。

鱼类如字对 nya 是旧译，后汉摄摩腾、竺法兰就用憍陈如对 kauṇḍinya。虞类于字对 va、vār，模韵图字对 dha，也都是袭用旧译。

看对音大势，这一组的元音像是 o。

8. 侯厚候尤有宥

侯类多数对 u，少数对 o。沤 u，斗 tu，兜 tu、tū，偷 thu、thū，头 du、dhu、dhū，耨 nu、no，瓮 nu、ṇu、no，楼 lo、ro、ru、rū，薮 su，睺 hu、ho。

尤类多数对 u，少数对 o。显公用尤韵字给字母 u 对音：u 短忧，ū 长忧。优 u，油 yū，咎 gu，鸠 ku，丘 kṣu，瘦 ṣu，修 su、sū，琉 lū、ḷū①，纽ṇu，负 bhū，富 pu、pū，周 cū，由 yu、yū、yo，留 ru、rū、lo，牟 mu、mo，浮 bu、bhu、bhū、bo，休 ho，尤 m（v?）u。

---

① Vaiḍūrya 对毗琉璃、吠瑠璃，ḍū音变为ḷū而对璃或瑠。《吠陀》里两个元音夹着的ḍ变成ḷ，俗语也有ṭ变ḷ的。汉语也有类似的音变，《醒世姻缘传》里惊叹语“我的娘”有时作“我哩娘”，是 ti 变成 li。

侯类楼字对过一个值得琢磨的音 raku，佛名 krakucchanda 东晋对拘楼秦，楼对 raku；后汉对拘留孙，留对 raku。看样子，由后汉起，译经师记的这个佛名的读音好像跟今天梵文辞典保存的音就有出入。另外，devadatta 通常对提婆达多，一次对成提婆达兜，可能对了这个名词的体声，词尾 as 受后随音影响变成 o，兜对 to。

尤类牟对 mo，浮对 bo，是《中阿含经》《大正藏》所附拉丁转写音，不甚可靠。首字对śva 是帛尸梨密多罗法师的译音，跟法显、佛驮跋陀罗的对音不一致。显公用尤韵字对字母 u 跟用侯韵字楼对字母ḷ、ḹ是一致的，今天南印度梵文学院ḷ念 lu，带着 u 元音，显公学的梵文看起来就是这一派的读法儿，因此拿楼 lu 对ḷ。

这一组最响亮的元音是 u，假定已经或者正在两折化，念［ᵊu］可以解释它们对 u 又对 o。

9. 豪晧号肴巧效宵小笑萧篠啸

豪类对 au。高 kau，牢 rav。

肴类炮字对字母 au，这类还只见着这么一个字，“一字千金”。玄应《一切经音义·大般泥洹经》：“炮，乌高反。”

宵类对 au。憍多处对 au，对 o 一见。铙可能对的是 nau，曲女城的梵文音是 kanyakubja，巴利文音有 kannakujja，民间还有 kannauj、kinnauj 等念法儿，显公用罽铙夷对的像是俗语的 kannauj 或者 kinnauj。

萧类只见到一个调字对 ev，后汉支谶已然如此。

豪韵劳字对 rabh，宵韵遥、摇对 yab（u），是 au 的近似描写。发 a 音之后闭嘴发 b、bh 的过程中产生一个过渡的 u 音。汉朝用高附对译 kabul，高对 kab，是同一个道理。

这一组的元音是 au。

（二）阳声韵

1. 真轸震

真类对 i 元音。频 bim、vin、viṅ，宾 phiṇ、piś、pip，邠 piṇ，陈 ṇḍin，民 min，紧 kin、kiñ，隣 lin、ṇḍ（l）in，鳞 lin，嚫 kṣin，真 cin、cil，新 sin，因 in。

邠字又对过 pūṃ。这可以找到两种解释，一个是受文韵分字类化，有

pun 音；一个是 p 吞没 u 音，听觉上是 prn，音近 pin。秦字对 cchan，上文“（一）、8”说过东晋的拘楼秦对音问题，这个字音也许是用旧译，也许是当时不在真类，在文类。祇多蜜法师拿邻字对 lan 一见，或许是方音。

这一类的元音是 i。

2. 谆准稕文吻问魂混恩

这一组字对音情况比真类复杂一点儿。

主元音对 u 的。谆类的淳、纯 cun；文类的文 mun、muc，分 puṇ，君、军 kuṇ，群 gun；魂类的奔 pun，论 lum，孙 sun。其中唇音文字又对 man、mañ，这倒不难理解，唇辅音 m 可以吞掉 u 音。

主元音对 a 的，唇音字门 man、芸云 vajñ，也可以看成 u 被 m、v 吞没。祇多蜜和昙无兰用阿须伦、阿须轮对 asura，应当是它的复数业声 asurān，伦轮读开口 rān 可能是一种方音。由旬 yojana 是沿用后汉支谶的译法。还有一个例外，在阴声侯尤组讨论过的 krakucchanda，pali 音 kakusaṃdha，佛驮跋陀罗对拘留（楼）孙，《中阿含》对觉砾拘荀，好像东晋经师念这位佛的名字不是现在词典里保存的这两种音，不是念 saṃ，而是 suṃ。

谆文魂三类的韵母可能是［uən］，用它可以解释元音有对 u 的，也有对 a 的缘由。

这一组的主元音是 ə。

3. 寒旱翰桓缓换删潸谏元阮愿

寒类元音对 a、ā。显公用安字对字母 aṃ，词音里安对 an、aṇ，单 tan，旦（s）thān，坛 dan，檀 dan、dān，难 nan、nath、lan，兰 lan、raṇ、laṇ，散 san，槃 mbhāṇ、vaṇ、汉 han。兰字沿用旧译对过 lat。

桓类元音对 a、ā。般 pañ、pācin、parin，满 maṇ、mal，洹 van、pan，桓 van、vān。

删类元音对 a。删 san，羼 kṣan，慢 man。

元类元音对 a。曼 man、maṇ，蔓 vaṃ，建 karm，犍 gan、gran、ghan，健 gan。

这一组的主元音是 a。

4. 仙狝线先铣霰

仙类元音一般对 a、ya、（r）a。蹇 kan，乾 gan、gan、gran，揵 kaṇ、gan、gran、gal，连 lyāyan、ran、rañ，然 ñjan、ña，旃 can、caṇ、ciñ，阐

chan，禅 jan、dhyān，延 yan、jān，衍 yān。

a 前头有 y、c、j 这一类舌面音影响，它的发音部位就容易向舌面靠近，旃对 can、又对 cin 就证明 a 音比较窄。

先类元音一般对 en、ain、yan。先 sen、sain，田 dhyan，填 dhyan。阿练若所对梵词有两个词形：araṇya、āriṇya，不能断定练字对的是 raṇ 还是 riṇ。先类天字对 hin 是旧译。后汉就用天竺对 hindu，一般认为对的是古波斯文音，等于梵语的 sindu，天念 hin 跟刘熙《释名》“天、显也”正合。

这一组的主元音像是 e。

5. 蒸拯证

蒸类元音对 i、a。陵 liṅ。应对 aṅ。

蒸类主元音像 ə，它是三等韵，韵母是［iəŋ］，听得窄一点儿接近［iŋ］，宽一点儿接近 aṅ［əŋ］。

6. 登等嶝

登类元音对 a。楞 laṅ、raṅ，僧 saṅ，恒 gāṅ，能 nā（g）。

恒水对 gaṅga 是沿用后汉康僧铠的译名。

这一类的主元音比蒸类宽，拟成［ɐ］合适。

7. 青迥径

青类只发现了对同一个词同一个音节的两个汉字，bimbisāra 王译瓶沙或蓱沙王，这两种对音都是旧译，东晋新译改对频鞞娑逻，唐朝玄奘对成频毗娑罗。由汉字对音看，这个名字的第一个音节，在历代译经师的读音里头，不是念 biṅ，就是念 bin，都跟辞典记的 bim 不一致。

青类字太少，难做结论。

8. 阳养漾唐荡宕

阳类元音对 a，薑 kaṅ，强 gaṅ，商 śaṅ，伤 śaṅ。

唐类元音对 a，傍 v（b?）aṅ，泱 aṅ。

鸯字《广韵》唐阳韵两出，对 aṅ。

有迹象显示这一组的鼻音尾有弱化或者脱落现象。显公的苌对 diyān，收 n；佛驮跋陀罗的壤对 ña，念成阴声韵。这两个例字至少能证明，这一组有些字音的韵尾不是清清楚楚的［ŋ］了，也许是鼻化韵 ã。

这一组的主元音是 a。

9. 东董送

就发现一个笼字。独笼那对 droṇa，笼念 roṇ 或者 ro，很值得注意，韵尾也不是［ŋ］了，可能经师有相沿的特别读音，也可能东晋语笼字念 ron 或者 rõ，材料太少，难下判断。

10. 侵寝沁

金毗罗神照着一般梵文词典说，是 kumbhīra 鳄鱼，《中阿含经》的拉丁转写音是 kimbila。

钦婆罗衣对梵音 kambala，钦对 kam。跟《广韵》去金切声纽不合，照《广韵》音钦该念 kh－。

侵类元音象是 ə，同时似乎有 u 元音的念法儿。

11. 覃感勘谈敢阚盐琰艳严俨酽凡范梵

覃类元音对 a、ā。庵 am、ām，男 nām，南 nam，昙 dharm、dum、t（d）am。含字对 gam、gām 是用旧译。

谈类元音对 a、ā。蓝 lam、rām，甘 kam，三 sam。

盐类元音对 a、ā。蘑 cam，瞻 cam，睒śam、śām，盐 yam，阎 yam，炎 yam，焰 yam。

严类严字对ṃgam。

凡类元音对 a。剑 kam，梵 vam。梵字对 brahm 是旧译。

这一组主元音是 a。

（三）入声韵

1. 质栉

这一组元音对 i。毕 pil，荜 pip，密 mit，蜜 mit，吉 ki、kṛt，质 cit，悉 sid，逸 jit，瑟ṣit、ṣik。

逸字对 jit，是塞擦音 j 擦音化之后，摩擦减弱，读音接近半元音 y。栉韵瑟字对ṣik，后汉三国的支谦已然如此。

2. 术物没

术韵元音对 o。律 rodh，类 rodh。《摩诃僧祇律》交替使用律字和类字对 nigrodha 的 rodh，《集韵》类字有劣戌切，术韵。

物韵元音对 u、ū，弗 put、pur、puṣ，不 pūr，佛 bud，物 mud，崛 gupt、k（＞g）ūt，欝 ut、ur。屈字《佛国记》思溪藏本加注居勿反，对 kut。

没韵只出现一个突字对 duṣ，ṣ在浊辅音前变成 r。

术字对ṣit 是旧译，古至部音。

3. 曷末黠鎋月

曷韵字闼 dhar，达 dat、dhar、t（d）apt，萨 sat、sad、sar、sal，頞 aś、a（n）。

末韵字钵 pat、pad、pal、bar、paś，茇 pal，跋 bhad、vat、var、vaj，颰 bhad、pad，末 madh、māl、mas。

黠韵字拔 bāl。

鎋韵字刹 kṣat、kṣaś。

月韵字羯 kar，竭 gat、gadh、gar，揭 gar，日 vat、越 vat、vat、vār。

其中达字对过 takṣ、越字对过 pat，都是袭用旧译。

这一组主元音是 a。

4. 屑薛

显公用屑韵咽字对字母 e。涅槃 nirvāṇa，涅对 nir，后汉就这么对音。

薛韵字悦阅śud①。昙无兰用阅字对 jag②。迦留陀迦拿阅字对 vas③。丽掣对音不像梵文 licchavi，倒像俗语 lecchai，掣念 chai。

薛韵偈字对 gāth 用后汉三国时代的译音。

用元音是 e 可以解释对音对出来的 e、i、a、ai；合口音是 ue 也能解释对出来的 u，拿汉语的 uet 对梵文的 ut 是一种相近的描写。

5. 职

职韵字元音对 a、i。陟 ṭhak，域 vaś，匿 najit，式śik，异śik。

chaṇḍaka 后汉对车匿，匿对ṇḍak。显公在《佛国记》里沿用了车匿，他跟佛驮跋陀罗合译《摩诃僧祇律》改译为阐陀，陀对ḍa，拿匿字改对 prasenajit 的 najit。职韵对音收尾音参差不齐，该收舌根，也有收舌尖的，这种现象“古已有之”，后汉勒念 rat 就是，今天闽客话职韵收舌尖。

职韵主元音像是 ə。

---

① ś按声明家的描写是硬颚音，汉语通常用书纽 ɕ 对音，浊化以后正好是 y。

② j 是浊塞擦音，擦音化可以变成 y。

③ 阅字通常是喻四，迦留陀迦的阅字对 vas 是声纽在喻三。

6. 德

德韵元音一般对 a。匐 pak，德 tak，得 tak，勒 lak、ra，塞 sak。瞿默如果是对 pali 音，是 gopaka，默该是 mak。

德类元音比职类的宽，可以拟成［ɐ］。

7. 锡昔

这组元音对 a。锡韵砾 rak，历 rad。昔韵释śak、śāk；辟 prat 是沿用后汉摄摩腾译音。

参照齐类元音，这一组主元音可以认为是 e。

8. 药铎

药韵药 yak，斫 cak。铎韵博 pak，薄 vak，莫 mag。

这组的主元音是 a。

9. 屋

屋韵元音对 o、au、u。木 mok，阏 kṣobh，育 śok，目 mauk、muk、muc，郁 ug。

竺字屋沃两属，后汉天竺对 hindu，东晋沿用。

屋类主元音像是 o。

10. 合盍葉业

合韵沓 dharv，纳 ṇav。盍韵塔 dharv。葉韵葉 śyabh、śvabh，摄 śyap。业韵劫 kap、karp。

这一组主元音是 a。

11. 祭泰夬废

祭类世śat，贳śat，逝 jais，卫 vas、vat，罽 kas、kār。

泰类会 vās，奈ṇas，棕 ṇas，赖 raṣ，害 hat，旆 vas，贝 pas、pat。

夬类有贝字又读薄迈切对 vaji。

废类有吠 vai。

祭泰两类主元音是 a，有入声尾，收舌尖，大多数对音字沿用后汉译音，这一点就不免让人疑心是记录了前朝语音，可是旆字在后汉三国译音时没出现过，它对 vas，也有 s 尾。俞敏师主张后汉三国时代祭泰夬废有 -d、-s 两种韵尾合乎对音事实，我们又发现，东晋时代祭泰两类还有舌尖塞音、擦音两种尾巴。

祭韵逝字对 jaiṣ，显示主元音已经不是 a 了。

夬废两类虽说各自只出了一字，可是都丢了入声尾巴，收 i 尾。这是非常有趣儿的例子，很像是祭泰夬废由入声转到阴声韵的先声。s 尾可以变成 i 尾，路线可以是 s > ś，ś浊化成［ʑ］，然后摩擦消弱变成 i。这种音变在藏语里有例可援。拉萨所在属于前藏，明代小说《西游记》把前藏叫乌斯藏，后来改叫卫藏，由乌斯到卫，就是 s 变 i，us > ui①。

三　韵母音值表和说明

王力先生的《汉语语音史》给魏晋南北朝的韵母分了 42 类，拟测了它们的音值，列了一个表。我们想在王先生研究的基础上考察东晋通语的韵母音值。

下面是王先生的魏晋南北朝韵部表：

阴声		入声		阳声	
无韵尾	1 之部 ə	韵尾 -k	2 职部 ək	韵尾 -ŋ	3 蒸部 əŋ
			4 德部 ɐk		5 登部 ɐŋ
	6 支部 e		7 锡部 ek		8 耕部 eŋ
	9 歌部 a		10 铎部 ak		11 阳部 aŋ
	12 鱼部 ɔ				
	13 模部 o		14 屋部 ok		15 东部 oŋ
	16 宵部 ou				
	17 幽部 u		18 沃部 uk		19 冬部 uŋ
韵尾 -i	20 微部 əi	韵尾 -t	21 物部 ət	韵尾 -n	22 文部 ən
	23 脂部 ei		24 质部 et		25 真部 en
	26 灰部 ɐi		27 没部 ɐt		28 魂部 ɐn
	29 泰部 ai		30 曷部 at		31 寒部 an
	32 祭部 æi		33 薛部 æt		34 仙部 æn
		韵尾 -p	35 缉部 əp	韵尾 -m	36 侵部 əm
			37 业部 ɐp		38 严部 ɐm
			39 合部 ap		40 覃部 am
			41 葉部 æp		42 盐部 æm

① 本条证据承蒙叔迟师面授。

以下是我们的东晋语韵部表：

阴　声	入　声	阳　声
	职部 ək	蒸部 əŋ
	德部 ɐk	登部 ɐŋ
支部 e	锡部 ek	＊耕部 eŋ
歌部 a	铎部 ak	阳部 aŋ （ã）
鱼部 o	屋部 ok	＊东部 oŋ
宵部 au		
侯部ᵊu	沃部/	冬部/
脂部 i	质部 it	真部 in
微部/	物部 ət	文部 ən
	（泰部 as at） 曷部 at	寒部 an
齐部 ei	屑部 et	先部 en
	缉部/	＊侵部 əm um
	合部 ap	覃部 am

凡是出现对音字太少的韵部标＊号，没有出现过对音字的和不能肯定的韵部标/号，表示可能存在的读音标（　）号。

上述两个表里在韵部分类和音值拟测上都有一些差别。

（一）阴声韵

1. 王先生之 i、脂 ei 两分，我们取消之部，脂之合一，音值也是 i。根据是脂部伊对字母 i、ī，之部里对字母 ṛ（ri），其他对音字也显示出元音是 i。

2. 王先生鱼ɔ、模 o 两分，对音里鱼模不分，我们统称鱼部，音值是 o。

3. 王先生拟宵（包括豪肴萧）为 ou，我们根据对音改成 au。

4. 王先生分微 əi、灰 i，对音用到的这两部的字太少，微部字跟脂部字对音又牵混，很难确定脂微是否两分，再看看相应的阳声文魂和入声物没都不分，似乎可以推测微灰两部难劈开。我们保留微部部目，不出音值，以示阙疑。

5. 王先生拟泰部为 ai，可是对音这一部有舌尖 s、t 尾，我们把它放到入声。

6. 王先生拟祭部（包括齐）为 æi，对音祭齐不同类，祭泰是一类。我们把王先生的祭部一剖两开，齐类独立为齐部，参考它相应的入声屑、阳声先的元音，拟成 ei；祭类和泰类合称泰部，拟成 as、at 。

（二）入声韵

1. 王先生拟质部（包括栉）为 et，可是质栉韵对音字显示的元音都是 i，我们改拟 it。

2. 王先生分物 ət、没 ɐt，对音没部只出现一个字，还混入物部音，参照阳声文魂两类对音交混，我们把物没两类合为一个物部。

3. 王先生把泰部放在阴声，我们放在入声。

4. 王先生拟薛部（包括屑鎋）为 æt，这是跟他的质部 et 协调的结果。我们把屑薛两类合成屑部，鎋类字归到曷部，屑部是 et。

5. 王先生分合部 ap、葉部 æp、业部 ɐp，对音里头见着的这三部的字太少，虽说也能看出葉部元音可能比合部元音窄的“蛛丝马迹”，可是我们的材料很难确证王先生描绘的这些细微的区别，只好把这三部统称合部。

（三）阳声韵

1. 王先生把真部（包括臻谆）拟作 en，可是对音真类元音对 i，谆、文、魂混淆，我们改真部为 in，抽出谆类跟文、魂合称文部。

2. 王先生的文部包括文欣两类，我们的文部包括文谆魂三类。欣、痕两类没发现对音字，归属不能论定。

3. 王先生的寒部包括寒桓删三类，元类归魂部，我们把元类并进寒部。对音元类近寒部，有元寒混淆现象，比如 gandharva 对揵（元）陀卫或者乾（寒或仙）沓惒，至少可以说元类有一部分字在寒部。对音魂文类元音对 u 的，比如魂类奔 pun、孙 sun，文类分 pun、军 kuṇ，而元类对音不见一个对 u 元音的例子。没有元混同魂的证据。

4. 王先生的仙部包括先仙山三类，我们的先部包括先仙两类，根据先部字元音对音有 e、ai，参照相应的入声屑部，推断它的音值不是 æn，是 en。山类不见对音字，参考入声曷部可以把它归到寒部。

5. 侵部对音由后汉到唐朝都有合口音 um，因此增加上它。

6. 王先生的覃部包括覃咸两类，我们把侵类之外的闭口八韵都装进覃部，理由见入声韵“5 合部”。

四　余论

有些韵部我们跟王先生看法不一致，主要原因有两个：第一，王力先生要描写整个儿魏晋南北朝（220—581）360 多年的语音面貌，我们就管法显生活的这一段儿，顶多扩大到东晋（317—420）100 年左右，勾画它的通语概况。第二，王先生主要靠韵文推测韵部音值，我们根据汉字对的梵音推测韵部音值，我们有些材料显示出跟王先生的结论不一致的东西，比如王先生推测，上古鱼部字到魏晋南北朝分裂成鱼模两部，晚唐又回归成一部：

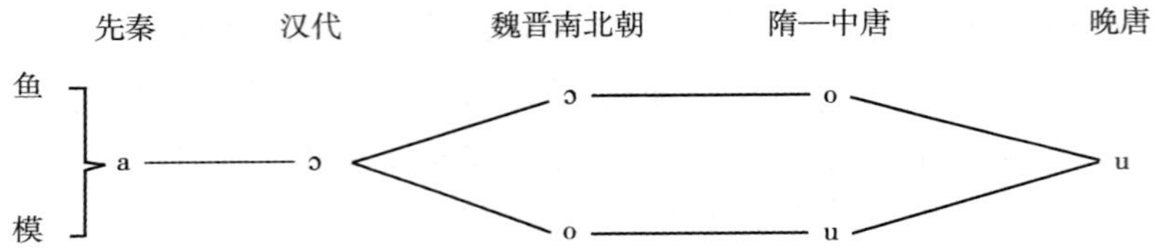

可是对音不能证明鱼部在东晋时代已经一分为二，回过头参考后汉三国对音，我们看到的鱼部音值演变是：

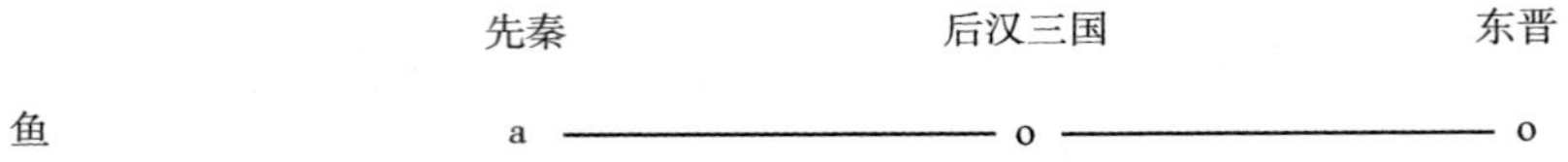

仔细观察东晋语的韵母系统能发现，跟汉代音和隋唐音相比，它可是有点儿“骑墙”，处于中间过渡状态。一方面东晋语向隋唐音靠拢，比如韵部比汉代增多：蒸分为蒸、登，元分为寒、先，职分为职、德，月分为曷、屑。又比如夬废类丢了入声尾巴转入阴声，贝 vaji、吠 vai 这些读音跟唐朝不空和尚的读音吠 ve、带（泰韵）tai 已经相似。另一方面它又表现出汉代音甚至更古的语音特点，比方泰部世śat、害 hat、旆 vas 等，说明祭泰类还留在入声。再比如《切韵》屈、崛在物韵，掘在月韵，可是东晋语对音屈、崛、掘都在物部，是“同声必同部”的味道儿。

最后谈谈音韵学上一个悬而未决的问题。40 多年以前李荣先生在《切韵音系》“绪论”里说过：“梵文字母对音有一点需要解释，何以智广以前用尤韵影母字对梵文 u，而不用侯韵影母对 u。这是一个等待解决的问题。”咱们先给提问本身做个小小的必要的修正。说“智广以前”不够确切，应当说“唐以前”，《切韵音系》所附《根本字译文表》上，比智广的作品（780—804?）早 100 多年的初唐玄应已经跟智广一样用模姥韵字给 u 对音，不用尤韵字了。

假如只看字母对音材料，法显确实是拿尤韵影母憂对 u、ū，自然会产生李先生提出的那个让人困惑的问题，可是咱们开掘了东晋语的大量对音材料，摊开一看，这个问题似乎迎刃而解，侯韵去声影母字沤也对 u。在对梵文 u 这个元音上，尤韵跟侯韵实际上没有区别。

下边儿连带讨论另一个问题，这个问题超出了李先生提问的范围。《切韵》尤韵在三等，该有 i 介音。尤韵在东晋语里有没有 i 介音？对音里侯尤两类没有类似一、三等的区别，影纽沤（侯）、憂（尤）对 u，来纽楼（侯）、留（尤）对 ru，心纽薮（厚）、修（尤）su，匣纽睺（侯）、晓纽休（尤）对 hu，都能证明这一点。尤韵的 i 介音，东晋语对音不能证其有，倒能证其无。北方的姚秦鸠摩罗什和尚在《孔雀王咒经》咒语对音里，用“休楼”对 hulu，同样混淆侯尤。看起来，这不是一地的方音问题。当然，假定考虑对音有音近代替现象，也可以用忽略不计 i 介音来解释。

本节在王力先生研究的基础上对东晋语的韵系做了初步探索，恐怕有些问题还有待于深入研究。

第四章

南朝宋齐译经与宋齐音系[①]

本章利用汉译佛典的对音资料研究南朝刘宋、萧齐时期汉语语音系统，一共有三部分，一引言，二谈声母，三说韵部。

一 引言

单研究刘宋、萧齐时期汉语语音状况的文章很少，除了学者是不是注意了这个问题，恐怕跟相关的文献资料挖掘的情况有关系。

研究中古音过去主要依靠的资料有两大类，一类是字书、韵书、音义书，另一类是韵文。魏晋南北朝的字书、韵书、音义书虽说见于著录的不少，可真正传世的不多，牢笼了学者。眼下，大家差不多是凭着《字林》、徐邈音切的辑逸资料研究晋代音，靠着《篆隶万象名义》保存的梁代顾野王《玉篇》资料研究南朝音。另外，就是靠韵文，靠韵文受限制，研究韵部方便，研究声母困难。

汉译佛典是咱们传统文献的另一个宝库。宋齐时期译经对音正好能补缺，给咱们打开了探索宋齐语音的另一条“时空隧道”。

刘宋（420—479）加萧齐（479—502）总共八十二年，刘宋占了五十九年，萧齐才二十三年。宋齐之间语音不应当有什么大的差别。

本章拿刘宋的印度高僧求那跋陀罗的译经对音资料当主体，搭起声韵框架，拿同时期的求那跋摩、沮渠京声的对音字补缺，拿萧齐求那毗地的对音资料佐证、补充。咱们梳理材料的时候发现，译经师们对音用

① 本章曾以《南朝宋齐译经对音的汉语音系初探》为题，发表于《西域历史语言研究集刊》第八辑，科学出版社2015年版，第167—180页。

的汉字音，音系上有一致性。

为什么选求那跋陀罗法师（393—468）的资料当主体？《高僧传》说罗公是“中天竺人……本婆罗门种……博通三藏”，让咱们相信他说的梵文应当是最纯正的。元嘉十二年（435）到达京都，宋太祖“深加崇敬”，名盛一时，“徒众七百余人”，其中就有大将军彭城王义康、丞相南谯王义宣。他有一个翻译班子，当时的名僧慧观、宝云是他的助手。他一生翻译了五十二部经，“凡百余卷”。[①] 他主译的《杂阿含经》规模很大，有五十卷，现在可是咱们的一个大粮仓。不是咱们势利眼，瞅着他地位高，是觉着这位大法师手里出来的东西比较可靠。

《大正藏》有的经典附着拉丁转写的梵本，给研究对音带来方便。《杂阿含经》就有这种资料，用的时候一定得小心，咱们发现，这部经的拉丁转写，好像头一部分若干词音转写的是 Pāli 音，中间部分转写的多是 Sanskrit 音，后一部分又有不少 Pāli 音，挺乱哄，不知给《大正藏》的梵本音做转写音的人根据什么本子，怎么跟扭秧歌儿似的。还有更热闹的，（尊者）富留那弥多罗尼子，该对 Pūrṇa - maitrāyaṇi - putra，《大正藏》汉译丢落了“耶”（ya）字，拉丁转写很怪，写成 Puṇṇa Mantāṇiputta（第二册，No. 99，P. 66 注 2），第三截儿拿子对 putra 是义译，第一截儿给富留那对 Pāli 式的 puṇṇa，当然富留两个字就对不准了，第二截儿弥多罗（耶）尼对 mantāṇi，谁见了不头晕？给《大正藏》做转写音的人，假定不是梵本不同，就是不太懂梵汉对音。类似这样的对音数据，有的没处核对，只好暂且搁在一边儿。

梵文本身 u 跟 o 混，o 跟 au 混，i 跟 e 混，e 跟 ai 混，原因在先前发表的一系列论文里头讲过，不再重复。

汉译这边儿有字形、字音相近带来的混乱，比方说，波和婆，迦和伽，佗和陀，遮和阇，它们一混就带来声母清浊不分；胝和低坻，耶和那，它们一混就带来类别乱套。对音当中还有些字，好像特别受法师欢迎，复现率极高，比如毗能对声母 b -、bh -、v -、p -，提能对声母 d -、dh -、t - 什么的，简直万能，不能根据它们推论说汉语声母清浊混乱或者浊音已经清化了。

---

① （梁）释慧皎：《高僧传》第三卷，中华书局 1997 年版，第 130—134 页。

二 声母系统

1. 对音的情况和说明

照着梵文辅音排列顺序陈列对音资料，第一类对音字是正例，像 k_1 对歌，其余各类对音字是需要做解释说明的，像 k_2 对钦什么的。

（1）K 组

k_1 歌加迦袈吉羁罽鸡恀枳揵劫金紧句拘俱君鸠甄　k_2 钦含翅

k_1 是见母字。k_2 钦，溪母字，由后汉到南朝宋齐，出现不送气读音。拘那含牟尼对 konāka－muni，含对 kam，像 k 浊化 > g。翅，《广韵》读入书母，《类篇》有居企切一读，对 ke 正合适。

$kṣ_1$ 差叉刹羼　$kṣ_2$ 絺

$kṣ_1$ 是初母字。$kṣ_2$ 絺，彻母字。下一节讨论。

kh_1 轲骞企弃佉呿丘屈　kh_2 蹇

kh_1 是溪母字。kh_2 蹇，见母字，有送气的读法，还是骞字误写？

g_1 干揵犍健偈竭揭崛掘耆伽裘瞿　g_2 含恒

g_1 是群母字。g_2 含恒是匣组字，下一节讨论。

gh_1 揵伽瞿祇

gh_1 是群母字。

（2）C 组

c_1 瞻旃遮真震招照支脂至质周朱珠纯淳阇　c_2 嗟

c_1 是章母字。c_2 嗟是精母字，下一节讨论。

ch_1 车阐　ch_2 秦蹉孱

ch_1 是昌母字。ch_2 蹉、清母字，秦、从母字，孱、崇母字，这些字涉及的问题复杂，下一节讨论。

j_1 禅阇寿殊树誓逝时　j_2 夷逸阅阎支旬

j_1 是禅母字。j_2 夷逸阅阎是以母字，下一节讨论。支该对 c，是个错字。旬是邪母字。

jh_1 阇上　jh_2 示

jh_1 是禅母字。jh_2 示、船母字。

$ñ_1$（<jñ）若　$ñ_2$（<jñ）那

$\tilde{n}_1$若是日母字。$\tilde{n}_2$那是泥母字。

（3）Ṭ组

$ṭ_1$吒咤征胝致陟昼　$ṭ_2$置低坻

$ṭ_1$是知母字。$ṭ_2$置的澄母一读对ḍ < ṭ，坻低可能是胝字误抄。

$ṭh_1$絺抽　$ṭh_2$吒

$ṭh_1$是彻母字。$ṭh_2$吒是知母字，akaniṣṭha 对阿迦腻吒（天神），可能ṭh 受前头ṣ的影响变读成不送气的ṭa，或者受卷舌作用阻塞让送气弱化，容易听成ṭa。

$ḍ_1$荼茶稠裯椎槌稚　$ḍ_2$琉罗逻

$ḍ_1$是澄母字。$ḍ_2$是来母字，梵文念ḍ的，巴利文念ḷ，cūḍa 念成 cūḷa，译经师照着巴利文音对成周罗。琉对ḍ也是一个道理。

$ṇ_1$尼㲻　$ṇ_2$奈棕那若

$ṇ_1$是娘母字。$ṇ_2$奈棕那是泥母字，对音混同娘母。若、日母，对ṇya，这也好懂，娘母在麻韵没有带 i 介音的三等字，只好请日母三等字代劳。

ṇḍ匿陈邻

ṇḍ的匿在 chaṇḍaka 里对ṇḍak，沿用后汉译名，也许当时有ṇḍ－读音，也许ṇ 同化 > ṇ。梵文有个 kauṇḍiṇya，汉译憍陈如、拘邻，陈、澄母，或许当时有ṇḍ－读音，或ṇ 同化 > ḍ；假定出现巴利文式音变，ḍ > ḷ > l，liṇ自然对邻字了。

（4）T 组

t_1怛忉单德低帝谛玷兜妬多胝　t_2提度陀着昙旃氈他

t_1是端母字。t_2昙提度陀，定母字，对 d < t 浊化。旃，章母字，旃对 tyāyan，沿袭汉译①，《说文》：“丹声”。氈对 tyān，没发现后汉使用，《说文》：“亶声”，丹、亶都是端母字，对音透露一个信息，旃氈在宋齐时期还有读入端母的音，同时还给章组上古跟端组关系密切当了证人。他字对 ta，显然有误，两晋到刘宋都有“那由他”这个译音词，现在《大正藏》跟一些辞典拿 nayuta 跟它对音，不合适，南北朝的“那由他”应当传译 nayutha，两晋的“伽他”对译 gatha 能佐证。着，知母，是另

① 参见俞敏《后汉三国梵汉对音谱》，《中国语文学论文选》，日本光生馆 1984 年版。凡本书说的古译、汉译，都出自这篇论文。

外一种抄本的字，错字。

th_1塔涕偷土　th_2地陀

th_1是透母字。th_2是定母字，可能地陀对了 th 浊化 > dh，或者是他佗的误刊。

d_1达昙檀调头豆叠独陀突屠沓提

d_1是定母字

dh_1达昙头陀驮提　dh_2他

dh_1是定母字。dh_2他（佗）应当是陀。

n_1那纳难南男能泥涅耨奴尼　n_2匿如

n_1是泥母字。n_2匿是娘母字，如是日母字，匿对 naj、如对 nya 是沿用汉朝古译。

（5）P 组

p_1巴般悲贝崩逼比辟宾毕波鉢博卜补布不捭　p_2分弗沸福富芬　p_3蔔匐旬洹卫

p_1是帮母字。p_2分弗沸福富是非母字，芬是敷母字。p_3蔔匐是並母字，旬是错字，《慧琳音义·十》："旬字本从目，音悬……传误已久"，匐蔔可能对 p 浊化 > b，洹卫可能对了 p > b > v。

ph_1颇破　ph_2宾

ph_1是滂母字。ph_2宾字对 ph 可能是音近代替，或许是缤字丢了偏旁儿。

b_1跋傍卑毗频瓶婆菩　b_2梵佛浮

b_1是並母字。b_2是奉母字。

bh_1跋毗步婆比盘磐　bh_2浮复

bh_1是並母字。bh_2是奉母字。

m_1曼慢茂眉门弥蜜密藐民磨摩魔末牟木目　m_2文闻无勿符扶婆

m_1是明母字。m_2文闻无勿是微母字。符扶、奉母字，婆、並母字，都该念 b，求那跋陀罗法师拿耶扶那、耶符那对河名（Sk.）yamuna，上溯到东晋，法显公《佛国记》就拿遥捕那、遥蒱那对音，咱们猜测，今本梵文辞典所记的 yamuna，在东晋到宋时期有 yabuna 的读音，佛教梵文里有 m > b 的情况。沮渠京声法师对成遥婆奴，应当是主格 yamuno（< as），不过婆字可疑，除非他的传音不是 bu，是 ba。

mb 弥 mbh 槃

（6）其他组

y_1夷逸延阎焰炎谣夜耶由游喻踰洩

y_1是以母字。

r_1赖兰郎勒类离璃梨黎利栗连练邻留娄楼卢路伦轮沦笼罗屡律

r_1是来母字。

l_1蓝兰勒离梨利连陵邻留楼卢鲁隆罗逻螺屡腊

l_1是来母字。

v_1桓洹和会越 v_2韦围卫 v_3维惟

v_1是匣母字。v_2是喻$_{三}$云母字。v_3是《切韵》音系喻$_{四}$以母字。下一节讨论。

$ś_1$施湿尸释世式睒奢赊舍叶深申身守首兽舒输恕 $ś_2$沙夷育悦耶

$ś_1$是书母字。$ś_2$沙字也许对的不是ś，Sk. vaiśravana 对毗沙门（天王），至少佛教梵文已经变读成 vaiśramana，恐怕śra 也变读成ṣa 或者 sa 了。夷育悦耶是以母字，应当对了ś浊化 > ź［ʑ］，ź［ʑ］跟 y［j］音色相近。

$ṣ_1$沙裟师瑟色率搜 $ṣ_2$犀

$ṣ_1$是生母字。$ṣ_2$犀、心母字，应当对 si。

s_1斯私司肆萨塞三参散蹴徵僧薮酸莎娑孙苏稣宿西仙先写新须修删 s_2诜

s_1是心母字。s_2是生母字。

h_1汉呵诃希醯胁休烋 h_2哂 h_3睺

h_1是晓母字。h_2哂《龙龛手镜》又音呼兮反，晓母。h_3睺、匣母字。

ts_1蹉

ts_1是清母字。

$Ø_1$阿蔼安庵一壹伊乙央殃因优忧沤塸妪乌郁欝

$Ø_1$是影母字。

2. 声母的讨论和声母表

照着五音的排列顺序讨论。

（1）唇音

帮母跟非母字对 p，滂母字对 ph，並母字跟奉母字对 b 或者 bh，明母字跟微母字对 m。清清楚楚地显示出来，宋齐汉语还是轻、重唇不分。

芬、敷母字，莲花名 puṇḍarika 对分陀利或者芬陀利，非母的分跟敷母的芬都对 puṇ，同音，假定芬不是错字，这就是非敷不分，它是孤证，不能单凭它合并非敷，先存疑。

並、奉两母同时对 b 又对 bh，证明这时候汉语唇音全浊声母不分 b、bh 两套，照着陆志韦陆先生的意见，该拟测成不送气的 b。

明、並两母都有个别情况对 mb 或者 mbh 的例子。古印度北部有名的一个大国叫 kauśāmbī，对拘舍弥或者拘睒弥，弥对 mbi。一种"啖人精气"的鬼名字叫 kumbhaṇḍa，对鸠槃荼，鸠对 ku，槃对 mbhaṇ。往上到东汉两晋，往下到梁朝都这么对音。

（2）舌音

为了方便看端组跟知组的对音区别，对比几个例子：

端	透	定	泥
怛 tat	剃 the	檀 dan	难 nan
知	彻	澄	娘
咤 ṭa	絺 ṭhi	荼 ḍa	尼 ṇi、ni

由格局上看，舌头音跟舌上音大体上分得清，两组对音字，抛去顺古的匿字，知组知、彻、澄三母已经独立，独单是娘母跟泥母混淆。咱们的材料证明，端、知两组基本上分裂了，泥、娘牵连，保守一点儿说，正在分化之中。

定母对 d、dh，也是反映汉语只有一套浊塞音。

澄母的匿、陈声母对ṇd，是沿用汉朝译音。彻母絺字奇怪，在阿育王夫人名字 tiṣya - rakṣita 对低舍罗絺多当中，絺对 kṣi，离它的读音 ṭhi 远，絺可能是溪母绮字误刊。后汉三国的支谶法师就是拿初母刹字对kṣa，溪母丘字对 kṣu，唐朝义净法师拿溪母绮字对 kṣi。

来母对 l 也对 r。咱们也找不出来它对 l 跟对 r 有什么分化条件，比如兰勒离梨利连邻苗楼卢罗屡这十二个字对 l 又对 r，打数量上说，已经占了一大半儿，剩下单对 l 或者单对 r 的字不多了。

（3）牙音

见母对 k，溪母对 kh，群母对 g 或者 gh，疑母字眼下还没见着出来对音的，照规矩说，它该对 ṅ［ŋ］，梁朝僧伽婆罗法师让誐字给字母 ṅa

对音。

比丘对 bhikṣu，溪母丘对 kṣu 沿袭汉译。中古译经师拿 kṣ 对初母，应该是把 kṣ 念成一个塞擦音，跟送气塞音 kh 有相近的地方，才会混淆。也不排除另一个可能，是巴利文式的读音，bhikṣu > bhikhu。

（4）齿音

精母嵯字对 ca，清母蹉字对 tsa［ts'a］，从母秦字对 chan 浊化 > jhan，心母字出现的很多，二十八个，抛了犀字对ṣ，二十七个字一律对 s。由清母对 ts、心母对 s 可以知道，精母是［ts］，清母是［ts'］，从母是［dz］，心母是［s］。

邪母字旬对 jan，跟从母混了。

庄母字对音没出现。初母字六个一律对 kṣ。崇母字孱对 chan，假定崇母没清音化，就是对浊化 > jhan。生母八个字，除了万能的沙字 s、ṣ、ś全能对音，师字多数情况对ṣ，偶然对过 s 和ś，诜字对 s，其余五个字一律对ṣ。

梵文的ṣ可是个舌尖后音，咱们有的人叫它“卷舌音”，其实汉语的［ʂ］发音的时候也没让舌头打卷儿。由初母的 kṣ 跟生母的ṣ，可以推测庄母念［tʂ］，初母念［tʂ'］，崇母（假定没清化）念［dʐ］，生母念［ʂ］，要是有谁维护陆志韦先生的学说，拟测成庄［tʃ］、初［tʃ'］、崇［dʒ］、生［ʃ］，咱们也不反对①。

章母字出现了二十个，抛了可疑的祇，其他十九个字都对 c。只有在沿袭使用的古译名词当中，旃、遮、支才有的时候对 t，比方说，佛灭五百年以后，一位宣扬佛教有名的圣人 kātyāyan，后汉三国对音迦旃延，旃对 tyā（n），到南朝一直沿用着。昌母对 ch。禅母十个字全都对 j 或者 jh，只有沿用古译名词当中，禅字有时候对 dh。书母字也不少，二十个，一律对ś，毫无例外。船母示字对 jh，跟禅母混淆，这个字可“价值连城”，它证明宋齐时期船禅不分。它不算孤证，梁语对音还有证据。

普遍认为中古章组读［tɕ］组音，章母念［tɕ］，昌母念［tɕ'］，禅母念［dʑ］，书母念［ɕ］。对音支持这个假说。梵文 c 组当时要是念

---

① 参见陆志韦《古音说略》，收入《陆志韦语言学著作集（一）》，中华书局 1985 年版，第 12—15 页。

［tʃ］组音，或者接近［tʃ］组音，一方面可以拿章组的［tɕ］类音对译，另一方面也能拿精组的［ts］类音对译。汉语拿精、章两组同对梵文 c 组音的现象太常见了。

（5）喉音

影母十七个字对音都没有声母，比如阿对 a，央对 aṅ。它的今音平声一般读阴平，为了解释这一点，咱们推测刘宋时期影母可能是清塞音［ʔ］。

晓母九个字都对 h，没有例外。

匣母就复杂了，得分成三批。匣母合口叫匣$_1$，对 v，比方说 kapila－vastu 国是佛陀的出生地，对译迦毗罗越，越字对 vas 或者巴利文的 vat。匣母开口一分为二，匣$_2$对 g，比如恒河对 gaṅga，恒对 gaṅ；匣$_3$对 h，比如佛的儿子 Rāhula 对译罗睺罗，睺对 hu，跟晓母混淆。

喻$_{三}$（云）母三个字对 v，比方说印度著名的古文献 veda，对译围陀（当下流行的写法$_{儿}$是吠陀），围对 ve。大家都说“喻$_{三}$入匣”，细论起来，由打对音看，喻$_{三}$是跟匣母合口同对 v，它跟匣母开口对音不一致。

喻$_{四}$（以）母十七个字，延炎等十个字对 y，耶字有两读，以母一读也对 y，这十一个字证明喻$_{四}$念 y 音。育夷悦对ś，应该对了ś的浊化音ź［ʑ］，这就暗示了汉语以母的 y 音可能比半元音［j］的摩擦实际上更重。夷逸阎除去对 y 还对 j，阅字对 j，反映 j 在有的译经师嘴里跟 y 有混淆，j 由塞擦变擦就容易跟 y 混乱。现代 Bengali 方言就是 y、j 混淆，不过它是把 y 念成 j。惟维，《广韵》音归以母；对音对 v 跟匣合口、喻$_{三}$一类，对音的读法跟今天的北方话一致。

下边$_{儿}$把讨论的结果列一个声母表。没出现对音字，靠规律推论出来的声母，加上＊号。（表格见下页）

三　韵部系统

1. 对音的情况和说明

按摄分韵排列，入声跟阳声走，韵目以平赅上去，反切一般用《广韵》《集韵》的。

宋齐语声母

帮非 p	滂敷 ph	並奉 b	明微 m	云匣$_1$v	
端 t	透 th	定 d	泥娘 n	来 l	
知 ṭ	彻 ṭh	澄 ḍ			
见 k	溪 kh	群匣$_2$g	疑 ŋ	晓匣$_3$h	影 ʔ
精 ts	清 tsh	从邪 dz		心 s	
庄 * tṣ	初 tṣh	崇 dẓ		生 ṣ	
章 tś	昌 tśh	禅船 dź	日 ń	书 ś	以 j

（1）歌戈

歌韵系歌轲呵诃阿他多陀驮那罗逻娑蹉的韵母对 a 或者 ā。

戈韵系波颇婆摩磨魔佉呿的韵母对 a 或者 ā，莎螺的韵母对 vā，伽迦两个字戈、麻韵两见，也是韵母对 a 或者 ā。

（2）麻

麻韵系吒咤差荼叉沙裟加遮车奢舍若嗟写耶邪夜一般对 a 或者 ā。Sthūlātyaya 对偷兰遮（罪），遮对 tya，韵母是 - ya，这是沿袭汉译，您注意瞧，这个章母字声母念 t，还跟端母混着呢。

（3）支脂之微

支韵系卑鞞弥翅祇斯支枳离企一般对 e，其中弥鞞支还对过 ai 或者 ay，祇也对过 ya，璃羁对 ya，知置施对 i。佛名 pratyeka 对辟支，支念 tye，城市名 rājagṛha 对罗阅祇，祇对 gṛ，都是沿袭汉朝旧译。ai 跟 ay 发音相近，梵文认为 ai 是 e 的加重音。

脂韵系鼻比悲眉地腻梨利耆弃夷脂胝至致稚椎絺示师尸率私肆犀维惟一般对 i，其中梨耆韵母也对 ṛ（ = ri）。毗译音的复现率极高，多数儿情况对 i，毗有齐韵又音，也对过 ai 或者 e。伊字多数儿对 i、e，对 ai（ = e）一见。

之韵系司时韵母对 i。

微韵系韦对 ai，围对 e，希对 i 和 ai。

（4）齐皆祭泰

齐韵系涕黎西哂对 e，黎对 ai，提醯对 e 也对 i 或者 ī，低帝谛泥对 i，是止摄没有端透泥纽字。鸡对 i 可能有 i、e 混乱。

皆韵系楷对 e。

祭韵卫对 as、aś，罽对 aś，世对 at，都是沿袭汉朝译名。

泰韵贝会赖对 āṣ，奈捺对 as，都是沿袭汉朝译名，旆对 vas 是晋朝译经才见着的，城名 kapilavastu，汉译迦维罗卫，拿卫对 vas，晋和刘宋拿旆对 vas、兜对 tu。刘宋也不用赖字对 rās，天王 Dhṛtarāṣṭra 汉译提头赖吒，赖对 rāṣ，吒对 ṭra，刘宋新译成秩栗帝罗色吒罗，rāṣṭra 早先用赖吒两个字对音，新译用四个字，罗对 rā，色对 ṣ，吒对 ṭ，末尾的 ra 对罗。

（5）鱼虞模

鱼韵系如字，汉译憍陈如对 kāuṇḍinya，如对（n）ya。

虞韵系无朱屡俱拘句瞿输恕树喻逾须娄十四个字绝大多数情况下对 o，其中拘瞿还对过 au，须对过 u。刍字对 au。符扶殊洟四个字对 u。梵文认为 au 是 o 的加重音。

模韵系影母字乌对 o，乌路鲁卢补布步屠度稣苏十一个字对 o。只有土对 ū，奴对 u。

（6）尤侯

尤韵系影母字优憂对 u，加上富浮牟鸠留琉丘裘搜兽寿修休宿由游周昼首，总共二十一个字对 u，其中，留由也对过 o，首还对过（ś）va，大自在天神 Maheśvara 对摩醯首罗。

侯韵系茂兜豆偷头耨毱数楼睺拘十一个字对 u，其中头睺也对过 o。另外塸阇对 oja，另一个版本是妪阇。

（7）肴宵

肴韵系烋字对 o。

宵韵系憍对 au，谣对 av，骠对 yo。调在调达对 devadatta 中对（d）ev，招在招提对 caturdiśa 中对 ca（tu），都是沿用汉朝译名。

（8）侵

侵韵系金对 im，深对 īm，钦对 am。

（9）覃谈盐严添凡

覃韵系庵含昙男南对 ām 或者 am，沓对 ab，纳对 av（v = b）。

谈韵系三参对 am，蓝对 ām，搨塔对 ap，臘对 av（v = b）。lumbini（花园）对蓝毗尼，唐朝玄奘法师对臘伐尼，可见佛教徒有一派的传音是 lam 不是 lum。

盐韵系炎阎焰瞻睒对 am 或者 ām，胁对 ap，葉对 yap。

严韵系劫对 ap。

添韵系叠对 ev（v = b）。

凡韵系梵对 - rahm，是沿用古译。

（10）真谆臻文魂

真韵系因宾频贫民陈紧邻新儭身申对 in、iñ、iṇ，其中宾还对过 iṅ。真对 cil，是龙王名 Mucilinda 对目真邻陀，可能是受后头 lin 音同化，ci 也增加了 - n 尾。秦对 chan（ > jhan），是佛名 krakucchanda 对拘楼秦，沿用汉译。一壹乙毕蜜密栗逸质对 it、il、iś，其中毕还对过 ip。

谆韵系淳纯沦对 un，伦轮对 a 是沿用汉译，恶魔 Asura 后汉三国对阿修轮、阿须伦，轮伦好像对 ra，其实可能对它的复数宾格形式 rān。旬对 an 也是汉译。律对 ud、odh，类对 odh。

臻韵系诜对 an。

文韵系分芬君文闻对 un、uṇ，其中文也对 añ，坋对 an。弗佛崛屈勿欝对 ut、ud、ur、uṭ、up（t）。

魂韵系门对 aṇ，孙对 un，突对 ur。

（11）寒桓删山仙先元

寒韵系安汉单檀坛难兰蹦散九个字对 an、añ、aṇ、ān。怛达萨对 at、ar、adh，其中怛对过 tak（ṣ）。

桓韵系般槃磐曼桓洹对 an、ān、añ，其中沿用汉译般在般若对 prajña 里头对 prajñ，洹在须陀洹对śrota - apatti 里头对 vat（v < b < p 浊化），酸对 un。钵跋末对 ad、ar、al、as、āt。

删韵系删慢羼对 an、añ、ān。

山韵系孱对 an，刹对 at、as、aś。

仙韵系阐骞乾楗延连旃禅八个字对 an、aṇ、añ，其中连旃沿用古译对 yāyan，禅顺古译对 yān。仙对 en，甄对 in。折对 ait。顺古译偈对 āth，阅悦对 ud，阅又对 ag。

先韵系先对 an、en，练对 an。涅对 ir。

元韵系健对 aṇ，犍对 - ran。揭竭对 adh、ar，掘对 up（t），越对 at、as。

（12）江唐阳

江韵系只有一个藐字对 yak。

唐韵系傍郎对 aṅ，薄博对 ak。

阳韵系央殃对 aṅ，另外，和上（尚）对的音，不像（Sk.）upadhyāya，像 P. Vajjhā，上对 jhā，失落鼻韵尾，说不清问题在佛经原典的身上，还是汉语方言本身。可能是俗语言。

（13）清青

清韵系释对 ak、āk，辟对 –rat，是沿用古译。

青韵系只有一个瓶字对 im，还是沿袭古译。

（14）蒸登

蒸韵系陵对 iṅ，征对 aṅ。式对 ik，陟对 ak。顺古的匿对 ajit。

登韵系崩朋恒能僧对 aṅ。匐德勒塞对 ak。

（15）东

东韵系笼对 oṇ，隆对 um。目叔郁对 uk、ug、ukh、uc，复对 ūt，目对 maud 是沿用汉译，木卜育对 ok、okh。

2. 韵系的讨论和韵部表

咱们先谈阴声韵，再说阳声、入声韵。

（1）歌、戈、麻

歌韵跟戈韵两系一比，戈韵舌齿音莎对 svā，螺对 lvā，歌韵娑对 sa，罗对 la，证明戈韵算合口没问题，有 u 介音。梵文的 v 属于半元音的性质，辅音 + v + 元音的条件下，v 念成［w］，跟汉语的 u 介音相似。

再拿歌戈跟麻韵系一比，麻韵若字对 na、nya，证明三等韵有 i 介音。梵文的 y 也是半元音，辅音 + y + 元音的条件下，y 跟汉语的 i 介音相似，念成［j］。

普通把歌戈主元音拟成后 a［ɑ］，麻主元音拟成前 a［a］，可以信从。

（2）支、脂、之、微

支音系字对 e、ai、ay、i，暗示它有 i 韵尾。

脂韵系字几乎都对 i，伊字对 i 极少对 e。毗字到处出现，可以不计。看大势，脂的韵母主元音接近［ɪ］，所以能对 i，也能近似对 e。

之韵系两个字都对 i，前头的东晋和后头的梁朝，都是之韵系对 i。

这一批资料让咱们能说，《篆隶万象名义》反映梁朝的反切脂之混乱，这个现象在对音里东晋刘宋时期就有。

微韵系三个字对 ai、e、i，暗示它也该有 i 韵尾。

支、微的主元音应该结合蟹摄对音情况综合考虑。

（3）齐、皆、祭、泰

齐韵系对 e 占多数，对 ai 相当于对 e。低帝谛提泥多数对 i，太好解释了，脂之韵部是负责对 i 韵母的，可它没有端透泥纽字，您有什么招儿？只好拿齐韵端组字音近代替，这种办法谁都用。齐韵系单看对音就该定韵母是 e，要是兼顾历史语音系统，就得再给它安上个 i 尾。

皆韵对 e，音近代替。

祭韵对 as、aś、at 都是沿用古译名的对音，人名 Aśvajit 对阿湿波（婆?）誓，誓对 ji（t?），主元音是 i，至少暗示祭韵主元音不是 a。假定考虑宋齐时代祭霁通押常见，可以猜想，也许一部分祭韵字已经混入霁韵。

泰韵顺古的贝赖奈椋对 as、ās、āṣ 不必说了，晋宋又出来旆对 vas，似乎泰韵还有入声尾巴。Sk. arjaka 对应 pali 的 ajjuka，萧齐对蔼寿迦，对了巴利文音，其中蔼对 aj，直观地看，还像入声，要是想想宋齐时期喻四的夷阅逸阎都对过 j，他们把 j 念得跟 y 似的，假定 aj 也念成 ay（ =ai），那就开了唐朝泰韵念 ai 的先河了。可惜，单靠一个蔼字，难下结论。

（4）鱼、虞、模

鱼韵系只有一个承古译的如字，不必讨论了。

虞模的韵母是 o，这么定符合对音的基本情况，有的字对 u 是音近代替。

（5）尤、侯、肴、宵

肴宵对 au、av、yo，让咱们能推测它们的韵母是接近 au、yau 的读音。通常拟测豪念 ɑu，肴念 au，宵念 iæu，萧念 ɛu。

虞模占了 o，肴宵占了 au，剩下的尤侯该读什么？单从数量统计倾向看，尤侯对 u 多，显示韵母的 u 音很强，可以有两种解释。头一种，尤侯韵母是 u，对 o 是音近代替。二一种，侯已经或者正在两折化，念 əu，ə 音弱，u 音强，汉语韵母假定没有单纯的 u，拿尤侯的 əu 顶差儿，也是一个办法。有人会问，尤韵是三等，念 iəu，怎么解释？也可以有两种解释。头一种，尤韵的 i 介音也许是后起的。二一种，尤韵的 iəu 里头，ə 简直是个过渡音，应该写成 iᵊu，或者 iu，译经师拿 iu 近似的描写 u，反正真学梵文字母的时候，还得靠老师领读。

(6) 侵、覃、谈、盐、严、添、凡

侵韵系对 im、am，可能是［iəm］。

覃谈就凭眼下的资料还看不出来有明显的区别，普通把一等韵主元音拟成［ɑ］，那就是［ɑm］。

盐严凡三等韵，由盐的入声葉对śyap 暗示有 i 介音。

添四等韵，叠字对 dev（=b）透露，主元音比一、三等的窄一点儿。

(7) 真、谆、臻、文、魂

《切韵》真、谆不分，宋齐时期对音，抛了沿用汉朝翻译的字音，真的主元音对 i，谆的主元音对圆唇的 u、o，跟《切韵》吻合，真是开口，谆是合口。

文韵系主元音多数对 u，也有对 a 的。魂韵系出来的字少，也是对 u，同时有对 a 的。这个局面跟真谆大不相同。普通把魂拟成 uən，文拟成 iuən，对音支持这种学说。

臻韵字太少，缺而不论。

(8) 寒、桓、删、山、仙、先、元

寒、桓两个韵系对音一致，桓韵系对音字一共十个，七个唇音字跟两个喻三（云母）字都对不出 u 介音来，这个不奇怪，唇音 p、b、m 和云母 v 的后头，u 介音站不住，今天的北京话般也是念［pan］，不念［puan］。桓韵出现了一个齿音字酸，对 sun，透露了有 u 介音的消息。普通拟测寒是 ɑn，桓是 uɑn。

删、山两个韵系对音也一致。单看这点儿对音材料，连它们跟寒桓的分别都看不出来。一般把二等删山拟成［an］。

仙韵系多数字对 an，可是连旃禅都对过 yan，表示有 i 介音。仙对 sen，折对 cait，甄甚至于对 kin，明明白白告诉咱们，它的主元音跟寒桓删山比，要窄一点儿，一般拟成［iæn］。

先韵系对 añ、en，入声对 ir，也显示主元音比较窄。通常说它没有 i 介音，拟成［en］，跟对音没有矛盾。

元韵系字对 an，入声对 adh、ar、at、as 和 up（t）。虽说宋齐语反映南方音，可是对音结果证明，宋齐译经语音元韵该入山摄，它跟文魂关系不密切。

（9）江、唐、阳

江韵系资料太少，等以后搜集到更多东西再说。

唐韵系和阳韵系的主元音是 a，反映得很清楚。

（10）清、青

清韵系入声字显示主元音不是靠近梵文的 i、e，而是靠近 a，辟字对 prat 暗示有 i 介音。

青韵系也得等以后材料多了再谈。

（11）蒸、登

登韵系对 aṅ，跟通常拟测成［əŋ］一致，梵文短 a 不是十足的 a［a］，照着金克木先生的主张，短 a 念［ə］，崩对 paṅ［pəŋ］真是太合适了。

蒸韵系征对ṭaṅ，陟对ṭak 显示主元音是短 a。陵对 liṅ跟式对śik 属于音近代替，三等 i 介音突出了，陵该念 liaṅ［liəŋ］，对 liṅ［liŋ］是将就事儿，宋齐汉语音节找不着念［liŋ］的字。

（12）东

东韵系对 u 又对 o，当然不是汉语这边儿东韵系主元音 u、o 不定，根本原因在梵文那边儿，梵文认为 u 跟 o 关系密切，o 是 u 的加重音：a + u > o。译经师找不着念［loŋ］的汉字，也就许可拿笼［luŋ］凑合了。

东韵对音用的笼隆两个字有意思极了，笼在守笼那对śroṇa 里头对 roṇ，隆在佛出生地 lumbini 园对隆频里头对 lum，您留心，鼻音尾一个是 ṇ，一个是 m，应该是ṅ！宋齐对音这种混乱主要出现在后高圆唇元音 u、o 的后头，在宕摄元音 a［ɑ］、曾摄元音［ə］的后头没发现。

下面列出韵部表，把上头讨论的结果做个小结。

以平赅上去入，阳声 -m、-n、-ŋ 包括入声 -p、-t、-k。缺少对音资料的暂时空着。韵部内部有开合口对立的，只出开口的读音；一三等同部的，只出一等的读音。比方说，寒桓部韵母有 ɑn、uɑn，只出 ɑn；唐阳部一等唐念［ɑŋ］，三等阳念［iɑŋ］，只出［ɑŋ］；其余以此类推。

宋齐语韵部

一	二	三			四
歌戈 ɑ					
	麻 a				
		微 iəi	支 iɛi	脂之 iɪ	
	皆佳 ai				齐 ei
模虞 o					
侯尤 əu					
豪 ɑu			宵 iɛu		
				侵 iəm	
覃谈 ɑm			盐严 iɛm		添 em
魂文 uən				真谆 iɪn	
寒桓 ɑn	删山 an		仙元 iɛn		先 en
唐阳 ɑŋ					
			清 iɛŋ		
东 uŋ					

第五章

僧伽婆罗译咒与南朝梁语音系

第一节　声母研究[①]

一　引言

研究魏晋南北朝语音史假如做尽可能细的切分，按历史的朝代分开，再按南、北方分开，分成若干小单元，研究各单元的语音状况，最后集单元为整体，这么求出来的魏晋南北朝语音史可能描写得更细密，也许更可靠。这篇文章就是其中一个单元的一部分研究。

用梵汉对音材料做这件事正合适。大多数汉译佛经能知道译经人和译经的时间、地点。比如，《孔雀王咒经》标题下头就写着“梁扶南三藏僧伽婆罗译”（第19册，No. 984，p. 446，b24），连他是哪国人都告诉你了。

罗公（460—524）翻译过十多部经。先挑他翻译的《孔雀王咒经》来做，因为这部经有大量的译咒，译咒对音一般不会沿用古译，对搜集当时的时音资料有利。另外，这部经先后有鸠摩罗什、僧伽婆罗、义净、不空等多位高僧翻译过，又有传世的悉昙字梵本，方便校勘，能让咱们把工作做到尽可能准确。

罗公的译文个别有跟悉昙字梵本、拉丁转写梵本音对不上的，应该是他根据的梵本跟《大正藏》所传梵本有出入，或者是他的对音字累代传抄有误。比如梵本音 golāvela，罗公对瞿罗支罗，不空对遇引攞吠攞，

---

① 本节曾以《南朝梁语声母系统初探》为题，发表于《音韵论丛》，齐鲁书社2004年版，第213—230页。

照着他们的对音体系，罗公支字不该对 ve，该对 ce，空公吠字对 ve 正合适。误差出在梵本，悉昙字 ve 写𑖪𑖸、ce 写𑖓𑖸，字形差在左边一画儿，一圆一尖。罗、空二公承传的梵本不同。对音字跟现有梵本传音对不上的，存疑。

对音字声母有些个清浊混乱的现象，抛了梵文或者汉字传抄有误的，大概有两种情况。头一种是浊声母对梵文清辅音，比如婆陀对 vata，定纽陀该对 d 而对 t，这个好解释，梵文夹在两个元音中间的清辅音往往浊化，t 浊化成 d 了。二一种是清声母对梵文浊辅音，又分两类，一类是梵文形近易混造成的，比方说透纽字坦该对 th 而对了 dh，梵文 tha 写𑖞，dha 写𑖠，字形一个上头不封口，一个封口；再看滂纽譬字，该对 phe 而对 bhe，梵文 phe 写𑖣𑖸，bhe 写𑖥𑖸，容易抄错了。第二种的第二类是由于汉字混淆，v（b）arṣaṇi 的 ba 一本对波，一本对婆，波错，婆对，也是形近造成的。诸如此类的情况以后不一一重复说混乱的具体成因了。

二　对音情况和说明

对音资料排顺序照着梵文的习惯，先出辅音 k、c、ṭ、t、p 五组，后列其他的。

对音字分成两类，第 1 类是不必解释的，比如 k_1 对见纽字；第 2 类是必须做些说明的，比如 k_2 里的对音字。另外，对音字有又音的用 * 号标出来。

（一）k 组

1. k_1 甘干竿高歌柯哿个钩苟鼓迦架箕基机己吉鸠拘鞠俱紧禁军君 * 枳

k_2 * 箴

k_1 见之类。k_2 箴字声母对 k 是相当有意思的。箴《王三》《广韵》职深反（切），章纽，该对 c 音。瀸《王三》《广韵》古斩反（切），见纽，正对 k 音。这就容易让人疑心大藏经印的箴字是错抄的，丢了三点水儿。可是日藏《篆隶万象名义》据考跟原本《玉篇》基本面貌相近，它的反切记录了南北朝时期的语音，一查《篆隶万象名义》①，箴字有之深反、

① ［日］释空海编：《篆隶万象名义》，中华书局 1995 年版。

古斩反两读，古斩反对 kam 正合适，音义为“古斩反、竹名”的字形由《万象名义》的箴到《王三》《广韵》的篕，产生了不同写法。

2. kh_1 珂口叩看欺起弃

kh_1 溪之属。

3. g_1 伽咎桀其祁耆求瞿乾钳　g_2 臭

g_1 群之类。g_2 臭字昌纽，该对 ch，很可能是具之误。

4. gh_1 伽瞿

gh_1 群之属。

5. $\dot{n}_1$ ＊誐

译咒没见着疑纽字。ṅa 对誐是字母对音[①]。

（二）C 组

1. c_1 旃遮主之织止粥周州帚咒　c_2 诈作

c_1 章之类。c_2 诈、庄纽字；作、精纽字。个别庄、精纽字混同章纽的现象放到后一节讨论。

2. ch_1 车

ch_1 车、昌纽。

3. j_1 尝阇恃视是侍竖社受剡禅　j_2 述蛇座

j_1 禅之属。j_2 述蛇属船纽，座属从纽。j_2 现象也放到声母对音讨论里解释。

4. jh_1 ＊禅

jh 译咒不见，字母对禅。

5. ñ＊若

ñ 译咒不见，字母对若，日纽。

（三）Ṭ 组

1. $ṭ_1$ 智置致踬＊质　$ṭ_2$ 底柢谛多陀

$ṭ_1$ 知之类。$ṭ_2$ 底柢谛多属端纽，混入知纽；陀、定纽，对 ṭ 浊化 > ḍ 音，混入澄纽。

---

① 僧伽婆罗译《文殊师利问经》（第 14 册，No. 468，第 498 页，a20）。

2. ṭh$_1$耻　ṭh$_2$他

ṭh$_1$彻纽字。ṭh$_2$透纽混入彻纽。

3. ḍ$_1$茶雉峙　ḍ$_2$吒智致底陀

ḍ$_1$澄之属。ḍ$_2$吒智致属知纽，该对ṭ而对浊音ḍ，底、端纽，该对 t 而对ḍ。陀、定纽，混同澄纽音。

4. ḍh$_1$轻檀

ḍh 译咒不见，字母对檀。

5. ṇ$_1$尼柅抳腻　ṇ$_2$那南泥

ṇ$_1$娘纽字。ṇ$_2$泥纽混入娘纽。

（四）T 组

1. t$_1$怛戴擔耽当登柢底帝渧谛兜斗蚪都覩埵多　t$_2$涕哲蹎

t$_1$端纽字。t$_2$涕《篆隶万象名义》他计、耻祀反，透、彻两读，可以对 th 或者 ṭh，可是下例中：

《大正藏》梵本音	itte mitte
僧伽婆罗译音	一涕他离反蜜涕
不　空译音	伊帝弭帝

《大正藏》抄刊的梵文音跟罗公不合，跟空公一致，是罗公承传的梵本不同。哲蹎属知纽，对音混同端纽。

2. th$_1$他踏闼胎　th$_2$哆

th$_1$都是透纽字。th$_2$哆在《广韵》有三读：敕加、丁佐、陟嫁切。是不是敕加切的彻纽音对 th，彻、透混淆？

3. d$_1$淡隄第地读杜堕檀䵢醰提头途涂土拖脱驮陀　d$_2$秅雉持

d$_1$全是定纽字。d$_2$秅像是豘字误抄，秅头婢对 dumdubi，秅对 dun，不合适，秅《广韵》陟格切，该对 ṭak 或者 tak，豘《广韵》徒混切，正好对 dun。雉和持是澄纽字，对音混同定纽。

4. dh$_1$第地提偷头团陀檀＊他　dh$_2$挞闼坦

dh$_1$也是定纽字。dh$_2$是透纽字，混入浊音。

5. n$_1$那捺奈耐泥涅弩诺难南＊柅＊尼　n$_2$腻

n_1泥之类，柅尼在《集韵》有女夷、乃礼切等娘、泥两读。n_2娘纽字混入泥纽音。

6. nd 那

（五）P 组

1. p_1贝般榜卑比彼俾辟边冰波钵博　p_2弗趺富分

p_1帮之类。p_2非纽字对音混同帮纽。

2. ph_1颇剖　ph_2赴副

ph_1滂之类。ph_2敷之类。

3. b_1跋罢伴褒鞞婢苾鮅薄鑮部步毗皮菩蒲曝婆朋频蘋　b_2浮扶负佛

b_1並之类。b_2奉之类。

4. bh_1跋鮅部婆频埤　bh_2帔颇

bh_1也是並之类。bh_2都是滂纽字，清声母对浊辅音前一节分析过几种可能性，此外，或许是受浊声母皮字声符的类化作用被推平了。

5. m_1弥米弭靡蜜密母木眉牟摩末藐曼满漫　m_2亡刎无武

m_1是明纽字。m_2是微纽字混入明纽。

6. mbh 槃

mbh 对並纽。

（六）其他组

1. y_1炎延盐艳飚养药移易耶夜野叶由诱牖喻庾

y_1对音字基本是喻$_{四}$（以）纽字，只有炎字有喻$_{三}$、喻$_{四}$两读。

2. r_1赖离梨里李哩丽利隶栗力陵娄楼漏卢芦鹿罗逻落洛缕兰朗　r_2酉

r_1对来纽字。r_2酉属喻$_{四}$，照规矩是对 yu，可是下例中：

梵本音	jambhanam karomi
罗公译	剡婆南迦酉$_{吴音同}$弭
空公译	昝婆$_{去}$能迦卢弭

对 ro 音，罗、空二公普遍都用卢字，这地方罗公用“酉$_{吴音同}$”，有两种可能，一种是梵本不同，空公对卢所据梵音是 ro，罗公所据梵音不是 ro，或许是 yo；另一种可能是“酉$_{吴音同}$”读音十分接近 ro。后一种推测还

能找到有利的旁证，西晋译音有个夷对ṛ（=ri）音。①

3. l_1离梨里利邻瀌溜刘留漏芦虏罗逻履蓝娄

l_1也都是来纽字。

4. v ＊婆

v 咒语实际念 b，字母 va、ba 都对婆。

5. $ś_1$尸施失识豕矢世试释输奢賒舍拾设收守首狩伤償　$ś_2$沙死

$ś_1$对审$_{三}$（书）纽字。$ś_2$沙《集韵》有师加、桑何切，生纽、心纽两读，没有书纽音，死字属心纽，它们对ś，假定不是所据梵本不同，那就是例外。

6. $ṣ_1$所史使屣芟沙　$ṣ_2$娑

$ṣ_1$对审$_{二}$（生）纽字。$ṣ_2$娑、心纽字对 s 习见，对ṣ一见，可能是沙字误抄。

7. s_1萨死虽苏叟薮娑莎徙悉仙修＊沙

s_1对心纽字。

8. h_1汉呵诃嘻憙熙喜戏休吼呼醯虓　h_2睺

h_1对晓纽字。h_2匣纽睺字对音混入晓纽。

9. $Ø_1$一伊医黳倚掩鷃因优遏恶欝蕴

对零声母的用影纽字。

10. $kṣ_1$叉察　$kṣ_2$起弃

$kṣ_1$对初纽字。$kṣ_2$溪纽字起弃混同初纽。

三　声母讨论和声母表

咱们照着五音顺序讨论。

（一）唇音

帮纽和非纽对 p，滂纽、敷纽对 ph，並纽、奉纽对 b，明纽、微纽对 m，一片"古无轻唇音"的景象。

並纽槃字对 mbh 是个有意思的材料：

kumbhāṇḍi　鸠槃峙

kumbhāṇḍa　鸠槃茶

① 见本书第二章第一节。

梵词里的 m 不能属上，鸠对 ku，不能对 kum。m 只能属下，mbhaṇ 对槃，明组字对 mb－的情况，东汉、两晋直到梁朝都能零零星星地见着。比如东汉安世高 mbī 对弥、mbhaṇ 对槃①，两晋 mbi 对弥，东晋 mbi 对弥、mbin 对民。

（二）舌音

端知两组分没分化？咱们非常关心这件事儿。

僧伽婆罗《文殊师利问经》字母对音：

ṭa	多	ṭha	他	ḍa	陀	ḍha	檀	ṇa	那
ta	轻多	tha	轻他	da	轻陀	dha	轻檀	na	轻那

对 t 组音还用端组字，可是前头加上“轻 X”表示梵文 t 组跟ṭ组之异不直接用知组字对ṭ组，有三种可能。第一种，可能梁言端知还没分化，没有舌上音。第二种，可能端知分化正在进行之中，知组还不能独立。第三种，可能端知已然分化，可是知组读音不是ṭ组。究竟是哪种情况，单凭字母对音不好决定。

把咒语对音做统计分析对解决问题有帮助。

先做个对音字数目的统计。有的字两边都出现过，比方知组颙、端组底都是 t、ṭ两对，咱们的办法是都算数儿，t 这边儿计数儿，ṭ那边儿也计数儿。各对音字对音次数先不管。有的字有端组、知组两读，比方说柅、尼，它不能反映端知分合情况，舍去不计。下面是统计的结果：

端		透		定		泥	
t	ṭ	th	ṭh	d	ḍ	n	ṇ
18	4	4	1	19	1	8	3
知		彻		澄		娘	
t	ṭ	th	ṭh	d	ḍ	n	ṇ
2	5		1	2	3	2	2

端组四纽对 t 组音 49 个字，对ṭ组音 9 个字。知组四纽对ṭ组音 11 个

① 俞敏：《后汉三国梵汉对音谱》，《中国语文学论文选》，日本光生馆 1984 年版。

字，对 t 组音 6 个字。端组偏向对 t 组，知组偏向对 ṭ 组，舌头音跟舌上音有分类的倾向。

再做个对音字次的数量统计，办法是随机抽样，唯一条件是韵母相同或者相近。端组帝谛底柢、知组智置踬致对音字次统计的结果：

帝		谛		底			柢	
t	ṭ	t	ṭ	t	ṭ	ḍ	t	ṭ
2		2	4	77	25	7	7	1
智		置		踬			致	
t	ṭ	t	ṭ	t	ṭ		t	ḍ
1	14		12	1	2			5

端组四个字对 t 音 88 字次，对 ṭ、ḍ 37 字次，端组对 ṭ 类音占对音总字次的 29%。知组四个字对 ṭ、ḍ 33 字次，对 t 音 2 次，知组对 t 音占对音总字次的 5% 强，换句话说，知对 ṭ、ḍ 占对音总字次将近 95%。单看这个统计，知组已经独立。定组陀地头踏蹋、澄组茶雉峙对音字次统计的结果：

陀				地		头	踏	蹋
d	dh	ṭ	ḍ	dh	ḍ	d	ḍ	ḍ
43	10	4	15	5	2	37	2	2
茶				雉		峙		
ḍ				ḍ	d	ḍ		
2				2	1	1		

蹋踏的对音需要研究，踏《广韵》他合切、透纽，可是《韵镜校证》里踏在定纽盍韵的位置，跟蹋同音，跟声符沓一致。[①] 盍韵念 ap，它没有澄纽字，ḍap 只有一条出路：拿定纽字代替。蹋踏的对音不能统计在内。这样，定组三个字对 d、dh 95 字次，对 ṭ、ḍ 21 字次，对 ṭ、ḍ 占对音总

① 李新魁校正：《韵镜校证》，中华书局 1982 年版。

字次的 18% 强。澄纽三个字对ḍ 5 字次，对 d 1 字次，对 d 占对音总字次的 16% 强。定澄混淆占 16%—18% 。

看看统计分析，跟前头估计的三种可能对对号儿，第二种的可能性最大。第一种估计端知还没分化，解释不了知纽对ṭ类占 94% 强，澄纽对ḍ占 83% 强，也不太容易解释端组偏向对 t 组，知组偏向ṭ组。第三种估计端知已经分化，解释不了端纽字混入知纽对ṭ类达到 29% 这么高的比率，定纽字混入澄纽达到 18% 强的比率也偏高了；再说，估计知组独立，因为不念ṭ组音，就拿端组附加“轻”字音近代替了，也不太合适，一般认为知组打端组分化出来第一步变成塞音，高本汉、陆志韦先生把知彻澄订为 ȶ、ȶʻ、ȡ，罗常培先生订成ṭ、ṭʻ、ḍ,① 就算依着第三种估计，知组不念ṭ组，念 ȶ 组音，也可以拿梵文ṭ组代替对音啊。

可能知组正从端组往外分化着，由对音观察，似乎知纽分化得最快，娘纽分化得最慢，澄纽分化速度居中。当然，对分化速度的推测还需要继续研究。

说端知分化正在进行，字音因此乱哄，有没有可能性？有。比如，现代山西祁县方言tʂ > ts 是离散式的，② 从地域看，城关、古县、城赵念知蒸 tʂ，偏北、偏东的东观、贾令、来远念 ts；从人群看，城关这地方老年中年人念 tʂ，青少年念 ts。知、章组读音就是乱哄哄的。这种跟青年语法学派主张的连续式音变不同的音变，古时候存在过也不是不可能。译经对音不是编韵书，用不着照顾旧有韵书的体系，能给梵文尽量对准音就得，从悠久的历史长河看，译一部经花的两三年，简直就是历史音变长河的一个“瞬时”，容易保存住离散式音变的动态资料。

那字声母念 nd 虽说不多见，可是值得注意。经里有个龙王叫 mucilinda，罗公对过母止离那罗耶，那是它变格儿的单数、与声 mucilindāya，离那二字对 linda。那对 nda，这个对音在后汉三国康僧铠、东晋僧伽婆罗译经里都出现过。

唇音组槃对 mbh、舌音组那对 nd，可以由两个方面想。由梵文方面

---

① 陆志韦：《古音说略》，《燕京学报》专号，1947 年；罗常培：《知彻澄娘音值考》，《中央研究院历史语言研究所集刊》3 本 1 分，1931 年。

② 徐通锵：《历史语言学》，商务印书馆 1996 年版，第 304—306 页。

推测，也许是弱化或者同化让 mbh > bh、nd > n。由汉语方面联想，唐朝不空对音显示，长安音 8 世纪有一个特点，鼻辅音声母包含鼻音跟同部位的浊塞音两个音素：mb、nd、ṇḍ、ŋg。这套音不是石头缝儿里蹦出来的，应当有来源，假定追本溯源，南北朝或者更早的 mb、nd、ŋg 之类的读音材料就显出来重要了。限于材料和本文的篇幅，咱们只能申明这么一个看法，暂时不能做正式的讨论。

来纽也在这个组。它 l、r 都对音。从后汉一直到宋朝，“雷打不动”。一般认为来纽念 l，不念 r，现代方言是个硬证据，梵文字母对音也有证据。对 l 罗公用逻，慧琳用攞；对 r 罗、琳二公用加口字旁的啰，琳公特别注明“弹舌声”，是汉语没有那种音。①

来纽对 r 是音近代替。现代咱们跟老祖宗一样，接着这么干，Glendale 译格伦代尔，Greendale 译格林代尔，来纽字伦对 l，林对 r。②

（三）牙音

有两个问题需要谈谈。

头一个是溪纽字普通对 kh，让人奇怪的是起弃两字也对了 kṣ，跟初纽字混了，怎么解释？

kṣ普通对初纽，有的经师也对过溪纽，比如后汉三国的支谶用初纽刹对 kṣat，又用溪纽丘对 kṣu，他对初纽念 kṣ 音近［tʂʻ］，对溪纽念 kṣ 音近［kʻ］，都是方言形式。唐朝不空和尚用药乞洒二合对 yakṣa，乞对 k，洒对ṣa，二者合成 kṣa，这才是正梵文的读法儿。

二一个是群纽字对 g，也对 gh。假定设想一个群纽字念浊塞音的时候，可以随便念成送气或者不送气的，咱们眼下可找不着证据。通常认为这个时代南方通语浊塞音、浊塞擦音不送气。由于只有这一套不送气全浊音，梵文的送气和不送气浊塞、塞擦音就都用它对译了。

（四）齿音

1. 章组

章组全部十一个字都对 c［tɕ］，书组一共二十一个字全对ś［ɕ］，禅

---

① 慧琳：《一切经音义》“华严经四十二字观门经”（《大正藏》第 54 册，No. 2128，第 459 页 b4）。

② 辛华编：《世界地名译名手册》，商务印书馆 1976 年版。

组所有十一个字无一例外地对 j [dʑ]。昌组咒语对音千顷地里一根苗儿，车对 ch [tɕʻ]，多亏译名 chatrākāra 对掣昌葛反多罗伽罗国，掣对 ch，让咱们幸免孤证。这批材料证明梁言有章组音，禅组是浊塞擦音。

禅组一般对 j，后汉三国、两晋、梁朝跟唐朝“一以贯之”。对音难得见着船组字，有个术字倒是常见，后汉三国对ṣ，西晋对ṣ、ś，东晋对ṣ，对摩擦音。我的太老师陆志韦先生根据这类材料提出来，等韵图上船禅的位置应该对调。① 这个学说在对音里头符合一般规律。

让人吃惊的事情来了！罗公译咒用了船组述蛇两个字，都跟禅组一样对塞擦音 j，最低限度也能说，船组有混入禅组的。这跟陆先生归纳的定律不一致。罗公船禅不分，可能是受了吴语影响。这么下结论有两个根据，头一个是颜之推《颜氏家训·音辞》说：“而南染吴、越，北杂夷虏，皆有深弊……其谬失轻微者，则南人……以石为射……以是为舐。”② 石、是属禅组，射、舐为船组，南方人之“失”正是船禅不分。二一个是《续高僧传》卷一记着僧伽婆罗译经的助手“笔受”有名僧宝唱、慧超几位，宝唱是“吴郡人”。③

反过来也可以说，大约6世纪晚期颜之推讥笑的船禅混淆，在6世纪初期（503—520）罗公的对音里确确实实能看见，咱们的贡献是直接由对音里看见船禅都念什么样的音，能碰上这个好事儿真是“三生有幸”！

日组只出现两个对音字耳和糅，都对ṇ。讨论舌音说过泥、娘组对 n、ṇ，混淆太厉害，推断娘组不独立，这还能由字母对音“娘、轻那”得到印证。假定因为日组对ṇ，就推断为“娘日归泥”，日组到南朝还不独立，那可太冒险了。再说，罗公对字母 ña 用日组若字也不支持那种假设。日组字对ṇ 也好解释，ṇ、ñ 音近，用日组 ñ 对ṇ 是音近代替。南朝日组归章组也符合一般的分类。

2. 庄组

初组叉察二字对 kṣ [tʂʻ]，译名对音跟咒语对音一致，比方kṣāntivādi 对羼底婆恃仙人，初组羼对 kṣ。山组史使芟屣所沙对ṣ[ʂ]。有了初、山组，

---

① 陆志韦：《古音说略》，《燕京学报》专号，1947 年，第 10—12 页。

② 王利器：《颜氏家训集解》，上海古籍出版社 1980 年版，第 474 页。

③ （唐）道宣：《续高僧传》，《大正藏》第 50 册，No. 2060，第 426 页 b13。

庄组独立没什么问题了。

庄组照理念［tʂ］，陆先生主张念［tʃ］。译咒只有可怜巴巴的一个诈字，对 c，也好解释。尽管同中有异，欧洲学者习惯把梵文的 c 比作英文［tʃ］，j 比作［ʤ］，假定罗公读 c 近似［tʃ］，拿庄组字［tʂ］对 c［tʃ］，得说是差不离。

3. 精组

学者们公认精组音自上古就有，罗公咒语对音除了心纽出现十三个对音字对 s，其他各纽或者干脆不见面儿，或者甘露一两滴。

精组只有一个作字对 c，拿汉语的［ts］对梵文 c［tʃ］。

从纽座字多次对 j，汉语的［dz］对梵文 j［ʤ］。座字有一次加注“狙戈切”，大概是徂戈误抄。潜字对ś太怪了，ś是清擦音。它的对音环境是：

jayantiye	svāhā	śāmtiye	svāhā
阇廷底易	莎诃	潜底易	莎诃

ś［ç］在元音 a 中间可以浊化变读成［ʑ］，假定这个推论不错，潜对音跟［ʑ］近似。颜之推《音辞》还数落过“南人……以钱为涎……以贱为羡”，钱贱、从纽，涎羡、邪纽，一般认为邪纽当时念［z］。保不齐潜念ś ＞［ʑ］正好记录了梁言的从邪不分现象。僧伽婆罗对音，从纽字一个保持塞擦音，一个念成摩擦音。真能称得上一字千金。咱们盼着以后能遇上更多的证据。

（五）喉音

影纽十三个对音字全对零声母，它的平声字今读阴平，还是拟测成清辅音［ʔ］合适。

晓纽十三个字都对 h，匣纽只出现一个睺字，也对了 h。罗公译名bṛhaspatir对毘梨害吴音同娑波底仙人，匣纽害也对 h。至少可以说匣纽出现的对音字已经跟晓纽合流。

喻纽除了炎字有喻三、喻四两读，十九个对音字都是喻四纽的，其中十八个对 y，唯独酉字对了 r，一见，还没对过别的音。西晋有喻四夷对过ṛ，罗公的酉对 r 很难当成例外排除。咱们能找着解释，普通把喻四拟成半元音 y，罗公对音的喻四实际发音摩擦更重，有时候听着像辅音。王力先生推测喻$_{四}$先秦时代念舌面边音［ʎ］，对音资料对他的学说有利。

现在把讨论的结果列成声母表。没出现对音字而推论出来的声母标＊，知组三组正在分化成长而未完全独立就加上（　），喻$_{三}$（云）组应该有而暂时不明读音，就空缺。

p 帮非	ph 滂敷	b 並奉	m 明微		
t 端	th 透	d 定	n 泥娘		l 来
ṭ（知）	ṭh（彻）	ḍ（澄）			
k 见	kh 溪	g 群	ṅ疑	h 晓匣	ʔ 影
ts 精	tsh ＊ 清	dz 从		s 心	
tṣ庄	tṣh 初	dẓ ＊ 崇		ṣ生	
tś章	tśh 昌	dź禅船	ñ 日	ś书	j 以

四　结语

就着汉语语音史再说几句。

1. 知组正在分化产生之中。过去的文章一般是说知组什么时候有，什么时候没有，本节的结论恰好补上从无到有的过渡阶段。译经师跟他的助手译经应当大体上用通语，或者说用一个影响比较大的方言，自然，他们的语言也难免受某种读书音或者其他方言的一些影响。为什么这样想？东晋法显他们译经在前，早了将近一个世纪，可是他们对音端知两组除泥娘有混淆，其余各纽对立无疑。法显是北方人，或许知组独立先起于北方也未可知。所以，汉语语音史的研究要想再深入一步，在过去那种一条线通下来的基础上，顾及方言，采取非单线的结构，也许是一途。

2. 船禅不分有证据。颜之推说南方人受吴越方音影响，船禅不分，从邪混淆。僧伽婆罗可是标榜“梁言”，他和助手也十分清楚吴音什么样，就是这么一位大明白人对音出来了吴音！这个原因也不难猜，船禅不分的字音广泛流传在南方的某些语言社团，当时人们已经不把它看成吴音。这个例子也证明，颜之推笑话的南方人语音不正，并非单指“庶人”，也包括识文断字的“士子”。

王力先生由音理猜，“从……神禅混合……可以看出，照穿神三母已经由塞音变为塞擦音，因为塞擦音和擦音相近，才容易相混”①。他没说混淆之后到底读擦音还是读塞擦音。对音能证明船（神）禅念塞擦音。

3. 喻三、喻四不同音。梁朝“有一侯……谓郢州为永州”②，喻四、喻三不分。可罗公对音只有喻四对 y，喻三纽字（抛开炎字有喻三喻四两读）没有一个字对 y，是喻三另有他音，它没出现是因为梵文没出现相同或者相近的音。直到梁朝喻三、喻四还没合流。

4. 匣纽字混入晓纽。西晋、东晋译音匣纽三分，匣跟喻三两组合口字对 v，比如和 va、于 va；匣开口一部分字对 h 跟晓纽混了，比如河 ha、呵 ha；匣开口另一批字对 g 跟群纽一类，比如含 gam、伽 ga。罗公译咒匣纽跟喻三合口不见，是不是跟罗公念 v 为 b 有关系？匣纽开口不对 g，应当是这部分上古念 g 的字已经转变成其他音了；匣纽开口睺害对 h，证明它们跟晓纽合流。

放到汉语语音中里看看应发现，梁朝跟唐朝中原音的声母系统大模样比较接近，主要的不同之处，眼下能说清楚的有三点：一、轻唇音，梁朝没有唐朝有；二、舌上音，梁朝正往外分化，唐朝已经独立；三、船（床三）纽，梁语受吴音影响混同禅纽念塞擦音，唐朝念摩擦音。

第二节　韵母研究③

本节利用梁朝译经师僧伽婆罗的梵汉对音资料探索当时通语的韵母系统，发现梁语有几个特点，如脂之韵不分，尤侯韵可能正在两折化。

一　引言

僧伽婆罗和尚的译经很有意思，他居然认真地区别通语和“吴音”，由语言学史说，郑重其事使用“吴音”这个术语词，时间那么早，难能

① 王力：《汉语语音史》，中国社会科学出版社 1985 年版，第 11 页。

② 王利器：《颜氏家训集解》，上海古籍出版社 1980 年版，第 504 页。

③ 本节曾以《南朝梁语韵母系统初探》为题，发表在《音史新论——庆祝邵荣芬先生八十寿辰学术论文集》，学苑出版社 2005 年版，第 209—216 页。

可贵，搞方言学史的人如果知道了，没准儿得手之舞之，足之蹈之。[①]

咱们做语音史研究的大思路，用《孔雀王咒经》译音摸索梁朝语音的缘由，在本章第一节说过，至于整理对音资料当中应当做的校勘、识别旧译、注意音变、存疑，前些年咱们发表的那些文章里头也交代过。为了省纸，旧话不提了。

二　对音的情况和说明

对音汉字按摄分韵排列，入声跟着阳声走，韵目以平赅上去，反切用《广韵》《集韵》。

（一）歌戈

1. 歌韵系多他拖驮罗逻歌柯珂娑呵诃阿呰那奈个的韵母一般对 ā 或者 a。

其中娑对 ā 或者 a 七见，对 va 一见，也许对 va 是戈韵莎字之误。

2. 戈韵系埵堕座莎对 vā 或者 va，其中莎字又多次对 ā 或者 a，念开口。伽字对 ā 或者 a。戈类唇音字波颇婆摩一律对 ā 或者 a，没有相当于 u 介音的 -v-。

歌、戈两个韵系主元音对音一致。舌齿音对音显示，歌类没有 u 介音，戈类有，可是也存在戈类莎字对音混同歌类娑的现象。

（二）麻

麻韵系茶迦叉沙遮车蛇赊奢阇耶舍捨社野咤夜对 a，其中赊舍各有一次对 ya，奢舍各有一次对 ā，另外有架诈对 ā。麻类主要倾向对短 a。

沙字复现率太高，译经师们太喜欢它，它的声母居然万能到了 ṣ、ś、s 都可以对，因此，它对 ā 一见的情况可以不论。

（三）支脂之微

1. 支韵系卑埤帔皮弥离支移彼婢弭靡枳屣豖是倚臂譬智戏易的韵母一般对 e，其中离支各对 ye 一见，婢枳智对 i 一见。另有俾字对 i。

---

① 《孔雀王咒经》咒语的梵汉对音资料里头罗公的对音汉字有几处加注“吴音”，这些小注是僧伽婆罗做的还是后人加的？朱庆之兄、方一新兄提出问题，他们问得好，这也是我心里的一个疙瘩。我想，这些小注客观存在，没证明它们是后时材料之前，应该先承认有这么件事儿，同时存疑，以后再做进一步考证。本文研究梁朝通语，暂时不讨论“吴音”问题并不影响咱们的工作。

弭亡比反对 mi，靡亡至反对 mi，小注反切下字属于脂韵去声，表示脂类念 i。侈字对 ta，显然是多字误抄。

2. 脂韵系毗眉地利柅尼抳耆尸伊雉履死矢比致腻弃对 i 或者 ī，其中柅字《集韵》又读乃礼切，也对 e，虽字韵母对 vi。

cilikisi 对止里指死，指对 ki 不合适，可能出于两种情况。一种是指为枳之误，一种是罗公根据的梵本不是 ki，是 ci。

3. 之韵系痴持箕基欺祁之熙里李哩耻峙已起史止恃喜嘻譩置试侍对 i 或者 ī，其中里对过 ṛ，有一派把 ṛ 读成 ri，对里正合适。

4. 微韵系就出来一个機字对 i。

（四）齐佳咍祭泰

1. 齐韵系鞞堤提泥丽翳醯柢涕渧谛第隶对 e，其中提泥也对 i。帝底对 i，翳对 ai。

2. 罗公普通拿脂之韵对 i，脂之韵没有端组字，不得已，只好拿齐韵端组字顶替，帝底提泥因此对 i。

梵文学者说，元音 i 加 a 就成为 guṇa 形式的 e，i 加 ā 就成为vṛddhi形式的 ai，或者说 ai 是 e 的加重。齐韵对 e 而翳对 ai，根源就在这儿。

3. 佳韵系独见罢字对 e。

4. 咍韵系胎耐戴对 e。

5. 祭韵世字对 e。

6. 泰韵赖对 at、aṣ，贝对 a（s）。

（五）鱼虞模

1. 虞韵系扶无俱拘瞿武缕主竖庾喻对 o，其中拘缕也对过 u。赴对 u。趺方牟反对 u，反切下字属尤韵，是趺不念 u。输字奇怪，对 va。臭止对 guci，臭是具之误？

2. 模韵系菩蒲涂途芦卢苏呼土杜砮虏鼓睹对 o。

僧伽婆罗的多罗都多离、不空的多罗妒引多上黎对同一句咒语，罗公的都、空公的妒应当对 to（𑖝𑖺），《大正藏》梵本作 tā（𑖝𑖯），梵本有误，另外，罗公的堤步该对 devo，梵本作 devaḥ，devas 在不同条件下能有 devaḥ跟 devo 两种音变，罗公根据的梵本跟现存的梵本不同音。鱼韵系出来一个所字对ṣa，姑且存疑。

（六）尤侯

1. 尤韵系浮留鸠求修州周糅优休由负纽咎帚守首受牖富副狩对 u，其中帚也对 yu。收牟酉诱咒五个字对 o，留字对 au，注明“吴音”。

刘应该对 lu 而对 la，柳该对 lu 而只对一个元音 u，显然罗公所据梵本跟《大正藏》的不同。

2. 侯韵系兜钩娄楼偷头剖部斗漏苟叩口薮叟吼对 u，其中头字对 yu 一见。睺对 o。母对 u 或者 o。另外，mṛṣaṃ对母芰也许是“母里芰”丢了里字。

（七）豪

豪韵系高字对 au，褒字《集韵》有博毛、蒲侯切两读，褒陀罗尼对 budari（a?）ṇi，褒韵母对 u，像侯韵音。

另外，宵韵系诏字对 na（r），不着边际，或者各据不同梵本，或者诏字不对。

（八）侵

侵韵系禁对 im，瀸对 am。

（九）覃谈咸衔盐

1. 覃韵系庵婪南对 am、ām，醰譚对 um，耽对 um、am。入声踏对 ap。罗公覃韵对 um 不像有抄刊之误，比如梵本 dodumba，罗公译杜譚婆，唐不空译怒引努鼻嚩，三种材料读音基本一致。

2. 谈韵系擔蓝甘 am。入声盍韵蹋对 ap。

3. 咸韵系箴对 am。箴《广韵》职深切，《篆隶万象名义》之深、古斩反两读，箴对 kam 正是古斩反的读音。

4. 衔韵系也是光杆儿司令，一个芟字对 am。

5. 盐韵系钳潜剡掩炎盐艳对 am 或者 ām，入声叶韵叶字对 ab。

（十）真谆文

1. 真韵系频邻因紧对 in，其中紧字对 irn 一见，另外有蘋对iṣn。入声质韵苾秘蜜栗蹶吉悉质失一对 it 或者 id、iṭ、ir、ij、is、iṣ，其中栗字对过ṛd，ṛ罗公要是读 ri，栗对ṛd = rid，蹶对过ṭi，念阴声，合乎《集韵》又读陟利切。

2. 谆韵系入声术韵述字对 uṣ。

3. 文韵系军君刎蕴对 un、uṇ、uñ，分对 urn。入声物韵不弗佛欝对

ut、ud、us、uṭ、ul。

（十一）寒桓删仙先

1. 寒韵系檀难兰干竿看安对 an 、aṇ、ān，伴汉对 at，檀字又对 yan 一见。坦字应当对 an，《大正藏》梵本作 un 是另有承传。入声曷韵挞阏萨捺遏怛对 ar、aṭ、aḍ、ār。

2. 桓韵系般盘曼满漫对 an、āṇ、an、āṇ，团吴音同对 un。入声末韵钵跋末夺对 at、ar、as、a，aj（r）、aḥ，脱字对 ot。

3. 删韵系羼对 ān，鷃字太调皮了，咒语连续三句都有它，分别对 ad、at、ac，就是不对 an，有两种可能：头一种是罗公在这儿读 a 有韵尾鼻音ṃ（anusvāra），二一种是阳入对转近音代替。入声黠韵察字对 at。

4. 仙韵系乾旃禅延对 an、aṇ、ān，仙对 en。入声薛韵桀对 ar，设对 āc，哲对 yat。

5. 先韵系边对 en，入声屑韵涅对 et。

（十二）江阳唐

1. 阳韵系亡伤偿尝扬养对 aṅ，其中伤字对 ar 一见，请看（十一）3. 鷃字对音的解释。入声药韵药字对 ak。

2. 唐韵系当朗对 aṅ，其中朗又对 ak，也可以参看鷃字对音的解释。榜对 ān。入声铎韵博薄鑮诺落洛恶对 ak、āk、ag，作字对 ca 可能用《集韵》子贺切的读音，在箇韵。

3. 江韵系一无所有，对应的入声觉韵只有独往独来的藐字对 yag。

（十三）清

清韵对应的入声昔韵释对 ak、āk，辟对 rat。

（十四）蒸登

1. 蒸韵系冰对 iṅ，陵对 ṛṅ。陵又对 ri，也请看鷃对音的说明。入声职韵力绮织对 ik。

2. 登韵系朋登对 aṅ，邓对 iṅ。

（十五）东钟

1. 东韵入声屋韵曝木读鹿鞠粥对 uk、ug。东韵粽对 suṃ 太奇怪，声母、韵尾都对不上号儿，它像粽的错别字，《集韵》粽，桑感切。

2. 钟韵入声烛韵勗字对 uk。

三　韵系的讨论和韵部表

先说明阴声韵，后谈阳声、入声韵。

（一）歌戈麻

一比就能看出来，歌、戈跟麻有区别。梵文 ā 是长 a，多数对歌戈韵的字，麻韵字一般对 a，梵文的短 a；ya 对麻韵字，不对歌戈韵字。

梵文 ā 读成十足的 a，梵文短 a 念成［ɐ］［ə］什么的。普通把歌戈的主元音拟成后 a，麻韵主元音拟成前 a，可以信从。

顺便插一个小段子。好像后来《广韵》放在戈韵当成合口的唇音字波颇婆摩什么的，梁语不念合口；请看波对 pa、pā，颇对 pha，婆对 bā、bhā，摩对 ma、mā，韵母没见 u 介音，再说，能反映原本《玉篇》音系的《篆隶万象名义》和唐写本《王仁昫刊谬补缺切韵》（王三）也跟对音一致：

	波	颇	婆	摩
名义	博何	普多	蒲何	莫罗
王三	博何	滂何	薄何	莫何

反切下字何多罗《广韵》收入歌韵，念开口，中古多、罗念开口没有问题，今天的韩国汉字词里还保存着这种读音。韩国南部有座庙叫多率寺，多率念 tasur。韩国历史上有个国家叫新罗，新罗念 sinla。《王三》不分歌、戈，《广韵》分歌开、戈合，把唇音字划归戈韵，给这批字做反切，切下字也换成合口的禾我，由南朝到唐宋，恐怕不是歌韵唇音字主元音由开变合，而是唇音声母跟 a 元音拼合能产生过渡性 u 音，让一部分人觉着像合口音。

（二）支脂之微

1. 支开口字多数对 e，可是罗公用齐而不用支给字母 e 注音，暗示支的主元音不是 e。支韵离支对 ye 显示有 i 介音。婢枳智俾对单纯 i 音，流露出支韵母整体听觉可以接近 i。似乎拟成 iɛi 能解释支韵开口对音情况。

2. 脂开口字对 i 或者 ī 没有例外；合口虽字对 vi（=ui）。让咱们敢不犹豫的把它的韵母猜成 i 跟 ui。

3. 之韵系字一律对成 i，跟脂韵系对音混同，之脂合一到《篆隶万象名义》里头能找着很多证据：

A	脂	几	匕	至
广韵	旨夷切	居履切	卑履切	脂利切
名义	诸时反	羁俟反	俾似反	之异反
B	丝	治	侍	
广韵	息兹切	直吏切	时吏切	
名义	苏姿反	除饥反	时至反	

A 组脂几匕至是《广韵》脂韵系字，《名义》反切下字时俟似异是《广韵》之韵系字。B 组丝治侍是《广韵》之韵系字，《名义》反切下字姿饥至是《广韵》脂韵系字。

4. 微韵系只有一个字，暂不讨论。

（三）齐佳咍祭泰

1. 齐一般对 e。既然帝底提泥对 i 是替之脂当差，好像咱们可以直截了当照着罗公用壁字给字母 e 注音的精神，给齐韵母定成 e。假定顾及历史音变的系统性，就得给它安上个尾巴 -i。

2. 咍、佳、祭都对 e，得分析分析。它们对 e 而混同齐，正好表示读音有相近之处。诗歌用韵有类似的情况，齐梁时代咍、皆有押进齐的例证，数量不多；祭跟齐的去声霁相押可是“屡见不鲜”了。咱们可不能因此推断这些个韵已经合一，由历史音变系统性看，现在把它们都合到一块儿，不好解释后来的隋唐音。眼下最合适的解释是，咍、佳对 e 属于音近代替。

通常认为，一等咍灰是 ɑi、uɑi，二等佳是 ai、uai 或者 æi、uæi。

3. 泰出现的两个字赖、贝对音都带着辅音尾巴，只好先归到入声曷。这个问题等到有更多材料的时候再做最后结论。

（四）鱼虞模

1. 模对 o。咒语这么对音跟字母 o 对乌吻合。

2. 虞一般也对 o。拘、缕对 o，也对过 u，拘从句，缕从娄，句、娄《广韵》都有虞、侯两读，再早，东晋徐邈音也有：娄，力俱反、力侯反；句，古俱反、古侯反。[1] 假定梁语拘、缕同样有虞、侯两读，就能 o、u 两对。

虞、模对音字不少，各有十几个，鱼居然一个字也不见，假定这不是偶然的，就应该是鱼跟虞模的元音不同。

（五）尤侯豪

罗公拿尤韵影纽字憂对字母 u，“长憂”对字母 ū，给尤、侯拟音必须能解释字母对音。

尤、侯的读音可以有两种设想。头一种，依着对音材料，咒语里有优字对 u，跟字母对音“若合符节”，那就定它们的主元音为 u，它们多数字对 u 算正音，少数位对 o 算音近代替。二一种，打历史语音的流变想，假定尤侯韵正在或者已经两折化，它们的韵母念 ^{ə}u 或者 ^{ɯ}u，最响亮的元音是 u，方便解释 u、o 两对的现象。

这地方有个障碍得迈过去。人们习惯拿着等韵图往中古、上古推。照着等韵图说，尤韵在三等，有 i 介音。假定中古尤有 i 介音，梁语的忧字该念 i^{ə}u 或者 i^{ɯ}u，罗公拿憂优对 u 是忽略了 i 介音的音近代替。另外，咱们也可以大着点儿胆量，推想 i 介音梁语的尤韵没有，是后来产生的。换句话说，猜想 i 介音一部分早就有，一部分后起。

效摄只有豪韵高字对 au 可靠，材料太少，就放在这儿附带说了。罗公拿燠字给字母 au 对音，证明高字对 au 是“一字千金”。豪韵一般拟成 ɑu。

（六）侵覃谈咸衔盐

1. 侵对 im、am，它像 iəm。

覃、谈对 am、um 显着有点儿怪，普遍认为闭口九韵没有合口，对音对出来了，这可得好好儿研究研究，咱们猜想有三种可能。一种可能，覃谈韵系字像一般构拟的读［ɑm］，可是梵音 dum 找不着同音汉字，只好硬拉着賷淡来对音；另一种可能，覃谈韵系字主元音是圆唇后元音［ɒ］

[1] 《庄子·大宗师》“句赘指天”《释文》：“句，徐古侯反。”《庄子·田子方》“履句屦者知地形”《释文》：“句，徐其俱反。”《左传·襄公二十四年》“部娄无松柏”《释文》：“娄，徐力侯反。”《襄公·二十六年》“楚子秦人侵吴，及雩娄”《释文》：“娄，徐力俱反。”分别见《经典释文》，上海古籍出版社 1985 年版，第 1449、1520、1038、1044 页。

或者［ɔ］，譚醰淡读［dɒm］或者［dɔm］，跟 dum 比较接近；第三种可能，覃谈韵系字读音当时就有两批，一部分字主元音是不圆唇的 ɑ，另一部分字的主元音也许是 u 或者 o。眼下还确定不了哪一种可能性更大。①

2. 盐韵对 am、ām，吴音游移在 en 和 on，跟覃、谈不同。咸、衔对音字太少。

（七）真谆文

1. 真一般对 in，质一般对 it，它们的主元音是 i。谆的入声术韵述字对 uṣ，述、船纽，声母对ś，舌面ś发音接 u 元音的过程可以产生过渡性 ɪ 音，拿述［ɕiut］对梵文的śuṣ已经十分接近了，谆是 iun，术是 iut。

2. 文一般对 un，物一般对 ut，它们最响亮的元音是 u，单看对音就得把文当成真韵合口，跟谆合并。其他文献一般不支持谆、文混同。日译吴音谆韵字大多数念 un，少数念 in，文韵字多数念 on，少念 un，谆、文有别。《篆隶万象名义》反映的《玉篇》音系也是谆、文不混淆。普通喜欢把文韵拟成 iuən，物是 iuət。

（八）寒桓删仙先

1. 寒对 an、ān 等音，入声曷对 aṭ、ār 等音，证明主元音拟成后 ɑ 合适。寒 an，曷 at。

2. 桓、末对音跟戈韵字对音有相似情况。戈韵唇音字对开口韵，舌齿音字对合口韵，桓、末韵也是如此，比方说般满对 an，钵末对 at，团字对 un，脱字对 ot。看日译吴音，是唇音字念开口音，比方说般满念 an，钵末念 atçi；牙喉音念合口音，比方说官玩念 uan，阔豁念 uatçi；舌音字念开口音，跟对音不一致。《广韵》把唇音字不放在开口寒韵而放到合口桓韵的道理，讲歌、戈韵的时候说过。一般认为桓是 uɑn，末是 uɑt。

3. 删对 ān、at 什么的，黠对 at。一般把二等山删韵主元音拟成前 a。

4. 仙对 an、ān、en 什么的，孽对 ar、āc、yat。仙字对 sen 暗示主元音比一等、二等韵的要窄，哲字对 tyat 说明有 i 介音。仙拟成 iɛn，薛拟

---

① 高本汉（Karlgren）《中国音韵学研究》“方言字汇”咸摄，覃谈韵字日译吴音绝大部分读 on，日译汉音读 an，据考吴音是南北朝时代由南方传入日本的汉语音。高本汉列出来的吴音对说明第二、第三种可能有帮助，但是我们不敢肯定这些资料是不是十分可靠。参见《中国音韵学研究》，商务印书馆 1995 年版。

成 iɛt。

5. 先韵边对 en，屑韵涅对 et，例证少是少，可对应整齐，也能证明有的先生这么拟测有道理，这个问题有待于进一步验证。

（九）阳唐

唐一般对 aṅ，榜字对 āṅ，铎对 ak、āk 什么的；阳一般对 aṅ，药对 ak。对音证明唐拟成 ɑŋ，阳拟成 iɑŋ 合适。

江只有入声一个字，暂且不论。

（十）清

清的入声昔韵释字对śak、śāk，辟字对 prat，－r－暗示有 i 介音。昔能拟成 iɛt，清就该是 iɛŋ。

（十一）蒸登

登对 aṅ、iṅ，既然梵文 a 能念成央元音［ə］［ɐ］什么的，登韵母猜成 əŋ 合适，它能解释对音。顺理成章，蒸韵母就是 iəŋ，正好能解释对 iṅ音。

（十二）东钟

它们的入声韵对音字指示主元音是 u，从材料出发，拟东为 uŋ，东三和钟为 iuŋ。

下面列一个韵部表，算作这个讨论的小结。

以平赅上去入，－m、－n、－ŋ 包括－p、－t、－k，不见对音材料的暂作阙疑。

一等	二等	三等	四等
		支 iɛi　　脂之 iɪ	
咍 ɑi	佳 ai		齐 ei
		文 iuən　　真 iɪn	
寒 ɑn	删 an	仙 iɛn	先 en
歌 ɑ	麻 a		
唐 ɑŋ			
		清 iɛŋ	
登 əŋ			
东 uŋ			
模 o			

续表

一等	二等	三等	四等
豪 ɑu			
侯 u/ᵊu			
覃 ɑm（？）	衔 am	盐 iɛm　　侵 iəm	

四　尾声

把上面求出的结果跟王力先生《汉语语音史》魏晋南北朝音系做做比较，发现至少有以下几点不同：①

1. 王先生主张支、脂、之三分，梁语是脂之合一；

2. 王先生主张模、屋、东主元音相同，都是 o，梁语证明模是 o，屋、东是 u；

3. 王先生主张覃（谈）主元音是ɑ，梁语覃谈是圆唇后元音 ɔ 或者 ɒ、o 什么的；

4. 王先生主张幽（侯尤）元音是 u，梁语侯尤可能正在两折化，有ᵊu或者ᵚu的念法儿。

跟王先生求出的结果不完全一致，究其原因，主要有两个，一个是老先生要管中国南北方、前后三百六十多年的事，咱们只管南方梁朝五十多年的事，另一个是根据的材料和处理的方法有不同。

再把梁语韵系跟前朝后代的韵系简单比一比。跟两晋音比，少说也有以下不同：

1. 西晋之韵音不清楚，东晋脂之合一，梁语跟东晋相同；

2. 西晋支齐不分，东晋支齐一分为二，梁语跟东晋一样。

脂之合一，支齐两分，都是脱离上古音而转为中古音的表现。再拿梁语跟唐朝音比比，也有不同：

1. 梁语支跟脂之分别，唐朝比如义净、不空音已经支脂之大乱杂；

2. 梁语模虞念 o，唐朝演变成 u；

3. 梁语尤侯可能正在两折化，唐朝这种变化应该完成了。

粗粗一比就能看出来，梁语韵部读音比两晋音更“现代”，比唐朝音

---

① 王力：《汉语语音史》，中国社会科学出版社 1985 年版，第 113 页。

更“古老”，汉语历史语音的演化是一步一步走过来的。咱们也发现，不同时期、不同的地域也有自己的特殊的东西，正是“古有方音”。

以上所说的只能算是初步的意见。

第 六 章

梵汉对音与唐代语音研究

第一节 《佛顶尊胜陀罗尼经》与初唐北方方音[①]

先前，咱们拿唐朝高僧义净跟不空的一部分梵汉对音资料研究过中国北部汉语语音，发现佛典译音透露出来中原音跟西北音有方音分歧[②]。今天，拿“佛顶尊胜陀罗尼”的对音材料又来研究唐朝北部方音分歧，是为“再探”。

文章第一部分对所用的材料做了说明，出于主题的需要，对《佛顶尊胜陀罗尼经》的翻译小史做了点儿考证，没法子，“文史不分家”。第二部分对译音的两派声、韵、调异同做了分析。第三部分是结语，归纳咱们得出的若干结论。

一　对音材料说明

（一）译经作者和译经时间

日本新修《大正藏》里头，有佛顶尊胜陀罗尼初唐、盛唐九种对音本：

1. No. 967 佛陀波利译《佛顶尊胜陀罗尼经》篇末另附着咒语的汉字对音本两种，一种宋本，一种甲本对校明本。简称 f_1。

2. No. 967 佛陀波利译《佛顶尊胜陀罗尼经》，简称 f_2。

3. No. 968 杜行顗译《佛顶尊胜陀罗尼经》，简称 du。

---

① 本节曾以《〈佛顶尊胜陀罗尼经〉大正藏九种对音本比较研究——唐朝中国北部方音分歧再探》为题，发表于《中国语言学》第五辑，北京大学出版社 2011 年版，第 57—70 页。

② 见本章第二节和第四节。

4. No. 969 地婆诃罗译《佛顶最胜陀罗尼经》，简称 d_1。

5. No. 970 地婆诃罗译《最胜佛顶陀罗尼净除业障咒经》，简称 d_2。

6. No. 971 义净译《佛说佛顶尊胜陀罗尼经》，简称 y。

7. No. 973 善无畏译《尊胜佛顶修瑜伽法轨仪》，简称 s。

8. No. 974B 金刚智译《佛顶尊胜陀罗尼》，简称 j。

9. No. 972 不空译《佛顶尊胜陀罗尼念诵仪轨法》，简称 b。

其中，f_1的宋本跟甲本对校明本，两者差别很小，属于同一个对音原本传世过程不同刻本产生的误差。

您看了一准儿觉着奇怪，同一部经为什么利公、罗公分别翻译了两次？

署名佛陀波利翻译的两部好理解，《宋高僧传・佛陀波利传》记载他前后译过两次，第二次翻译是让他哭出来的。利公头一次来中国上五台山拜谒文殊菩萨，受神示，长途跋涉，返回印度取《佛顶尊胜陀罗尼经》，千辛万苦带到中国，以求流传。没想到，翻经完毕，“经留在内”。利公“垂泣奏曰：委弃身命，志在利人。请帝流行……”高宗把梵本还给他，准许他重翻。“遂与顺贞，对诸大德翻出……与前杜令（行觊）所译者，咒韵经文少有异同。”①

顺便说说，佛陀波利译的《佛顶尊胜陀罗尼经》前头，有唐朝志静法师的序。志静序也说到利公译过两次《佛顶》，“两本并流行于代，其中小小语有不同者，幸勿怪焉。”（T19，no. 967，p. 349c6 –7）

根据咒语对音汉字反映的语音特点，能看出来，f_1跟 du、d_1、d_2对音汉字反映中原方音，f_1本应当是利公跟杜行觊、地婆诃罗同时译《佛顶》的本子；f_2跟 j、b 对音汉字反映西北方音，f_2本可能是利公跟顺贞重译《佛顶》的本子。

署名地婆诃罗的有两部，也能找着答案。虽说《宋高僧传・地婆诃罗传》只说他“尝与觉护（佛陀波利）同翻《佛顶》，没记载他同经再译，可有一宗，彦悰给《佛顶最胜陀罗尼经》做的序里说，彦悰做过修改《佛顶》译本的工作。彦序说：“杜行觊与……度婆等奉诏译进，时有庙讳国讳，皆隐而避之……杜尝谓余曰：‘弟子庸材，不闲文体，屈师据

① （宋）赞宁：《宋高僧传》，中华书局 1987 年版，第 28 页。

敕删正……’余辞以不敏……荏苒之间，此君长逝……又惧寝彼鸿思，乖于贝牒，因请沙门道成等十人，屈天竺法师再详幽趣。庶临文不讳，上奉皇私；曲尽方言，下符流俗……”（T19，no. 969，p. 355a27 – b11）。彦悰受杜氏之托，修订译文。彦氏修改之后的译经为什么署上地婆诃罗的名字？罗公是得到高宗和武则天器重的一代名僧。彦悰序说：“敕中天法师地婆诃罗，于东西二京太原、弘福寺等传译法宝，而杜每充其选，余时又参末席。”罗公是译主，杜、彦二公是罗公译经班子的重要成员。彦悰认为自己是在罗公译经的基础上做修订，因此修订本依旧署罗公名，这不是不可能的事情。

d_1跟d_2两部经，哪部是罗公原译本，哪部是彦悰修订本？咒语对音大体一致，无从区分。经文叙述繁简不同，d_1本跟杜氏 du 本、佛陀波利f_1本一致，经文简约，应当是地婆诃罗跟杜行顗、佛陀波利共译本；d_2本经文加详，篇幅比d_1大概多出一倍，应当是彦悰修订本，是他“再详幽趣”（彦悰序语）的结果。

下边儿讨论译经时间问题。

佛陀波利、地婆诃罗、杜行顗共译《佛顶尊胜陀罗尼经》的时间大体上有两种说法儿。

头一种说法儿是仪凤年间。彦悰《佛顶最胜陀罗尼经序》说：“此经以仪凤四年（679）正月五日……杜行顗与……等奉诏译进”，他写序的时间是永淳元年（682）。《宋高僧传》没记载佛陀波利、地婆诃罗、杜行顗翻译《佛顶》的具体时间，可是《宋高僧传·佛陀波利传》记了“天皇赏其精诚，崇斯秘典，下诏鸿胪寺典客令杜行顗与日照（地婆诃罗）于内共译。”《日照传》说：“照尝与觉护（佛陀波利）同翻《佛顶》。”①《宋高僧传》是说，天皇唐高宗让他们三位在宫内共译《佛顶》。彦悰是日照（地婆诃罗）翻译班子的重要成员，他说的“译进”时间年月日一清二楚，应当可信。

同时，《大正藏》No. 974C 武彻《加句灵验佛顶尊胜陀尼记》说：“昔仪凤年中，佛陀波利所传之本，遍天下幡刹，持诵有多矣。”（第 19 册，No. 974C，第 386 页 a8 –9）也证明翻译、流传《佛顶》是仪凤年间

① （宋）赞宁：《宋高僧传》，中华书局 1987 年版，第 33 页。

的事儿。他在《记》里说，永泰元年（765）他丧妻以后得到金刚智的“文句全广”的佛顶尊胜陀罗尼，还举证数事证明这个加句本如何灵验。武彻是中唐人，说初唐的事儿也有参考价值。

二一种说法儿是永淳年间。志静《佛顶尊胜陀罗尼经序》说：“佛陀波利……取《佛顶尊胜陀罗尼经》，至永淳二年（683）回至西京……大帝遂将其本入内，请日照三藏法师及……杜行颛等，共译此经。”

这就怪了，永淳元年（682）不单是《佛顶》翻成了，人家彦悰连序都写完了，怎么又成了永淳二年利公刚从天竺取回来《佛顶》经了？假定咱们斜着眼看志静，他一定不服气，他认为他是正根儿。志静序说他“至垂拱三年（687）……因停在神都魏国东寺，亲见日照三藏法师，问其逗留，一如上说。”他说，佛陀波利前后两次翻《佛顶》的时间、过程，是他亲耳听地婆诃罗说的。您瞧，也是“言之凿凿”。

仪凤说跟永淳说之争对咱们的研究没什么影响，它们前后差不了三五年的事儿，都是初唐。咱们研究汉语语音史，一张嘴就说，初唐音、中唐音，或者唐朝音、宋朝音，前后一下子就差出百八十年，甚至于二三百年。

（二）对音字下的小注儿例解

唐朝译咒很多时候在对音字下头加上小注儿，目的是让读者念对音字的时候更逼真地反映咒语的梵文原音。

杜行颛翻《佛顶尊胜陀罗尼经》，在对译陀罗尼（咒语）那一段儿文末，有一段儿双行夹注文字，专门解释对音字下小注儿术语的含义。颛公如此细心，为读经人着想，真是难能可贵。他的工作，过了一千三百多年，还让咱们受益，能通过他的注释理解对音字下小注儿，避免了盲人摸象的烦恼，称得起功德无量。阿弥陀佛！下头一句一句读，为方便读者，咱们随时举颛公对音的例子说明情况。

1. “注平上去入者，从四声法借音读”。比方说，bhagavate 对薄伽上婆帝，读汉字伽（唐音［*gɑ］）的时候用上声调的调值更接近梵文原音。为什么不直接用伽的同音上声字？因为没有那个字，只能“借音”。viśuddhe 对毗上舜入提重，读汉字舜（唐音［*ɕun］）读成入声（唐音［*ɕut］）更接近梵文原音śud［ɕud］，因为颛公的字音里入声术韵里找不着书纽字，只能“借音”。

2. “注半音者半声读”。比方说，tadyathā oṃ 对怛侄徒列反他乌牟半音，拿乌对 o，牟半音对 m，只用牟字声母这一半儿，舍去韵母那一半儿音。

3. “注二合者，半上字连声读”。比如说，sahasra 对娑上诃上娑罗上二合，其中 sra 对娑罗二合，念汉字音光念“上字”娑的声母那一半儿，光念 s－，跟下一个罗字的 ra“连声读”。

4. “注重者，带喉声重读”。比如，āyusan－dhāraṇi 对阿愈珊陀重罗上尼上，其中 dhā 对陀重；bhavatu 对婆上重皤上睹，其中 bha 对婆重。两个例字的共同点是全浊字对梵文送气浊辅音的时候，对音汉字下注“重”。怎么发出“重”声？“带喉声重读”。这是杜行顗的字音里头全浊声母只有不送气的，定纽是［d］，並纽是［b］，跟他语音一致的人要发梵文送气浊辅音，就得特别“带喉声重读”。“带喉声”可能指振动声带，“重读”可能指气流大。咱们的解释可以由对立的例子得到佐证。比如说，buddhaya 对勃陀重夜，陀对送气 bh－加注“重”，勃对不送气的 b－ 就不加“重”。

5. “注长者，长声读”。梵文元音分长短，拉丁转写的时候加长音符号¯表示长音，比如短 a 写成 a，长 a 写成 ā，译经是往对音汉字下头注“长”字。比方说，vajra kāya 对跋折罗迦长声耶，佛陀波利拿迦长声对 kā。

6. “注反者，从反借音读”。比方说，viśiṣṭaya 对毗上始瑟吒二合夜翊可反，其中 ya 对成夜字，顗公听着梵文 ya 读音跟唐音夜字音稍有不同，用“翊可反”的读音更逼近梵文 ya 音，这儿的切下字用的是歌韵系上声字音，因为歌韵系没有以纽字，只好新造一个反切注明梵音。

7. “罗利卢栗黎蓝等字傍加口者，转声读”。梵文辅音 l 跟汉语来纽音相当，碰上 la、li、lu，直接拿罗、利、卢对音。梵文的 r 找不着合适的汉字音对译，遇上 ra、ri、ru，就拿带口字的啰、唎、嚧对音。“转声读”，描写 r 的发音方法。

唐朝译音加注大体上是这么些条条儿。有的时候术语措辞小有不同，比如顗公注“长”的，善无畏、金刚智、不空注“引”；有的时候由于译经师方音不同，同一梵词对音，不同经师加注的四声不一致，等等。

假定记住了上头说的东西，大家再看咒语梵汉对音文献就方便了。

二　对音情况分析

（一）声母

1. 唇音

①prati：f_1、f_2、d_1、d_2钵啰底，y 钵喇底，du 钵啰上二合底，s、j、b 钵啰二合底。

②pariśuddhe：f_1钵唎秫提，d_1钵李舜提，d_2钵唎输提，du 跛唎上舜入提重，y 钵唎戍睇，s、f_2跛哩秫弟，j、b 跛哩秫第。

③pāramitā：s 波啰蜜多引，f_2憣引罗弭哆，j 憣啰弭哆。

④spharaṇa：f_1、f_2裟破罗拿，d_1萨破罗拿，du 駇叵二合罗上拿上，y 飒发啰拿[1]，s、b 萨颇二合啰拿。f_2娑颇啰拿。j 娑颇罗拿。

⑤visphu（o?）ṭa：f_1、d_2毘薩普吒，d_1 仳萨普多（?），du 毘上娑普二合吒，y 鼻窣怖吒，s 微萨普二合吒，f_2 尾窣普二合吒，j 尾娑普二合吒，b 尾娑怖二合吒。

⑥bu（o?）dhi：f_1、d_2、du、y、s、b 勃地，d_1馞地，f_2、j 没地。

⑦bhavatu：f_1、d_1、d_2婆伐都，du 婆上重皤上覩，y 婆跋覩，s、f_2婆嚩覩，j 婆去引浮（?）覩，b 婆嚩覩。

⑧bodhaya：f_1蒱驮耶，d_1菩陀耶，d_2蒲陀耶，y 菩驮也，f_2、j 冒驮也，b 冒引驮也。

⑨mama：f_1、d_1、du、y、s、f_2、j、b 麽麽，d_2摩摩。

⑩mudre：f_1慕咥（姪?）隶（隸），d_1母姪唳，d_2慕姪丽，y 没姪丽，s 母姪梨二合，f_2 母捺哩二合，j 母捺隶二合，b 亩捺隶二合。

帮母字钵波跛皤憣声母对 p。滂母字叵颇普怖破声母对 ph。並母字分两派，f_1、du、d_1、d_2、y、s 为一派，勃馞蒱蒲菩，声母对 b，又可以拿婆字声母对 bh；f_2、j、b 为另一派，並母字婆的声母对 bh。明母字也分两派，f_1、du、d_1、d_2、y、s 为一派，麽没慕母，声母对 m；f_2、j、b 为另一派，摩母亩，声母对 m，又可以拿冒没声母对 b。

假定把以上的译音情况缩略成公式，就一目了然：

---

① spharana 的 phar，宋本明本对发，高丽本对拨，拨属帮母，该对 par，高丽本误刊。

f_1、d_1等　　并母：b 和 bh　　明母：m

f_2、j 等　　并母：bh　　明母：m 和 b

唇音有个珍贵的例证。义净拿飒发啰拏对 spharaṇa，发对 phar。这跟不空在别的经咒里拿发字对 phar 正好儿相互印证。这个证据可贵在非母字发对 ph，跟帮母字波钵对 p 不一样了，透露了轻唇音已然分化出来。

2. 舌音

①tathata：f_1、d_1、d_2、s、j、b 怛闼多，du 多上他上多，y 呾闼多，f_2 怛闼哆。

②tadyathā：f_1、d_1、d_2、du、y 怛姪他，s 怛姪佗，f_2、j、b 怛你也二合他。

③buddhāya：f_1、s 勃陀耶，d_1菩驮引耶，d_2勃陀长声耶，du 勃陀夜，y 勃陀引也，f_2、j 没驮野，b 勃驮引耶。

④bodhiśuddhe：f_1、s 勃地秫提，d_1馞地平舜提，d_2勃地输提，du 勃地上舜入提重，y 勃地戍睇，f_2没地秫弟，j 没地秫第，b 勃地秫第。

⑤durgati：s 突嘌揭二合底，f_2讷蘖帝，j 讷哩蘖二合底。

⑥varukani：s 嚩卢羯你，f_2缚路迦顊，j 缚路去伽（迦？）顊。

⑦satvanaṃ：f_1萨捶嚀，d_1、d_2萨埵那（？），y 萨埵难引，s 萨埵喃，f_2萨怛嚩难上，j 萨怛缚难上引，b 萨怛嚩难。

⑧ṣaṭ pāramitā：s 沙吒波二合啰蜜多，j 娑上吒播二合罗弭哆。

⑨koṭi：f_1、d_1、d_2、b 俱胝，du 俱知，y 孤掇，s 句引知，f_2、j 句致。

⑩dhiṣṭhāna：f_1、d_2地瑟咤长声那，d_1地瑟咤引那，du 地上重瑟姹丑遐反二合那，y 阿地瑟侘引娜，s 地瑟吒二合引那，f_2地瑟姹二合曩，j 地瑟姹二合引曩，b 地瑟侘二合引曩。

⑪dhiṣṭhite：f_1遏地瑟耻帝，d_1頞地瑟耻低，d_2頞地瑟耻帝，du 地上重瑟祉二合低，y 阿地瑟耻帝，s 地瑟耻二合帝，f_2、j、b 地瑟耻二合帝。

⑫maṇi：f_1末祢，d_1、y 末你，d_2摩尼，du 麽你，s 摩你，f_2麽柅，j、b 麽柅。

⑬varṇa：f_1伐罗（啰？）拏，d_1婆罗拏，d_2伐啰拏，du 皤上啰上拿上，y 伐喇拏，s、f_2、b 嚩罗拿，j 缚罗拏。

⑭raśmi：f_1、d_2喝啰湿弭，d_1曷啰湿弭，du 啰上湿弭，y 曷喇湿弭，s

啰湿弥二合，f_2、b 啰湿弭二合，j 罗湿茗二合。

⑮trailokya：f_1 啼隶路迦，d_1 室（嗟咥?）唳路迦引，d_2 啼囇路迦，du 底嚟二合卢吉夜二合，y 咥哩卢枳也，s 怛嚇二合路迦，f_2 怛喇（嚩?）路枳也二合，j 怛嚩二合路枳也二合，b 怛嚩二合路引枳也二合。

⑯ārya（ā?）valokiteśvaraya：j 阿利耶二合（引?）缚路枳帝湿缚二合罗野。

端母字怛呾多底埵哆帝声母对 t。透母字阘他声母对 th。定母字分两派，f_1、du、d_1、d_2、y、s 为一派，姪突声母对 d，陀驮地提睇声母对 dh；f_2、j、b 为另一派，驮弟第声母只对 dh。泥母字对音也分两派，f_1、du、d_1、d_2、y、s 为一派，那难喃你声母只对 n；f_2、j、b 为另一派，难顭柅抳曩声母对 n，又可以你讷声母对 d。

定、泥跟梵文对音情况的简缩公式：

f_1、d_1 等	定母：d 和 dh	泥母：n
f_2、j 等	定母：dh	泥母：n 和 d

来母字啰喇罗隶黎唳囇嚟哩嚇嚩声母对 r，路卢声母对 l。从对 r 的汉字多数译经师用带口字旁的来对音，明明白白地表示汉语没有 r 音，是拿带口字旁的字音做近似的描写。

知母字吒胝知致掇对 ṭ。彻母字咤姹侘耻祉对 ṭh。这部经咒没有 ḍa、ḍha、ḍi、ḍhi 等包含 ḍ、ḍh 音的音缀出现，澄母字自然没露头儿；娘母字也因为这一点，没有声母对 ḍ 的例子，只有拏你祢尼柅抳对 ḍ 的情况。这不意味着它跟端组、帮组不一样，照着规律，应当能推出澄、娘跟梵文对音情况的简缩公式：

f_1、d_1 等	澄母：ḍ 和 ḍh	娘母：ṇ
f_2、j 等	澄母：ḍh	娘母：ṇ 和 ḍ

这是不是凭空玄想？不是。《大孔雀明王经》里头，义净的澄母字荼迟雉持宅等对 ḍ，绽字对 ḍh，他的娘母字尼腻拏对 ṇ；不空的澄母字荼只对 ḍh，娘母字拏柅对 ṇ，拏腻你对 ḍ。①

① 参见本章第四节。

3. 牙音

①kāya：f₁、d₂ 迦长声耶，d₁ 个耶，du 迦夜，y 迦也，s 迦耶，f₂、j 迦野，b 迦上引也。

②koṭi：f₁、d₁、d₂、b 俱胝，du 俱知上，y 孤撦，s 句引知，f₂、j 句致。

③śikhine：j 尸弃曩（乃?）。

④bhagavate：f₁、d₁、d₂ 薄伽跋帝，du 薄伽上婆帝，y 薄伽伐帝，s 薄伽婆谛，f₂、b 婆誐嚩帝，j 婆誐缚帝。

⑤sugata：f₁、d₂、y 苏揭多，d₁ 苏伽陀（多?），du 素上伽上多上，s 苏蘖多，f₂ 素蘖多，j 素誐哆，b 素誐多。

⑥garbhe：f₁、d₁、d₂ 揭鞞，du 揭啰鞞，y 揭鞞引，s 竭鞞，f₂、j 蘖陛，b 蘖鞞。

见母字迦箇俱句孤声母对 k。溪母字弃声母对 kh。群母字伽揭竭 f₁、d₁、d₂、du、y 拿来对 g。跟帮组、端组对音规律完全一致，f₂、j、b 不是拿群母字而是用疑母字誐蘖孽的声母对 g。这个咒语里头没出现含着 gh 和 ṅ 的梵文音缀，也就让人见不着相应的汉字对音。咱们还可以借助《大孔雀明王经》，义净的群母字伽瞿具乔健揭等对 gh，伽瞿又对 g，疑母字我对 ṅ；不空的群母字伽具只对 gh，疑母字仰鼻呼对 ṅ，遇蘖仡彦对 g。咱们同样能推定群、疑跟梵文对音的简缩公式：

   f₁、d₁ 等 群母：g 和 gh 疑母：ṅ
   f₂、j 等 群母：gh   疑母：ṅ 和 g

4. 齿音

①samasamanta：f₁、d₂、s 娑摩三漫多，d₁ 三摩三漫多，du 麽（?）麽娑上曼多，y 飒麽三曼多，f₂ 娑麽三满跢，j 娑麽三满跢去引，b 三麽三满多。

②saṃco(u?)dite：f₁、d₁、d₂、y 珊珠地帝，du 三朱长呼地上低，s 散注地谛，f₂ 散咀你帝，j 散祖你帝，b 散祖引你帝。

③sarva：f₁、d₁、d₂、y、s 萨婆，d 萨啰皤上二合，f₂、b 萨嚩，j 萨缚。

④viśiṣṭāya：f₁ 毘失瑟咤（吒?）二合长声哪，di 秘失瑟吒引耶，d₂ 毘失瑟吒长声耶，du 毘上始瑟吒夜，y 毘失瑟吒引也，s 微室瑟吒二合耶，f₂ 尾始瑟

吒₂合野，j 尾始瑟吒₂合引野，b 尾始瑟吒₂合引也。

⑤bhiṣaikai：f₁、d₁、d₂ 毘曬罽，du 毘上重讪疏皆反罽，y 鞞师计，s、f₂、b 鼻曬罽，j 鼻麗（曬?）罽。

⑥śodhaya：f₁、d₁、d₂、s 输驮耶，du 输陀夜，y、b 输驮也，f₂ 戍驮野，j 戍引驮野。

⑦pariśuddhe：f₁ 钵利秫提，d₁ 钵李舜提，d₂ 钵唎输提，du 跋唎上舜入提重，y 钵唎戍睇，s、f₂ 跋哩秫第，j、b 跋哩秫第。

⑧abhiṣiṃca（tu）：f₁ 阿鼻诜去声者覩，d₁、d₂ 阿鼻诜者，du 阿上毘上重瑟（?）者，y、s 阿毘诜者覩，f₂、j、b 阿鼻诜左覩。

⑨vajra：f₁、d₁、d₂、y 跋折啰，du 跋阇啰二合，s 嚩折啰二合，f₂、b 嚩日啰二合，j 缚日罗二合。

⑩jaya：f₁、d₁ 社耶，d₂ 社（逝）耶，du 阇上夜，y 逝也，s 若耶，f₂、j 惹野，b 惹也。

心母字娑三飒珊散萨声母对 s。山母字瑟曬讪师声母对 ṣ。书母字输戍秫舜入声母对 ś。译经师们在清擦音声母对音上完全一致。清擦音以外，译经师们给章组、精组其他声母字对音就分党分派了。以 y（义净）为代表的一派，章组字对梵文 c 组，章母对 c，昌母对 ch，禅母对 j，由上头的者朱珠注对 c，折社逝阇对 j 得到印证。因为这篇咒语没出现含 ch 的音，也就没出现昌母字对音，《大孔雀明王经》义净用昌母车字对 cha 可以参证。以 b（不空）为代表的另一派，是章组字和精组字同对 c 组音，精组字对 c 组音出现的频率更高。请看不空对音的例证：

    精母字对 c 的 左佐济霁际赞族祖作葬
    章母字对 c 的 支止主遮准制折者质占
    清母字对 ch 的 亲磋蹉瑳縒忏此砌
    昌母字对 ch 的 车掣瞋枢
    从母字对 j 的 荠渐呲粗
    禅母字对 j 的 殊树誓逝善缮赡缮阇

咱们从前专门讨论过这个现象，结论是，梵文 c 组可能念 [tʃ] 组音，由于佛教宗派的原因，有一派承传的 c 组音偏向［tɕ］组一点儿，另一派向［ts］一点儿。y（义净）是前者，就拿汉语章组对 c；b（不空）是后者，爱用精组对 c，同时也可以抓章组对 c。只不过咱们打这篇咒语译音光见着不空的精母左对 ca、祖对 co 的例子，证据少，不全。

不空精章二组同对 c［tʃ］组音，都是译音的近音代替：

梵文音	c［tʃ］	ch［tʃ‘］	j［dʒ］
汉字音	章［tɕ］	昌［tɕ‘］	禅［dʑ］
	精［ts］	清［ts‘］	从［dz］

f_2、j、b 日母字惹对 ja，透露了他们念日母字声母含着 j［dʑ］成分。

5. 喉音

①āyu（ḥ）：f_1、s 阿瑜，d_1 阿去瑜，d_2 阿长声瑜，du、y 阿愈，f_2 阿欲，j 阿去引欲，b 阿引欲。

②amṛta（ā）：f_1 阿嚸㗚多，d_1 阿嚸㗚多，d_2 阿蜜唎多，du 蜜㗚二合多，y 阿蜜栗多，s 阿谜㗚二合多引，f_2 阿蜜㗚二合哆，j 阿蜜㗚二合多去，b 阿蜜㗚二合多引。

③uṣṇīṣa：f_1、d_2 乌瑟尼沙，d_1 鸣瑟腻引沙，du 乌瑟尼二合沙，y 乌瑟腻沙，s 乌瑟尼二合沙，f_2 邬瑟腻灑，j 邬瑟抳二合灑，b 邬瑟抳二合沙。

④svāhā：f_1、d_2 娑婆诃，d_1 娑婆呵，du、y 莎诃，s 莎嚩二合引诃，f_2 娑缚二合贺，j 娑缚二合引贺引，b 娑嚩二合引贺引。

⑤āhara：f_1 阿诃上声啰去声，d_1 阿引上喝啰上，d_2 阿长声呵啰，du 阿呵上啰上，y 痾引喝啰，s 阿去诃啰，f_2 阿贺啰，j 阿去引贺啰，b 阿引贺啰。

⑥vijaya：f_1、d_1 毘社耶，d_2 毘逝耶，du 毘上阇上夜，y 鼻逝也，s 微若耶，f_2、j 尾惹野，b 尾惹也。

⑦āyusan－：f_1 阿瑜散，d_1 阿引去瑜散去，d_2 阿长声瑜散，du 阿愈珊，y 痾愈珊，s 阿瑜散，f_2、j 阿庾散，b 阿引入（？）欲散。

喉音组对音大家一致。影母字阿痾对 a、ā，乌邬鸣对 u，不对梵文辅音，普通拟测影母是零声母或者喉塞音［ʔ］都跟对音不矛盾。晓母字诃呵喝跟匣母字贺同时 h，证明晓匣合流，喻四母字耶也夜野瑜庾愈欲对 y。

喉音匣母和字的对音难断定，samaśvāsa：du 娑上摩戍阿二合娑，s 三摩湿嚩二合娑，y 三摩戌和娑。其中对śvā，du 用戌（śu）+阿（ā），s 用湿（ś）+嚩（vā = uā），y（义净）用戌 + 和，戌能对śu 或者ś，和字能对 uā 或者 ā。后汉三国和字对 va 或者 vā，照规律说，唐朝和字该变成念［xua］了，“宁走十步远，不走一步险”，小心为上，暂且把和字的对音搁在一边儿，等等更多的证据。

（二）韵母

1. 一二等主元音

这部分主要考察歌戈韵系跟麻韵系的主元音。

①adhiṣṭhāna 的 thā，f_1、d_1、d_2对咤，du、f_2、j 对姹，y、b 对侘，s 对吒也许是咤字误抄。

②amṛtā 的 tā，f_1、d_1、d_2、du、y、s、j、b 对多，f_2对哆。

③avabhāsa 的 bhā，f_1、d_1、d_2、du、y、f_2、j、b 对婆，s 对皤。

④āyu（ḥ）的 ā，译经师们都对阿。

⑤ārya 的 ā，j 对阿。

⑥āhara 的 ā，f_1、d_1、d_2、du、s、f_2、j、b 对阿，y 对痾。

⑦uṣṇīṣa 的ṇī，f_1、d_2、du、s 对尼，d_1、y、f_2对腻，j、b 对抳。

⑧kāya 的 kā，f_1、d_2、du、y、s、f_2、j、b 对迦，d_1对箇。

⑨tathatā 的 tā，f_1、d_1、d_2、du、y、s、j、b 对多，f_2对哆。

⑩tathāgata 的 thā，除去 j 对多字是抄刊之误，大家一律对他。

⑪tadyathā 的 thā，f_1、d_1、d_2、du、y、f_2、j、b 对他，s 对佗。《广韵》歌韵下说他字是佗的俗字。

⑫dhāraṇi 的 dhā，f_1、f_2、j、b 对驮，d_1、d_2、du、y、s 对陀。

⑬pāramitā 的 pā，s 对波，f_2 对播，j 对幡；tā 音，s 对多，f_2、j 对哆。

⑭buddhāya 的 dhā，d_1、s、f_2、j、b 对驮，f_1、d_2、du、y 对陀。

⑮bhūta 的 bhū，f_1、d_1、d_2、s、f_2、j 对部，du 对菩，b 对步。

⑯mahā 的 tā，d_2、j、b 对贺，s 对诃。

⑰māṃ，f_1、f_2、j、b 对铪，s 对麽暗二合，y 对漫。

⑱va（ā?）rttāya 的 tā，f_1、d_2对怛，d_1对哆，du、s、j、b 对多，f_2对跢；y（义净）用戴字对 āy。

⑲viśabhū 的 bhū，j 对浮。

⑳viśiṣṭāya 的 ṭā，除去 f_1 对咤应该是吒之误，大家全对吒。

㉑satvanām（ca）的 nāñ，y、f_2、j、b 对难，s 对喃。

㉒samāśvāsā 的 mā，f_1、d_2、du、y、s、f_2、b 对摩，d_1 对磨，j 对麽；vā，f_1 对婆，d_1、j 对缚，d_2、s、f_2、b 对嚩；śvā，du 对戍阿，y 对戍和；sā，大家齐对娑。

㉓svabhāva 的 bhā，f_1、d_1、d_2、du、y 对婆，s、f_2 对嚩，j 对缚，b 对啰是错抄。

㉔svāhā 的 svā，du、y 对莎；vā，f_1、d_1、d_2 对婆，s、f_2、b 对嚩，j 对缚；hā，f_1、d_2、du、y、s 对诃，d_1 对呵，f_2、j、b 对贺。

以上一共二十四个语段，二十八处长音。这是由打这篇咒语考订出来的全部长音资料。

这里头第七语段的ṇī 音，主元音是 i，对了三等旨韵柅字；第十五语段的 bhū 对了部步菩，分别属于一等厚、暮、模韵字；第十九语段的 bhū 金刚智对浮，三等尤韵字。

其余二十五例都是主元音为 ā 的，正好儿方便讨论果假摄一、二等元音问题。

下边儿把主元音对 ā 的对音字拉个清单。

歌韵系：阿痾 ā，多哆多 tā，他佗 thā，陀驮 dhā，诃呵贺 hā。

戈韵系：波 pā，婆皤 bhā，摩磨 mā，缚嚩 vā，和（v）ā，莎 svā。

戈、麻韵：迦 kā。

麻韵系：咤吒 ṭā，姹宅 ṭhā。

寒韵：难 nāṃ

覃韵系：含 -ām，暗 ām

覃、咸韵：喃 naṃ①。

这里头，只有咤吒侘姹是二等麻韵字，也好解释、一等歌戈韵没有知组字，只能用二等麻韵字，为的是对声母辅音 ṭ、ṭh。迦字戈、麻韵两出，喃字覃、咸韵两出，咱们有理由推定，迦用一等戈韵音、喃用一等

① 《集韵》喃，那含切、尼咸切。

覃韵音对的 ā 音。

其余的对音字一眼能看出来，全是一等韵字主元音对 ā。这个随机的抽样调查，虽说样本不大，它可是个自然文本。它表现出一个明显的倾向，给梵文的 ā 对音，译经师们喜欢拿一等的歌戈对，不喜欢用二等的麻来对。

由对音字使用的差异能看出来，中古韵书分歌、麻有语音上的理据。梵文的长 ā 一般认为是个十足的 a，短 a 音近［ə］或者［ɐ］。高本汉拟测汉语一等韵的 a 是后 a［ɑ］，二等韵的 a 是前 a［a］，可以接受。

2. 介音跟韵尾

梵语语音体系里头，有“辅音 + y + 元音”或者“辅音 + v + 元音”这样的音缀组合，比如 dya、tva 什么的。这里头的 y 和 v 是半元音，跟汉语节当中的介音 i 和 u 性质相似，咱们拿 dya、tva 这一类音缀的对音字恰巧能观察汉语音节的介音。有了这样的梵汉对音资料，可以直接看见介音的存在，不必靠理论上的间接推论。

可是也有让人抱撼的事儿，像 dya、tva 这一类音缀复现率不太高，一篇经咒里头找不着多少。再加上有时候译经师拿两个汉字或者另注反切给 dya、tva 对音，就把咱们观察汉语介音的机会给弄没了。比方说，buddhya 里头有 dhya 里头有 dhya，f_2、j 对成“地野”两个字，地对 dh，野对 ya，f_1、d_2、du、y 对成“陀地耶反/停也反”，他们对成陀，可是要求照着“地耶反”的读音念，也是地对 dh，耶对 ya。这么两下里一挤，弄得一篇经咒当中，可以用的例证少之又少了。

“天无绝人之路”，这篇咒里，还是能发现一点儿文物遗存。

①tadyathā 和 dya，f_1、d_1、d_2、y、s 对姪。

②kaśyapaya 的śyap，j 对葉。

③mamasya 的 sya，s 对写。

④satvanaṃ 的 tva，f_1、d_1、d_2、y、对埵。

⑤svāhā 的 svā，du、y 对莎。

姪，徒结切、屑韵、四等字；葉，与涉切、葉韵、三等字；写，悉姐切、马韵、三等字。由它们对音有 - y - 参看见，唐朝这批三、四等字应当有 i 介音。

埵，丁果切、果韵、一等字；莎，苏禾切、戈韵、一等字。由它们对音有 - v - 能看见，唐朝这批一等合口字应当有 u 介音。

换句话说，对音资料证明，唐朝汉语音节里头应当有开口 i 介音跟合口 u 介音。

下边儿谈谈阳声韵和入声韵的韵尾。先看例证。

①samanta 的 man，f_1、d_2对漫，d_1、du、y、s 对曼，f_2、j、b 对满。

②āyusan 的 san，f_1、d_1、d_2、s、f_2、j、b 对散，du、y 对珊。

③abhiṣiṃcatu 的ṣiñ，f_1、d_1、d_2、y、s、f_2、j、b 对诜。

④namo 的 nam，du、y、s 对南。

⑤śariraṃ 的 ram，s 对嚂，f_2 对囕，j 对览。

⑥maṃ 读 mam，f_1、f_2、j、b 对鋡，s 对摩暗$_{二合}$；鋡是“切身字”，代表牟的声母 m 加上含的韵母 am；s（善无畏）用二合音，是暗字韵念 am。

⑦saṃhatana 的 saṅ，所有译经师都对成僧字。

⑧gatigahana 的 gat，f_1、d_2、y 对揭，s 对竭，f_2、b 对蘖或者孽。

⑨amṛta 的ṛt，f_1、d_1、d_2、du、s、f_2、j、b 对嘌，y 对栗。

⑩tathāgata 的 tat，f_1、d_1、y、s、f_2、j、b 对怛。

⑪tadyathā 的 tad，译经师们一律对怛。

⑫sarva 的 sar，大家全都对萨字。

⑬vajra 的 vaj，f_1、d_1、d_2、du、y 对跋。

⑭bhagavate 的 bhag，f_1、d_2、y、s 对薄。

⑮kaśyapāya 的śyap，j 对葉。

由打第 1 例到第 7 例能证明，当时汉语阳声韵韵尾是 -n 尾、-m 尾、-ṅ尾鼎立的格局。第 3 例对 -ñ 尾，属于近音代替。

由打第 8 例到第 15 例能证明，入声韵尾是 -t 尾、-p 尾、-k 尾三足的局面，跟阳声韵尾互相匹配。第 10 例对 -th 尾，11 例对 -d 尾，12 例对 -r 尾，13 例对 -j 尾，都是汉语 -t 尾对它们的近音代替；第 14 例对 -g 尾，是汉语 -k 尾的同部位近音代替。

可有一宗，金刚智、不空对音反映唐朝西北方音的 -ṅ尾有弱化消变，不能忽视。

比方说，这篇咒语有 mamo，f_2、j、b 对曩谟，其中曩应该对 na。这个可以由 gatigahana 对音得着佐证，f_2对蘖帝誐贺曩，j 对誐底誐贺曩，b 对孽底誐贺曩，三位经师都拿曩对 na，没有鼻音 -ṅ尾。曩《王三》拿朗反，《广韵》相同，在荡韵，该念 naṅ。梵汉对音显示，这地方儿的曩字失落 – ṅ 尾了。再看，raśmi f_2、b 对啰湿弭二合，j 可是对成罗湿茗二合；ścame s（善无畏）对室者二合谜，j 又对成室者二合铭。j（金刚智）拿茗对 mi，铭对 me，可是《王三》铭、莫经反、青韵，茗、莫迥反、迥韵，该念［mieŋ］。梵文对音显示，梗摄青韵系字也丢失了 – ṅ 尾。

f_2、j、b 对音反映的宕、梗摄韵尾 – ṅ 弱化消变现象，到不空其他经咒对音里头能抓着更多的证据，为了简洁，不再重述，有兴趣的先生请看《不空译咒梵汉对音研究》。①

（三）声调

梵语词重音是乐调重音。印度人念吠陀，词重音位置用高调（udātta），不带重音的音节用低调（anudātta）。汉语的四声是由音高变化造成的。咱们发现，当初译经师做梵汉对音，对梵语重音音节利用了汉语四声的音高特点，现如今正好倒过来，由梵语的重音观察汉语四声的音高。

下边儿是眼下能找到重音的词语例证。

①víśiṣṭāya 的 vi，f_1、d_2、du、y 对毘，d_1 对秘，s 对微，毘微、平声字，秘、入声字，f_2、j、b 换成上声尾字。

②samá 的 ma，f_1、d_1、d_2、s 对平去声摩，f_2、j、b 换成上声麽字。

③vijayá 的 ya，f_1、d_2、s 对平声耶，du 对去声夜，f_2、j、b 对成上声野或者也字。

④viśuddhé 的 dhe，f_1、d_1、d_2、du 平声提，s、f_2 换成上声弟。

⑤samayá 的 ya，f_1、d_1、d_2、du、y、s 对平声耶，f_2、j、b 换成上声野。

⑥tadyáthā 的 dya（th），f_1、d_1、d_2、du、y、s 对入声姪，f_2、j、b 换成“你也二合”，拿上声也字对 ya。

⑦vacaná 的 na，f_1、d_1、d_2、du、y、s 用平声或者去声的那，f_2、j、b 换成上声曩。

⑧svā́ha 的（s）vā，f_1、d_1、d_2 对平声婆，du、y 对平声莎，f_2、j、b 换成缚或者嚩应该同音，《广韵》缚、符卧切，不空注嚩字“无可反”，上声。

① 参见本章第二节。

⑨vára 的 va（r），y 对跋、入声，f_2、j、b 换成上声嚩或者缚。

⑩vájra 的 va（j），f_1、d_1、d_2、du、y 对入声跋，f_2、j、b 对缚或者嚩，以上声字替换入声字。

上头十个例子是 f_2、j、b 一派拿上声字替换 f_1、d_2 一派的平声入声字。

⑪uṣṇī́ṣa 的 nī，f_1、d_2、du 对平声尼，f_2 换成去声腻字。

⑫sahásra 的 ha，f_1、d_1、d_2、du、y、s 对平声诃，f_2、j、b 换成去声贺字。

⑬viśuddhé 的 dhe，f_1、d_1、d_2、du 对平声提，j、b 换成去声第。

⑭bhūtá 的 ta，f_1、d_1、d_2、du、y、s 对平声多，f_2 换成去声跢。

⑮bódhaya 的 bo，f_1、d_1、d_2、y 对平声菩蒲蒱，f_2、j、b 换成去声冒。

上边儿五个例子是 f_2、j、b 一派拿去声字替换 f_1、d_2 一派的平声字。

⑯bhágavate 的 bha（g），f_1、d_1、d_2、du、y、s 对入声薄，f_2、j、b 换成平声婆对 bha。

这是 f_2 一派唯一用平声字替换 f_1 一派入声字的例子。婆字是对音常用字。

⑰sámanta 的 sam，f_1、d_1、d_2、y、s 跟 f_2、j、b 都对平声三。

⑱gáhana 的 ga，f_1、d_1、d_2、du、s 对平声伽，f_2、j、b 对平声誐。

⑲bhūtá 的 ta，除了 f_2 对跢，大家都对平声多字。

⑳raśmí 的 mi，除去 f_2 对茗，大家一致对上声弭。

㉑hṛ́daya 的 ṛ，s、f_2、j 全对上声哩字。

㉒satvánām 的（t）va，f_1、d_1、d_2、y、s 对上声埵，f_2、j、b 对上声缚或者嚩。

㉓śáriram 的 śa，属于 f_1 派的 s 对舍，f_2 也对舍，舍、去声字。

㉔amṛ́ta 的 ṛ，大家一齐对入声嘌或者栗。

㉕sárva 的 sar，大家都对入声萨。

㉖gárbhe 的 gar，f_1、d_1、d_2、du、y 对入声揭，s 对入声竭，f_2、j、b 对入声蘖或者孽。

㉗gáti 的 gat，f_1、d_2、y 对揭，s、b 对蘖或者孽。

上头的例子，17—19 是两派都使唤平声字，20—22 双方都用上声字，23两派同用去声字，24—27两方面都对入声字。

另外有两个例证，又音错综，让人不能断定译经师到底是拿哪个声调对的重音：

㉘adhiṣṭhána的ṭha，f_1、d_1、d_2对咤，咤字且不提声母不合适，它有平、去声两读；b对侘，侘也有平、去声两读。

㉙maṇí的ṇi，f_1对祢，f_2、d_1、d_2、du、y、s对你，祢你是上声字；j、b换成抳，抳《集韵》有平、上声不同读音。

咱们再条理一下儿，抛去重音位置上两派同用平、上、去、入字的十一个例子，在f_2、j、b用字改调的十六个例子当中，有十二个例子是f_1派用平声字，让f_2派换成了上声、去声字。打分布规律上说，明明白白地露出来，f_1、d_2派在重音上安排平声字多，他们的平声是高调；f_2、j派给换成上声、去声字，他们的平声不高，上声、去声高。这就是f_1、d_2代表的中原音跟f_2、j代表的西北音声调上的一种显著差别。

三　结语

把咱们的研究成果归拢归拢，分成两部分说。

（一）两大方音的声、韵、调异同

1. 声母系统

f_1、d_1、d_2、du、y代表中原音，f_2、j、b代表西北音。先列出过去研究得出来的声母表。

中原音声母

帮 p	滂 ph	並奉 b	明微 m	非（敷）pf	
端 t	透 th	定 d	泥 n	来 l	
知 ṭ	彻 ṭh	澄 ḍ	娘 ṇ		
（精）ts	清 tsh	从 dz	心 s	（邪）z	
（庄）ṭṣ	初 ṭṣh	（床）ḓẓ	山 ṣ		
章 tś	昌 tśh	禅 dź	书 ś	（船）ź	日 ń
见 k	溪 kh	群 g	疑 ṅ		
影 ʔ	（喻三）	（喻四）y	晓匣 h		

西北音声母

帮 p	滂 ph	並 bh	明 mb		
非（敷） pf		奉 bv	微 v		
端 t	透 th	定 dh	泥 nd	来 l	
知 ṭ	彻 ṭh	澄 ḍh	娘 ṇḍ		
（精） ts	清 tsh	从 dzh	心 s	（邪） z	
（庄） ṭṣ	初 ṭṣh	（床） ḍẓ	山 ṣ		
章 tś	昌 tśh	禅 dź	书 ś	（船） ź	日 ńdź
见 k	溪 kh	群 gh	疑 ṅg		
影 ?	（喻$_{三}$）	（喻$_{四}$） y	晓匣 h		

这次研究能证明，中原跟西北两大方音声母的读音差别普遍存在。第一，全浊並定澄群从，中原音不送气，西北音送气；第二，鼻声母明泥娘疑，中原音是单纯鼻辅音，西北音是鼻辅音加同部位浊塞音；第三，唇音声母，中原音只分化出轻唇非敷组，西北音已经分裂成重唇和轻唇两组。

2. 韵母系统

这次研究再次证明，第一，一等歌戈韵跟二等麻韵主元音有区别，《切韵》分歌、麻有语音理据；第二，唐朝开口三、四等字存在 i 介音，合口字存在 u 介音；第三，阳声韵尾中原音是 -m、-n、-ṅ鼎立格局，西北音 -ṅ尾在宕、梗两摄有弱化消变；入声韵尾两大方音都是 -p、-t、-k 对立的局面。

3. 声调系统

这次研究再次证明，中原音平声最高，上声次高，去声低；西北音上声最高，去声次高，平声低。

（二）“不空对音体系”能上溯到初唐

20 世纪 20 年代法国学者马伯乐（H. Maspero）说，不空学派创建一种相当规则的对音体系，能比较准确地把梵文原始经文保存下来。①

① ［法］马伯乐：《唐代长安方言考》，聂鸿音译，中华书局 2005 年版，第 13 页。

“不空对音体系”特点我看主要表现在两方面。第一，在对音汉字下头加种种小注儿，注平、上、去、入，注“引”“二合”“鼻音”，新造反切，加细说明汉字读音；或者“寻常字傍加口者，即须弹舌道之”。第二，拿西北音对译梵音，使唤对音汉字形成独特的体系，比如鼻声母明、疑、泥、娘纽字，能分别对译梵文鼻辅音 m、ṅ、n、ṇ，又能分别对译梵文同部位的浊塞音 b、g、d、ḍ，等等。

咱们这次整理的九种译经资料能纠正马伯乐先生的误解。他以为不空对这种体系有发明权，其实不对。给对音字加小注儿的办法，佛陀波利、地婆诃罗和杜行顗早在初唐已经使唤了，杜行顗还对几种小注术语逐条儿写过说明。另外，反映唐朝西北音特点的译音用字独特体系，佛陀波利第二次翻《佛顶》（f_2）就已经建立这种体系了。应该说不空是集大成者。

f_2（No. 967）这个译本相当重要，假定这个高丽刻本所传梵咒汉译没有根本性错误，它就证明，西北音至少初唐时代已经影响很大，能渗透到汉译佛经的书面语了。这样，咱们可以把古代西北方音存在时间的上限至少提前到初唐。

第二节　不空译咒梵汉对音研究[①]

——唐朝8世纪长安音探索

一　绪论

倡导梵汉对音的钢和泰半个多世纪以前就说：“梵咒的音读因为有宗教的性质，故在中国古音学上的价值比一切非宗教的译音（如人名、地名等）格外重要。此外这些咒语还有一个优点：译音的姓名与年代往往都有记载可考……平常的外国地名人名至多不过是几个字，而一篇陀罗尼里有时竟有几百几千字的。”[②]

---

①　本节内容是笔者的硕士学位论文，其中的部分内容曾以《唐朝八世纪长安音声纽》《唐朝八世纪长安音的韵系和声调》《唐朝不空和尚梵汉对音字谱》为题发表。

②［俄］钢和泰：《音译梵书与中国古音》，胡适译，《国学季刊》1923 年 1 卷 1 期，第 47—56 页。

天竺人名地名一经前人对音，流传开，就容易约定俗成，后人觉着不准也得凑合着听。比方śākyamuni 是佛教开山鼻祖、连孙悟空都能治的西天如来佛，南北朝以前译成“释迦牟尼”，玄奘的新译也没动，直到今天。其实，唐朝人听着已经味儿不对了。比如，不空译名还照抄“释迦牟尼”，一到汉译梵咒则“吾尤爱真理”，śākyamunaye（阳性单数与声）改译成“舍引枳也二合牟曩曳”，他听着“释”（昔韵字）对śāk 不准，对śā 更合适的是“舍”（祃韵字）。

咒语梵汉对音准，有两方面原因。第一，密宗教徒认为咒是佛对自己亲属说的秘奥大法，是真言（密宗因此又叫真言宗），神力不在义上，在念诵的音上，假如念走了音，那是亵渎佛的语言，不单是不能得福，还得遭灾。他们传授咒语（dhāraṇī 陀罗尼），据说师徒面授“六耳不得相闻”。态度极端严肃、神秘，客观上保护了咒语音读的准确性。第二，当时译经是大事，翻什么经、谁参加翻，都得“上表”，请皇上恩准才行。每个翻译班子由一个高僧主持，叫译主，下头有笔受、润文、读梵文、证梵义、校对等。组织严密，层层把关，连尚书、侍郎也有参与其间的，那儿集中了一批“高级知识分子”。不空的师兄弟、博学多识的一行和尚，就跟着他们的师傅金刚智三藏翻译过密教经典。皇上对重要的译经工作抓得很紧，不空重译的《仁王经》，代宗亲自写序。当初汉译梵咒必定字斟句酌十分慎重，所以今天的汉译跟梵本对照，规律非常严整，梵本短缺的，有的可以根据汉译考证原本。

为什么首先研究不空和尚的咒语对音？有两个理由。第一，咒语的对音到唐朝兴盛，形成了严密的体系。8 世纪初期“开元三大士”善无畏、金刚智、不空等印度高僧先后来到长安，弘扬密宗，遍建道场，大量翻译密教经典。义净法师和“开元三大士”建立了音译梵咒的体系。日释安然说：“上代翻译，梵汉不定。真言对注，梵唐粗定。”换句话说，咒语的梵汉对音体系由唐朝开始，并不袭用前代旧译，它能更准确地反映唐朝的汉语语音。第二，鸠摩罗什、真谛、玄奘、不空法师被中国史学家誉称为中国译经史上的“四大翻译家”。不空译经七十七部，数量仅次于玄奘，可是翻译密教经典的数量、咒语梵汉对音的数量，空公的工作称得上“空前绝后”。

不空法师（705—774）的称号很长：开府仪同三司试进鸿胪卿肃国

公大兴善寺大广智三藏和尚。他当灌顶国师三十多年。他在当时有相当高的社会地位。

空公是天竺人，15 岁（一说 14 岁）拜金刚智为师。智公是南天竺人，在中天竺那烂陀寺学习过，不空跟他学佛经、学“梵本悉昙章及声明论”。“凡学声明论，一纪之功六月而毕，诵《文殊普贤行愿》，一年之限再夕而终”，人极聪明，很受智公赏识，“师之翻经常令共译”。到 732 年智公圆寂，不空从师十几年，梵文功底相当厚了。之后，他奉智公遗命担起传宗重任，741—746 年又到师子国（今斯里兰卡）进修金刚界密教，他先后在天竺、师子国生活二十来年，专修过悉昙、声明，所以“谙异国书语”，梵文很好。[①]

空公在中国生活约五十年，除去南海（广州一带）滞留十年，其余四十来年一直在北方。他 15 岁起，开头学汉语十几年主要在长安，学的应当是长安话。至于他说的是否地道，难以考定。不过咒语的梵汉对音他做了一辈子，总要翻来覆去研究如何对准，职业要求他必须注意长安话的发音，加上他受过语音训练，硬说他跟平常有些外国人侨居中国学汉语似的马马虎虎，恐怕不行。

唯其如此，说不空“善唐梵之言”的记载可以相信。[②]

空公的材料早就引起了人们的重视。20 世纪 20 年代法国学者马伯乐（H. Maspero）最早认识到，不空学派的梵汉对音规则体系，能比较准确地把梵文原始经文保存下来，这种系统相当规则，比上代翻译家的翻译强得多。[③] 很遗憾，马伯乐没系统研究不空的材料，只挑了一点儿，涉及 36 个汉字，还不到不空译经用字的 5%，根据这点儿材料提出的一些论断，有的就经不住检验。比如，他说长安音只有鼻韵尾保护下的鼻声母字才对梵文鼻辅音打头儿的音节。这个论断就站不住脚。[④] 历来的学者谈论不空都没系统研究过他的大量汉译密咒材料。他们主要靠《瑜伽金刚

---

① 不空行状材料依据《宋高僧传·卷一》（《大正藏》第 50 册，第 712 页），飞锡《大广智三藏行碑》（《大正藏》第 52 册，第 848 页），范文澜《唐代佛教》（人民出版社 1979 年版），《代宗朝赠司空大辨正广智三藏和尚上表制集》（《大正藏》第 52 册，第 826—860 页）。

② 《佛母大金曜孔雀明王经·序》，《大正藏》第 19 册，第 415 页。

③ ［法］马伯乐：《唐代长安方言考》，聂鸿音译，中华书局 2005 年版，第 20 页。

④ ［法］马伯乐：《唐代长安方言考》，聂鸿音译，中华书局 2005 年版，第 30—32 页。

顶经释字母品》这类字母表，不光不能发现马伯乐的问题，还弄出别的错误。比如，罗常培先生凭着两个根本字表，根据译者出生地，推论不空的梵音可能是北天竺音。这两件事告诉咱们，全面系统研究不空音系是个很重要也很必要的课题。①

下面谈谈本节的研究思想和所用的材料。

起先，看高本汉（B. Karlgren）《中国音韵学研究》，对他的方法论就有一点儿意见。他把历史比较语言学的方法引进汉语音韵研究，功勋不可磨灭，可是他先把《切韵》音定成古代一个方言的音系，当成中国现代一切方言的母语，然后再到33个方言里撒开了找证，这一把，那一把，各取所需，显出很大任意性，这种求古音找母语的办法有问题。罗先生的《唐五代西北方音》从西北方音下手，拿藏汉对音当主体，多方面考察一个地区古音，这种方法是个改革。可惜，他手里现代方言不是直系的，他本人也深以为憾。受罗先生启发，以梵汉对音为主体，其他对音材料参校，联系直系后裔研究古代一个地区的方音，成了我们的宿愿。

研究梵汉对音必须警惕机械对音。梵语和汉语各有各的语音系统、组合规则，汉译梵音免不了近音替代（本节叫描写的近似性），并非处处音值绝对相等。再说，佛教各宗派梵文也不会千古不变。避免机械对音的一种办法就是参证其他译音材料跟有关的方音。因此，本节用了梵汉对音、藏译梵咒跟日译汉音三种译音材料，《唐五代西北方音》（以下简称“唐西北音”）、《现代关中方音调查报告》（以下简称“关中音”）两种方言材料。

梵汉对音是主证材料，它包括不空的全部汉译梵咒、一小部分译名材料，金刚智的几乎全部译咒，义净的大部分译咒。不空的咒语译音汉字是基础，拿它构造音系；译名汉字跟译咒音系一致的可以用来增加基础汉字量，相违的可以反衬译咒的准确性；不空的师傅智公的译咒，跟不空一致，正好验证不空材料的可靠性。义净是齐州（山东济南一带或北京南边）的人，他的对音特点跟玄奘（河南人）接近，跟不空有明显

① 罗常培：《梵文颚音五母的藏汉对音研究》，《罗常培语言学论文选集》，中华书局1963年版。

的规律性差别，拿净公的材料衬托不空音系可以显示长安方音的特点。[①]这种研究方法是从生物学、医学上的“对照实验”借过来的，它有利于发现事物的规律。

《大正藏》里咒语附着大批悉昙字梵本，这是我们能找到的最早的材料，其中一小部分有后来的拉丁本转写。我们根据梵本、汉译把不空的咒音（除悉昙字写本跟汉译所据梵本不同者）全部用拉丁文转写出来，作为第一手材料。《大正藏》的人名没有梵本，只有后来的拉丁转写，这一部分经过核对《梵英字典》（*Williams*）当成第二手材料。

藏译梵咒可以验证汉译梵咒，主要用来证明汉语全浊声母送气跟讨论梵文 c 组对音。

梵语辅音比较丰富，研究汉语声母得力。梵语元音实际音读可能复杂，写成字母可显着贫乏，对研究汉语韵母不利，参证日译汉音能解决一些困难。日译汉音是 8 世纪前后从长安一带传到日本的汉字读音。时间地点跟本文需要的正好一致。[②]

考察长安音，横向跟“唐西北音”比较，纵向跟直系后裔“关中音”比较可以探寻历史音变脉络，拟音就有了牢靠的方音基础。

二　声母的梵汉对音研究

首先考察声母对音情况，然后讨论声母系统的几个问题。

（一）声母对音情况及说明

等韵图抄梵文，它给汉语声母字分组是参照梵文 k、c、ṭ、t、p 分组的模式。我们还是照着梵文分组次第罗列对音情况。每个声组都是先列正例，后释例外；只标声母所对辅音，比方弓 kuṅ、坚 kan、鸠 ku，叙述正例就说，弓坚鸠等若干字对 k；各个汉字的整个儿对音情况请看文末附录一。

1. 梵文　k　kh　g　gh　ṅ

1.1　见纽字。空公的哥迦枳稽鸡计髻蹶矩句俱钩鸠高憍娇金禁检剑

---

① 义净行状见《宋高僧传·卷一》，《大正藏》第 50 册，第 710 页。

② 王立达：《日本汉字音沿革与汉语语音的关系》，中国语文编辑部编《语言学资料》1961 年第 3 期。

谨军君坚肩乾謇建弓供吉讫揭羯劫脚骨等字对 k，占全部用字的 37/42。净公的君紧坚迦高吉等字对 k。

空公葛縠啥三字对 h。葛像曷字多抄上草字头。縠像瞉字之讹。啥字或许由含字类推的 h；啥下注有“敢心反”，是不是直音“憨”字抄成“敢心”，之后又加反字？

鸡（雞）字对过 h，一见，像奚字多抄上隹旁。係字对过 h，《集韵》收有胡计切一读，唐代容或有 h 音。

憍蹻矫迦俱羯乾等字对过 g，骄字对 g。清声纽汉字对译梵文浊辅音值得研究。这可以由梵汉两方面想。一方面是对音根据的梵本跟《大正藏》悉昙根据的梵本有差别，空、净二公对音根据的梵本是清辅音，《大正藏》悉昙字根据的梵本是浊辅音。另一方面也可能是对音汉字的问题，比如说，憍蹻矫在古籍都能通浊音①，译经者根据古读可以对浊声纽；再说，传抄之误也可能造成混淆，比如说，伽误为迦，具误为俱，竭误为羯。这两方面的问题都可能是汉字清声母对梵文浊辅音的成因。往后再碰上类似的混读，就不重复分析了。

1.2　溪纽字。空公的嵠溪企龋弃契欠朅渴骞佉等 11 字对 kh，占全部用字的 11/16。净公的企弃朅渴诘等字对 kh。

空公的矻骞对 g，佉对 gh，清音入浊。空公器屈乞三个字对 kṣ，如何解释？由汉语方面说，虽然它们跟照系二等初纽字对 kṣ 混同了，也不证明溪纽跟初纽合并了，理由有二，其一是空公溪纽字绝大部分对 kh，表明是舌面后送气清塞音；其二是反切材料里切上字溪纽和初（穿$_{二}$）不同类，他的弟子慧琳所作《一切经音义》可以佐证。由汉语方面说，经咒传承当中会不会是受巴利文的影响而 kṣ > kh？也不是，理由很简单，初纽字一律对 kṣ，证明咒语里头仍然有 kṣ。排除了以上两种可能性，可以考虑第三种可能性。

净公用溪纽的重纽三等字对 kṣ，重纽四等字对 kh：

---

① 骄亦作憍，并通乔。《礼记·中庸》“居上不骄”《释文》云：“本亦作乔。”又《礼记·乐记》“傲僻乔志”《释文》云：“本亦作骄。”乔，巨娇切，浊音。矫通蹻。《诗·鲁颂》“矫矫虎臣”，《周颂》作蹻蹻。矫通挢。《书·吕刑》“夺攘矫虔”，《汉书·武帝纪》六年六月诏作“挢”。蹻、其虐切，挢、渠娇切，皆浊音。

三等	绮 kṣi	四等	企 khi
	器 kṣi		弃 khi

空公也是器念 kṣ，弃念 kh。好了，咱们可以说，溪纽对 kh 又对 kṣ 有可能是重纽三、四等之间区别的反映。

1.3　群纽字。空公的祇伽健具笈茄近覲等 8 字对 gh，其中有的对过 g。祁殑乔瞿歧寋弶等 7 字对 g。全浊声母多对送气浊音，也对不送气浊音。净公的耆瞿郡健等字对 g，伽字 g、gh 两对。

空公的殑伽（河）对 gaṅgā，健陀罗（国）对 gāndhara，译名对音往往沿袭，群纽对不送气浊音有的属于这一类。空公的竞竭佶三个字对清辅音 k，有两种可能性。头一个可能是夹在元音中间的清辅音 k 浊化 g，比如后汉三国时代支谶法师翻译《文殊师利问菩萨署经》把 sampatti 对成三拔致，就是清音 p 浊化变成 b，pat > bat，对成浊音並纽拔字。二一个可能是长安话浊音清化，竞竭佶的声纽读音由 g 清化成 k。恐怕还是头一种可能性大。往后再碰上浊声母对梵文清辅音的情况，分析意见可以以此类推，重复的话就不说了。

1.4　疑纽字。空公的愚隅虞麌�倪猊霓哦誐儗拟钀俨艺玉诣蘖业彦喭仡屹疙孽嶷虐哦 28 字对 g，占全部用字的 28/32。字母表仰字对 ṅ。净公的疑纽字不对 g，字母表我字对 ṅ。空公语字对 ya，它的小注说别本作野，野字属喻四，正是对 ya。蜺字对 gh，誐麌也曾对 gh，偶尔对送气。

列表小结各纽对音情况如下：

梵文字母	k	kh	g	gh	ṅ
不空用字	见	溪	疑群	群	疑
义净用字	见	溪	群	群	疑

2. 梵文　c　ch　j　jh　ñ

空公精、章（照三）两组同对梵文 c 组。

2.1　精组字。空公的呰左佐济霁际赞讚鏃拶作唧祖葬等 14 字对 c，占用字 14/18，净公精组不对 c。

空公葬字对 vaŋ，是悉昙字 caṃ 错成 vaṃ。济咎祖積对 j，清音入浊。

2.2　清纽字。空公的亲磋蹉泚忖瑳縒砌嘬等 9 字对 ch，占用字 9/12。净公的瑳字对 ts，他不用清纽对 ch。

空公缉字对 ki，像悉昙字 chi、 ki 形近而讹。《圆明字轮》有 ts 音，天竺有读为塞擦音的，空公雌 tsi、擦 tsa 跟净公的瑳 tsa 合拍。

净公拿縒字给字母表 jh 注音。縒字《广韵》有楚宜、苏各、仓各切三读，对 jha 都不妥当，《集韵》另有此我切一读，属清纽，对 jha 比较合适。

2.3　从纽字。空公的荠渐呲粗等字对 j，酇字对 jh，净公一般不用从纽对音。

呲字《广韵》无，《集韵》有才支切一读。

2.4　邪纽字。没发现。

2.5　章纽字。空公的旨止支遮主准制震振战占祝质折斫者等 16 字对 c，占用字 16/17。净公的遮真珠旃至祝等字对 c。

空公用枳孃二合对 jña，枳字几乎成了这个音节 j 的专用字。

2.6　昌纽字。空公的车瞋枢掣等字对 ch。净公的车捙对 ch。

齿字空、净二公对 kṣ，出在译名对音。空公恐怕是沿袭古译。

2.7　船纽字。只有一个秫字，出现十几次，全对ś，例如秫驮śuddha，浊音变清。

2.8　禅纽字。空公的殊树誓逝善膳缮赡阇等 9 字对 j，占用字 9/10。净公的善氏市竖社侍阇等字对 j。

空公时（時）字对 dh，或者是特的错字，或者是承古，因为后汉禅字对 dhyan。前者可能性大。

净公的石字对ś，假定对的是ś的浊化音就该是［ʑ］，也是摩擦音。由这个例子看，唐朝大中原音禅纽字有的已经不读成塞擦音了。正像代表字"禅"今天在读书音里头有两读，"禅宗"的禅念 chan，声纽是塞擦音，"禅让"的禅念 shan，声纽是摩擦音。

2.9　日纽字。空公的日惹人弱嗕髯染仍而耳扰孺乳穰讓若尔等 17 字对 j，惹尔对过 n、ṇ。净公的若喏对 n、ñ，惹对过 j。

空公的枳穰二合对 jña，穰字对 ña 是孃字之误。嗫字对ḍ，似乎日纽有塞音音色，换个角度想，也许是娘纽聂字音的类推。

2.10　娘纽字。孃字对 ña。空公字母表 ña 下以孃为对音字。

各纽对音小结：

梵文字母	c	ch	j	jh	ñ
不空用字	章精	昌清	禅从日	从	娘
义净用字	章	昌	禅	清	日

3. 梵文　ṭ　ṭh　ḍ　ḍh　ṇ

3.1　知纽字。空公的置知𪘍吒咤徵鴿𪄌智致㩧𪘏胝擿砧碪等 16 字对ṭ。

净公的吒㩧榸等字对ṭ。

空公的咤致对过ṭh，咤通诧（彻纽字）能对ṭh，致通緻（澄纽字），能对ṭh 浊化成的ḍh。碪字下加小注“適簪反”，对 dh，“適”字《集韵》有亭历切，属定纽对 dh 正合适。空公的知致、净公的智字有过对 t 的例子，是偶见。知纽混同端纽，是怎么造成的？最大的可能是经本传抄的过程当中形近而误造成的。比如天城体 ta 写成त，ṭa 写成ट，假定把ट字中间的小竖道儿抄长了，就容易错成त。知致智本来对ṭi，该是टि字，要是误抄成ति，知智致就变成对 ti，跟端组底字混音到一块儿了。也许是他们跟《大正藏》所据梵本不同。

3.2　彻纽字。空公的耻奼姹侘等四字对ṭh。净公侘字对ṭh。

空公的𪘂字对ṭ，可能是抄刊形近而误。悉昙体𑖙𑖲ṭhu 和𑖘𑖲ṭu 字形差在上半部是小圆圈儿还是半圆，圆圈儿画成半圆就把ṭhu 变成了ṭu。痴字对 thi，也许是空公译经根据的梵本和《大正藏》收录的梵本此处有区别。

说译经的梵本跟《大正藏》收录的梵本可能有出入，并不是“空穴来风”，咱们有现成的证据。比如《佛母大金曜孔雀明王经》（《大正藏》本）有悉昙字梵本，有拉丁文转写的梵本，有鸠摩罗什、僧伽婆罗、义净、不空诸公的咒语梵汉对音，你把梵本跟对音字都凑到一块儿就会发现，某几家的梵本之间有出入。比如这部经上卷开头儿第一段咒语有一小段儿：

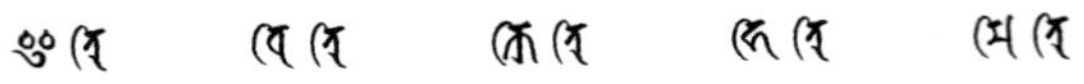

	iḍi	viḍi	kiḍi	hiḍi	miḍi
不空	伊腻	尾腻	枳腻	呬腻	弭腻
义净	一峙	鼻峙	枳峙	呬峙	密峙
僧伽婆罗	伊致	毘致	箕致	熙利	婆致

第二个词音悉昙字体读音应该是biḍi，净公和罗公对音正合，拉丁转写的梵本读音是 viḍi，和空公的对音一致。第四个词音是 hiḍi，空公和净公对音正合，罗公对熙利，这个“利”字对音根据的梵本显然跟大家不一致。第五个词音 miḍi，罗公对婆致，又跟其余两家所据梵本不同。

3.3　澄纽字。空公的浊住濯茶嗏 5 字对ḍh，字母表上袒字对ḍh，驰对ḍ，荼也对过ḍ。净公的池迟持雉滞等字对ḍ。

空公的“跓胝鲁反”对 ṭ，小注切上字“胝”属知纽，正该对 ṭ。“胅地姪反”对 dh，小注切上字“地”属定纽，正对 dh。“蛰而指反”对 d，小注切上字“而”属日纽。另外，绽对ṭ，可能是ṭ浊化的ḍ。幢字对 dh，是不是定纽童字音类推出来的?

3.4　娘纽字。空公的孃娘纫昵昵抳腻拏儜喃等 10 字对ṇ，有的对过 n、ñ，拏腻聂妳等 4 字对ḍ。净公尼拏对ṇ、n，不对ḍ。

各纽对音小结：

梵文字母	ṭ	ṭh	ḍ	ḍh	ṇ
不空用字	知	彻	娘澄	澄	娘
义净用字	知	彻	澄	澄	娘

4. 梵文　t　th　d　dh　n

4.1　端纽字。空公的都低底瓶单登蹬耽躭堵睹带德得辫多哆跢埵顿帝谛旦膽撘党咄妬怛答丁等31字对t，占用字31/31。净公的都羝篙埵多耽帝丁等字对t。

空公的帝多哆顿又偶然对过dh或者d，混入浊音。前面在1.1里已经从梵汉两方面推测过产生错误的原因。比如，汉字这方面同声符字的义符偏旁抄丢了或者抄错了就造成这种混乱，定纽缔字、移字落下偏旁就错成端纽的帝、多，㢁字偏旁错抄成口就错成哆。

4.2　透纽字。空公是他詑佗贪土体菟剃吐剔闼等字对th。占用字11/11。净公的他土剃炭讬闼等字对th。

空、净二公的体字曾经对过t，很怪，可能他们跟《大正藏》悉昙字所据梵本不一样。空公土字对dh是用土字又音徒古切；闼字对dh是文字问题，古写闟字今写闼字，闟字《说文》大徐音徒盖切，属定纽，看起来闼字唐朝可能有浊声母一读。

4.3　定纽字。空公的大弟递驮弹荡殿地邓顿淡钿达定提昙特第睇陀堕谈荡度钝骸等二十六字对dh，蹋姪柁豆等四个字对d，占用字31/32。净公的昙突杜柁堕宕度等字对d，提甸但喋等字对dh。

空公的悌字、净公的茶睇度徒达独惮等字对t浊化的d，不空睇字对过th浊化的dh。

4.4　泥纽字。空公的泥埿囊宁迺聹难耨能弩努捏你乃娜纳讷那奈捺怩祢涅诺南曩甯顟等28字对n，其中泥能努祢难耨捺溺你乃娜奈那纳诺等15字对过d，溺吶腩捻淰怒嫩赧等8字对d或ḍ。净公的奴泥捺涅那你南难等字对n或ṇ。

空公的娜对dh偶见，可能是跟《大正藏》根据的梵本有出入，你对j是尔字（日纽）多加了单立人儿偏旁，诺对ṇ、赧对ḍ混同娘纽。

各纽对音小结：

梵文字母	t	th	d	dh	n
不空用字	端	透	泥定	定	泥
义净用字	端	透	定	定	泥

5. 梵文 p ph b bh m

5.1 帮纽字。空公的箄钵奔般褒波膀必补杯冰遍报半闭比毕篦播博跛背布膀嗱等 25 字对 p，占用字 25/26。净公的般必谤闭边班等字对 p。

空公的柀字或许是絾字之误，絾，蒲昧切，並纽字，所以对了 bh。

5.2 滂纽字。空公的普怖泮破僻颇等 6 字对 ph，占用字 6/6。净公怖发等字对 ph。

空公泮字对过 bh，泮畔相通①。畔属並纽正对 bh。颇字对过 p，像是所据梵本不同。

5.3 並纽字。空公的脾伴避盘瓢步朋弊比偝牝便仆擗鞞陛毗婆菩勃畔跛鼻频皤部陛骠苾渤柀等 31 字对 bh，其中有的对过 b。佩字对 b。它们占用字 31/32。净公的菩部蒱薜槃字对 b，媲婆薄鞞婢陛苾频等字 b、bh 两对。

空公的脾跛、净公的哺畔都对过 p 浊化成的 b。

5.4 明纽字。空公的麻迷谜弭蜜牟母亩暮慕穆目咩每昧蔑磨摩麽魔魅莫末沫没舥曼漫满门闷蒙懞瞢懵儚瞢泯莽芒铭冥等 42 字对 m，其中弥迷谜弭满麽母亩没末靺莫等字也对 b。毛冒髦谋靺眇 6 字对 b。净公的迷弭弥么蜜满漫等字对 m，不对 b。

各纽对音小结：

梵文字母	p	ph	b	bh	m
不空用字	帮	滂	明	並	明
义净用字	帮	滂	並	並	明

6. 梵文 ø y r l v ś ṣ s h

6.1 影纽字。空公的伊壹菴闇乌燕爱噎遏印鸯屋污优温等 35 字对梵文没有辅音开头的“零声母”音节。占用字 35/35。净公的阿安壹乌盎因

① 《诗·卫风·氓》：“淇则有岸，隰则有泮。”毛传：“泮，陂也。”郑笺：“泮读为畔，畔，涯也。”

等字也对零声母。

空公的阿字对 h 一见，像是呵之误。哩对 r 像是嚟之讹。乙嚟$_{二合}$对 ṛ，喝啰$_{二合}$对 ra，到讨论声母的时候再说。

6.2　喻$_{四}$（以）纽字。空公的演焰琰以盐阎延葉耶唧野也愈喻渝谕庾孕欲媵夜曳拽裔翼药寅淫鬌等 29 字对 y。占用字 29/31。净公的耶也由愈药等字对 y。

空公的葉字译名对音śyap（迦葉佛对 kaśyapa）。葉字《广韵》又读式涉切，式，书纽正对ś。后汉对音已然如此。"葉公好龙"的葉今音念 she，正是从中古śyap 变来的。遊字对 je 一见，可能是逝字之误。

炎字对 -im，比如曩迦唎炎$_{二合}$对 nakariṃ。炎在《王仁昫刊谬补缺切韵》里有喻$_{四}$和喻$_{三}$两读，平声有以瞻反又于淹反，去声有馀念反又于产反。没有办法确定炎字对 -im 是喻$_{四}$还是喻$_{三}$的音。

6.3　喻$_{三}$（云）纽字。咒语对音一个字也没见着。译名舍卫国对 śravasti，卫字对 vas，这是顺古，后汉已经是这么对音了。卫念 vas 不能用来考察唐朝音。咒语里头有 vai 这个音，可是空公用奉纽吠字对，不用喻$_{三}$的字。

6.4　来纽字。空公的离丽路梨卢黎陵罗等字常对 l，囄㘑囉囉嚟嚧㖹嚟囉等字多对 r，所谓带口字旁的"弹舌呼之"。由于这个"口"传抄时候添上、落下非常容易造成混乱，空公来纽七十二个字对 l、r 的条理已经乱套。净公也是来纽 l、r 两对。

6.5　非纽字。非、奉、微三个纽字对音都跟梵文 v 牵连，就放在一块$_{儿}$说了。

非纽字。空公的废字对 v，空、净二公的发字对 ph。他们译名的富脯分对 p 都是顺古。

奉纽字。空公的奉吠伐筏罚缚梵 7 字对 v，净公的伐梵乏等字 b、v 两对。空、净二公佛字对 b。佛字是沙门译音常用字，打后汉以来一直对 budh，使用频率高的字在历史音变当中往往成为例外，不是变得最快，就是变得最慢。比如北京话里疑纽字差不多都不念鼻辅音声母了，可是农民过去拉车、种地常年离不开的牛，这个字音还保存着声母的鼻辅音，不过这个鼻辅音发音部位调整了一下$_{儿}$，由舌根的［ŋ］变成舌面的［ȵ］。

微纽字。空公的微尾味勿吻务网罔挽万嚩 11 个字对 v，净公的文物等字对 m。空公的匆嚩物对过 b，跟悉昙字 va、ba 字形极容易混淆有很大的关系。

对音发现，b 和 v 的混乱跟宗派好像也有一定的关系。比方说，赫赫有名的大日佛梵名是 virocana，空公对音微卢遮那，净公对音毘卢遮那，空公读 vi 为 vi，净公读 vi 为 bi，这种分歧的读音应当是各有师承。

6.6　书纽字。空公的湿失施矢尸石始式输赊奢商始舍捨首陕试成势世舜入扇胜饷闪苫铄烁葉少等 32 字对ś，占用字 32/33。净公的施设尸输奢等字对ś。

6.7　山纽字。空公的晒（曬）诜删沙参嗲衫史使产铲洒（灑）师杀瑟色涩数等 18 字对ṣ，占用字 18/19。净公的师山率使屣等字对ṣ。

空公的裟字对 s，沙衫对过 s。净公的山字也对过 s。

空公的晒（曬）沙数、净公的洒（灑）字对过ś。

6.8　心纽字。空公的斯思苏辛孙珊先娑莎些僧三参暹徙枲洗散速悉萨索塞飒私嫂扫燥锁写泻糁赐素细赛信逊等 32 字对 s。净公的速悉写三酸斯等字对 s。

ś、ṣ、s 对音有个别相混的情况，错乱的根源可以从梵汉两个方面寻找。

第一，梵文悉昙字 sa 𑖭、ṣa 𑖬形近易混，ṣa 字形写尖一点儿就接近 sa。sa、ṣa 跟 śa 混，或许是所据梵本不同。例如：

suśima	苏上	试引	麽鼻	（不空）
	苏	四	麽	（义净）

净公拿心纽“四”字对音，大概根据了另一种梵本。这种推想“非无稽”。《大正藏》所采取的梵本有一处 bulu，空公对成亩鲁，正合适，净公对主鲁，主是章纽该对 cu，cu 悉昙字是𑖓𑖲。𑖓𑖲 cu、𑖤𑖲 bu 之差就在尖头圆头之分。当初梵本传抄尖头圆头有一处混乱，这里的 cu、bu 之别就是“古已有之”的分歧。学派不同，天长日久累积的误差能造成梵本的差别。《大正藏》选用的梵本，有的跟汉译出入很多。

第二，现代关中方音卷舌的［tʂ］［tʂ‘］［ʂ］，音色跟北京话不同，舌位靠前，舌尖不靠硬颚而顶齿龈，容易听成［ts］［ts‘］［s］,[①] 长安音山组的ṣ如果唐代舌位靠前、它跟心纽 s 有一星半点儿混乱不难理解。

汉语照系二等的庄床二纽没有对音字。

6.9　晓纽字。空公的呬虎呵醯郝汉喝壑罕诃吽訡等 12 字对 h。占用字 12/13。净公的虎呬呵醯等字也对 h。

空公的“向”字下加“识量反”对ś，识是书纽字，正该对ś。

6.10　匣纽字。空公的户护兮傒系係奚曷贺斛縠鹄撼憾鹤恨荷纥恗嚬缬啥痻等 23 字对 h，混同清音晓纽，无一例外。净公的曷怙等字也都对 h。

6.11　初纽字。空公的刍叉创阒察刹铲等 7 字对 kṣ。净公的刍叉阒等字对 kṣ。

各组对音小结：

梵文字母	元音开头	y	r、l	v	ś	ṣ	s	h	kṣ
不空用字	影	以	来	非奉微	书	山	心	晓匣	初
义净用字	影	以	来	奉	书	山	心	晓匣	初

（二）关于声母对音的讨论

1. 梵文 c 组对汉语精组和章组

1.1　罗先生对梵文 c 组对音的分析

罗常培罗先生早先研究梵文 c 组的汉字译音，发现译经师们的对音不一致。[②] 比如在《大般涅槃经》一系的四十九“根本字”当中，梵文颚音五母（即 c 组五辅音）的对音大体上分成两派。东晋法显、北凉昙无谶、刘宋慧严、梁僧伽婆罗、隋阇那崛多、唐玄应、唐地婆诃罗、唐义净、唐善无畏、智广是同一派，他们的对音汉字“不外乎正齿音照、穿、禅和半齿音日母字”。他把这批材料列进下表：

---

① 白涤洲著，喻世长整理：《关中方音调查报告》，中国科学院出版社 1954 年版。以下关中方音材料悉出此书。

② 罗常培：《梵文颚音五母的藏汉对音研究》，原载《中央研究院历史语言研究所集刊》3 本 2 分，1931 年。后收入《罗常培语言学论文选集》，中华书局 1963 年版。

颚音五母在四十九根本字中的次序	22	23	24	25	26
天城体梵书	च	छ	ज	झ	ञ
罗马字注音	ca	cha	ja	jha	ña
法显译大般泥洹经文字品	遮	车	阇	阇重	若
昙无谶译大般涅槃经如来性品	遮	车	阇	膳	若
慧严修大般涅槃经文字品	遮	车	阇	阇重	若
僧伽婆罗译文殊师利问经字母品	遮	车	阇	禅	若
阇那崛多译佛本行集经卷十一	遮	车	阇	社	若
玄应一切经音义大般涅槃经文字品	遮重	车	阇	膳时柯反	若耳贺反
地婆诃罗译方广大庄严经示书品	者	车	社	阇	壤
义净南海寄归内法传英译本叙论	者	捙	社	縒	喏
善无畏译大毗卢遮那成佛神变加持经百字成就持诵品	遮	车	若	社上声呼	壤
智广悉昙字记	者 止下反音近作可反	车 昌下反音近仓可反	社 杓下反轻音音近作可反馀国有音而下反	社 重音音近昨我反	若 而下反音近若我反馀国有音壤

唐不空、唐慧琳、日释空海、宋惟净和清朝一种对音是另一派，他们的对音字“不外乎齿头音的精、清、从和舌上音的娘母字”。他把这批材料列进下表：

颚音五母在四十九根本字中之次序	22	23	24	25	26
天城体梵书	च	छ	ज	झ	ञ
罗马字注音	ca	cha	ja	jha	ña
不空译瑜伽金刚顶经释字母品	左	磋	惹	酇上	孃上
不空译文殊问经字母品	左	磋上	惹	酇才舸反	孃上
慧琳一切经音义大般涅槃经辨文字功德及出生次第篇	左 藏可反上声	瑳 仓可反上声	嵯 慈我反	醝 嵯贺反引声重	孃 女两反兼鼻音
空海悉昙字母释义	遮上声	磋上声	惹	酇上声	孃上声
惟净景祐天竺字源卷三	拶 左末切	擦 七曷切	惹 仁左切	嵯 昨何切	倪 倪也切

续表

颚音五母在四十九根本字中之次序	22	23	24	25	26
同文韵统天竺字母谱	匝 咨阿切齿头紧	擦 雌阿切齿头	杂 资阿切齿头缓	杂哈 杂哈切半齿半喉	尼鸦 尼鸦切舌头

罗先生认为："这种对音分歧的现象……有三种可能的解释……第一，方音的不同；第二，古今的演变；第三，宗派的关系。""这三种解释虽然都是可能的，但都不是必然的，若想折中一说，必须还待新材料的补充。不过，我个人觉得，第一种的可能程度比较深一点罢了。"

他倾向于方音的不同，主要的根据是智广《悉昙字记》引用南天竺沙门般若菩提说的话。罗先生认为"似乎南北中三天竺的方音各自成一系统……中天竺和南天竺还算是不大相远，只有北天竺（健陀罗等）'独将尤异'"。然后再根据各译经师的籍贯、学梵文或者习经书的地点，他们的老师的籍贯，表一列的各位经师"大部分不是和中天竺或南天竺有关系的人，就是葱岭以东诸国的人。所以这一派大概就许是中天竺的方音"。各经师，除了惟净，都跟不空有关系，不空是北天竺婆罗门，"所以这一派也可以推想是不空所属的北天竺方音"。

咱们可以把罗先生的分析结论简单概括成以下两点：

（1）梵文 c 组音，法显一派用汉语章组字，不空一派用精组字；

（2）不空以精组字对 c 组音，最大的可能是他读 c 组音带着他的籍贯北天竺方音。

这两点结论都有再研究一下儿的必要。

1.2　对 c 组音，是不是分精组一派、章组一派

根据新开发的咒语对音材料来看，梵文颚音 c 组的汉字对音确实不一致，但是，并不像罗先生根据字母对音划分出来的那两派：法显派只用章组字，不空派只用精组字。

为了资料可靠，只选择有悉昙字梵本的咒语译音。有些著名的经师做的咒语译音找不着悉昙字梵本，也只好割爱。资料全都出自日本新修《大正藏》，下面注译经出处的时候写"二十卷"就是《大正藏》第 20 册，其余可以类推。

咒语对音资料来源如下：

玄奘《咒五首》（二十卷17页）、《不空羂索神咒心经》（二十卷402页）、《持世陀罗尼经》（二十卷666页）

义净《佛说大孔雀咒王经》（十九卷459页）

地婆诃罗《最胜佛顶陀罗尼净除业障咒经》（十九卷357页）

菩提流志《广大宝楼阁善住秘密陀罗尼经》（十九卷636页）、《不空羂索神变真言经》（二十卷227页）、《护命法门神咒经》（二十卷584页）

阿你真那《随求即得大自在陀罗尼神咒经》（二十卷637页）

僧伽婆罗《孔雀王咒经》（十九卷446）

输波迦罗《摄大毘卢遮那佛神变加持经入莲花胎藏海会悲生曼荼攞广大念诵仪轨供养方便会》（十八卷65页）

菩提仙《大圣妙吉祥菩萨秘密八字陀罗尼修行曼荼罗次第仪轨法》（二十卷784页）

金刚智《金刚顶峰楼阁一切瑜伽祇经》（十八卷253页）、《千手千眼观自在菩萨广大圆满无碍大悲心陀罗尼咒》（二十卷112页）

善无畏《苏悉地羯罗供养法》（十八卷692页）、《尊胜佛顶修瑜伽法轨仪》（十九卷368页）、《慈氏菩萨略修愈誐念诵法》（二十卷590页）

不空《佛母大金曜孔雀明王经》（十九卷415页）

下面把相关情况列成下表：

译经师和咒语对音来源	C组对音情况
玄奘译《咒五首》《不空羂索神咒心经》《持世陀罗尼经》	1. ca 折 cha 车 ji 市
义净译《佛说大孔雀咒王经》	1. ca 者 cu 珠 ja 社
地婆诃罗译《最胜佛顶陀罗尼净除业障咒经》	1. ca 者 cha 车 ja 社
菩提流志译《广大宝楼阁善住秘密陀罗尼经》《不空羂索神变真言经》《护命法门神咒经》	1. ca 者 cu 主 ja 社
阿你真那译《随求即得大自在陀罗尼神咒经》	1. ca 遮 chin 瞋 ja 社
僧伽婆罗译《孔雀王咒经》	1. ca 遮 co 主 ja 社 2. ca 作 jva 座

续表

译经师和咒语对音来源	C 组对音情况
输波迦罗译《摄大毘卢遮那佛神变加持经入莲花胎藏海会悲生曼荼攞广大念诵仪轨供养方便会》	1. ca 折　chan 襜　jan 染 2. co 祖　cha 瑳　ja 佐
菩提仙译《大圣妙吉祥菩萨秘密八字陀罗尼修行曼荼罗次第仪轨法》	1. ca 者　ca 遮 2. ca 左　cu 祖
金刚智译《金刚顶峰楼阁一切瑜伽祇经》《千手千眼观自在菩萨广大圆满无碍大悲心陀罗尼咒》	1. ca 者　ca 斫　ce 制 2. ca 左　ce 济　che 泚
善无畏译《苏悉地羯罗供养法》《尊胜佛顶修瑜伽法仪轨》《慈氏菩萨略修愈誐念诵法》	1. ca 者　ci 旨　ce 誓 2. ca 左　ca 作　j 䀹
不空译《佛母大金曜孔雀明王经》	1. ca 者　cha 车　je 逝 2. ca 左　che 砌　jo 粗

咒语对音当中，梵文 c 组的对音分两派。玄奘、义净、地婆诃罗、菩提流志、阿你真那是同一派，他们的对音字都是章昌禅日纽字，表中编号 1 组。僧伽婆罗、输波迦罗、菩提仙、金刚智、善无畏、不空是同一派，他们的对音字有两组，第 1 组跟上一派相同，是章组字，第 2 组不同，是精清从纽字，不空一派 c 组既对精组也对章组。

补充了新材料以后，可以肯定，罗先生的第一个结论不合适。不空一派不是只用精组字对 c 组音，他们也用章组字对 c 组音，跟罗先生单凭字母对音看到的情况不一样。

1.3　不空是不是北天竺人、说北天竺方音

罗先生说不空和尚是北天竺人仅仅根据《宋高僧传》一家之说，其实，还有不同的说法。《悉昙要决》卷一说是南天竺人，《佛母大孔雀明王经》序言说是中天竺人，[①] 论起来，译经序言既是郑重的文献又是当朝的资料，它比别的资料更有价值，可惜，罗先生当时没有发现。更可靠的文献还有两份，一份是当朝御史大夫给空公撰写的纪德碑，原碑现在还在西安市碑林保存着，一份是空公弟子和继承人慧朗法师撰写的《唐京兆大兴善寺不空传》，这两份文献都没说空公是北天竺人，碑文说：

① 《佛母大金曜孔雀明王经》，《大正藏》第 19 册。

“和上讳不空，西域人也，氏族不闻于中夏，故不书。”传记只说是天竺婆罗门。① 综观上述材料，至少可以说，很难肯定不空是北天竺人。这个问题还需要深入研究。

照着罗先生考察方音因素的办法，也罗列各位高僧的籍贯、他们的老师的籍贯或者他们学念佛经的地点。资料来自《高僧传》或者他们的译经具名的记载。

译经师	籍贯	其他相关情况
玄奘	河南省偃师县	在中天竺那烂陀寺学梵语
义净	山东省济南一带，一说北京南边	游学印度，遍师明匠
地婆诃罗	中天竺	
菩提流志	南天竺	
阿你真那	北天竺	
僧伽婆罗	扶南	师承中天竺高僧求那跋陀
输波迦罗	中天竺	
菩提仙	中天竺	中天竺那烂陀寺高僧
金刚智	南天竺	曾在中天竺那烂陀寺学经
善无畏	中天竺	师承那烂陀寺高僧达摩掬多
不空		师承金刚智

照着罗先生的方法，“拿翻经沙门的地望，或他们传习悉昙的所在”，推究他们译音所用的天竺方音，就会碰上困难了。比如罗先生分析，隋朝阇那崛多是北天竺犍达国人，可是“师事中天竺摩伽陀国三藏禅师阇那邪舍”，阇那崛多的音“大概就许是中天竺的方音”。假定依着这种推理的方法分析上表就发现，11 位经师，除了阿你真那的资料太少，只能证明他是北天竺人，其余各位都可以跟中天竺或者南天竺挂钩，从地望上看，都可能说中天竺方音，大家不应当有方音分歧。由此可见，用这种地望系联法推究天竺方音，结论不太可靠。

① 不空和尚碑见《佛祖历代通载》卷十七、慧朗《唐京兆大兴善寺不空传》。

1.4　为什么 c 组跟精、章两组汉字对音

1.4.1　是不是长安音精、章两组合流了

当时长安音精组跟章组恐怕没有合流，有四种材料可以佐证。

第一种证据。梵汉对音精组清纽雌擦两个字对 ts，相对应的章组昌纽只对 ch 而没有对 ts 的，显示出清、昌对立。另外，精组心纽一般对 s，章组书纽普通对ś，心、书也对立。

第二种证据。不空的徒弟慧琳《一切经音义》的反切上字，精组跟章组也分立。空公和琳公的语音应当一致。[①]

第三种证据。罗先生的《唐五代西北方音》当中，藏汉对音表明，吐番人听着西北方音精组音像藏语 ts 组音，章组音像藏语 tɕ 组音：[②]

将（精）tsjo	翠（清）ts‘we	情（从）dze	写（心）sja
振（章）tɕin	唱（昌）tɕ‘oo	市（禅）ɕi	实（船）ɕir

第四种证据。现代关中话虽然说［ts］［ts‘］这一类音在精章庄知等四组里都存在，看大势，精庄两组大多数读 ts，章组多数字读 tʂ 等舌尖后音，知组音近章组。精章两组分的开：[③]

	蛇	兹	紮	操	察	蚕	岑	遮	车
	（船）	（精）	（庄）	（清）	（初）	（从）	（床）	（章）	（昌）
渭南	tsɿ	tsa	ts‘ɑu	ts‘a	ts‘ã	ts‘ɛ̃	tʂʅə	tʂ‘ʅə	ʂʅə
西安	tsɿ	tsa	ts‘ɑu	ts‘a	ts‘ã		tʂʅə	tʂ‘ʅə	ʂʅə

顺便说一说，日译汉音有精组和章组混淆的例子：

精セィsei	清セィsei	从ショウsjou	心シンsin	
章シヤウsjau	昌シヤウsjau	船センsen	书ショsjo	禅センsen

---

① 黄淬伯：《慧琳一切经音义反切考声类》，《中央研究院历史语言研究所集刊》1 本 2 分，1930 年。

② 罗常培：《唐五代西北方音》，科学出版社 1961 年版，第 20—21 页。

③ 《关中方音调查报告》（中国科学院出版社 1954 年版）音缀部分。

但是，这种译音有两个问题，第一它只有擦音，没有塞擦音，不足为据；第二它不止精章合一，连照系二等的庄组也裹进来了：

庄サウsau	初ショsjo	床サウsau	山サンsan

现代关中方音和任何其他材料都难找到这种现象。这恰恰说明日译汉音的精章合流不见得反映了长安音的实际。

1.4.2 是不是跟梵文 c 组的读音有关系

长安音精组声母梵汉对音流露出来，应该念 ts 组音：

精 ts 清 ts' 从 dz' 心 s

《唐五代西北方音》的藏汉对音证明这种拟测有道理，例如《大乘中宗见解》的对音①：

精	清	从	心
精 tsiṅ	此 ts'i	在 ts'e	思 si
资 tsi	青 ts'eṅ	自 ts'i	三 sam

长安音章组的读音可以拟测为 tɕ 组音。章组字梵汉对音跟《唐五代西北方音》的藏汉对音相像，藏音也拿 c 组跟章组字对音。例如《大乘中宗见解》里：

章	昌	书	禅
支 ci	嗔 c'in	施 çar	时 çi
诸 cu	赤 c'ig	设 çar	禅źan、çan

罗先生推测这一组声母的音值“应该就是跟现代藏语相同的颚化音”［tɕ］［tɕ'］［ɕ］［dʑ］。②

① 罗常培：《唐五代西北方音》，科学出版社 1961 年版，第 23 页。

② 罗常培：《唐五代西北方音》，科学出版社 1961 年版，第 20—22 页。

假定梵文 c 组念舌叶的 tʃ 组音，它就既能对成精组念的 ts 组音，也能对成章组念的 tç 组音。表面上看是汉语精、章两组混淆，实际上是对梵文 c 组音近代替的结果。

说梵文 c 组唐朝的和尚念成 tʃ 组音，不是不可能的。欧洲的梵文学者就有主张梵文的 c 念 tʃ 的。

咱们假设梵文 c 组音像精 ts 组音又像章 tç 组音，在悉昙文献当中有证据。唐朝智广的《悉昙字记》在 c 组对音的小注有记载：[①]

者 ca　　止下反，音近左可反
车 cha　　昌下反，音近仓可反
社 ja　　杓下反轻音，音近作可反

反切上字只是章纽，昌是昌纽，杓是禅纽，都是章组字。另一批反切上字左是精纽，仓是清纽，作是从纽，都是精组字。智广告诉我们，梵文 c、ch、j 的读音像汉语的章组音，又接近精组音。

1.4.3　表上 c 组对音为什么分成两派

罗先生把《大般涅槃经》一系的四十九根本字对音和《华严经》一系的圆明字轮根本字对音列成表，发现法显、竺法护一派用章组字对 c 组音，不空一派用精组字对 c 组音，咱们怎么解释？

给佛经根本字对音译经师一定从自己承传的梵音出发，法显、僧伽婆罗、地婆诃罗、义净法师等觉着 c 组音更像章组音就用章组字，不空、慧琳法师觉着 c 组音更接近精组音就用精组字。

从梵文方面想，c 组读音分成两派最大的可能是佛教宗派原因，译经师从老师那儿学来的读音各自有宗派特点。宗派特点的形成也可能跟古今音变等因素有关系。

2. 汉语鼻音声母兼对梵文鼻辅音和浊塞音

2.1　马伯乐（H. Maspero）对汉语鼻声母对音的分析

“声母对音及说明”罗列的材料清清楚楚地显示出来，义净跟不空法师在汉语鼻声母的对音上有明显的不同。净公用汉语鼻声母对梵文鼻辅

① 智广：《悉昙字记》，《大正藏》第 54 册，第 1188 页。

音，比方说，明纽弭字对 m－，泥纽难字对 n－，疑纽我字对 ŋ－。空公用汉语鼻声母兼对梵文鼻辅音和同部位的浊塞音，比方说，明纽弭字对 m－也对 b－，泥纽难字对 n－，也对 d－，疑纽仰字对 ŋ－而我字对 g－。

马伯乐先生利用空公对音的三十六个汉字发现了他的对音特点，还提出了一个规律：空公用有鼻音尾的鼻声母字对梵文鼻辅音开头儿的音节，例如瞢对 maṅ，用没有鼻音尾的鼻声母字对梵文浊塞音开头儿的音节，例如娜对 da。迄今为止，没有任何人怀疑过他这个学说。

其实，他这个理论连三十六个汉字对音的情况都不能全面解释。例如，他的材料当中有牟、亩两个字都对 mu，就不符合他的理论。牟亩是没有鼻音尾的鼻声母字，照他说的应该对 bu，可实际上对了 mu。像这样的例子，他给算成例外。这可未免强事实以就理论。

马伯乐先生筚路褴褛之功不可没。他没太深入研究空公对音，判断不准在所难免，甚至于整理材料也出现了错误。比如：

佩杀你曳	bhaiṣajya	曳对 ya 误，当对 ye
索婆捺啰	subhadra	索对 subh 误，当对 sak
讫娜野	hṛdaya	讫误，当为纥哩二合对 hṛ
没啰二合撼铭	brahma	铭对 ma 误，当对 me
瞢誐黎	maṅgala	黎对 la 误，当对 le

2.2　是不是只有鼻韵尾的鼻声母字才对梵文鼻辅音开头儿的音节

照着马伯乐的理论推，空公只会用“莽”“难”这类有鼻音尾的对 m－、n－，不会用“麽”“那”这类没有鼻音尾的对 m－、n－。

咒语对音资料不支持马伯乐假说。请看统计调查。

一个经师的译名对音不过几百条，容易做各种统计。译咒有大量的重复，汉字对音数以万计，靠手数做各项统计很困难，搞典型调查合适。《大金曜孔雀明王经》译本多，鸠摩罗什、僧伽婆罗、义净和不空都译过，它有梵本，有藏文本，便于参校；它咒语数量很大，有利于提高统计的可靠程度。我们把空、净二公的汉译、梵本、拉丁转写对照集中，加上《大藏全呪》的一部分藏音，四五种材料校勘以后确定字音，拿它做统计的典型调查对象。

鼻声母汉字对音统计分鼻音（尾）前、非鼻音（尾）前两类。鼻音前，指所对梵文音节有尾随鼻音（包括鼻化音 anusvara）。咒儿得连读，所以下一单词的开头鼻辅音也算尾随鼻音的数儿（例如 purṇa manorathe，拿字对ṇa，紧接的 m 算成ṇa 的尾随鼻音）。非鼻音前，指所对梵文音节没有尾随鼻音。

鼻音前：

汉字	（疑）彦		巘		（明）麽		母		门		满		曼	
梵音	ŋ	g	ŋ	g	m	b	m	b	m	b	m	b	m	b
次数		7		3	3			2	2		13		2	

汉字	（泥）那		娜		怒		努		南		腩		难		能		寗		顮	
梵音	n	d	n	d	n	d	n	d	n	d	n	d	n	d	n	d	n	d	n	d
次数	2	1		3		2	1	11	37		4	1	2	12		2	2		2	

汉字	（娘）抳		腻		妳		拏		喃	
梵音	ṇ	d	ṇ	ḍ	ṇ	ḍ	ṇ	ḍ	ṇ	ḍ
次数	2			2		2	2		5	

22 个有鼻韵尾或者有尾随鼻音的鼻声母字，总共对音 128 次，其中对鼻辅音 m－、n－、ṇ－、ŋ －的 79 次，占对音总数的 62%，对浊塞音 b－、d－、ḍ－、g－的 48 次，占对音总数的 38%。

有鼻韵尾的阳声韵字门满曼南宁顮喃只对鼻辅音，可是彦巘能只对浊塞音。

非鼻音前

汉字	（疑）蘖		誐		麌		遇		业		儗		仡	
梵音	ŋ	g	ŋ	g	ŋ	g	ŋ	g	ŋ	g	ŋ	g	ŋ	g
次数	5			12		5		11		1		5		6

续表

汉字	（明）麻		麼		摩		莫		谟		密		弭		母		铭	
梵音	m	b	m	b	m	b	m	b	m	b	m	b	m	b	m	b	m	b
次数	3		94	5	22		3		25		8		38		16	2	3	

汉字	（明）慕		末		迷		亩		没		冒		目		谜	
梵音	m	b	m	b	m	b	m	b	m	b	m	b	m	b	m	b
次数	6	1	3	1		8	1	6	1	6		5	2		17	4

汉字	（泥）那		娜		捺		纳		你		努	
梵音	n	d	n	d	n	d	n	d	n	d	n	d
次数	7	15	2	18	3	13	1	4		36	1	7

汉字	（娘）抳		腻		妳		拏		聂（嗫）	
梵音	ṇ	ḍ	ṇ	ḍ	ṇ	ḍ	ṇ	ḍ	ṇ	ḍ
次数	10		18	18		15	6	15		3

36 个没有鼻韵尾也没有尾随鼻音的鼻声母字总共对音 516 次，其中对鼻辅音 m－、n－、ṇ－、ŋ－的 298 次，占对音总数的 57% 强，对浊塞音 b－、d－、ḍ－、g－的 218 次，占对音总数的 42% 强。

这个比例跟有鼻韵尾汉字的统计比例相当接近。它暗示我们，在咒语大量对音的时候，用鼻声母字对梵文鼻辅音，译经师并不计较鼻声母汉字有没有鼻韵尾。

研究到这里咱们敢肯定，马伯乐先生的假设不合适。

2.3　为什么长安音鼻声母兼对梵文鼻辅音和浊塞音

这可以打梵文和汉语两个方面研究。

从梵语方面想，是不是空公说的梵语有方音？

智广《悉昙字记》倒是记录了一些梵文方音，跟讨论的问题可以联系起来的有三条儿：

伽字　　渠下反，轻音……馀国有音疑可反

茶字　　宅下反，轻音。馀国有音搦下反

婆字　　罢下反，轻音。馀国有音麽

他说梵文的 ga“馀国”有念成 ŋa 的，ḍa“馀国”有念成ṇa 的，ba“馀国”有念成 ma 的。正好像今天普通话说“老牛（niu）”，四川话有说成“老刘（liu）”的，把 n 念成 l。

智广是南天竺高僧般若菩提的弟子，而般若菩提熟悉中天竺音。提公告诉智广，中天竺音“特为详正”，“南天祖承摩醯首罗之文……中天兼以龙宫之文，有与南天少异，而纲骨必同。（北天竺）健驮罗国憙多伽文独将尤异，而字之由皆悉昙也”①。智广所说的“馀国”一定是中天竺和南天竺以外的方音。

假定设想空公对音用“馀国”方音，就必须说清楚以下三个问题。第一，空公始终追随的老师是南天竺高僧金刚智，智公曾经在中天竺那烂陀寺学习，从祖承说，空公应该说中天竺和南天竺一系的正音，他为什么念诵咒音偏爱“馀国”方音？第二，《悉昙字记》说“馀国”把 ga 念成 ŋa，ḍa 念成ṇa，ba 念成 ma，是把三个浊塞音改念成同部位鼻辅音，假如空公照此发音，通篇不该出现 ga、ḍa、ba，为什么他还用群纽字对 g、澄纽字对ḍ、並纽字对 b？第三，《悉昙字记》里头 da 没有“馀国”念成 na 的记载，如果说空公“那”对 na、da 是方音，那么根据是什么？这三个问题都很难回答。

其实，单凭第二个问题就能否定“空公用方音”的假设。空公群纽字一般对 gh，祁殑乔瞿歧寠弶 7 个字对 g；澄纽字一般对ḍh，驰荼二字也对ḍ；並纽字一般对 bh，媲婆薄鞞婢陛苾频等字也对 b。这么多对音证明空公的梵文音里 g、d、b 安然无恙，就不必做“空公用馀国方音”的假设了。

从汉语方面想，是不是空公译经的汉语有方音特点？

罗先生《唐五代西北方音》汉藏对音材料里头也有汉语鼻声母兼对

① 智广：《悉昙字记·序》，《大正藏》第 54 册，第 1186 页。

藏语鼻辅音和浊塞音的情况。内容如表所示：①

	千字文		大乘中宗见解		
明纽	铭 me	盟 men	谟 ma	命 me	门 man
	磨 'ba	门 'bun	摩 'ba	每 'be	蜜 byir
泥纽	寧 ne	南 nam	念 nyam	能 nin	
	纳 'dab	内 'dei	泥 'de	纳 'dab	
疑纽	雅 'ga	疑 'gi	我 'ga	五 'go	

罗先生证明藏文 'b、'd、'g 的 ' 号含有鼻音成素。② 他觉得明、泥、疑三纽的读音不像厦门音那种很软的［b］［l］［g］，应该跟现代文水、兴县、平阳的［mb］［nd］［ŋg］相近。③

白涤洲先生调查，陕北的安塞、清涧、吴堡、绥德、米脂也有类似的读法。④

我听见过清涧话。原来在北京大学中文系任教的刘勋宁先生是清涧人，他说家乡话的难念［ndɛ］、怒念［ndu］、岸案念［ŋgɛ］，记音符号如果要求得严一点儿，中间的 d 和 g 应该写小一号儿的字，表示它没有前边的鼻辅音强。

唐代长安音的明、泥、娘、疑各纽读什么音？

是不是由鼻辅音蜕变成同部位的浊塞音 b、d、ḍ、g，一遇上有鼻韵尾或者尾随鼻音就恢复成鼻辅音 m、n、ṇ、ŋ？不是。回想一下前面做过的统计：

	对 m、n、ṇ、ŋ	对 b、d、ḍ、g
有鼻韵尾的	79 次（62%）	48 次（38%）
无鼻韵尾的	298 次（57%强）	218 次（42%强）

① 罗常培：《唐五代西北方音》，科学出版社 1961 年版，第 17、19、24 页。
② 罗常培：《唐五代西北方音》，科学出版社 1961 年版，第 30 页。
③ 罗常培：《唐五代西北方音》，科学出版社 1961 年版，第 142 页。
④ 罗常培：《唐五代西北方音》，科学出版社 1961 年版，第 143 页。

没有鼻韵尾的字对鼻辅音的大大超过对浊塞音的，这跟有鼻韵尾的字对音情况一致。对音表明，明、泥、娘、疑纽的字，甭管有没有鼻韵尾，它们的声母都含有鼻辅音和同部位的浊塞音两个成素。

另外，空公译《瑜伽金刚顶经释字母品》的对音：

ga	誐上	ŋa	仰鼻声呼
ḍa	拏上	ṇa	拏鼻声呼

疑纽字对 g 和娘纽字对ḍ没另加小注讲发音方法，① 疑纽字对 ŋ、娘纽字对ṇ 需要加注“鼻声呼”，恰好证明它们的声母有鼻音可不是纯鼻音。

说唐代长安音麽念 mba，那念 nda，拏念ṇḍa，我念 ŋga，牵扯到两个问题需要解释。

第一，同一篇咒语，同一个汉字既对鼻辅音，又对浊塞音。学咒语的人怎么看着读？可以看小注，vimale 对尾麽鼻声黎，麽字对 ba 不加注，对 ma 加注“鼻声”“鼻”。又如 hunu 对户弩鼻声，弩本读 ndu，注“鼻声”让读 nu。有的不必加注，例如 kumbhaṇḍa 对矩畔拏，拏对ṇḍa 自然无注。但是经里也有很多该加注而无注的地方，因为学密咒不是靠看会的，虽有对音汉字可读，“声含长短，字有轻重……终须师授方能惬当”，② 也许赖有师传，只在一篇经的开头几处注上，以后各处靠经师指点。

第二，前面的统计表里有些字单对鼻音不对浊音，如何解释？积习难改是主要原因。摩莫谟弭目慕母等字统计表里对 m 不对 b，检查这些字在不空以前对音情况，姚秦的鸠摩罗什、梁朝僧伽婆罗、隋朝阇那崛多，唐朝玄奘、菩提流志和善无畏拿这批字光对鼻音：

摩 ma	什、罗、多、奘、志、畏
莫 mo、ma	罗、多、奘、志、畏
谟 mo、ma	多、志、畏

① 誐上、拏上的小注“上”可能让读者注意提高音高，并不涉及辅音的发音方法。

② 《大孔雀明王经·序》小注，《大正藏》第 19 册，No. 982，第 415 页 b6－7。

弭 mi	罗、奘、志、畏
目 muk	什、多、奘
母 mu	罗、奘、志、畏
慕 mu、mo	什、多、奘、志

不空有沿袭，也无妨大体，明母字本身有 m 音，对 m 不错，这几个字习惯上不对 b 也不影响我们的结论。再说，《大孔雀明王经》以外的密咒还有大同小异的情况，弭字别处对过 bi。

不空的对音特点可以作如下叙述：汉语鼻声母有浊塞音成分，鼻音成分能对梵文鼻音，塞音成分能对梵文浊塞音；有鼻音尾的鼻声母可能由于共鸣而鼻音色采加重，较多地对梵文鼻音。

3. 全浊声母送气不送气

汉语只有一套全浊声母，送不送气不造成对立音位，从音位学看，送气不送气无所谓。汉语现代方言有的浊音清化了，分化为送气跟不送气两类，要追究其中送气的由来，探索中古汉语浊音是否送气就必不可少了。

3.1 全浊声母对送气浊音

请看一个统计材料，它反映了密教的重要经典《大金曜孔雀明王经》咒语对音里汉语全浊声母並、定、群三组的全部对音情况。

梵音	汉字、出现次数、所属声组
gh	伽 7、具 2（以上为群纽字）
dh	度 4、钿 6、驮 23、达 4、第 2、邓 1、荡 1、钝 3、地 2（以上为定纽字）
bh	婆 5、毘 1、陛 2、跋 11、步 3、牝 2、比 1、勃 2、僕 1、泮 1、伴 1、部 2（以上为並纽字）

全经全浊声母字共 23 个，对音 89 字次，全部对送气浊音，没发现例外。梵文不送气浊塞音 b、d、g 等一律让汉语次浊鼻声母字对。

通观不空其余译经材料，有些参差，全浊也有少数对不送气浊塞音的，跟次浊鼻声母字竞争。

3.2 长安音全浊声母为什么对送气音

长安音全浊声母可能是送气的，它对梵文送气浊音；鼻声母有同部位浊塞音成素，就用这个成素对梵文不送气浊音。

空公《文殊问经字母品》的对音就是有利的证据：

ga	gha	ḍa	ḍha	da	dha	ba	bha
誐上	伽去	拏上	荼去	娜	驮去	麽	婆去
疑	群	娘	澄	泥	定	明	並

对音汉字加“上”“去”指的是用长安音的哪个声调念，应当跟音高有关系。单念一个字母音节一般习惯用高调，想想今天外语老师教学生念字母的情况也就好理解了。这份材料有一点值得注意，用全浊群、澄、定、並纽汉字对梵文送气浊塞音不加任何特别的说明，是一种自然的对音。

空公的高足慧琳《一切经音义·大般涅槃经·辨文字功德及出生次第》给字母的对音应该略加解释。他的对音是：

ga	gha	ḍa	ḍha	da	dha	ba	bha
誐	伽	絮	橴	攘	驮	麽	嗇
鱼迦反 迦字准上音	渠贺反 伽字去声重	絮雅反	荼夏反 去声引	那我反	陀贺反 重	莫我反 无鼻音	婆贺反 去声重
（疑）	（群）	（娘）	（澄）	（泥）	（定）	（明）	（並?）

先说说对音小注里头的错误。根据内部证据，dha 字也该注“去声重”而失落“去声”二字，ḍha 字也该注“去声重”而“重”字误为“引”。这些都可能是辗转传抄之误。琳公跟空公一系，对音应该一致。琳公在对送气浊塞音的汉字下头多加一个“重”字应该怎么理解？有的学者说，用“重”字是表示送气，依着这种假设，反过来可以推测长安音全浊声母不送气，由于它不送气，让它对送气浊音就得加上“重”字

表示得念成送气。这个假设似乎可以自圆其说，可也有弱点，它的弱点就是大藏经上找不着这种解释。咱们在《大正藏》找着了一种更好的解释，《悉昙要决》第十一卷引用7世纪后期到中国的中天竺高僧地婆诃罗的说法："注'重'者带喉音重读"，[①] 所谓"带喉音"应该指振动声带的浊气流，所谓"重"应该指它比不送气的浊塞音发音要加力才能发好送气的部分。

3.3 藏汉对音也是全浊送气

《唐五代西北方音》藏汉对音有全浊声母对藏文送气清音的情况。比如《大乘中宗见解》里头全浊声母字的对音：

並纽	定纽	澄纽	群纽
菩 p'u	怠 de	着 jag	其 k'i
鼻 p'yi	第 de	持 c'i	具 k'u
盘 p'an	大 de	值 c'i	共 k'uṅ
平 p'an	地 di	治 c'i	及 k'ib
拔 p'ar	盗 de'u	住 c'i	
别 p'ar	定 deṅ	尘 c'in	
帛 p'eg	达 dar		
	同 t'oṅ		
	檀 t'an		
	独 t'og		
	毒 t'og		

除了定纽的怠第大地盗定达和澄纽的着，其余的全浊字都变成次清，最合理的解释就是全浊声母念送气音。保持浊音读法的八个字里边有一个上声，五个去声，两个入声，都是仄声字。正好能用大家都熟悉的一条规律来解释：全浊平声变次清，全浊仄声变全清。罗先生认为，这个清化运动从那时候就开始了。

① ［日］明觉：《悉昙要诀》卷一，《大正藏》第84册，第508页。

3.4 《大藏全咒》对音也是全浊送气

清朝有一部《御制满汉西番大藏全咒》，在梵文咒语下头有满、汉、藏三种文字对音，有意思的是有些地方写着“番经无……依汉经对入”的字样。清朝虽说晚近，咒语读音可是承袭下来的，不妨用它的对音作个间接的参证。请看如下的例证：①

汉语	藏语音的拉丁转写
矩畔腻	kumbhaṇḍi
部多	bhuta
嫩努鼻	dundubhi
蘖陛	garbhe
跋捺嚟	bhadre
僧伽	saṅgha
悉第	siddhe
母驮	buddha
达麽野	dharṃaya
毗置哩	bhittiri

汉语畔部鼻陛跋伽第驮达毗等全浊声母字所对音节，藏文都在浊辅音下小小心心地挂上［h］。藏文浊母本身送气不送气的争论不必多管，看藏译梵咒能肯定汉语全浊声母送气。

3.5 北京、粤、关中话证明全浊送气

	並纽	定纽	群纽
官话平声	皮朋贫［p‘］	谈田头［t‘］	葵［k‘］其［tɕ‘］
粤话平声	皮朋贫［p‘］	谈田头［t‘］	葵其［k‘］
官话仄声	鼻病备［p］	大杜道［t］	共［k］巨［tɕ］
粤话仄声	鼻病备［p］	大杜道［t］	共巨［k］

---

① 《大藏全咒》材料，编著者已改动唐人旧译汉字，本节仍用不空原本汉字。

		並	定	澄	从	群
关中话	平声	爬［p‘］	蹄［t‘］	潮［ʈ‘］	齐［tɕ‘］	群［tɕ‘］
	仄声	别［p］	第［t］	召［ʈ］	疾［tɕ］	巨［tɕ］

中古全浊声母字属平声的今天变成送气清音；仄声的今天变成不送气清音，大概是声调的高低变化影响送气，送气逐渐消亡。

4. 唇音是不是分化了

4.1　轻重唇对音不一致

空公的重唇波（帮）对 pa，颇（滂）对 pha，婆（並）对 bha，迷（明）对 mi、bi。假如唇音没分化，应当非纽对 p，敷纽对 ph，奉纽对 bh，微纽对 m 和 b。

对音没发现敷纽字，其余三纽对音情况如下。

先看微纽。有一位据说在五台山显过圣的菩萨，梵名 Mañjuśri，后汉三国对音文殊师利，微纽文字对 man，微纽念 m，跟明纽还混在一起。空公咒语当中改对曼祖室哩二合，证明微纽文字声母已经不念 m，才改用明纽曼字对译 mañ。佛教里过去七佛的第一佛梵名 vipaśyin，空公对音微钵尸如来，证明微纽字声母已经念 v。咒语对音有不少的例子证明微纽念 v，例如：

satveṣu 萨怛微二合数	vaiṣṇavi 吠瑟拏二合微
vidya 尾地也二合	viṣṇu 尾瑟弩二合
vimare 尾麽黎	vipuli 尾补里
vīre 味引隶引	vitabhaye 味多婆曳
suvarṇe 苏袜繵	devaḥ 祢嚩无博反
aśva 阿湿嚩二合	svāhā 娑嚩二合贺

微尾味袜嚩这些微纽字一律对 v。微纽已经从明纽分裂出来，读音由 m > v。

轻唇四纽当中可能微纽从明纽分化出来的时间最晚，比如粤语广州话，飞（非）fei，麸（敷）fu，服（奉）fuk，未（微）mei，非、敷、奉三纽都轻唇化了，独独剩下微纽字还跟重唇明纽不分家。粤语明微不分也害得广东籍的大声韵学家陈澧给《广韵》切上字分类的时候因此栽了一个小跟头。

照理说，只要轻唇微纽已经独立，其余三纽应该也分化出来了。

奉纽字一般对 v。比如：

	satve	vaiṣnavi
净公	萨堙丁惠反	鞞瑟纳鼻
空公	萨怛吠	吠瑟拏二合微

奉纽吠字对 ve、vai，奉纽念 v。咒语对音还有奉 vaṃ，梵 vam，筏 vat，罚 vas，缚 val，证明奉纽念 v。可也有例外，佛字对 b，浮字对 bh。佛字在佛经里太常见了，念 bud 可能是一种习用音。浮字还留在並纽音里，也不奇怪，历史音变不会在一夜之间齐步前进，总会有快有慢。奉纽也分化出来了，从对音上看，它跟微纽混在一起。

非纽字对音的太少，只有废对 ve，发对 phat、phar。少是少，可是“少而精”，它能表示非纽字咒语里不对 p，已经跟帮纽分裂了。

《唐五代西北方音》汉藏对音的结论是唇音有分化，帮非分，並奉分，轻唇非敷奉合流。

邵荣芬先生研究敦煌俗文学别字异文也发现唐朝西北方音轻重唇分化了。①

罗先生和邵先生说唐五代唇音分化，受材料限制他们很难再做更进一步的分化时间推断。王力先生认为，唇音分化不早于 7 世纪，不能晚于 12 世纪。② 咱们可以肯定，长安音的唇音在 8 世纪分化了。

4.2　轻唇四纽读什么音

梵文 v 的读音是推测的关键。日本和尚宗叡曾经在贞观四年（630）

---

① 邵荣芬：《敦煌俗文学中的别字异文和唐五代西北方音》，《中国语文》1963 年第 3 期，第 193—217 页。

② 王力：《汉语史稿》（上），中华书局 1980 年版，第 114—115 页。后来他在《汉语语音史》（中国社会科学出版社 1985 年版）第五章“晚唐—五代音系”说唇音分化“从这个时代（836—960）开始”，见该书第 229 页。

入唐，八年回日本，是初唐时期的人。他说："嚩……齿唇呼"，① v 跟今天国际音标［v］的发音差不多，念唇齿音。

微奉二组念唇齿音 v。

非组对 v 音表示了唇齿部位，对 ph 音显示有送气成素。非常有趣儿，《唐五代西北方音》的汉藏对音当中，非组富字对 phu、非字对 phyi，跟梵汉对音的描写"何其相似乃尔"!② 那时候，译经师用汉字音描写梵文和藏族人用藏文描写汉字音，居然都是觉着用 ph 描写非组最接近。

据说日译汉音在奈良时代（710—784）轻唇音念［ф］，可是目前没找着旁的证据能证明 8 世纪长安音念这样的音，暂时不把非组拟测成一个摩擦音。罗先生拟成破裂兼摩擦的唇齿音 pf，能解释梵汉对音非组对 ph 和 v，可以先信从罗先生的。印欧语有 p > pf 的历史，古北欧语的"门" port > 德语的 pforte。

敷组没有对音字，可是黄淬伯先生考察慧琳《一切经音义》切上字发现非、敷交切，③ 也可以依从。

微纽，马伯乐跟罗先生认为有鼻音成素，到梵汉对音里找不着对 m 的例子，就不采用他们的拟音了。

5. 知组、庄组的读音

5.1　知组对卷舌的舌尖后音

对音证明长安音端组跟知组已经分化了：

多（端）ta	他（透）tha	地（定）di	努（泥）nu、du
知（知）ṭi	耻（彻）ṭhi	荼（澄）ḍa	腻（娘）ṇi、ḍi

知组对卷舌舌尖后音，咒语对音再次证明罗先生《知彻澄娘音值考》的结论符合译经事实。

娘纽有没有？有人认为它是字母家硬造的。译咒里娘纽可是卓然独

① 安然：《悉昙藏》卷五，《大正藏》第 84 册，第 45 页。

② 罗常培：《唐五代西北方音》，科学出版社 1961 年版，第 17 页。

③ 黄淬伯：《慧琳一切经音义反切声类考》，《中央研究院历史语言研究所集刊》1 本 2 分，1930 年，第 165—182 页。

立，不空给字母的注音也很清楚。

娘上 ña 、拿鼻声呼 ṇa （《文殊问经字母品》），字母注音娘纽对 ñ、ṇ，不对 n。译咒的泥纽宁 ne、南 nan 等二十八个字全部对 n，不对 ñ、ṇ。

现代关中方言在 i、y 前头都是［ɲ］，没有 n 音。咒语里娘纽字多在 i、y 前头对ṇ，如腻ṇi、拧ṇi 等。唐代长安音娘纽照理该读ṇḍ。

注音的娘上 ña 也好理解，听觉上ṇ、ñ 音色更接近一点儿。咒语里娘纽有的字个别情况也对 n，原因有二。第一，听觉偶尔混淆或者钞刊之误；第二，这些字当时就许是有 n、ṇ 两读，《集韵》有例：

喃　女咸切（娘）　　那含切（泥）
抳　女履切（娘）　　乃礼切（泥）

唐长安音假如是这样，它们就能ṇ、n 两对。

对音上泥娘两分跟《王三》《广韵》的反切材料一致。邵荣芬先生对端组和知组反切上字的系联情况和类隔的多少做过统计：①

	《王三》		《广韵》	
	小韵总数	类隔数	小韵总数	类隔数
端知	156	11	162	9
透彻	138	2	153	3
定澄	151	5	160	4
泥娘	116	10	123	9

邵先生认为，由类隔数跟小韵总数之比看分合，“承认端、透、定跟知、彻、澄有分别，似乎也就得承认泥、娘有分别”。

依着对音材料就得承认知组念ṭ，彻组念ṭh，澄组念ḍh，娘组念ṇḍ。

有的音韵学家，比如高本汉、陆志韦先生，他们不赞成知组念ṭ组音，主张念［ȶ］组音。

反正对音值的描写是音位式的，暂时照着罗先生的意见把知组拟成ṭ

① 邵荣芬：《切韵研究》，中国社会科学出版社 1982 年版，第 33 页。

组音。

5.2　庄组也对卷舌音

山纽对ṣ，比如师ṣai、史ṣi、沙ṣa、衫ṣan、数ṣu等。

初纽对kṣ，比如叉kṣa、刹kṣa、察kṣas、创kṣaṅ、刍kṣu等。

初纽、山纽有了，照理庄纽、床纽也该有。庄、床对音不出现应该是因为梵文那一面儿没有接近的音。

这一组音，陆志韦陆先生拟成舌叶［tʃ］组音。

咱们先依着对音指示的发音部位拟成［tʂ］组音，跟精组的［ts］和章组的［tɕ］区别开。

6. 禅船日影晓匣喻的读音

6.1　禅纽和船纽

禅纽字从后汉到不空总是对j［dʑ］。除非长安音［dʑ］［ʑ］分不清，禅纽才有可能不是舌面浊塞擦音，而是舌面浊擦音［ʑ］。

船纽孤另一个“秫”字，在我们的材料里出现过二十几次都对了清擦音ś［ɕ］。

船纽的音值有两种推测。

第一种推测，船禅合一，都是［dʑ］，或［ʑ］。根据是较早的材料《玉篇》《经典释文》船禅相混，唐以后的《集韵》船禅两纽反切上字可以系联。唐末《守温韵学残卷》三十字母有禅无船。

第二种推测，船禅为二。根据是《广韵》《说文》大徐音船禅不混；《切韵》里船纽跟喻三（云母）互补，《广韵》里船和喻三撞上一次，二者音值应当相近；对音材料禅对j，船不混同禅纽对j；关中方音船母字除了乘字变清塞擦音，一律变为清擦音。①

陆先生主张船禅位置调个儿。船纽擦音，禅纽塞擦音。

我们倾向后一种推测。前一种书证虽多，它跟中唐长安音并非一系，否定不了长安音可能分船禅。后一种容易跟对音结果吻合。

船纽音值，看看跟喻三（云母）［ɣ］相近，可能是浊擦音，天竺高僧śikṣananda译成实叉难陀，船纽实字对śik，跟秫对ś-一致，那么，它应该是［ʑ］，清化>ś［ɕ］。

---

① 陆志韦：《古音说略》，《燕京学报》1947年专号，第11—13页。

6.2　日纽

日纽字一般是对 j，一定条件下又对 n，音值当与禅近而有别。通常拟为单纯的［ʑ］［ȵ］都不合适。

唐代宝月和尚说 jñaya 应当读成“尔汉音若吴音野”。①尔，汉音读ジ［z］；若，吴音读ニ［ni］。日纽尔若等字吴音汉音读法不同，汉音反映 8 世纪前后的长安音，从尔字汉音读法可见长安音日纽最明显的音色是浊擦音［z］。不空拿“蛰而指反”对 di，而字日纽，对了浊塞音 d，日纽可能不是擦音。《大佛顶如来放光悉怛多钵怛啰陀罗尼》经的日纽惹字前后共十二次对ṇyā，日纽有鼻音成分。

日纽音值是［ȵdʑ］。惹字对ṇya 音是［ȵdʑ］跟 ya 拼合受逆同化，dʑ 被 y 吞没，［ȵdʑ］ + ya > ṇya。

除非长安音 dʑ、ʑ 不能分清，日纽音值可能读［ȵʑ］。读［ȵdʑ］或者读［ȵʑ］，二者没有原则的分歧。

6.3　影纽

影纽字对梵文零声母音节。中古影纽是不是零声母？不是。

第一，不空为了教汉人发 r、ṛ 音，用乙嘌二合对 ṛ，义净用遏路二合对 ra。乙遏都是影纽字。二合音的第一个汉字当取声母（娑嚩二合对 sva，娑字取声母 s），影母字要是零声母，它在二合音里不成了摆设吗？不空也用曷啰二合对 ra，曷字晓纽读清音 h。影纽可能也是清辅音声母。汉人初学发颤音，爱在 r 前头带上阻塞动作或者擦音，影纽如果是喉塞音［ʔ］，拿［ʔ］加上来纽字教汉人学“弹舌”也是一种办法。

第二，现代关中话声调跟古声调比较，古全清声纽帮非端知见照精心审晓影，古次清声纽滂敷透彻溪穿清等纽的平声字，今天读阴平；古全浊声纽並奉定澄群从邪床禅匣跟次浊的喻微明泥娘疑来日等纽的字平声，今天读阳平。假定中古影纽是零声母，音节是元音开头，元音为浊音，平声为何今读阴平不念阳平？

通常拟成［ʔ］有道理。梵文没有［ʔ］音位，对音里［ʔ］忽略不计，影纽字就对成零声母。

---

①　安然：《悉昙藏》卷四，《大正藏》第 84 册，第 395 页 c1。

6.4 晓纽和匣纽

晓纽跟匣纽对音混成一团，没有区别。例如：

	ha	hā	hah	he	hu	har
晓	呵	诃	郝	呬醯	虎	喝
匣	荷	贺	鹤	奚兮	护	曷

这样的材料迫使我们只能承认晓匣合流。

14 个晓纽字跟 22 个匣纽字都对 h，汉语语音史上中古音只有浊音清化的大潮流，恐怕得说是匣纽变入晓纽。

它们的音值是［x］。

6.5 喻纽

喻$_{四}$也叫以纽，对 y 音清清楚楚。

喻$_{三}$也叫云纽，后汉三国时代喻$_{三}$的合口字对 v，比如于 va、越 vat、云 vajñ、卫 vas，它跟匣纽合口字混淆，比如匣纽和 va、桓 va、会 vat、还 val。到了唐朝用奉纽、微纽对 v，喻$_{三}$基本上没出现对音字。喻$_{三}$不对 y，说明它还没跟以纽合流。

喻$_{三}$通常拟成［ɣ］。

（三）唐代 8 世纪长安音声母读音表

庄床邪敷四纽无字，船（神）喻$_{三}$（云）二组不能确证，这六纽读音只能推论，加（ ）标明。

帮 p	滂 ph	並 bh	明 mb			
非（敷）pf					奉微 v	
见 k	溪 kh	群 gh	疑 ŋg			
端 t	透 th	定 dh	泥 nd			来 l
知 ṭ	彻 ṭh	澄 ḍh	娘 ṇḍ			
精 ts	清 tsh	从 dz		心 s	（邪 z）	
（庄 tṣ）	初 tṣh	（床 dẓ）		山 ṣ		
章 tś	昌 tśh	禅 dź	日 ndź	书 ś	（船 ź）	
影 ʔ				晓匣 x	（喻$_{三}$ ɣ）	喻$_{四}$ j

三　韵母的梵汉对音研究

（一）各摄对音情况的说明

1. 果摄

1.1　歌韵系。一般对 a 或者 ā，多陀磋婀酁哆我左瑳佐俙对 a，佗䛕蹉娑阿诃啰䶴娜攞嚩无可反跢那驮贺逻囉对 ā、a。

1.2　戈韵系。颇皤魔摩佉埵缚对 a，波婆磨莎麽堕锁播破对 a 、ā。

2. 假摄

麻韵系。一般对 a，少数对 ā。咤侘奼茶拏叉沙车奢赊唧若写洒（灑）者舍捨也野奼䶁对 a，麻拿遮耶泻夜一般对 a，有时对 ā。

䶁是为译音单造的字，简直就是个反切字，它读“亭夜反”，对 dhya，因为麻韵没有端组三等字，只好另造一个。

3. 止摄

3.1　支韵系。一般对 i、y。弥知歧祇斯支施离𠺕弭企呰徙枳尔避智赐对 i、y。脾哔 i、e 两对。驰对 ī。脾对 e 应当是睥字的误写。

3.2　脂韵系。一般对 i、y。毗鼻尼师私尸梨比柅抳旨蛰而指反地𢶡致器弃呬利对 i、y、ī。腻 i、e 两对。

3.3　之韵系。一般对 i、y、ī，痴呲而你耻儗擬枲歙使史止始以里哩理耳底丁以反体听以反置饵试嶷就是这么对音。

其中哩字也对 ṛ、ṝ，可能因为空公一派读 ṛ 为 ri，ṛ 有 i 音。

3.4　微韵系。一般对 i、y、ī、e，微尾味三个字这么对音。

4. 蟹摄

4.1　齐韵系。一般对 e，少数对 ai 或 i。醯箄鞞迷谜低鸡溪嵠猊霓蜺奚黎嚟犁倪陛弟泚洗礼吜闭帝剃递睇謦计契霁荠济砌细翳系係隶𠺝丽𡅅对 e，昵倪梨羝对 i，提祢 e、i 两对，噎 e、ī 两对，謦译名 e、ai 两对，泥 e、ai、i 三对。底丁以反对 i。

4.2　佳韵系。晒（曬）对 ai、e，妳对 e。

4.3　皆韵系。齸对 e、ai，齸知皆反对 ai，杀对 ai。

4.4　灰韵系。一般对 ai，杯每背偝佩昧对 ai，或 ay。

4.5　哈韵系。对 ai 或者 e。赛爱对 ai、āi，乃 ai、ay、e，逎对 e。

4.6 祭韵。一般对 e，少数对 ai 或者 y。艺际制世逝裔荠惹曳反，醯形曳反对 e，罽势 ai、e 两对，曳 e、ai、ī 三对，弊对 y。

4.7 泰韵。对 ai 和 e。奈赖对 ai，带 ai、e 两对，嚫对 e。

4.8 废韵。废吠二字对 e。

5. 遇摄

5.1 鱼韵系。与对 u，吕对 ṛ。字母对音吕、噓对ḷ。

5.2 虞韵系。一般对 u，也对 o。瞿虞隅愚刍枢矩输龋麌乳貙女树对 u，俱喻瑜庾数 u、o 两对，渝儒孺舞主愈务住句遇蕻戍对 o。

5.3 模韵系。一般对 u、o。都苏乌呜邬卢诸土祖噜坞虎户鲁跓布步吐度素对 u，菩谟污嚧补普部覩努弩鲁噜怖慕护路 u、o 两对，殊粗暮妬菟怒祖对 o。

6. 流摄

6.1 尤韵系。谋牟鸠优富对 u，鹠对 o。

6.2 侯韵系。钩母亩豆耨都对 u。

7. 效摄

7.1 豪韵系。一般对 o、au。褒毛髦报冒对 o，高唠扫嫂燥奥对 au。

7.2 宵韵系。一般对 o、yo、au。娇对 o，骠眇扰对 yo，憍乔矫对 au，瓢对 yo。

8. 深摄

8.1 侵韵系。对 im、um。朕淫 im，噝ṛm 可以看成（r）im。砧禁吽㖗 um，临对 am、ṛm。

吽字《集韵》有於金切，侵韵。㖗是译经当中吽的别体。

8.2 缉韵。湿字对 iv。

9. 咸摄

9.1 覃韵系。躭耽贪昙南参啉腩昝糁暗晗唵闇撼憾唅对 am，暗也对 ām，腩唅偶见对 an，撼偶见对 aṅ。唵对过 om。

合韵。荅答纳飒对 ap。

9.2 谈韵系。三参噏瞻览㘓揽擔淡滥对 am。其中噏对过 ām、an，擔对过 añ、aṅ。

盍韵。臘对 ab、abh。

9.3 咸韵系。喃鸽对 am，喃也对 ām。

9.4　衔韵系。衫对 am、ām，偶尔对 an，钐对 am、ān。

9.5　盐韵系。一般对 am、yam。阎盐髯检渐陕琰染焰对 am，苫对 ām，暹捻对 yam。焰偶见对 aṅ。炎对 im、in、iñ。

葉韵。聂对 ap，嗫对 aṣ，摄葉对 yav。

9.6　严韵系。俨欻欠对 am。

业韵。劫业嶪对 ap，劫偶对 ar。

9.7　添韵系。淰对 yam。

帖韵。捻对 ip。

9.8　凡韵系。鑁无犯切梵嚩对 am，梵偶尔对 aṅ，鑁偶对 an。

10. 臻摄

10.1　真韵系。频亲瞋吟因牝泯紧振震印信对 in。

质韵。毕吉质悉壹涅对 it、id、idh、ir、iś。苾对 i。

10.2　臻韵系。诜字对 in。

10.3　谆韵系。准字对 cu。

术韵。秫舜入对 ud，聿对 ir，律对 iḥ、yut。

10.4　欣韵系。谨字对 in。

10.5　文韵系。君军对 un、uṇ、uñ。唇音字刎对 an、aṃ。

10.6　痕韵系。恨对 hṇ。

10.7　魂韵系。一般对 un。温顿钝嫩对 un、uṇ、uñ。孙逊对 un。唇音字也多对 un，奔喷闷多对 un 或者 uṇ，门字对 an、aṇ。

没韵。勃没咄讷嗢对 ut、ud、ur。骨字对 or，窣字对 uv。

11. 山摄

11.1　寒韵系。单弹难干珊安阑嚂兰嚂罕散懒嬾旦赞汉对 an、aṇ、añ，难对 aṅ偶见。

曷韵。怛闼达捺渴萨頞遏喝曷喇对 at、ad、ar、as。攃字对 a。

11.2　桓韵系。盘曼满伴半泮畔漫一般对 an、aṇ、añ。泮字对 aṭ 偶见，畔对 aj 偶见。

末韵。钵跋末沫鞢对 at、ad、adh、ar。末字对 aj 一见。

11.3　删韵系。删字对 aṃ，赧字对 an。

黠韵。察字对 as。

11.4 山韵系。产铲绽对 an 。

鎋韵。刹字对 at。

11.5 元韵系。挽建健曼万对 an、aṇ。

月韵。发罚伐筏韈揭羯竭对 at、as、al、ar、aṣ、aj。

11.6 仙韵系。乾骞延连謇巘善演便彦喭战对 an、aṇ、añ，缮膳对 en，便字对 yan、en，扇字对 yan，偶尔对 ān。

薛韵。朅孽蘖折设拽对 at、ar、as、aṣ。拽字又对过 es。

11.7 先韵系。先对 ain，遍嗹对 en，燕对 ain，殿钿对 yan。

屑韵。噎对 e，捏对 ir，结对 yad。

12. 江摄

江韵系。

觉韵。浊濯对 o，藐对 yak。

13. 宕摄

13.1 唐韵系。郎啷莽对 aṅ，芒对 an，膀对 ān，荡对 añ，曩对 a、an、am，忙对 at，囊对 aḥ，莽对 a、an。

铎韵。博薄莫诺作索恶噁壑郝洛咯落对 ak、ah、ag。

13.2 阳韵系。商穰鸯罔餉弶向对 aṅ，创对 āṅ，网望对 an，穰也对过 an，孃娘仰对 a，穰也对过 a。

药韵。脚虐斫药弱铄对 ak、aḥ。烁字 ak、ar 两对。

缚字出现频率高，对 vah、var、val，应该是用符鑊切一读。

14. 梗摄

14.1 庚韵系。虠盲对 aṅ。

14.2 耕韵系。儜对 e、i。

14.3 清韵系。小注反切下字征正盈贞整对 i。

昔韵。僻擗益对 ik，擿对 ek。

14.4 青韵系。铭茗寧甯定对 e。冥对 e、i。顭对 e、i，对 ai 偶见。

锡韵。剔对 ik，溺对 iḥ。

15. 曾摄

15.1 蒸韵系。殑徵唛胜縢对 aṅ，陵冰对 iṅ，仍对 i(ṅ?)，孕对 iṃ、aṃ。

职韵。色式力对 ik。力字也对 ṛ、ḷ。

15.2　登韵系。登蹬僧儯稜楞对 aṅ，朋对 ān。㖷对 aṃ，能对 aṃ、aṅ，邓对 aṅ、an。

德韵。得德对 ak。

16. 通摄

16.1　东韵系。蒙对 o(ṅ?)，懞对 aṅ，弓对 um。另外三个东登韵两出的字，瞢对 oṅ、aṅ，瞢 oṅ，懵 aṅ。

屋韵。多数主元音对 u，卜僕穆镞速祝屋对 uk 或 uḥ。少数主元音对 o，縠斛对 oḥ，閦对 obh，目对 uk、okh。

16.2　钟韵系。奉对 aṃ，供对 uṃ。

烛韵。玉对 uḥ，欲对 uh、us、odh，足浴对 uṣ，浴是小注的反切下字。

（二）韵母对音的讨论

这一节分介音、韵尾、元音三部分。

1. 介音

1.1　用梵汉对音可以研究介音

音韵学管汉语音节当中主元音前头的 i、u 什么的叫介音，比如坚［tɕian］的 i 叫 i 介音，官［kuan］的 u 叫 u 介音。假定要求严一点儿，这两种介音由于前头有摩擦，应该写成半元音［j］和［w］。

梵文音节当中有带 y 和带 v 的，比如 tya 和 sva，这地方的 y 是半元音［j］，v 是半元音［w］，它们跟汉语 i、u 介音的情况类似。这对研究汉语介音算得上“弥足珍贵”了。

一般是根据现代方言做历史比较，推断古代母语的介音情况。现在咱们用古代人做的对音，直接看汉语的介音，不是更直观吗？

1.2　不空对音体系的一个特点

空公细密的描写咒语语音，有时拿两个汉字对译一个梵文音节。比如：

	tad yathā	svāha
义净	怛姪他	莎诃
不空	怛你也他引	娑嚩二合引贺

净公用姪字对 dyath，空公用你字对 d，也字对 ya，他字对 tha；净公用莎字对 sva，空公用娑对 s，嚩对 va，“二合”表示娑、嚩合拼一个音节，“引”表示元音 a 是长音。把读成一个音节的梵音拆开了对音，以求对译精密，是不空对译体系的一个特点。

空公的对音对保存梵文正确念法儿，对教佛教徒准确发音肯定有好处，可是给今天观察汉语的介音带来麻烦。就拿上头举的例子看，净公对音字姪，徒结切，定纽，屑韵，对 dyath，一看就知道跟迭字同音的姪当年有 y 介音，同样，莎字苏禾切，心纽，戈韵，对 svā，一看就有 v［w］介音。空公把有 y、v 介音的一部分音节拆零散了，咱们就失去了一批宝贵的资料。

不过，空公的对音多少也保留了一些类似姪对 dyath、莎对 svā 的材料，可以利用，同时还可以用音理分析证明 i、u 介音存在。

1.3　前颚 i 介音

有一批字证明 i 介音存在。例如：

骠 bhyo	瓢 bhyo	眇 byo	窒丁结反 tyat
便 bhyan	略 lyah	殿 dhyan	钿 dhyan
暹 syām	者 cya	奢 śya	捨 śya
扇 śya（t）	扰 jyo	写 sya	泻 sya

另外，还有译名的葉 śyap，摄 śyap 。有这些字能够确证长安音有 i 介音。

也有三等字对不带 -y- 的音节，大致是以下四种情况：

（1）如君 kun、坚 kan、欠 khan、伽 gha、虞 gu 等。属于牙音三等字。牙音三等既对带 y 的，也对不带 y 的，如迦 ka、kya。这是唐代或者稍早的梵语把古印欧语 k 组的发音部位前移，往 c 组靠近，发音过程滋生近似 i 的过渡性介音，如信范《悉昙秘传记》𑖎字注 ka、kya 两读①。

（2）如者 ca、车 cha、树 ju、舍 śa、娘 ña 等，属于舌面音。不空一系读 c 组音如舌叶［tʃ］组音，或许发音产生过渡性 i 介音，造成 ca、

① 信范：《悉昙秘传记》，《大正藏》第 84 册，No. 2708，第 643 页中栏。

cya 音近，都能对汉语者字。

（3）如梵 vam、废 ve、微 vi、罚 vas 等，属于唇音字。当时长安音轻重唇音已分化，i 介音在轻唇音后消失了 。

（4）如必 pit、致 ṭi、频 bhin、朕 dhim 等，以 i 为主元音的［ji］跟［i］音近。

对音有个消息非常有趣儿，四等字对出来 i 介音。窒丁结反，结在四等屑韵，钿、殿在四等先、霰韵，它告诉咱们：长安音四等也有 i 介音。

1.4 合口 u 介音

有些对音能表明 u 介音存在。例如：

埵 tva	堕 dva	幢ḍhva	索 sva
莎 svā	锁 sva	篅人 jval	

看到这里，免不了会想，汉字那么多，合口字也不少，为什么显示 u 介音的对音少得可怜？这可以从两个方面解释。

一方面，咒语里带 v“介音”的不同音节本来出现的数量就不多。不空对音体系的特点又减少了一批带 v“介音”的音节。

另一方面，还可以从汉语方面做如下的解释：

用阴声韵做个典型分析。

阴声果假止蟹遇流效六摄当中，流效两摄没有合口。

遇摄在韵图上有合口，可有一宗，8 世纪长安音这一摄主元音是 u，这个主元音前头很难再容纳一个 u 介音。遇摄没有对带 v“介音”的音节是合情合理的。

假摄合口字瓜［kua］、誇［k‘ua］、花［xua］、髽［tʂua］等没有对音，也许跟咒语的音节没有这几种组合有关系。

果摄合口舌齿音字埵堕锁莎已经对了 v“介音”音节。

其余果止蟹三摄合口对音字全都是唇音字。果摄对音字是帮纽波播，滂纽颇破，並纽婆皤，明纽麽摩磨魔，微纽嚩等。止摄对音字是微纽微尾未三个字。蟹摄对音字是帮纽杯，並纽倍佩，帮並两读的背，明纽每昧，非纽废，奉纽吠等。

唇音合口字对不带 v“介音”的梵文音节也好理解。唇音发音的延缓过程，跟元音拼合能产生过渡性 u 介音，也能吞没 u 介音。等韵家说唇音开合不定，原因可能就在这儿。唇音字可以看成有 u 介音，$m = m^W$，$p = p^W$。

印欧语有唇音吞没 u 介音的例子。比如数数儿的五，拉丁文是 quinque，梵文是 pañca，拉丁文的词形更古老，梵文的舌面音 c 应当是拉丁语舌根圆唇音 q［k^W］颚化变来的。它的演变过程应该是：

印欧母语 > 拉丁语 quinque > 梵文 pañca。其中，拉丁的 quin > 梵文 pañ 应该是 q［k^W］> p，p 吞没了后头的 u，它后头的 i 音后移、低化变成 a，puin > pan。

唇音吞没 u 介音，日译汉音里有相当有意思的例证。比如：

果摄：	果	クヮ	［kwa］	火	クヮ	［kwa］	波	ハ	［ɸa］
假摄：	花	クヮ	［kwa］	寡	クヮ	［kwa］			
止摄：	随	スヰ	［swi］	泪	ルヰ	［rwi］	微	ビ	［bi］
蟹摄：	夬	クヮィ	［kwai］	灰	クヮィ	［kwai］	废	ハィ	［ɸai］

波微废等读唇音声母的字，它的 u 介音也被吸收了。这跟梵汉对音完全一致。

2. 韵尾

2.1 阳声韵尾

2.1.1 看鼻音尾对音资料该注意的问题

看对音资料确定汉字的鼻音尾，有时候得用“连声法”。比如，yama 对成琰摩，m 音既当下字摩的声母，又当上字琰的韵尾，才能正确地反映琰念 yam。

还有一个问题必须注意。梵文抄本咒语当中有很多鼻化音ṃ（anusvāra），梵文的规矩是ṃ 受后随辅音逆同化而变读，在 p 类音前头发成 m，t 类音前头念 n，k 类音前头读ṅ。由表面纷纭的材料我们发现了如下条理：

（1）yaṃmaya 对焰摩野，焰该念 yam；naṃca 对难佐，难该念 nan；maṃgala 对瞢誐罗，瞢该着念 maṅ。梵本的ṃ 大多数遵循 sandhi 原则变读。

（2）顿字（魂韵上声）收 -n，对 tuṃbe 的 tum；逊字（魂韵上声）对 suṃbha 的 sum；殿字（先韵去声）对 bodhyaṃgaratnalam 的 dhyaṅ。这是闭口九韵里端母、心母字没有以 u 为主元音的，阳韵开口字没有定母字，只好到臻山摄借字。这一类是音近替代。

（3）《佛母大金曜孔雀明王经》[①] 上卷有几处拿寒韵单字对 tan 又对 tam，韵尾紊乱。但是开头的 śataṃ paśyatu 的 tam 对覃韵耽字，śataṃ sidhyantu 的 tan 对单字，一丝不紊。显然，混乱的责任在抄手。

2.1.2 统计说明 -m、-n、-ṅ三种鼻音尾都还保存着，可是也有混淆。

深摄砧朕吽訡淫临噝禁都对 -m 尾。

咸摄躭耽贪昙南砧簪参啉腩昝嘇糁唵輡感暗闇撼唅三噏膽揽囕淡滥喃鸽钐暹阎盐髯检渐陕琰染苫焰炎俨剑欠淦鑁犯梵唹等 50 个字对 -m。其中，躭啉腩唅擔喃噏鸽衫炎鑁 11 个字偶尔对过 -n 类尾，憾擔梵偶尔对过 -ṅ尾。

58 个收 -m 尾的字都对 -m 尾，中规中矩，说明这种韵尾确实存在。13 个收 -m 尾的字对过 -n 或者 -ṅ尾，即便这里有一部分抄刊之误或者梵本不同的应该扫除，也不能忽视 - m 尾字混入其他韵尾的情况。

臻摄频亲瞋邻因寅牝泯紧振震印诜谨君军吻奔喷门温门顿钝嫩 25 个字对 -n 类尾，纫对 -ṅ尾，逊对 -m 尾，奔顿偶尔也对过 -m 尾。

山摄单难干珊安阑囒兰罕散懒嬾旦赞讚盘曼满伴半泮畔漫赧产铲绽挽建健万乾骞延连謇巘善缮演便彦喭战扇膳遍殿钿嚩燕 52 个字对 -n 类尾，其中删对 -ṅ尾，难殿偶尔对过 -ṅ 尾，单满偶然对过 -m 尾。

臻山摄 77 个字都对 -n 尾，说明 -n 尾确实存在。对音韵尾完全出类的只有纫逊删 3 个字，假定再考虑到抄刊和梵本方面的问题，这点儿例外就更不能证明 -n 尾有什么变化了。

宕摄郎啷葬罔錭弶创向商穰耷 11 个字对 -ṅ 尾，膀芒莽荡曩穰 6 个字对 -n 类尾，莽曩孃娘穰仰 6 个字对成没有鼻音尾的阴声韵字。

梗摄盲竞二字对 -n 尾。儜征正盈贞整冥铭茗寧顊甯定 13 个字对成

---

① 《日本新修大正藏》第 19 册，第 415—459 页。

阴声韵。

曾摄徵陵崚胜滕孕冰登蹬能僧朋僧稜楞邓 16 个字对 - ṅ尾，其中孕能邓偶尔对 - n 类尾。

通摄瞢矒懵懞对 - ṅ 尾，弓对 - m 尾，奉供对 - ṃ。

曾、通摄似乎还保存着 - ṅ尾。

2. 1. 3　宕梗两摄韵尾有消变

宕摄有一种特别的现象，明泥娘日疑等五母的字对音在少数情况下还保存鼻韵尾（穰 jaṅ、莽 maṅ、芒 maṅ），多数失落鼻韵尾（莽忙 ma、囊曩 na、娘穰 ña. 仰 ña），后者复现率极高。参照其他声母字对音有鼻韵尾来分析，唐阳韵不像完全丢了鼻尾，拿不稳定的鼻摩擦音［ɣ̃］描写它们的韵尾合适，比如郎念［laɣ̃］。

梗摄青清韵韵尾的消变更厉害，一是咒语对音里（包括作反切小注）一律没有鼻音尾，二是不限于鼻声母字。青韵（包括上去声）有宁冥铭频茗蜜定径等字，清韵（包括上去声）有贞征盈整正等字，它们的元音对成 e 或者 i，跟齐韵字对音一致。比如 me 对铭、迷，ne 对尼经反、尼奚反，正是阴阳对转里的“青（清）齐对转”现象。清青韵韵尾变化有两种可能：一、参考日本译音，比如“清算”念せんちぃ，跟宕摄对称，可以拿鼻化的［ĩ］描写韵尾，铭字念［mjeĩ］；二、ṅ尾完全消失，元音鼻化为［iẽ］。后者能反映清青韵对音韵尾消失比唐阳韵更彻底的情况，可是目前找不到其他旁证，显着有点儿冒险。清青韵韵尾不规则造成框架里的空格儿，这个方言在历时音变当中由于连锁反应受其他方言影响，清青韵有了 - ṅ尾，填补了这个空格。今天的西安市话没有“青齐对转”音。

2. 1. 4　汉藏对音和敦煌曲子词能佐证

汉藏对音材料记录唐五代西北方音宕梗两摄韵尾有消变[①]，敦煌别字异文反映清青韵和齐韵混淆，敦煌曲子词里读清如妻[②]，跟我们的材料一致。《唐五代西北方音》里《千字文》的汉藏对音，- ṅ尾的保存和消失

① 罗常培：《唐五代西北方音》，科学出版社 1961 年版，第 38—42 页。

② 王重民辑：《敦煌曲子词集》的“梼练子”丙卷本，商务印书馆 1956 年版。

情况是：[1]

（1）唐阳两韵系，除去康糠帐三个字，其余的字都没有-ṅ尾，主要元音都变成o；

（2）青韵系字　-ṅ尾完全消失；

（3）庚清两韵系，除去更孟惊明楹四个字，其余的字-ṅ 尾消失；

（4）东冬锺江登蒸六韵系都保存着-ṅ 尾。

汉藏对音的现象跟梵汉对音的很接近，不同的是梵汉对音宕摄主元音没o，梗摄庚韵系出现的两个对音字盲、竞都对出了-ṅ 尾。

敦煌曲子词也能反映唐五代西北方音。它的用韵有-m、-n 尾混淆的。[2] 比如有一首《失调名》：

> 蝉嫔〔鬓〕因何乱，金钗为甚分，红泣垂泪忆何君？分明殿前实说，莫沉吟。

分、君该收-n，吟该收-m。也有-n、-ṅ混淆的，比如《内家娇》：

> 半含娇态，逶迤换步出闺门。搔头重慵慊不插，只把同心千遍撚弄，来往中庭。应是降王母仙宫，凡间略现容真。

门真该收-n 尾，弄宫该收-ṅ尾。

它也有反映消失鼻韵尾的，比如《定风波》：

> 堪羡昔时军伍，谩夸儒士德能康。四塞忽闻狼烟起，问儒士，谁人敢去定风波。

康该收-ṅ尾，可是跟阴声韵波字相叶。再比如《捣练子》乙卷本有

---

① 罗常培：《唐五代西北方音》，科学出版社1961年版，第38页。

② 王重民辑：《敦煌曲子词集》（修订本），商务印书馆1956年版。《失调名》见第63—64页，《内家娇》见第79—80页，《定风波》见第49—50页，《捣练子》见第59—60页。

“词（辞）父娘了进清房”一句，丙卷本把“妻房”写成“清房”，“清”字失落－ṅ尾读如“妻”字。

罗常培罗先生根据汉藏对音推测，唐阳清青等韵的韵尾弱化直到9世纪才出现，我们可以证明长安音里这种音变提早了一个世纪。

2.2 入声韵尾

2.2.1 看入声韵尾对音材料该注意的问题

入声韵尾对音有一种复杂现象应该注意。对音字该收t尾的，也有收d、r、l、s、ṣ、c的。例如，渴khar、吉khil、悉sid、羯kas等。对音字该收k尾的，也有收kh、g、gh、h的。例如，式śikh、託thag、鹿rugh、斫cah、玉guh等。对音字该收p尾的，也有收b、bh、v的。例如，飒sap、sav 臘lab、rabh等。它们所对塞音尾五花八门，可是有一个共同点：属于同发音部位的塞音、塞擦音和擦音。

汉语入声尾没有那么花哨，对梵文音节，韵尾能够部位相当也就可以了。不这样“一以当十”则别无他法。这不影响对音准确性，入声尾所对梵文辅音常常还有另外的汉字描写。例如，密窣底二合对misti靠连声法得“密”字对mis，同时窣字对s，底字对ti。梵文每个字母读音都能得到记录。

2.2.2 －p、－t、－k三种塞音尾都还保存着，可是也有混淆

对音能分清塞音尾－p、－t、－k三类。例如，迦葉kaśyapa的葉收p，药乞洒二合的药收k，鸡伐楞kevaṭa的伐收ṭ。

跟鼻音尾一样大齐小不齐，多数对音准确，说明入声韵尾三类还存在；少数入声字尾混乱，说明塞音尾也有消变。

臻山摄入声该收t，例外有萨（曷）sap、嗢（没）ubh、设（薛）śak、苾（质）bhik、窣（没）suv、竭（月）khag、吻尾一反vi。

江宕梗曾通诸摄入声该收k，例外有足（烛）juṣ、閦（屋）kṣobh、濯（觉）dhoc、索（铎）sat、欲（烛）yus。

深咸摄入声该收p，例外有摄（葉）śad、嗫（葉）daṣ、噏（缉）chit。

不空的反切小注也有入声尾混乱的。《大孔雀明王经》里嚩字对入声三次加注“无博反”，博字铎韵该收k，但是在vastarake里，嚩无博反对vas，是舌头s尾。

2.2.3　唐诗押韵有入声混乱的证据

白居易的古调《和寄乐天》用韵就有 t、k 尾混淆[①]：

贤愚类相交，人情之大率。
然自古今来，几人号胶漆。
近闻屈指数，元某与白乙。
旁爱及弟兄，中懽比家室。
松筠与金石，未足喻坚密。
在车如轮辕，在身如肘腋。
又如风云会，天使相召匹。
……

率漆乙室密匹等字该收 -t 尾，腋字属昔韵，该收 -k 尾。白公可不是不懂诗韵，这一首是古体，他八成急于写出和元微之的诗，一不在意，实际语音就流露了。

2.2.4　入声塞音尾混乱的原因，是不是塞音尾弱化，[ʔ] 尾出现的结果？

白涤洲研究关中入声变读的过程，调查关中地区近邻陕北方音，得出结论：关中入声由 -p、-t、-k 三尾逐渐变成 [ʔ] 尾，[ʔ] 尾不稳定，逐渐消失，遂无入声读法。大概随着 -p、-t、-k 三尾弱化，[ʔ] 尾产生，塞音尾的混乱就产生了，-ʔ 在 -p、-t、-k 里串。

塞音尾 -p、-t、-k 和 -ʔ 并存的局面，闽南话就有。闽南白话里绝大多数 -p、-t、-k 尾变成 ʔ 尾，少数入声字保存了 -p、-t、-k 尾。例如：[②]

	鸭	合	闸	割	葛	辣	落	昨
书音	ap	ap	ap	at	at	at	ɔk	ɔk
话音	aʔ	aʔ	aʔ	uaʔ	uaʔ	uaʔ	ɔʔ	ɔʔ

① 《全唐诗》，中华书局 1960 年版，第 445 卷第 4985 页。

② 袁家骅等：《汉语方言概要》，文字改革出版社 1983 年版，第 251—252 页。

	索	别	揭	结	读	木	角
书音	ɔk	at	at	at	ak	ak	ak
话音	ɔʔ	at	at	at	ak	ak	ak

也许 8 世纪长安音就是 -p、-t、-k 和 -ʔ 并存的格局。

3. 元音

3.1 总体的讨论

3.1.1 一、二等元音

梵文 a 复现率高，容易磨损①，实际音读应该是［ɐ］［ə］等；ā 保持十足的［a］音。

普通拟一等韵主元音是［ɑ］，对音可以佐证。《孔雀明王经》上卷咒语对音，有 30 个汉字对 ā，一等歌韵系字占了 17 个，假咸山宕四摄 12 个，其他两个是在歌麻两韵重出的枷迦。歌韵系字多用来对 ā。

普通拟二等韵主元音为［a］合适，对音有证据。麻韵有二等、三等。二等字一般对 a，如麻 ma，沙 sa；三等字一般对 ya，也对 a，如者 cya、ca。它比歌韵主元音显得窄。

3.1.2 一、二等重韵

一等重韵之间，二等重韵之间对音没有分别。例如：

一等	咍：爱 ai、e	覃：暗 ām	
	泰：带 tai、te	谈：檐 tām	
二等	皆：杀 ṣai	咸：鸽 ṭam	删：删 ṣan
	佳：晒 ṣai	衔：衫 ṣan	山：绽 ṭan

同等重韵之间找不着开口大小或者音量长短的区别。一等韵咍泰是［ɑi］，二等韵皆佳也是［ai］，恐怕是音近替代造成一等跟二等对音混同。类似的混乱在藏汉对音里也有。

---

① 据 Whitney《梵文语法》第 75 节统计，占全部语音出现次数的 19.78%，复现率最高。

不空的弟子慧琳作的音是同等重韵合流，咱们暂且依从。①

3.1.3　三、四等合流，重纽

纯四等韵跟相配的三等韵对音无别，例如：

噎（霁）i、e	曳（祭）yi、ye
殿（先）dhyan	扇（仙）śyam
宁（青）ne	贞（清）－e
淰（添）dyām	暹（盐）syam

慧琳音也是三、四等合流，严盐和添韵合，元仙和先韵合。合流的原因是四等受三等类化产生 i 介音。

对音有重纽对立现象，脂真韵系有典型的例子：

三等	器 kṣi	乙 ṛ（i）
四等	弃 khi	壹 it

我们发现重纽受三、四等韵简并的影响逐渐取消对立，消除对立的过程可能是重纽三等由于介音变化成为普通三等韵。

3.2　分摄讨论

3.2.1　止蟹摄

分析对音材料应当注意以下两点：（1）元音变换，古印欧母语的 ai 在梵文的不同轻重音节里有元音替换，梵文学者反过来讲：i 在弱音节是 i，在重音音节（guṇa）是 e，到强重音音节（vṛddhi）是 ai。（2）字形混淆。悉昙字 ti 写，te 写，tai 写，因为形近，i、e 易混，e、ai 易混，抄手难免偶误。佛教徒讲悉昙学有 i、e 通用的话②。

止摄。支脂之微四个韵系对完整音节的一共 75 个字，韵母都对 i 音；其中 11 个字对过 e。对 e 可以作如下两种解释：（1）微尾味脾箄咩 6 个

① 黄淬伯：《一切经音义反切考韵表》，1930 年第 2 卷第 2 期，第 229—250 页。

② 安然：《悉昙十二例》："诸梵语中伊翳通用"，伊对 i，翳对 e，《大正藏》第 84 册，第 465 页 b18。

唇声母字，可能因为唇辅音跟 i 拼合的时候含着过渡的［e］或［ə］音，听着像［ei］或者［əi］；（2）驰梨伊腻这 4 个字可以用刚才说过的两种理由解释。

蟹摄。咍灰泰等韵系对 ai，祭废韵和齐韵系对 e，简并成两类，跟慧琳音吻合。夬韵字未见，慧琳音夬入皆佳类。祭废齐读音应当比二等皆佳［ai］窄。

3.2.2 遇流效摄

梵文的另一种元音替换是弱音节的 u 到重音音节是 o，到强重音音节是 au。由字形说，to 写𑖝𑖺，tau 写𑖝𑖼，o 和 au 形近易混。

遇摄。模韵韵母应当是 u，先看不空、慧琳给梵文字母注的音：

u	空公：坞	琳公：坞乌古反，或作邬，亦通
ū	空公：污引	琳公：污坞固反，引声，不开牙
o	空公：污	琳公：污袄固反，大开牙，引声

他们拿模韵字对 u。模韵对 ū 的时候，要求“不开牙”正是保持 u 音本色。模韵对 o 就强调“大开牙”，是模韵不念 o。显然是当时长安音没有单用 o 作韵母的阴声韵，只好拿模韵替代。恐怕这是咒语对音里模虞韵对 u、ū 又对 o 音的一个重要原因。鱼韵字读音跟模虞韵不同，先看给字母注的音：

ṛ	空公：哩	唱	琳公：乙上声，微弹舌
ṝ	空公：哩引	唱引去	琳公：乙……去声引

他们读 ṛ 为 ri，哩和乙主元音正是 i；吕是鱼韵上声字，主元音应当音色近 i。白居易诗有类似的例子，《和自劝二首・其二》水起子女纸史止死押韵，鱼韵女字混入主元音是 i 的止摄①。咒语对音出现两个鱼韵字：唱对 ṛ，与对 yu。事非偶然，汉藏对音也是鱼韵一部分混同止摄，一部分

① 《白居易集》，中华书局 1979 年版，第 486 页。

对 u 元音[①]。鱼韵主元音拟成［ʉ］既能解释吕［ljʉ］对 ṛ、女［ṇḍjʉ］混同止摄音，也能解释与［jʉ］对 yu 。

流摄。唐朝以前尤韵字注 u 音，到唐朝改模韵字，因为流摄复音化。侯韵韵母日译汉音念 ou，汉藏对音是 eu，可以确证。梵文没有复元音 ou 或者 eu，侯尤韵系韵母一般对 u，也对 o。幽韵字不见对音，慧琳音合并尤幽。侯拟成［əu］，尤幽拟成［jəu］，可以解释日、藏两种材料。

效摄。空公和琳公都拿豪韵去声奥字注 au，咒语对音豪韵字一般对 au；唇音字对音没出现 vṛddhi，对 o 。宵韵字对音有 i 介音，比如骠 bhyo。肴萧韵系不见对音字，慧琳音合并宵萧，豪拟为［ɑu］，肴拟为［au］，宵萧为［jæu］。

3.2.3　深臻摄

深摄侵韵系对音一分为二：淫朕噤对 -im，禁吽对 -um。俞敏师证明后汉时代闭口韵就有 u 当主元音[②]。看起来由后汉到盛唐，侵韵有合口呼。瑞典汉学家高本汉（B. Karlgren）说，-m 尾的异化作用不容 u 当主元音[③]，对音材料恰好有反证。

臻摄。真臻欣韵系对音 -in，如因 in、诜 ṣin、谨 kin。谆韵系对 -u-，如舜śud，也对 -i-，如律 lih。真韵（臻欣）跟谆韵一开一合；《切韵》真谆不分，视谆为真的合口。文韵主元音对 u，如君 kun，也对过 a，如刎 van。慧琳音谆和文不合并。真（臻欣）拟成［jin］，谆文是［jun］。魂韵系字大多数对音以 u 为主元音，如温 un；个别的主元音对成 o；如骨 kor；个别还对成 a，如门对 man。汉藏对音魂韵主元音也对成 u、o。痕韵对音字少，那俩字儿还是光对声母，没法儿考察。我们拟魂为［uən］，痕可以推断成［ən］。

3.2.4　江宕曾通摄

江摄。江韵系对音字只有四个，藏汉对音江韵系只出现三个字，字不多可对音情况很有意思：

---

① 罗常培：《唐五代西北方音》，科学出版社 1961 年版，第 43 页。

② 俞敏：《中国语文学论文选》，日本光生馆 1984 年版，第 298 页。

③ 高本汉：《中国音韵学研究》，商务印书馆 1940 年版，第 484 页。

	舌音字	唇音字	喉音字	牙音字
梵汉对音	幢ḍhva	貌 myak		
	浊濯ḍhoc			
藏汉对音	幢 jwaṅ		降 heṅ	绛 gaṅ

舌音知组字韵母对合口呼或者圆唇元音，唇牙喉的帮组见组和匣组字对开口呼。江韵系对音分裂出开合两类。如此看来，《韵镜》江韵标“开合”，《切韵指南》说江韵“见帮晓喻属开，知照来日属合”，可能有方言根据。慧琳音江韵独立，白居易诗江韵和宕通摄都有通押，江韵可以拟成［ʌŋ］［uʌŋ］。

宕摄。唐韵系主元音对 a，阳韵系对音有 i 介音。

曾摄。登韵系对 a，如僧 san。蒸韵系对音字多对 i 音，例如冰 piṅ、力 lik；也对 a，如滕 yaṅ。登韵拟［əŋ］，蒸韵为［jəŋ］。

通摄。东韵系主元音一般对 u：弓 kuṃ、目 muk；也对 o：目 mokh。钟韵系对 u：供 kuṃ、玉 guh。冬韵系只见着一个仆字，对 bhuh 。慧琳音东冬钟唇音字混切，证明主元音一致。东一和冬韵拟成［uŋ］，东三和钟为［juŋ］。

4.8 世纪西北方音、长安方音对照表

罗常培先生在《唐五代西北方音》里头拟测了 8 世纪西北方音的韵母读音，咱们拟测了 8 世纪长安音韵母读音，下边儿把这两种资料列成一个表，作为韵母部分的小结。介音简化成 i 和 u，它们并不是意味着没有摩擦和音长很长。各韵举平以赅上去。

摄	韵目	罗常培拟测的 8 世纪西北音	本节拟测的 8 世纪长安音
果	歌	ɑ	ɑ
	戈	uɑ	uɑ
假	麻	a ia wa	a ia ua

续表

摄	韵目	罗常培拟测的8世纪西北音	本节拟测的8世纪长安音
止	之 支 脂 微	i i ui	i ui
蟹	咍 灰 泰	ɑi uɑi	ɑi uɑi
	皆二 佳二 夬二	ai wai	ai uai
	废三 祭三	yæi iæi yæi	iei iuei
	齐四	iei yei	
遇	模	o	u iu
	虞	y	
	鱼	ɨ、ʉ	iʉ
流	侯 尤	əu iəu	ou iou
效	豪	ɑu	ɑu
	肴	au	au
	宵	iæu	iæu
	萧	ieu	
深	侵缉	iəm iəb	im ip um

续表

摄	韵目	罗常培拟测的 8 世纪西北音	本节拟测的 8 世纪长安音
咸	覃合 谈盍	ɑm ɑb	ɑm ɑp
	咸洽 衔狎 凡乏	am ab	am ap
	盐葉 严业	iæm iæb	iæm iæp
	添帖	iem ieb	
臻	痕	ən	ən ət uən uət
	魂没	on od	
	真质 欣迄	iən iəd	in it iuin iuit
	谆术 文物	yn yd	
山	寒曷 桓末	ɑn ɑd uɑn uɑd	ɑn ɑt uɑn uɑt
	删黠 山鎋	an ad wan wad	an at uan uat
	元月 仙薛	iæn iæd æn æd	iæn iæt iuæn iuæt
	先屑	ien ied yen yed	
江	江觉	ɑŋ ɑg wɑŋ wɑg	ʌŋ ʌk uʌŋ uʌk
宕	唐铎	ɑŋ ɑg wɑŋ wɑg	ɑɣ̃ uɑk uɑɣ̃ uɑk
	阳药	iaŋ iag waŋ yag	iaɣ̃ iak iuaɣ̃ iuak

续表

<table>
<tr><th>摄</th><th>韵目</th><th>罗常培拟测的 8 世纪西北音</th><th>本节拟测的 8 世纪长安音</th></tr>
<tr><td rowspan="3">梗</td><td>庚陌
耕麦</td><td>æŋ　æg
wæŋ　wæg</td><td>æŋ　iæŋ　æk　iæk
uæŋ　iuæŋ　uæk　iuæk</td></tr>
<tr><td>清昔</td><td>iæŋ　iæg
yæŋ　—</td><td rowspan="2">ieĩ　iek
iueĩ　iuek</td></tr>
<tr><td>青锡</td><td>ieŋ　ieg
yeŋ　—</td></tr>
<tr><td>曾</td><td>登德

蒸职</td><td>əŋ　əg
wəŋ　wəg
iəŋ　iəg</td><td>əŋ　iəŋ　ək　iək
uəŋ　uək</td></tr>
<tr><td rowspan="2">通</td><td>东一屋一
冬　沃</td><td>oŋ　og</td><td rowspan="2">uŋ　iuŋ
uk　iuk</td></tr>
<tr><td>东三屋三
鍾</td><td>uŋ　ug</td></tr>
</table>

四　声调的梵汉对音研究

（一）用梵汉对音可以研究汉语声调

梵文单词的重音，据欧洲比较语言学的研究，是个乐调重音。它在重音上用高调的时候，应当也有力度地加强。正像现在的印欧语言净是力度重音，念单词主要靠使劲儿增大音强，同时也能伴生着提高音高，并不那么单纯。

中古汉语的声调变化，一般认为是靠音高的升降形成。当年经师对音，利用汉语声调跟梵文重音的共同点——音高变化。回过头来，今天正好能打梵文重音推导那时候汉语的声调。

这一部分材料，重音照着 Sanskrit - English dictionary 标，在梵英字典里，有好些个咒语的单词查不着，再加上词典里的词有一批没点重音，三抛两抛，大量的卡片用不上了，眼下只有五十来条例证，好在统计不过是表明大势，也就可以了。

古文献当中能拿来研究声调的资料少极了，到目前，中古音声调的研究相当薄弱，原因就在这儿。梵汉对音资料可以研究声调，真是难能可贵。

（二）声调的讨论

1. 四声的音高

梵文重音的音高比轻音的高，汉语一般应该拿四声里的高调去对。对音有时候得照顾到声母、韵母系统，对重音也有比较灵活的情况。

跟义净译音对照，不空译《孔雀明王经》咒语梵文轻重音的汉字声调系统也有很规律的改动。例如：

1	ásura	（净）阿苏罗	平
		（空）阿上苏罗	改为上
2	úpakāla	（净）邬波哥罗	平
		（空）坞破迦引	改为上
3	nāgá	（净）那伽	平
		（空）曩誐	沿用平
4	námo	（净）南谟	平
		（空）曩谟	改为上
5	dharanánda	（净）达喇难陀	平
		（空）驮啰难上拏	改为上
6	agní	（净）恶祁尼	平
		（空）阿儗額二合	改为上
7	mayū́rye	（净）摩瑜利裔	平
		（空）麽庾引哩二合曳	改为上
8	svā́hā	（净）莎诃	平
		（空）娑嚩二合引贺引	改为上
9	yakṣá	（净）药叉	平
		（空）药乞洒二合	改为上
10	maṇí	（净）摩尼	平
		（空）摩抳	改为上
11	prajā́pati	（净）钵喇阇钵底	平
		（空）钵啰二合惹跛底	改为上
12	kumbhā́ṇḍa	（净）俱槃荼	平
		（空）禁伴引拏	改为上

续表

13	sóma	（净）苏摩	平
		（空）素谟	改为去
14	índra	（净）因达罗	平
		（空）印捺罗二合	改为去
15	kéśa	（净）鸡舍	平
		（空）计烁	改为去
16	dīrghá	（净）地伽	平
		（空）你你逸反伽去	改为去
17	séna	（净）西那	平
		（空）细曩	改为去
18	sū́rya	（净）苏利耶	平
		（空）素利野	改为去
19	mahā́	（净）莫诃	平
		（空）摩贺	改为去
20	bhā́radvāja	（净）颇罗堕社	平
		（空）婆引罗纳嚩二合惹	平、去？
21	udyogá（pa）	（净）嗢独伽	平
		（空）嗢你庾二合业	改为入
22	rā́jña	（净）啰慎若	平
		（空）啰引枳娘二合	沿用
23	bráhma	（净）跋啰蚶摩	平
		（空）没啰二合撼麽二合	沿用
24	yámāya	（净）琰摩也	上
		（空）琰麽鼻引野	沿用
25	gurú	（净）寠鲁	上
		（空）麌噜	上
26	vāyú	（净）婆庾	上
		（空）嚩引庾	沿用
27	prabhú	（净）钵喇部	上
		（空）钵啰二合僕	改为入
28	bhū́ma	（净）部摩	上
		（空）步莫	改为去

续表

29	bhadré	（净）跋侄囇	去
		（空）跋捺㘑二合	去
30	ṛ́ṣi	（净）颉利师	去
		（空）乙哩二合史	改为入
31	amṛ́ta	（净）阿蜜哩須	入
		（空）阿蜜哩二合多	入
32	gárbhe	（净）揭鞞	入
		（空）蘗陛	入
33	dhármāya	（净）达摩也	入
		（空）达么野	沿用
34	śákti	（净）铄底	入
		（空）烁底	入
35	sárva	（净）萨婆	入
		（空）萨嚩	沿用
36	pháli	（净）发里	入
		（空）颇里	改为上
37	cára	（净）折啰	入
		（空）者啰	改为上
38	tad yátha	（净）怛侄他	入
		（空）怛你也二合他	改为上
39	nára	（净）捺啰	入
		（空）曩啰	改为上
40	páśu	（净）钵戍	入
		（空）跛输	改为上
41	khadirá（k－）	（净）渴地洛	入
		（空）佉上你啰	改为上
42	váruṇa	（净）伐噜拿	入
		（空）嚩噜拿	改为上
43	múkha	（净）目可	入
		（空）母契	改为上
44	búddhāya	（净）佛陀也	入
		（空）没驮也，母驮也	用入，或改为上

续表

45	khára	（净）佉$_{入}$啰$_{上}$ （空）佉$_{上}$啰	入 改为上
46	hári	（净）噶里	入
		（空）贺哩	改为去
47	dhárani	（净）达喇你	入
		（空）驮$_{引}$啰柅	改为去

1—21 例词的重音位置上，净公放了平声字，空公都改用了别的声调。1—12 例改用上声字，或者用平声字加注“上”，其中“嚩”字不空照着“无可反”念音（《文殊问经字母品》，《大正藏》第 14 册，第 509—510 页）；13—19 例改用去声字，或者用平声字加注“去”，第 20 例“婆”字对 bhā，空公也许照着去声读（《文殊问经字母品》）；第 21 例改对入声字。

22、23 两例空公沿用净公的啰字对重音，也许是这个常用对音字有习用的高调，也许是对音找不到其他更合适的字。

24—28 例词的重音位置上，净公用了上声字，24—26 例空公也和上声，用字几乎照搬，第 27 例改成入声，28 例改成去声。

29—30 例词的重音位置上，净公用的去声字，空公第 29 例照用去声，30 例改对入声字。

31—47 例词的重音位置上，净公用的都是入声字。空公在 31—35 例也用入声字；36—45 例改用上声，其中“颇”字也念上声（参见慧琳《一切经音义》“大般涅槃经音义”第八卷）；46 和 47 例改对去声，“驮”字有平去两读，对 dha 念去声（《文殊问经字母品》）。

重音上的四声分布：义净平声 23，上声 5，去声 2，入声 17；不空平声 2，上声 25，去声 12，入声 8。统计大势表明：义净音平声最高，入声次高，去声最低；不空上声最高，去声次高，平声最低。平声音高的地位，在这两种方言里恰好倒过来。

2. 四声的音长

梵文学者说 a、i、u、ṛ、ḷ 有长短音对立，e、ai、o、au 都是长音。对比义净和不空给梵文元音对音的汉字，分析四声的分布情况，能够窥测它们的相对音长。

	a	ā	i	ī	u	ū	ṛ
义净	恶	痾	益	伊	屋	乌	颉里
不空	阿上	阿引去	伊上	伊引去	坞	污引	唱

	ṝ	ḷ	ḹ	e	ai	o	au
义净	蹊梨	里	离	医	蔼	污	奥
不空	唱引去	力	嚧引	曀	爱	污	奥

短元音对音，义净用入声（恶益屋）、上声（里），不空用上声（阿上伊上）、入声（力）。

长元音对音，义净用平声（痾伊乌梨离医）、去声（蔼奥），不空用去声（阿去伊去唱去嚧引曀爱奥）。其中污字有平去两读，看对音规律，好像义净用平声，不空用去声，无论他们用哪个声调都不影响咱们的结论。

看长短元音上四声分布情况，统计的趋势是：净、空二公的上声、入声短，平声、去声长。不空似乎是去声最长，平声次长，上声较短，入声最短；义净是平声、去声长，上声较短，入声最短。推断入声最短的根据是现代汉语方言。

3. 四声的调型

印度梵文学院有一派单念字母的时候，短元音用高平调，长元音用降调。

空公的四声，可能去声是高降调，上声是高平（或高升）调，入声跟去声调型相近，是中降调，平声大概是低平（或低降）调。

净公的四声，可能平声是高降调，上声是高平（或高升）调，入声是中降调，去声是低平调。

某些段咒语用 svāhā 作结句，念诵到最后一个音节，音调降下来是很自然的。义净对娑诃，不空对娑嚩二合贺，诃是平声，贺是去声，跟我们刚才说的义净的平声、不空的去声是降调相映成趣。

（三）日本原传汉音的声调，长安音声调图

1. 日本原传汉音的声调

日本净严《南天竺音》说："我日本国元传吴、汉二音。初金礼信来留对马国，传于吴音……名曰对马音。次表信公来筑博多，传于汉音，是曰唐音。"①

安然《悉昙藏》卷五说："表则平声直低，有轻有重，上声直昂，有轻无重，去声稍引，无轻无重，入声径止，无内无外。平中怒声与重无别，上中重音与去不分。"表是表信公，这段话描写了日译汉音的声调。据考，安然的《悉昙藏》作于日本元庆四年（880），时当9世纪，他说的读音应该是唐朝9世纪以前的语言事实，跟我们要考察的8世纪时代接近；日译汉音一般认为是由长安一带的语言传入日本的，跟我们要考察的长安音一致。

先廓清《悉昙藏》的相关概念。"轻"和"重"由行文看像是指声母的清和浊，"平声……有轻有重"是分阴平和阳平，"上中重音与去不分"是浊上变去。"怒"声之"怒"，周祖谟先生认为指浊声母，似乎有理，可是有了"重"表示浊声母，为什么又用"怒"，岂不叠床架屋？这个问题还需要研究。②

表信公所传汉音声调，平声低，跟空公对音相同；汉音上声"昂"，照空公对音情况解释，应当指的是高，跟低相对立。

汉音去声"稍引"，"引"字当时在对音中指的是长音，照这种用法推论，"稍引"就是"稍长"；入声"径止"，许是跟"去声稍引"对立，指的是入声音长比较短。

假如咱们的解释不错，那就是日译汉音平声低，上声高，去声长，入声短，跟8世纪长安音的特点一致。

2. 长安音声调图

画图之前，先做点儿说明。头一个，表信公说的"平声直低"，"上声直昂"，这里头的"直"可以有两种理解，第一种理解成"直的"，

---

① 净严：《悉昙三密钞》，《大正藏》第84册，第731页。

② 周祖谟：《关于唐代方言中四声读法的一些资料》，《问学集》，中华书局1981年版，第496页。

平声是低平，上声是高平，咱们在图里画成实线；第二种理解成“一直”，平声是低降，上声是高升，在图里用虚线表示。二一个，入声的调型最难推测，《切韵序》说“秦陇则去声为入”，假定陆法言说的是秦陇方言的去声和他心目中的标准音入声差不多，咱们就没地方考证秦陇的入声调型了，假如说的是秦陇方言内部去声跟入声调型差不多，咱们就能推测长安音入声也是降调。说实在的，对入声调型的推测最没有把握。

以下是 8 世纪长安音声调图。

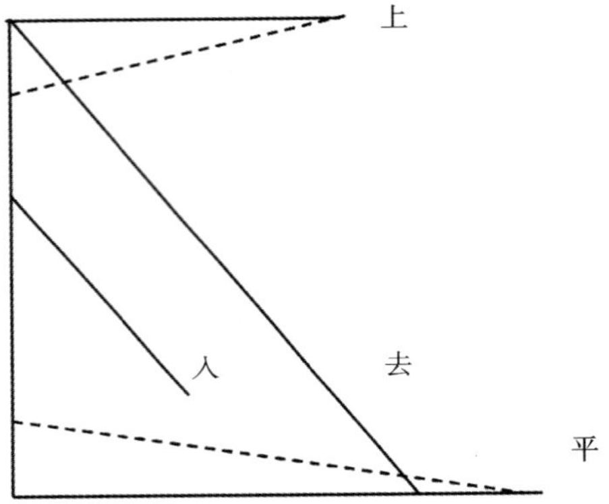

附录一　不空梵汉对音字谱（声母部分）

每个汉字后面写上音韵地位和所对的梵音，汉字按声母排列，各声母按七音顺序排列。

声	字	音韵地位	梵　音
唇音			
帮组			
帮纽	箄	（府移切，帮，支）	pe
	篦	（边兮切，帮，齐）	pe
	奔	（博昆切，帮，魂）	pan pam puṇ

	喷（博昆切，帮，魂）	puṅ
	般（北潘切，帮，桓）	p –
	褒（博毛切，帮，豪）	po
	波（博采切，帮，戈）	pā　pa　p –
	膀（北郎切，帮，荡）	pan
	膀（集韵音，逋旁切，帮，唐）	pān
	冰毕孕反（帮，证）	piṅ
	比（卑履切，帮，旨）	pi　pī
	跛（布火切，帮，果）	pā　po　pa　p –
	布（博故切，帮，暮）	pū
	闭（博计切，帮，霁）	pe
	背（补妹切，帮，队）	pai
	半（薄幔切，帮，换）	pan　pañ
	遍（方见切，帮，霰）	pen
	报（博耗切，帮，号）	po
	播（补过切，帮，过）	pā　pa
	毕（卑吉切，帮，质）	piś　p –
	必（卑吉切，帮，质）	pit　pil
	钵（北末切，帮，末）	pad　par　pat　p –
	博（补各切，帮，铎）	pak
	补（博古切，帮，姥）	pu　pū　po　p –
	杯（布回切，帮，灰）	pay
滂纽	普（滂古切，滂，姥）	phu　pho
	怖（普故切，滂，暮）	phu　pho
	泮（普半切，滂，换）	pha(ṭ)　phaṇ
	破（普过切，滂，过）	phā　pha
	僻（芳辟切，滂，昔）	phiḥ
	颇（滂禾切，滂，戈）	pha
並纽	脾（符支切，並，支）	phi　phe
	毗（房脂切，並，脂）	bhy　bhi　bī
	频（符真切，並，真）	bhin　bin

	盘（薄官切，並，桓）	bhaṇ
	瓢（符霄切，並，宵）	bhyo　bhyaḥ
	婆（薄波切，並，戈）	bha　bhā　b－
	皤（薄波切，並，戈）	bha　va（?）
	朋（步崩切，並，登）	bhuṅ
	比（毗至切，並，至；又卑履切，帮，止）	bh－
	部（裴古切，並，姥）	bhu　bhū　bho　bhuḥ
	陛（傍礼切，並，荠）	bhe
	牝（毗忍切，並，轸）	bhin
	伴（蒲旱切，並，缓）	bhan
	避（毗义切，並，寘）	bhi
	鼻（毗至切，並，至）	bhi　bi
	步（薄故切，並，暮）	bhū　bhu
	弊（毗祭切，並，祭）	bhy
	佩（蒲昧切，並，队）	bai
	偝（蒲昧切，並，队）	bhai
	畔（薄半切，並，换）	bhan　baṇ　ban
	便（婢面切，並，线）	bhyan　bhen　bh－
	骠（毗召切，並，笑；又卑笑切，帮，笑）	bhyo
	苾（毗必切，並，质）	bi
	仆（蒲木切，並，屋）	bhuḥ
	渤（蒲没切，並，没）	bh－
	跋（蒲拨切，並，末）	bhad　par
	擗（房益切，並，昔）	bhik
	鞞（蒲迷切，並，齐）	bhe
	陛（龙龛手镜：毗米反，並，荠）	bhe
	菩（薄胡切，並，模）	bhu　be
	勃（蒲没切，並，没）	bhur　bud　bh－
明纽	弥（武移切，明，支）	mi　bbi

蒙（莫红切，明，东）	mo（ṅ?）
懞（莫红切，明，东）	mam
迷（莫兮切，明，齐）	me　be　mbe
谜（绵批切，明，齐）	me　mbe
门（莫奔切，明，魂）	man　maṇ
曼（母官切，明，桓）	man　maṇ　mañ
毛（莫袍切，明，豪）	bo
髦（莫袍切，明，豪）	bo
摩（莫婆切，明，戈）	ma
磨（莫婆切，明，戈）	mā
魔（莫婆切，明，戈）	ma
麻（莫霞切，明，麻）	ma　mā
芒（莫郎切，明，唐）	man
忙（莫郎切，明，唐）	ma（t）
铭（莫经切，明，青）	me　mī
冥（莫经切，明，青）	me　mi
牟（莫浮切，明，尤）	mu
谋（莫浮切，明，尤）	bu
弭（绵婢切，明，纸）	mi　bi
咩（迷尔切，明，纸）	mi　me
每（武罪切，明，贿）	mai
泯（武尽切，明，轸）	min
满（莫旱切，明，缓）	man　ban
麽（亡果切，明，果）	mā ma ba
莽（模郎切，明，莽）	ma　man　mān
母（莫厚切，明，厚）	mu　bu
亩（莫厚切，明，厚）	mu　mu　bu
暮（莫故切，明，暮）	mo
慕（莫故切，明，暮）	mu　mo
闷（莫困切，明，慁）	muṇ muñ
漫（莫半切，明，换）	man

	冒（莫报切，明，号）	bo
	目（莫六切，明，屋）	mukh mokh muk
	穆（莫六切，明，屋）	mukh muḥ
	蜜（弥毕切，明，质）	mit
	没（莫勃切，明，没）	bud budh b- mur
	靺（莫拨切，明，末）	bar
	末（末拨切，明，末）	math madh maj bal
	沫（末拨切，明，末）	mar
	蔑（莫结切，明，屑）	m –
	莫（慕各切，明，铎）	maḥ baḥ ma
	瞢（武登切，明，登）	maṅ
	瞢（莫红切，明，东；又武登切，明，登）	moṅ
	懵（集韵音，弥登切，明，登）	maṅ
	儚（集韵音，弥登切，明，登）	maṅ
	昧（莫佩切，明，队）	mai may
	錊牟感反（明，感）	maṃ
	眇（亡沼切，明，小）	byo

非组

非纽	废（方废切，非，废）	ve
	发（方伐切，非，月）	phat phar phaṭ
奉纽	奉（扶陇切，奉，肿）	van
	吠（符废切，奉，废）	ve vai
	梵（扶泛切，奉，梵）	vam vaṃ（k）
	佛（符弗切，奉，物）	b –
	筏（房越切，奉，月）	vat
	罚（房越切，奉，月）	vas vaj
	缚（符卧切，奉，过）	va
微纽	微（无非切，微，微）	vi vy
	尾（无匪切，微，尾）	vai vi ve vy bhy
	舞（文甫切，微，麌）	vo

	刎（武粉切，微，吻）	vaṃ
	吻尾一反（微，质）	vi
	挽（无远切，微，阮）	van　vam
	嚩（无可切，微，哿）	vā　va
	罔（文两切，微，养）	vāṅ
	网（文两切，微，养）	van
	鋄（龙龛手镜：亡敢反，咒中字。微，敢）	van vaṅ

舌音

端组

端纽	都（当孤切，端，模）	tu
	低（都奚切，端，齐）	te
	羝（都奚切，端，齐）	ti
	单（都寒切，端，寒）	tan　taṃ
	多（得何切，端，歌）	ta　t－
	登（都滕切，端，登）	taṅ
	蹬（都滕切，端，登）	taṅ
	耽（丁含切，端，覃）	taṃ
	躭（丁含切，端，覃）	tāṃ　taṃ
	堵（当古切，端，姥）	tu
	带（当盖切，端，泰）	tai　te
	旦（得按切，端，翰）	tan
	咄（当没切，端，没）	tur
	窒丁结反（端，屑）	tyad
	德（多则切，端，德）	tak　t－　tok
	底丁以反（端，止）	ti
	覩（当古切，端，姥）	tu　to
	亸（丁可切，端，哿）	tā
	哆（丁可切，端，哿）	ta　tā
	埵（丁果切，端，果）	tva　t－
	胆（都敢切，端，敢）	tam

	妬（当故切，端，暮）	to
	帝（都计切，端，霁）	te dhe
	谛（都计切，端，霁）	te tye
	跢（丁佐切，端，箇；又当何切，端，歌）	tā ta
	顿（都困切，端，慁）	tuṇ tuṃ
	擔（都滥切，端，阚）	tan tañ taṅ
	怛（当割切，端，曷）	tad tas t－
	得（多则切，端，德）	tak t－
	答（都合切，端，合）	tap tabh
	党（多郎切，端，荡）	taṅ
透纽	他（讬何切，透，歌）	tha
	詑（土禾切，透，歌）	tha
	佗（讬何切，透，歌）	thā
	贪（他含切，透，覃）	tham
	土（他鲁切，透，姥）	thu
	体听以反（透，止）	thi
	菟（汤故切，透，暮）	tho
	剃（他计切，透，霁）	the
	闼（他达切，透，曷）	thar
	剔（他历切，透，锡）	thik
	吐（汤故切，透，暮）	thū
定纽	提（杜奚切，定，齐）	dhe dhi
	弹（徒案切，定，寒）	dhan
	驮（徒何切，定，歌；又唐佐切，定，箇）	dha dhā
	陀（徒河切，定，歌）	dha dh－
	昙（徒含切，定，覃）	dham
	弟（徒礼切，定，荠）	dhe
	殿（堂练切，定，霰；又都甸切，端，霰）	dhyan dhyaṅ

	豟亭夜反（定，祃）	dhya
	邓（徒亘切，定，嶝）	dhaṅ dhan
	淡（徒滥切，定，阚）	dham
	柁（徒可切，定，哿）	d－
	堕（徒果切，定，果）	dhvā　dva
	荡（徒郎切，定，莽）	dhañ
	地（徒四切，定，至）	dhi　dhih
	度（徒故切，定，暮）	dhu　dhū
	第（特计切，定，霁）	dhe　dhi
	递（特计切，定，霁）	dhe
	睇（特计切，定，霁）	dhe　the
	钝（徒困切，定，慁）	dhun
	钿（堂练切，定，霰）	dhyan　dhyaṃ
	定（徒径切，定，径）	dho（e?）
	特（徒得切，定，德）	dh－ dud
	蹋（徒盍切，定，盍）	d－
	姪（徒结切，定，屑；又直一切，澄，质）	d－
	谈（徒甘切，定，谈）	dham
	大（徒盖切，定，泰）	dhay
	豆（徒侯切，定，候）	du
	踏（集韵音，达合切，定，合）	dabh
	朕地婬反（定，侵）	dhim
泥纽	泥（奴低切，泥，齐）	de　di　nai
	囊（奴当切，泥，唐）	na
	寗（奴丁切，泥，青；又乃定切，泥，径）	ne　de
	能（奴登切，泥，登）	naṅ daṅ daṇ
	甯（乃定切，泥，径）	ne
	聹（奴丁切，泥，青）	ni

南（那含切，泥，覃）	nam　nañ
弩（奴古切，泥，姥）	nu　no
努（奴古切，泥，姥）	du　do　no
祢（奴礼切，泥，荠）	ni　ne　de
迺（奴亥切，泥，海）	na（ne?）
难（那干切，泥，寒；又奴案切，泥，翰）	nan　dan　naṇ daṇ　daṅ
耨（奴豆切，泥，候）	nu　du　duḥ
捺（奴曷切，泥，曷）	nar　dar　d－
捏（奴结切，泥，屑）	nir
溺（奴历切，泥，锡）	dīḥ
你（乃里切，泥，止）	ni　di　dy　d－
乃（奴亥切，泥，海）	nai　day　de　d－
吻（奴亥切，泥，海）	day　deh
娜（奴可切，泥，哿）	dā　da　na　d－
曩（奴郎切，泥，莽）	na　nan
顊（乃挺切，泥，迥）	ni　ne　nai
腩（奴感切，泥，感）	ṇam　dan　dām
妳（集韵音，乃礼切，泥，荠；女蟹切，娘，蟹）	de
捻你琰反（泥，琰）	dyām
淰（乃玷切，泥，忝）	dyām
怒（乃故切，泥，暮）	do
奈（奴带切，泥，泰）	dai　nay
嫩（奴困切，泥，慁）	dun
那（奴箇切，泥，箇）	na　dā　da
纳（奴答切，泥，合）	ḍap　d－　nap　nut（?）
涅宁逸反（泥，质）	nir
诺（奴各切，泥，铎）	naḥ　ṇaḥ　daḥ
讷（内骨切，泥，没）	nut　dur　d－

	赧（奴版切，泥，潸）	ḍan ṇan

知组

知组	知（陟离切，知，支）	ṭi　ṭī
	觮（卓皆切，知，皆）	ṭe　ṭai　ṭre
	咤（陟加切，知，麻）	ṭa　ṭha
	徵知以反（知，止）	ṭi
	磾（適簪反，知，覃；“適”字《集韵》亭历切）	dham
	砧（知林切，知，侵）	ṭum
	鴿（竹咸切，知，咸）	ṭañ
	智（知义切，知，寘）	ṭi　ti
	致（陟利切，知，至）	ṭi　ti
	掇（陟利切，知，至）	ti
	置（陟吏切，知，志）	ṭi
	吒（陟驾切，知，祃）	ṭa *
	胝（张尼切，知，脂）	ṭi　ti
	擿（集韵音，陟革切，知，麦）	ṭek
	跓胝鲁反（知，麌）	ṭu
彻组	癡（丑之切，彻，之）	ṭhi
	耻（敕里切，彻，止）	ṭhi
	恥（敕里切，彻，止）	ṭhi
	貙敕数反（彻，遇）	ṭhu
	奼（丑下切，彻，马）	ṭha
	姹（集韵音，丑下切，彻，马）	ṭha
	侘（敕加切，彻，麻）	ṭha
澄组	幢（宅江切，澄，江）	dhva
	驰（直离切，澄，支）	ḍī　ḍe
	住（持遇切，澄，遇）	ḍho
	绽（丈苋切，澄，裥）	ṭaṃ
	浊（直角切，澄，觉）	ḍho
	濯（直角切，澄，觉）	ḍhoc

	茶（宅加切，澄，麻）	ḍha ḍa
娘纽	尼（集韵音，女尼切，娘，脂；乃礼切，泥，荠）	ṇi nī
	拏（女加切，娘，麻）	ña ṇa ḍa
	娘（女良切，娘，阳）	ña ṇa jña ṇya
	儜（女耕切，娘，耕）	ṇe ni ḍe
	喃（女咸切，娘，咸）	ṇam ṇām nān
	抳（女氏切，娘，纸）	ṇi
	尼征反（娘，清）	ṇi
	尼正反（娘，清）	ṇi
	尼盈反（娘，清）	ṇi
	尼贞反（娘，清）	ṇi
	昵（尼质切，娘，质）	ni
	腻（女利切，娘，至）	ṇi ni ḍi ḍey
	聂（尼辄切，娘，葉）	ḍap

牙音

见纽	弓（居戎切，见，东）	kum
	稽（古奚切，见，齐）	kre
	鸡（古奚切，见，齐）	ke
	君（举云切，见，文）	kun kuṇ kuñ
	乾（古寒切，见，寒）	kan
	坚（古贤切，见，先）	kan
	肩（古贤切，见，先）	kan
	高（古劳切，见，豪）	kau
	憍（举乔切，见，萧）	kau ko gao
	骄（举乔切，见，萧）	gau
	哥（古俄切，见，歌）	ka
	迦（古牙切，见，麻）	ka kā
	鸠（居求切，见，尤）	ku
	钩（古侯切，见，侯）	ku

	枳（居纸切，见，纸；又诸氏切，章，纸）	ki　ky　ki　ji
	矩（俱雨切，见，麌）	ku　kū
	紧（居忍切，见，轸）	kin
	谨（居隐切，见，隐）	kin
	謇（九輦切，见，狝）	kan　kaṇ
	矫（居夭切，见，小）	kau　gau
	检（居奄切，见，琰）	kam
	供（居用切，见，用）	kum
	句（九遇切，见，遇）	ko　ku
	计（古诣切，见，霁）	ke
	髻（古诣切，见，霁）	ke
	罽（居例切，见，祭）	kai　ke
	建（居万切，见，愿）	kan　kaṇ
	禁（居荫切，见，沁）	kum
	剑（居欠切，见，酽）	kam
	吉（居质切，见，质）	kil
	讫（居乞切，见，迄）	k –
	揭（居竭切，见，月）	kaṭ
	羯（居竭切，见，月）	kat　kas　kar
	骨（古忽切，见，没）	kor
	葛（古达切，见，曷）	hat（?）
	戛（古黠切，见，黠）	ger
	脚（居勺切，见，药）	kāk　kaḥ
	劫（居怯切，见，业）	kap kar
	俱（举朱切，见，虞）	ku ko
溪纽	嵠（苦奚切，溪，齐）	khe
	溪（苦奚切，溪，齐）	kha（?）
	骞（去乾切，溪，仙）	khan　khaṇ
	佉（丘伽切，溪，戈）	kha　kh –　gha
	企（丘弭切，溪，纸）	khi　khy

	龋（驱禹切，溪，麌）	khu
	器（去冀切，溪，至）	kṣi
	弃（诘利切，溪，至）	khi
	契（苦计切，溪，霁）	khe kh -
	欠（去剑切，溪，酽）	kham
	屈（区勿切，溪，物）	k（ṣ）
	乞（去讫切，溪，迄）	k -
	揭（丘竭切，溪，薛；又丘谒切，溪，月）	khar
	矻（苦骨切，溪，没）	g -
	渴（苦曷切，溪，曷）	khar
	吃（苦击切，溪，锡）	kṣ - g -
群纽	祇（巨支切，群，支）	ghi gi g -
	歧（渠羁切，群，支）	gi
	瞿（其俱切，群，虞）	gu
	乔（巨娇切，群，宵）	go gau
	娇（巨娇切，群，宵）	ge（go?）
	茄（求迦切，群，戈）	gha
	伽（求迦切，群，戈）	ghā gha ga
	殑（其孕切，群，证）	gaṅ
	近（其谨切，群，隐）	gh（n）
	窭（其矩切，群，麌）	gu
	觐（渠遴切，群，震）	gh（n）
	乾（渠焉切，群，仙）	gan
	健（渠见切，群，愿）	ghaṇ
	竭（其谒切，群，月）	khag
	竞（渠敬切，群，映）	kaṅ
	祁（渠脂切，群，脂）	g -
	具（其遇切，群，遇）	gho ghu gu
	弶（其亮切，群，漾）	gaṅ
疑纽	愚（遇俱切，疑，虞）	gu

虞（遇俱切，疑，虞）	gu
噳（遇俱切，疑，虞）	gu
隅（遇俱切，疑，虞）	gu
猊（五稽切，疑，齐）	ge
倪（五稽切，疑，齐）	gi
霓（五稽切，疑，齐）	ge
哦（五何切，疑，歌）	g－
誐（五何切，疑，歌）	ga
儗（鱼纪切，疑，止）	gi
拟（鱼纪切，疑，止）	gī
语（鱼巨切，疑，语）	ga（?）
麌（虞矩切，疑，麌）	gu　ghu
巘（鱼蹇切，疑，狝）	gan
俨（鱼埯切，疑，俨）	gam
诣（五计切，疑，霁）	g－
艺（鱼祭切，疑，祭）	ge
彦（鱼变切，疑，线）	gan
喭（鱼变切，疑，线）	gan
玉（鱼欲切，疑，烛）	guh
仡（鱼乞切，疑，迄）	gh－　g－
屹（鱼迄切，疑，迄）	g－
疙（鱼迄切，疑，迄）	g－
蘖（鱼列切，疑，薛）	gat　gar
孽（鱼列切，疑，薛）	gat　gar　g－
业（鱼怯切，疑，业）	gap
嶷（鱼记反，疑，志）	gi
虐（鱼约切，疑，药）	gaḥ
哏（语巾切，疑，真）	g（n）

齿音

精组

精组　呰（将此切，精，纸）	ci

	祖（则古切，精，姥）	ju　cu
	咀（则古切，精，姥）	ju
	济（子计切，精，霁）	je　ce
	左（臧可切，精，哿）	ca
	昝（子感切，精，感）	jam
	積（资昔切，精，昔）	j（r）
	霁（子计切，精，霁）	ce
	际（子例切，精，祭）	ce
	赞（则旰切，精，翰）	caṇ
	佐（则箇切，精，箇）	ca
	葬（则浪切，精，宕）	caṅ
	鏃（作木切，精，屋）	ca
	足诹浴反（精，烛）	cuk
	拶（姊末切，精，末）	juṣ
	作（则落切，精，铎）	cat
	唧（资悉切，精，质）	cit　ciṭ
	窣子律反（精，术）	cyut
清纽	亲（七人切，清，真）	chin
	粗（仓胡切，清，姥）	jo（?）
	磋（七何切，清，歌）	cha *
	蹉（七何切，清，歌）	chā　cha
	泚（千礼切，清，荠）	che
	砌（七计切，清，霁）	che
	擦（七曷切，清，曷）	tsa
	縒（仓各切，清，铎）	cha（p）
	缉（七入切，清，缉；又即入切，精，缉）	ki（?）
	雌（此移切，清，支）	tsī
从纽	呲（才支切，从，支）	ji
	酇（才何切，从，歌）	jha *
	荠（徂礼切，从，荠）	je

	渐（慈染切，从，琰）	jam
	嚼（自洛反，从，铎）	jah
心纽	速（桑谷切，心，屋）	suk
	悉（息七切，心，质）	sid　sidh
	萨（桑割切，心，曷）	sar　sat
	索（苏各切，心，铎）	saḥ　svah　sah　saṭ
	塞（苏则切，心，德）	s –
	飒（苏合切，心，合）	sap　samt
	斯（息移切，心，支）	si
	私（息夷切，心，脂）	si　ṣi
	思（息兹切，心，之）	si
	苏（素姑切，心，模）	su　sū
	辛（息邻切，心，真）	sin
	孙（思浑切，心，浑）	sun
	珊（苏干切，心，寒）	san　sañ
	先（苏前切，心，先）	sain
	娑（素何切，心，歌）	sā　sa　s –
	莎（苏禾切，心，戈）	svā　sva
	些（写邪切，心，麻）	sa
	僧思孕反（心，证）	siṅ
	参（苏甘切，心，谈）	sam
	三（苏甘切，心，谈）	sam
	暹（息廉切，心，盐）	syām
	徙（斯氏切，心，纸）	si
	枲（胥里切，心，止）	sī
	洗（先礼切，心，荠）	se
	散（苏旱切，心，旱）	san
	嫂（苏老切，心，皓）	sau
	扫（苏老切，心，皓）	sau
	燥（苏老切，心，皓）	sau
	锁（苏果切，心，果）	svā

	写（悉姐切，心，马）	sya
	糁（桑感切，心，感）	sam
	赐（斯义切，心，寘）	si
	素（桑故切，心，暮）	su
	细（苏计切，心，霁）	se sye
	赛（先代切，心，代）	sai
	信（息晋切，心，震）	sin
	逊（苏困切，心，慁）	sum
	泻（司夜切，心，祃）	syā
庄组		
初纽	刍（测隅切，初，虞）	kṣu
	叉（初牙切，初，麻）	kṣa
	创（初亮切，初，漾）	kṣāṅ
	閦（初六切，初，屋）	kṣobh
	察（初八切，初，黠）	kṣas
	刹（初辖切，初，鎋）	kṣa（n）
	铲（初限切，初，产）	kṣa（t）
生纽	产（所简切，生，产）	kṣa（t）
	师（疏夷切，生，脂）	ṣi ṣai（篩之误?）
	诜（所臻切，生，臻）	ṣin ṣi（c）
	删（所姦切，生，删）	ṣaṅ
	沙（所加切，生，麻）	ṣa sa
	裟（所加切，生，麻）	s－
	参（所今切，生，侵）	ṣam
	嗲（师咸切，生，咸）	ṣam
	衫（所衔切，生，衔）	ṣam ṣām ṣan ṣām
	使（踈士切，生，止）	ṣi
	史（踈士切，生，止）	ṣī
	数（色句切，生，遇）	ṣo ṣu
	洒（砂下切，生，马）	ṣa
	晒（所卖切，生，卦）	ṣai ṣe

杀（所界切，生，怪）　ṣai
钐（所鉴切，生，衔）　ṣām　ṣan
瑟（所栉切，生，栉）　ṣ（t）
色（所力切，生，职）　ṣik
涩（色立切，生，缉）　ṣ－

章组

章纽　支（章移切，章，支）　ci
遮（正奢切，章，麻）　ca　cā　cyā
枳（居纸切，见，纸；又诸氏切，章，纸）
ki　ky　kī　ji
旨（职雉切，章，旨）　ci　cī
止（诸市切，章，止）　ci
主（之庾切，章，麌）　co
准（之尹切，章，准）　cu
者（章也切，章，马）　ca　cyā
制（征例切，章，祭）　ce
震（章刃切，章，震）　can
振（章刃切，章，震）　cin
战（之膳切，章，线）　can　can
占（章艳切，章，艳）　cām
祝（之六切，章，屋）　cuk
质（之日切，章，质）　cit
折（常列切，禅，薛；又旨热切，章，薛）
car　cah

昌纽　瞋（昌真切，昌，真）　chin
车（尺遮切，昌，麻）　cha
掣（昌列切，昌，薛）　ch－
枢（昌朱切，昌，虞）　chu

船纽　秫诗聿反（书，术）　śud

书纽　摄（书涉切，书，葉）　śav　śyap
始（诗止切，书，止）　śi　śī

矢（式视切，书，旨）	śi
施（式支切，书，支）	śī śi
尸（式脂切，书，脂）	śī śi
输（式朱切，书，虞）	śu
赊（式车切，书，麻）	śa
奢（式车切，书，麻）	śa śya
商（式羊切，书，阳）	śaṅ
少（书沼切，书，小）	śau
舍（书冶切，书，马）	śa śra
捨（书冶切，书，马）	śa śya
饷（始两切，书，养）	śaṅ
闪（失冉切，书，琰）	śām
陕（失冉切，书，琰）	śam
试（式吏切，书，志）	śī śi
戍（伤迂切，书，遇）	śo śu
势（舒制切，书，祭）	śe śai
世（舒制切，书，祭）	śe śai
舜入（书，术）	śud
扇（式战切，书，线）	śya（t）śān
胜（诗证切，书，证）	śaṅ s－
苫（舒赡切，书，艳）	śām
失（式质切，书，质）	ś－
室（式质切，书，质）	ś－
设（识列切，书，薛）	śat śar śak（r）
铄（书药切，书，药）	śak
烁（书药切，书，药）	śak śvar
式（赏职切，书，职）	śikh
湿（失入切，书，缉）	śiv ś－
葉（与涉切，以，葉；又式涉切，书，葉）	yav śyap

	向识量反（书，漾）	śaṅ
禅纽	时（市之切，禅，之）	dh –
	殊祖鲁反（精，姥）	jo
	树（常句切，禅，遇）	ju
	誓（时制切，禅，祭）	je
	逝（时制切，禅，祭）	je
	膳（时战切，禅，线）	jen
	缮（时战切，禅，线）	jen　jan
	赡（时艳切，禅，艳）	jam
	善（常演切，禅，狝）	jan
	阇（视遮切，禅，麻）	ja

喉音

影纽	伊（於脂切，影，脂）	i　ī　e
	乌（哀都切，影，模）	u
	呜（哀都切，影，模）	u
	污（哀都切，影，模）	ū　u
	邬（哀都切，影，模）	ū
	翳（乌奚切，影，齐）	e　ai
	因（於真切，影，真）	in
	温（乌浑切，影，魂）	un
	安（乌寒切，影，寒）	añ
	阿（乌何切，影，歌）	ā　a
	婀（乌何切，影，歌）	ā　a
	盎（乌浪切，影，宕）	aṅ
	鸯（於良切，影，阳）	aṅ
	闇（乌绀切，影，勘）	am　ām
	壹（於悉切，影，质）	it　ir
	遏（乌葛切，影，曷）	ath
	恶（乌各切，影，铎）	ah
	益（伊昔切，影，昔）	ik

	乙嘌$_{二合}$	ṛ
	應（於证切，影，证）	yiṅ
	优（於求切，影，尤）	u
	菴（乌含切，影，覃）	ām
	塢（安古切，影，姥）	u
	唵（乌感切，影，感）	aṃ　oṃ
	翳（於计切，影，霁）	e　ī
	噎（乌结切，影，屑）	e
	爱（乌代切，影，代）	ai　aī
	印（於刃切，影，震）	in
	燕（於甸切，影，霰）	ain
	奥（乌到切，影，号）	au　āu
	暗（乌绀切，影，勘）	am *　ām
	屋（乌谷切，影，屋）	uk
	嗢（乌没切，影，没）	ud　ubh
	曀（於计切，影，霁）	e
	噁（《集韵》与恶同音）	aḥ
	婀（於何切，影，歌）	a
	頞（乌葛切，影，曷）	at　aṇ（ṭ）

喻纽

喻$_{三}$	炎（于廉切，云，盐；又馀念切，以，艳）	iṃ
喻$_{四}$	淫（余针切，以，侵）	yim
	盐（余廉切，以，盐）	yam
	阎（余廉切，以，盐）	yam
	耶（以遮切，以，麻）	ya　yā
	哪（龙龛手镜：以佐切，以，箇）	ya
	延（以然切，以，仙）	yaṇ
	寅（翼真切，以，真）	yan
	渝（羊朱切，以，虞）	yo

	与（以诸切，以，鱼）	yu
	琰（以冉切，以，琰）	yam
	野（羊者切，以，马）	ya
	也（羊者切，以，马）	ya
	演（以浅切，以，狝）	yam
	愈（以主切，以，麌）	yo
	庾（以主切，以，麌）	yo　yu　yū
	以（羊己切，以，止）	yi　i
	焰（以赡切，以，艳）	yam　yaṅ
	孕（以证切，以，证）	yan　yuṅ　in
	媵（以证切，以，证）	yaṅ
	夜（羊谢切，以，祃）	ya　yā
	曳（余制切，以，祭）	ye　yai　yī
	喻（羊戍切，以，遇）	yo　yu
	葉（与涉切，以，葉；又式涉切，书，葉）	yav　śyap
	翼（与职切，以，职）	yik
	药（以灼切，以，药）	yak　yaḥ
	拽（羊列切，以，薛）	yaṣ yes
	欲（余蜀切，以，烛）	yuḥ yus yedh（?）
	聿（余律切，以，术）	air（?）
晓纽	呵（虎何切，晓，歌；又许箇切，晓，箇）	hā　ha
	诃（虎何切，晓，歌）	hā　ha
	虎（呼古切，晓，姥）	hu
	醢（呼改切，晓，海）	he
	罕（呼旱切，晓，旱）	han
	呬（虚器切，晓，至）	hi　he　hy　hye
	汉（呼旰切，晓，翰）	ha（t）
	郝（呵各切，晓，铎）	haḥ
	壑（呵各切，晓，铎）	haḥ

	嗬（呼合切，晓，曷）	har
	欦（玉篇：呼今反，晓，侵）	huṃ
	吽（玉篇：呼今反，晓，侵）	huṃ
匣纽	奚（胡鸡切，匣，齐）	he
	傒（胡鸡切，匣，齐）	hye
	兮（胡鸡切，匣，齐）	he h
	庮（胡南切，匣，覃）	h -
	荷（胡歌切，匣，歌）	ha
	憾（胡绀切，匣，感）	h - haṅ
	户（侯古切，匣，姥）	hu
	护（胡误切，匣，暮）	hu ho
	系（胡计切，匣，霁）	he
	係（集韵音，胡计切，匣，霁）	he hye
	恨（胡艮切，匣，恨）	h（n）-
	贺（胡箇切，匣，箇）	hā ha
	斛（胡谷切，匣，屋）	hoḥ
	唅（胡绀切，匣，勘）	ham hañ
	鹄（胡沃切，匣，沃）	hoh
	纥（胡结切，匣，屑）	h -
	吃（胡结切，匣，屑）	h -
	曷（胡葛切，匣，曷）	hat has
	噸（胡结切，匣，屑）	h -
	缬（胡诘切，匣，屑）	h -
	鹤（下各切，匣，铎）	hah
	撼（胡绀切，匣，勘）	h - ham
	縠（胡谷切，匣，屋）	hoh

半舌音

来纽	离（吕支切，来，支）	li lī
	梨（力脂切，来，脂）	li
	犁（郎奚切，来，齐）	li
	兰（落干切，来，寒）	lan

连（力延切，来，仙）	rañ
逻（郎佐切，来，箇）	la
陵（力膺切，来，蒸）	lañ
稜（鲁登切，来，登）	lañ
啉（卢含切，来，覃）	ram　ran
里（良士切，来，止）	li
礼（卢启切，来，荠）	le re
攞（郎可切，来，哿）	lā　la　ra
揽（卢敢切，来，敢）	lam
嘀（吕支切，来，支）	ry
唎（力脂切，来，脂）	ri　re
黎（郎奚切，来，齐）	le
囒（落干切，来，寒）	lañ　lan
唠（郎刀切，来，豪）	rau
囉（郎佐切，来，箇）	la?　ra
唛（力膺切，来，锡）	raṅ
鹠（力求切，来，尤）	ro
哩（力忌切，来，志）	ri　rī　ṛ　ṝ
吼（卢启切，来，荠）	re
利（力至切，来，至）	li　ri
丽（郎计切，来，霁）	le
卢（落胡切，来，模）	lo　ro　ru
嚟（郎奚切，来，齐）	re
阑（落干切，来，寒）	ran
罗（鲁何切，来，歌）	lā　la　ra
郎（鲁当切，来，唐）	raṅ　laṅ
楞（鲁登切，来，登）	laṅ raṅ
嚂（鲁甘切，来，谈）	ran　ram
鲁（郎古切，来，姥）	lu　ru　ro
懒（落旱切，来，旱）	lan
览（卢敢切，来，敢）	lam

唎（力至切，来，至）	ri　rī
囇（郎计切，来，霁）	re
哰（落胡切，来，模）	ru　ro
邻（力珍切，来，真）	lin　liñ
噸（落干切，来，寒）	rān
啰（鲁何切，来，歌）	rā　ra　r－　la
啷（鲁当切，来，唐）	raṅ
唥（鲁登切，来，登）	lan
啉（力寻切，来，侵）	ṛm　laṃ
呂（力举切，来，语）	ṛ　l－
噜（郎古切，来，姥）	ru　rū　ro　lo
嬾（落旱切，来，旱）	lan　lañ
嚂（卢敢切，来，敢）	ram　lam　lañ
嚧（良据切，来，御）	ḷ
路（洛故切，来，暮）	lu　lo　ro　ru
隶（郎计切，来，霁）	re　le
嗹（郎甸切，来，霰）	len
鹿（卢谷切，来，屋）	rugh
栗（力质切，来，质）	ṛt
喇（郎达切，来，曷）	rath
洛（卢各切，来，铎）	lak　rak
落（卢各切，来，铎）	rak
勒（卢则切，来，德）	l－
噸（落盖切，来，泰）	rey
赖（落盖切，来，泰）	rai
理（良士切，来，止）	li
嚕（落故切，来，暮）	ra（?）　ro
隸（郎计切，来，霁）	re le
滥（卢瞰切，来，阚）	lam
律（吕邮切，来，术）	liḥ
嘌（力质切，来，质）	ro

	略（离灼切，来，药）	lyah
	咯（卢各切，来，铎）	rak
	力（林直切，来，职）	lik ṛk
	嘞（卢则切，来，德）	ra
	臘（卢盍切，来，盍）	lab labh r－

半齿音

日纽	日（人质切，日，质）	j－
	若（人赊切，日，麻）	ja
	穰（汝阳切，日，阳）	ja jaṅ ñan ña
	髯（汝盐切，日，盐）	jam
	染（而琰切，日，琰）	jam
	仍（而孕反，日，证）	jiṃ
	而（如之切，日，之）	jy
	耳（而止切，日，止）	ji
	入（人执切，日，缉）	j－
	惹（人者切，日，马）	jā ja j－ ṇya nya
	弱（而灼切，日，药）	jaḥ
	扰（而沼切，日，小）	jyo
	孺（而遇切，日，遇）	jo jyo
	乳（而主切，日，麌）	ju
	尔（儿氏切，日，纸）	ji jī ṇi
	嗫（而涉切，日，葉）	ḍap
	饵（仍吏切，日，志）	ji
	蛰而指反（日，旨）	di

附录二 不空梵汉对音字谱（韵母部分）

每个汉字后面写上音韵地位和所对的梵音，汉字分韵排列，各韵按摄集中，各摄顺序为果、假、止、蟹、遇、流、效、深、咸、臻、山、江、宕、梗、曾、通。

韵	字　音韵地位	梵　音
果摄		
歌	多（得何切，端，歌）	ta
	他（讬何切，透，歌）	tha
	詑（土禾切，透，歌）	tha
	佗（讬何切，透，歌）	thā
	陀（徒河切，定，歌）	dhā　dha　da　dh –
	誐（五何切，疑，歌）	ga
	蹉（七何切，清，歌）	chā　cha
	磋（七何切，清，歌）	cha *
	娑（素何切，心，歌）	sā　sa　s –
	阿（乌何切，影，歌）	ā　a
	婀（乌何切，影，歌）	a
	呵（虎何切，晓，歌；又许箇切，晓，箇）	hā　ha
	诃（虎何切，晓，歌）	hā　ha
	罗（鲁何切，来，歌）	lā　la
	啰（鲁何切，来，歌）	rā　ra
	哥（古俄切，见，歌）	ka
	驮（徒何切，定，歌；又唐佐切，定，箇）	dha　dhā
	鄼（才何切，从，歌）	jha *
	荷（胡歌切，匣，歌）	ha
	儺（诺何切，泥，歌）	da *
哿	哆（丁可切，端，哿）	ta　da
	亸（丁可切，端，哿）	tā
	娜（奴可切，泥，哿）	dā　da　na
	我（五可切，疑，哿）	ga
	左（臧可切，精，哿）	ca
	瑳（千可切，清，哿）	cha
	攞（郎可切，来，哿）	lā　la

嚩（无可切，微，哿） vā va

箇 跢（丁佐切，端，箇；又当何切，端，歌） tā ta

那（奴箇切，泥，箇；又诺何切，泥，歌） na dā da

佐（则箇切，精，箇） ca

贺（胡箇切，匣，箇） hā ha

逻（郎佐切，来，箇） la

囉（郎佐切，来，箇） rā

戈 波（博采切，帮，戈） pā pa

颇（滂禾切，滂，戈） pha

婆（薄波切，並，戈） bha bhā

皤（薄波切，並，戈） bha

魔（莫婆切，明，戈） ma

磨（莫婆切，明，戈） mā

摩（莫婆切，明，戈） ma

佉（丘伽切，溪，戈） kha kh -

伽（求迦切，群，戈） gha ga

莎（苏禾切，心，戈） svā sva

果 跛（布火切，帮，果） pā pa

麽（亡果切，明，果） mā ma ba

埵（丁果切，端，果） tva

堕（徒果切，定，果） dhvā dva

锁（苏果切，心，果） svā

过 播（补过切，帮，过） pā pa

破（普过切，滂，过） phā pha

缚（符卧切，奉，过） va

嚩（符卧切，奉，过） va

假摄

麻 麻（莫霞切，明，麻） ma mā

咤（陟加切，知，麻） ṭa

	侘（敕加切，彻，麻）	ṭha
	茶（宅加切，澄，麻）	ḍha ḍa
	拏（女加切，泥，麻）	ña ṇa ḍa
	挐（女加切，泥，麻）	ṇa
	叉（初牙切，初，麻）	kṣa
	沙（所加切，生，麻）	ṣa sa śa（译名中偶见）
	迦（古牙切，见，麻；又居伽切，见，戈）	ka kā
	遮（正奢切，章，麻）	ca cā cyā
	车（尺遮切，昌，麻）	cha
	奢（式车切，书，麻）	śa śya
	赊（式车切，书，麻）	śa
	阇（视遮切，禅，麻）	ja
	耶（以遮切，以，麻）	ya yā
	若（人赊切，日，麻）	ja
	些（写邪切，心，麻）	sa
马	惹（人者切，日，马）	jā ja
	写（悉姐切，心，马）	sya
	洒（砂下切，生，马）	ṣa
	者（章也切，章，马）	ca cyā
	舍（书冶切，书，马）	śa
	捨（书冶切，书，马）	śa śya
	也（羊者切，以，马）	ya
	野（羊者切，以，马）	ya
	奼（丑下切，彻，马）	ṭha
	略里也反（来，马）	lyā
祃	吒（陟驾切，知，祃）	ṭa t－
	泻（司夜切，心，祃）	syā
	夜（羊谢切，以，祃）	ya yā
	䩄亭夜反（定，祃）	dhya

止摄

支	箄（府移切，帮，支）	pe
	脾（符支切，並，支）	bhi
	弥（武移切，明，支）	mi　bi
	知（陟离切，知，支）	ṭi　ṭī
	驰（直离切，澄，支）	ḍī　ḍe
	歧（巨支切，群，支）	gi
	祇（巨支切，群，支）	ghi　gi　g－(?)
	斯（息移切，心，支）	si
	支（章移切，章，支）	ci
	施（式支切，书，支）	śi　śī
	离（吕支切，来，支）	li　lī
	囄（吕支切，来，支）	ri　ry
	雌（此移切，清，支）	tsī
	呲（才支切，从，支）	ji
纸	弭（绵婢切，明，纸）	mi　bi
	咩（迷尔切，明，纸）	mi　me
	企（丘弭切，溪，纸）	khi　khy
	呰（将此切，精，纸）	ci
	徙（斯氏切，心，纸）	si
	枳（居纸切，见，纸；又诸氏切，章，纸）	ki　ky　ki
	尔（儿氏切，日，纸）	ji　jī　ṇi
	抳（女氏切，娘，纸）	ṇi
寘	避（毗义切，並，寘）	bhi
	智（知义切，知，寘）	ṭi　ti
	積（子智切，精，寘）	j－
	赐（斯义切，心，寘）	si
脂	毗（房脂切，並，脂）	bhy　bhi　bī
	胝（张尼切，知，脂）	ṭi　ti
	墀（直尼切，澄，脂）	dhi
	尼（女夷切，娘，脂）	ṇi　nī

	柅（女夷切，娘，脂）	ṇi
	师（疏夷切，生，脂）	ṣi
	私（息夷切，心，脂）	si
	尸（式脂切，书，脂）	śi śī
	伊（於脂切，影，脂）	i ī
	梨（力脂切，来，脂）	li
	㘑（力脂切，来，脂）	ri re（?）
	夷（以脂切，以，脂）	e（?）
旨	比（卑履切，帮，旨）	pi pī
	抳（女夷切，娘，旨）	ṇi
	旨（职雉切，章，旨）	ci cī
	蛰而指反（日，旨）	di
	矢（式视切，书，旨）	śi
至	鼻（毗至切，並，至）	bhi bi
	致（陟利切，知，至）	ṭi ti(?)
	掓（陟利切，知，至）	ṭī ti（?）
	地（徒四切，定，至）	dhi
	腻（女利切，娘，至）	ṇi ḍi
	器（去冀切，溪，至）	kṣi
	弃（诘利切，溪，至）	khi
	呬（虚器切，晓，至）	hi he(?) hy
	利（力至切，来，至）	li
	唎（力至切，来，至）	ri rī
之	痴（丑之切，彻，之）	thi
	呲（墙之切，从，之）	ji
	而（如之切，日，之）	jy
	思（息兹切，心，之）	si
止	你（乃里切，泥，止）	ni di dy d－
	耻（敕里切，彻，止）	ṭi ṭhi
	儗（鱼纪切，疑，止）	gi
	拟（鱼纪切，疑，止）	gī

	枲（胥里切，心，止）	sī　si
	使（踈士切，生，止）	ṣi
	史（踈士切，生，止）	ṣī
	始（诗止切，书，止）	śi　śī
	止（诸市切，章，止）	ci
	以（羊己切，以，止）	yi　i
	里（良士切，来，止）	li
	理（良士切，来，止）	li
	耳（而止切，日，止）	ji
	体听以反（透，止）	thi
	底丁以反（端，止）	ti
	徵知以反（知，止）	ṭi
志	置（陟吏切，知，志）	ṭi
	试（式吏切，书，志）	śī　śi
	饵（仍吏切，日，志）	ji
	哩（力忌切，来，志）	ri　rī　ṛ　ṝ
微	微（无非切，微，微）	vi　vy
尾	尾（无匪切，微，尾）	vai　vi　ve　vy　bhy
未	味（无沸切，微，未）	vi　vī　ve

蟹摄

齐	箄（边兮切，帮，齐）	pe
	鞞（蒲迷切，並，齐）	bhe
	迷（莫兮切，明，齐）	me　be　mbe
	谜（绵批切，明，齐）	me　mhe
	低（都奚切，端，齐）	te
	提（杜奚切，定，齐）	dhe　dhi
	泥（奴低切，泥，齐）	de　di　nai
	鸡（古奚切，见，齐）	ke
	嵠（苦奚切，溪，齐）	khe
	溪（苦奚切，溪，齐）	khe
	猊（五稽切，疑，齐）	ge

	霓（五稽切，疑，齐）	ge
	蜺（五稽切，疑，齐）	ghe
	倪（五稽切，疑，齐）	gi
	奚（胡鸡切，匣，齐）	he
	傒（胡鸡切，匣，齐）	hye
	黎（郎奚切，来，齐）	le
	嚟（郎奚切，来，齐）	re
	犁（郎奚切，来，齐）	li
	瞖（乌奚切，影，齐）	e ai
	兮（胡鸡切，匣，齐）	he
荠	陛（傍礼切，並，荠）	bhe
	悌（徒礼切，定，荠）	te（？）
	弟（徒礼切，定，荠）	dhe
	祢（奴礼切，泥，荠）	ni ne de
	昵（集韵：乃礼切，泥，荠）	ni
	泚（千礼切，清，荠）	che
	洗（先礼切，心，荠）	se
	礼（卢启切，来，荠）	le
	唎（卢启切，来，荠）	re
	髀（龙龛手镜：毗米反，並，荠）	bhe
霁	闭（博计切，帮，霁）	pe
	睥（匹诣切，滂，霁）	phe
	帝（都计切，端，霁）	te dhe
	谛（都计切，端，霁）	te tye
	剃（他计切，透，霁）	the
	遞（特计切，定，霁）	dhe
	第（特计切，定，霁）	dhe dhi
	睇（特计切，定，霁）	dhe the
	髻（古诣切，见，霁）	ke
	计（古诣切，见，霁）	ke

	契（苦计切，溪，霁）	khe　kh－
	诣（五计切，疑，霁）	g－
	霁（子计切，精，霁）	ce
	济（子计切，精，霁）	je　ce
	砌（七计切，清，霁）	che
	细（苏计切，心，霁）	se　sye
	曀（於计切，影，霁）	e　ī
	翳（於计切，影，霁）	e　ī
	係（胡计切，匣，霁）	he　hye
	系（胡计切，匣，霁）	he
	隶（郎计切，来，霁）	le
	嚇（郎计切，来，霁）	re
	丽（郎计切，来，霁）	le
	曬（郎计切，来，霁）	re
佳	篩（山佳切，生，佳）	ṣai
蟹	妳（女蟹切，娘，蟹）	ḍe　ṇe
卦	晒（所卖切，生，卦）	ṣai　ṣe
皆	觫知皆反（知，皆）	ṭe　ṭre　ṭai
怪	杀（所拜切，生，怪）	ṣai
灰	杯（布回切，帮，灰）	pay
贿	每（武罪切，明，贿）	mai
队	背（补妹切，帮，队）	pai
	偝（蒲昧切，並，队）	bhai
	佩（蒲昧切，並，队）	bai
	昧（莫佩切，明，队）	mai　may
海	乃（奴亥切，泥，海）	nai　day　de
	醢（呼改切，晓，海）	he
代	赛（先代切，心，代）	sai
	爱（乌代切，影，代）	ai　aī
祭	弊（毗祭切，並，祭）	bhy
	蹶（居例切，见，祭）	kai　ke

	艺（鱼祭切，疑，祭）	ge	
	际（子例切，精，祭）	ce	
	制（征例切，章，祭）	ce	
	世（舒制切，书，祭）	śe	śai
	势（舒制切，书，祭）	śe	śai
	逝（时制切，禅，祭）	je	jay
	誓（时制切，禅，祭）	je	
	裔（余制切，以，祭）	ye	
	曳（余制切，以，祭）	ye	yai
	茾惹曳反（日，祭）	je	
	醯形曳反（匣，祭）	he	
泰	带（当盖切，端，泰）	tai	te
	奈（奴带切，泥，泰）	dai	nay
	嚇（落盖切，来，泰）	re	
	大（徒盖切，定，泰）	dhay	
废	废（方废切，非，废）	ve	
	吠（符废切，奉，废）	ve	vai

遇摄

鱼	與（以诸切，以，鱼）	yu	
语	吕（力举切，来，语）	ṛ	
御	嚧（良据切，来，御）	ḷ	
虞	俱（举朱切，见，虞）	ku	ko
	瞿（其俱切，群，虞）	go	
	虞（遇俱切，疑，虞）	gu	
	隅（遇俱切，疑，虞）	gu	
	愚（遇俱切，疑，虞）	gu	
	芻（测隅切，初，虞）	kṣu	
	枢（昌朱切，昌，虞）	chu	
	输（式朱切，书，虞）	śu	
	瑜（羊朱切，以，虞）	yo	yū
	渝（羊朱切，以，虞）	yo	

	儒（人朱切，日，虞）	jo
麌	舞（文甫切，微，麌）	vo
	矩（俱雨切，见，麌）	ku　kū
	齲（驱禹切，溪，麌）	khu
	麌（虞矩切，疑，麌）	gu　ghu
	主（之庾切，章，麌）	co
	愈（以主切，以，麌）	yo
	庾（以主切，以，麌）	yo　yu　yū
	乳（而主切，日，麌）	ju
	乳訾庾反（精，麌）	jyu
遇	务（亡迂切，微，遇）	vo
	住（持遇切，澄，遇）	ḍho
	句（九遇切，见，遇）	ko　ku
	具（其遇切，群，遇）	gho　ghu　gu
	遇（牛具切，疑，遇）	go
	菆敕句反（彻，遇）	ṭo ? （可能𑖙𑖺 ṭho 误抄成𑖘𑖺 ṭo）
	貙勑数反（彻，遇）	ṭhu
	女拏数反（娘，遇）	ḍū ? （对音可疑，声母不合，𑖚𑖲ḍu、𑖝𑖲 tu 混）
	数（色句切，生，遇）	ṣo　ṣu
	戍（伤迂切，书，遇）	śo　śu
	树（常句切，禅，遇）	ju
	喻（羊戍切，以，遇）	yo　yu
	孺（而遇切，日，遇）	jo　jyo
模	菩（薄胡切，並，模）	bhu
	谟（莫胡切，明，模）	mo　mu
	都（当孤切，端，模）	tu
	苏（素姑切，心，模）	su　sū
	乌（哀都切，影，模）	u

	呜（哀都切，影，模）	u
	邬（哀都切，影，模）	ū
	污（哀都切，影，模）	ū
	卢（落胡切，来，模）	lo
	嚧（落胡切，来，模）	ru ro ḹ
姥	补（博古切，帮，姥）	pū pu po
	普（滂古切，滂，姥）	phu pho
	部（裴古切，並，姥）	bhu bhū bho bo
	覩（当古切，端，姥）	tu to
	堵（当古切，端，姥）	tu
	土（他鲁切，透，姥）	thu thū
	努（奴古切，泥，姥）	du do no
	弩（奴古切，泥，姥）	nu no du
	祖（则古切，精，姥）	cu
	隖（安古切，影，姥）	u
	虎（呼古切，晓，姥）	hu
	户（侯古切，匣，姥）	hu
	鲁（郎古切，来，姥）	lu lo
	噜（郎古切，来，姥）	ru rū ro
	跓胝鲁反（知，姥）	ṭu
	殊祖鲁反（精，姥）	jo
暮	布（博故切，帮，暮）	pū
	怖（普故切，滂，暮）	phu pho
	步（薄故切，並，暮）	bhū bhu
	慕（莫故切，明，暮）	mu mo
	暮（莫故切，明，暮）	mo
	妬（当故切，端，暮）	to
	菟（汤故切，透，暮）	tho
	吐（汤故切，透，暮）	thū
	度（徒故切，定，暮）	dhu dhū
	怒（乃故切，泥，暮）	do

	素（桑故切，心，暮）	su
	護（胡误切，匣，暮）	hu　ho
	路（洛故切，来，暮）	lu　lo
	嗠（洛故切，来，暮）	ro
	祖宗固反（精，暮）	jo

流摄

尤	谋（莫浮切，明，尤）	bu
	牟（莫浮切，明，尤）	mu
	鸠（居求切，见，尤）	ku
	鹠（力求切，以，尤）	ro
	优（於求切，影，尤）	u
宥	富（方副切，非，宥）	pu
侯	钩（古侯切，见，侯）	ku
厚	母（莫厚切，明，厚）	mu　bu
	亩（莫厚切，明，厚）	mu　bu
候	豆（徒侯切，定，候）	du
	耨（奴豆切，泥，候）	du　nu

效摄

豪	褒（博毛切，帮，豪）	po
	毛（莫袍切，明，豪）	bo
	髦（莫袍切，明，豪）	bo
	高（古劳切，见，豪）	kau
	唠（郎刀切，来，豪）	rau
皓	扫（苏老切，心，皓）	sau
	嫂（苏老切，心，皓）	sau
	燥（苏老切，心，皓）	sau
号	报（博耗切，帮，号）	po
	冒（莫报切，明，号）	bo
	奥（乌到切，影，号）	au
宵	瓢（符霄切，並，宵）	bhyo
	乔（巨娇切，群，宵）	go　gau

	憍（举乔切，见，宵；古通乔）	kau ko gau
	骄（举乔切，见，宵；古通乔）	gau
小	骠（卑妙切，帮，小）	bhyo
	眇（亡沼切，明，小）	byo
	矫（居夭切，见，小）	kau
	扰（而沼切，日，小）	jyo

深摄

侵	砧（知林切，知，侵）	ṭum
	朕地婬反（定，侵）	dhim
	參（所今切，生，侵）	ṣam
	淫（余针切，以，侵）	yim
	临（力寻切，来，侵）	lam
沁	禁（居荫切，见，沁）	kum
缉	湿（失入切，书，缉）	śiv

咸摄

覃	耽（丁含切，端，覃）	taṃ
	躭（丁含切，端，覃）	tāṃ taṃ
	贪（他含切，透，覃）	thaṃ
	昙（徒含切，定，覃）	dhaṃ
	南（那含切，泥，覃）	naṃ
	啉（卢含切，来，覃）	raṃ
	菴（乌含切，影，覃）	ām
感	腩（奴感切，泥，感）	ṇam daṃ
	糁（桑感切，心，感）	sam
	唵（乌感切，影，感）	aṃ oṃ
	憾（胡绀切，匣，感）	haṅ
	鋡（牟感反，明，感）	maṃ
	昝（子感切，精，感）	jam
勘	暗（乌绀切，影，勘）	am
	闇（乌绀切，影，勘）	am ām
	撼（胡绀切，匣，勘）	ham

	唅（胡绀切，匣，勘）	ham haṃ
合	答（都合切，端，合）	tap tabh
	纳（奴答切，泥，合）	ḍap nap
	飒（苏合切，心，合）	sap sav
	踏（集韵音，达合切，定，合）	dabh
谈	三（苏甘切，心，谈）	sam saṃ
	参（苏甘切，心，谈）	sam
	蓝（鲁甘切，来，谈）	ram
	嚂（鲁甘切，来，谈）	raṃ rāṃ
敢	膽（都敢切，端，敢）	tam
	揽（卢敢切，来，敢）	lam
	览（卢敢切，来，敢）	lam
	㘓（卢敢切，来，敢）	ram
阚	檐（都滥切，端，阚）	taṃ
	淡（徒滥切，定，阚）	dham dhaṃ
	滥（卢瞰切，来，阚）	lam
盍	臘（卢盍切，来，盍）	lab labh rabh
咸	喃（女咸切，娘，咸）	naṃ ṇāṃ
	鸪（竹咸切，知，咸）	ṭaṃ
	嗲（师咸切，生，咸）	ṣam
衔	衫（所衔切，生，衔）	ṣaṃ
鑑	钐（所鉴切，生，鑑）	ṣaṃ
盐	暹（息廉切，心，盐）	syaṃ
	阎（余廉切，以，盐）	yam
	盐（余廉切，以，盐）	yaṃ
	髯（汝盐切，日，盐）	jaṃ
	炎（于廉切，云，盐；又馀念切，以，艳）	iṃ
琰	检（居奄切，见，琰）	kaṃ
	渐（慈染切，从，琰）	jam
	陕（失冉切，书，琰）	śaṃ

	闪（失冉切，书，琰）	śām
	琰（以冉切，以，琰）	yam yaṃ
	染（而琰切，日，琰）	jam jaṃ
	捻你琰反（泥，琰）	dyaṃ
艳	苫（舒赡切，书，艳）	śām
	焰（以赡切，以，艳）	yaṃ
	占（章艳切，章，艳）	cām
	赡（时艳切，禅，艳）	jam
葉	聂（尼辄切，娘，葉）	ḍap ṇap
	摄（书涉切，书，葉）	śav śyap
	葉（与涉切，以，葉；又式涉切，书，葉）	yav śyap
	笈（其辄切，群，葉）	ghav
俨	俨（鱼埯切，疑，俨）	gam
酽	剑（居欠切，见，酽）	kam kaṃ
	欠（去剑切，溪，酽）	kham
业	劫（居怯切，见，业）	kap
	业（鱼怯切，疑，业）	gap
	嶫（鱼怯切，疑，业）	gap
忝	淰（乃玷切，泥，忝）	dyām
范	鑁无范反（微，范）	vam van
梵	梵（扶泛切，奉，梵）	vam vaṃ

臻摄

真	频（符真切，並，真）	bhin bin
	亲（七人切，清，真）	chin
	瞋（昌真切，昌，真）	chin
	邻（力珍切，来，真）	lin liñ
	因（於真切，影，真）	in
	辛（息邻切，心，真）	sin
轸	牝（毗忍切，並，轸）	bhin
	泯（武尽切，明，轸）	min

	紧（居忍切，见，轸）	kin
震	觐（渠遴切，群，震）	ghn
	振（章刃切，章，震）	cin
	震（章刃切，章，震）	can
	印（於刃切，影，震）	in
	信（息晋切，心，震）	sin
质	毕（卑吉切，帮，质）	piś
	苾（毗必切，並，质）	bi
	蜜（弥毕切，明，质）	mit
	吉（居质切，见，质）	kil
	质（之日切，章，质）	cit
	室（式质切，书，质）	śr –
	失（式质切，书，质）	śr –
	悉（息七切，心，质）	sid　sidh
	壹（於悉切，影，质）	it　ir
	乙（於笔切，影，质）	ṛ
	栗（力质切，来，质）	ṛt
	嘌（力质切，来，质）	r –
	日（人质切，日，质）	jr
	必（卑吉切，帮，质）	pit　pil
	唧（子悉切，精，质；节力切，精，职）	cit
	涅宁逸反（泥，质）	nir
臻	诜（所臻切，生，臻）	ṣiṃ
术	秫诗聿反（书，术）	śud
	舜入（书，术）	śud
	律（吕卹切，来，术）	liḥ
	窣子律反（精，术）	cyut
隐	谨（居隐切，见，隐）	kin
	近（其谨切，群，隐）	gh（n）
文	君（举云切，见，文）	kun　kuṇ　kuñ

	军（举云切，见，文）	kuṇ
吻	刎（武粉切，微，吻）	vaṃ
恨	恨（胡艮切，匣，恨）	hṇ
魂	奔（博昆切，帮，魂）	pan paṃ puṇ
	㖹（博昆切，帮，魂）	puṅ
	门（莫奔切，明，魂）	man maṇ
	温（乌浑切，影，魂）	un
	孙（思浑切，心，魂）	sun
慁	闷（莫困切，明，慁）	muṇ muñ
	顿（都困切，端，慁）	tuṇ tuṃ duṇ
	钝（徒困切，定，慁）	dhun
	嫩（奴困切，泥，慁）	dun
没	勃（蒲没切，並，没）	bhur bud
	没（莫勃切，明，没）	bud budh mur
	咄（当没切，端，没）	tur
	讷（内骨切，泥，没）	nut dur
	骨（古忽切，见，没）	kor

山摄

寒	单（都寒切，端，寒）	tan ta
	弹（徒案切，定，寒）	dhan
	难（那干切，泥，寒；又奴案切，泥，翰）	nan dan naṇ daṇ daṃ
	珊（苏干切，心，寒）	san sañ
	安（乌寒切，影，寒）	añ
	㘓（落干切，来，寒）	rān raṃ
	蘭（落干切，来，寒）	lan
	囒（落干切，来，寒）	rān rañ raṇ raṃ
	乾（古寒切，见，寒）	kan
旱	罕（呼旱切，晓，旱）	han
	散（苏旱切，心，旱）	san sa

	懒（落旱切，来，旱）	lan
	嬾（落旱切，来，旱）	lan　lañ
翰	旦（得按切，端，翰）	tan
	赞（则旰切，精，翰）	can
	讚（则旰切，精，翰）	caṇ
曷	怛（当割切，端，曷）	tad　tas
	闼（他达切，透，曷）	thar
	達（唐割切，定，曷）	dhar
	捺（奴曷切，泥，曷）	nar　dar
	渴（苦曷切，溪，曷）	khar
	攃（七曷切，清，曷）	tsa
	萨（桑割切，心，曷）	sar　sal
	頞（乌葛切，影，曷）	at
	遏（乌葛切，影，曷）	ath　ar
	喝（呼合切，晓，曷）	har
	曷（胡葛切，匣，曷）	hat　has
	喇（郎达切，来，曷）	rath
桓	盘（薄官切，並，桓）	bhan
	曼（母官切，明，桓）	man　mañ　maṇ
缓	满（莫旱切，明，缓）	man　ban
	伴（蒲旱切，並，缓）	（m）bhan
换	半（薄幔切，帮，换）	pan　pañ
	畔（薄半切，並，换）	bhan　baṇ　ban
	漫（莫半切，明，换）	man
末	钵（北末切，帮，末）	pad　par　pat
	跋（蒲拔切，並，末）	bhad　vat　val
	末（末拨切，明，末）	math　madh　maj
	沫（末拨切，明，末）	mar
	靺（莫拨切，明，末）	bar
	拶（姊末切，精，末）	cat
黠	察（初八切，初，黠）	kṣas

产	产（所简切，生，产）	saṃ
阮	挽（无远切，微，阮）	van vaṃ
愿	建（居万切，见，愿）	kan kaṇ
	健（渠见切，群，愿）	ghaṇ
	曼（无贩切，微，愿）	van
	萬（无贩切，微，愿）	van
月	发（方伐切，非，月）	phat phar phaṭ
	罚（房越切，奉，月）	vaṣ vaj
	筏（房越切，奉，月）	vat
	伐（房越切，奉，月）	vat
	韈（望发切，微，月）	var val
	揭（居竭切，见，月）	kaṭ
	羯（居竭切，见，月）	kat kas kar
	竭（其谒切，群，月）	khag
仙	乾（渠焉切，群，仙）	gan
	褰（去乾切，溪，仙）	khan khaṇ
	延（以然切，以，仙）	yaṇ
	连（力延切，来，仙）	rañ
狝	謇（九辇切，见，狝）	kan kaṇ
	巘（鱼蹇切，疑，狝）	gan
	善（常演切，禅，狝）	jan
	演（以浅切，以，狝）	yan
线	便（婢面切，並，线）	bhyan bhen
	彦（鱼变切，以，线）	gan
	战（之膳切，章，线）	can caṇ
	扇（式战切，书，线）	śān
	膳（时战切，禅，线）	jen
	缮（时战切，禅，线）	jen

薛	朅（丘竭切，溪，薛；又丘谒切，溪，月）	
		khar
	孽（鱼列切，疑，薛）	gat　gar
	蘖（鱼列切，疑，薛）	gat　gar
	设（识列切，书，薛）	śat　śar
	拽（羊列切，以，薛）	yes
先	坚（古贤切，见，先）	kan
	先（苏前切，心，先）	sain
	肩（古贤切，见，先）	kan
霰	遍（方见切，帮，霰）	pen
	殿（堂练切，定；都甸切，端，霰）	
		dhyaṃ
	钿（堂练切，定，霰）	dhyan
	嗹（郎甸切，来，霰）	len
	燕（於甸切，影，霰）	ain
屑	捏（奴结切，泥，屑）	nir
	噎（乌结切，影，屑）	e

江摄

觉	藐（莫角切，明，觉）	myak
	濯（直角切，澄，觉）	ḍhoc
	哳敇角反（彻，觉）	ṭhah

宕摄

唐	膀（集韵音，逋旁切，帮，唐）	pāṃ
	芒（莫郎切，明，唐）	maṃ
	囊（奴当切，泥，唐）	naḥ
	郎（鲁当切，来，唐）	raṃ
	啷（鲁当切，来，唐）	raṅ
荡	莽（模郎切，明，荡）	ma　maṃ
	荡（徒郎切，定，荡）	dhaṃ
	曩（奴郎切，泥，荡）	na
宕	葬（则浪切，精，宕）	caṅ

铎	博（补各切，帮，铎）	pak
	薄（傍各切，並，铎；裴古切，並，姥）	bhak　bhag　bag　bhu
	莫（慕各切，明，铎）	maḥ
	诺（奴各切，泥，铎）	naḥ　ṇaḥ　daḥ
	作（则落切，精，铎）	caḥ
	索（苏各切，心，铎）	saḥ　sah　saṭ
	恶（乌各切，影，铎）	ah
	噁（《集韵》与恶同音）	ah
	壑（呵各切，晓，铎）	haḥ
	郝（呵各切，晓，铎）	haḥ
	洛（卢各切，来，铎）	lak
	咯（卢各切，来，铎）	rak
	落（卢各切，来，铎）	rak
阳	娘（女良切，泥，阳）	ña　ṇa　jña　ṇya
	孃（女良切，泥，阳）	jña
	商（式羊切，书，阳）	śaṅ
	穰（汝阳切，日，阳）	ja　jaṅ ñan　ña
	鸯（於良切，影，阳）	aṅ
养	仰鼻呼（鱼两切，疑，养）	ña
	网（文两切，微，养）	van
	罔（文两切，微，养）	vāṅ
	饷（始两切，书，养）	śāṅ
	弶（鱼两切，疑，养；又其亮切，群，漾）	gaṅ
漾	创（初亮切，初，漾）	kṣāṅ
	向识量反（书，漾）	śaṅ
	望（巫放切，微，漾）	－an
	弶（其亮切，群，漾）	gaṅ
药	嚩（符钁切，奉，药）	vah　val　var
	脚（居勺切，见，药）	kāk　kaḥ

	虐（鱼约切，疑，药）	gaḥ
	斫（之若切，章，药）	cak　caḥ
	铄（书药切，书，药）	śak
	烁（书药切，书，药）	śak　śvar
	药（以灼切，以，药）	yak　yaḥ
	略（离灼切，来，药）	lyah
	弱（而灼切，日，药）	jaḥ

梗摄

庚	鑁无盲反（微，庚）	vāṅ
映	竞（渠敬切，群，映）	kaṅ
耕	儜（女耕切，娘，耕）	ṇe　ni　ḍe
清	抳尼征反（娘，清）	ṇi
	抳尼正反（娘，清）	ṇi
	抳尼盈反（娘，清）	ṇi
	抳尼贞反（娘，清）	ṇi
静	抳尼整反（娘，静）	ṇi
昔	僻（芳辟切，滂，昔）	phiḥ
	擗（房益切，並，昔）	bhik
	擿（直炙切，澄，昔）	ṭek
	益（伊昔切，影，昔）	ik
青	冥（莫经切，明，青）	me　mi
	铭（莫经切，明，青）	me　mī
	寧（奴丁切，泥，青，又乃定切，泥，径）	ne　de
	聹（奴丁切，泥，青）	ni
迥	茗（莫迥切，明，迥）	me
	𩕄（乃挺切，泥，迥）	ni　ne　nai
径	甯（乃定切，泥，径）	ne
	定（徒径切，定，径）	dho（e?）
锡	剔（他历切，透，锡）	thik

	溺（奴历切，泥，锡）	dīḥ
	喫（苦击切，溪，锡）	g－

曾摄

蒸	徵（陟陵切，知，蒸）	ṭaṅ
	陵（力膺切，来，蒸）	laṅ
	崚（力膺切，来，蒸）	raṅ
证	胜（诗证切，书，证）	śaṅ　saṅ
	媵（以证切，以，证）	yaṅ
	孕（以证切，以，证）	yan　yuṅ　in
	應（於证切，影，证）	yiṅ
	冰毕孕反（帮，证）	piṅ
	仍而孕反（日，证）	jiṃ
	僧思孕反（心，证）	siṅ
职	色（所力切，生，职）	sik
	式（赏职切，书，职）	śikh
	力（林直切，来，职）	lik　ṛk
	翼（与职切，以，职）	yik
登	登（都滕切，端，登）	taṅ
	蹬（都滕切，端，登）	taṅ
	能（奴登切，泥，登）	naṅ　daṅ　daṇ
	僧（苏增切，心，登）	saṅ
	朋（步崩切，並，登）	bhuṅ
	瞢（武登切，明，登）	maṅ
	懵（集韵弥登切，明，登）	maṅ
	儚（集韵弥登切，明，登）	maṅ
	稜（鲁登切，来，登）	laṅ
	楞（鲁登切，来，登）	laṅ　raṅ
	嘐（鲁登切，来，登）	lan
嶝	邓（徒亘切，定，嶝）	dhaṅ　dhan
德	德（多则切，端，德）	tak　t－　tok

	得（多则切，端，德）	tak　t－
	特（徒得切，定，德）	dh－　dud
	塞（苏则切，心，德）	s－
	勒（卢则切，来，德）	l－
	嘞（卢则切，来，德）	rak　ru（a?）

通摄

东	瞢（莫中切，明，东；又武登切，明，登）	moṅ
	瞢（莫红切，明，东；又武登切，明，登）	moṅ
	懞（莫红切，明，东）	mam
	弓（居戎切，见，东）	kum
屋	卜（博木切，帮，屋）	puk
	僕（蒲木切，並，屋）	bhuḥ
	目（莫六切，明，屋）	mukh　mokh　muk
	穆（莫六切，明，屋）	mukh　muḥ
	縠（胡谷切，匣，屋）	hoḥ
	斛（胡谷切，匣，屋）	hoḥ
	鏃（作木切，精，屋）	cuk
	速（桑谷切，心，屋）	suk
	閦（初六切，初，屋）	kṣobh
	祝（之六切，章，屋）	cuk
	屋（乌谷切，影，屋）	uk
沃	鹄（胡沃切，匣，沃）	hoh
肿	奉（扶陇切，奉，肿）	van
用	供（居用切，见，用）	kuṃ
烛	玉（鱼欲切，疑，烛）	guh
	足诹浴反（精，烛）	juṣ
	欲（余蜀切，以，烛）	yuḥ　yus　yedh（?）

不空密咒（有梵本的）对音材料来源：

文殊问经字母品　《大正藏》第 14 册，No. 469

金刚顶莲华部心念诵仪轨　《大正藏》第 18 册，No. 873

金刚顶一切如来真实摄大乘现证大教王经　《大正藏》第 18 册，No. 874

瑜伽金刚顶经释字母品　《大正藏》第 18 册，No. 880

金刚顶瑜伽护摩仪轨　《大正藏》第 18 册，No. 909

大佛顶如来放光悉怛多钵怛啰陀罗尼　《大正藏》第 19 册，No. 944

金刚顶经一字顶轮王瑜伽一切时处念诵成佛仪轨　《大正藏》第 19 册，No. 957

宝悉地成佛陀罗尼经　《大正藏》第 19 册，No. 962

佛顶尊胜陀罗尼念诵仪轨法　《大正藏》第 19 册，No. 972

佛母大孔雀明王经　《大正藏》第 19 册，No. 982

不空羂索毗卢遮那佛大灌顶光真言　《大正藏》第 19 册，No. 1002

大乐金刚不空真实三昧耶经般若波罗蜜多理趣释　《大正藏》第 19 册，No. 1003

大宝广博楼阁善住秘密陀罗尼经　《大正藏》第 19 册，No. 1005

出生无边门陀罗尼经　《大正藏》第 19 册，No. 1009

大方广佛华严经入法界品四十二字观门　《大正藏》第 19 册，No. 1019

大方广佛花严经入法界品顿证毗卢遮那法身字轮瑜伽仪轨　《大正藏》第 19 册，No. 1020

一切如来心秘密全身舍利宝箧印陀罗尼经　《大正藏》第 19 册，No. 1022

观自在菩萨说普贤陀罗尼经　《大正藏》第 20 册，No. 1037

观自在菩萨心真言一印念诵法　《大正藏》第 20 册，No. 1041

金刚顶瑜伽千手千眼观自在菩萨修行仪轨经　《大正藏》第 20 册，No. 1056

千手千眼观世音菩萨大悲心陀罗尼　《大正藏》第 20 册，No. 1064

十一面观自在菩萨心密言念诵仪轨经　《大正藏》第 20 册，No. 1069

圣贺野纥哩缚大威怒王立成大神验供养念诵仪轨法品 《大正藏》第20册，No. 1072

七俱胝佛母所说准提陀罗尼经 《大正藏》第20册，No. 1076

大慈大悲救苦观世音自在王菩萨广大圆满无碍自在青颈大悲心陀罗尼 《大正藏》第20册，No. 1113

金刚顶胜初瑜伽中略出大乐金刚萨埵念诵仪 《大正藏》第20册，No. 1120

金刚寿命陀罗尼经法 《大正藏》第20册，No. 1134 A. B本

转法轮菩萨摧魔怨敌法 《大正藏》第20册，No. 1150

普遍光明清净炽盛如意宝印心无能胜大明王大随求陀罗尼经 《大正藏》第20册，No. 1153

佛说雨宝陀罗尼经《大正藏》 第20册，No. 1163

曼殊室利童子菩萨五字瑜伽法 《大正藏》第20册，No. 1176

圣迦柅忿怒金刚童子菩萨成就仪轨经 《大正藏》第21册，No. 1222

大威怒乌刍涩麽仪轨经 《大正藏》第21册，No. 1225

毗沙门天王经 《大正藏》第21册，No. 1244

北方毗沙门天王随军护法真言 《大正藏》第21册，No. 1248

北方毗沙门多闻宝藏天王神妙陀罗尼别行仪轨 《大正藏》第21册，No. 1250

佛说大吉祥天女十二名号经 《大正藏》第21册，No. 1252

摩利支菩萨略念诵法 《大正藏》第21册，No. 1258

冰揭罗天童子经 《大正藏》第21册，No. 1263

施诸饿鬼饮食及水法 《大正藏》第21册，No. 1315

第三节　唐代长安音重纽①

“重纽”是汉语音韵学中尚未彻底解决的问题，尤其是“音值”的构拟，众说纷纭。本节主要依据唐代不空和尚汉译梵咒材料，推测重纽三、四等字语音区别在于介音，三等 r 介音、四等 i 介音。并且对 r 介音来源和重纽对立存在的时间、地域作了探索，解释了几种文献所记重纽对立程度不同的原因。

先论重纽的音值，后说几个相关的问题。

一　从梵汉对音看重纽音值

《颜氏家训·音辞》：“岐山当音为奇，江南皆呼为神祇之祇。江陵陷没，此音被于关中”。《广韵》：奇，渠羁切；祇，巨支切。两个字同在支韵，共隶群纽，却分立两个小韵。它们在《韵镜》里等第不同，奇在三等，祇在四等，习称重纽三、四等字。王静如、陆志韦先生根据发音部位特点，叫它“重出喉牙唇音”。

太炎先生提出的三、四等重纽字上古来源不同②，已被大家接受。重纽字语音上应当有别，这是多数学者一致的看法。说到语音的具体区别点，大家的主张就见仁见智了③。

---

① 本节曾以《试论唐代长安音重纽——不空译音的讨论》为题，发表于《中国人民大学学报》1987 年第 6 期。

② 章太炎《国故论衡·音理论》：“妫切居为，规切居隋，两纽也；亏切去为，窥切去随，两纽也……是四类者，妫、亏、奇、皮古在歌，规、窥、歧、陴古在支。”

③ 可以分为“元音说”和“介音说”两派。

董同龢主“元音说”，认为重纽三等主元音较松较开，如三等奇〔g‘jiě〕，四等祇〔g‘jie〕。看《广韵重纽试释》，《中央研究院历史语言研究所集刊》第 13 本。主“介音说”者又有三类不同意见，请看下表：

		重纽三等	重纽四等
1	王静如 陆志韦	ɪ 加撮唇声母	i 加平唇声母
2	李　荣	j	i
	邵荣芬	i	j
3	俞　敏	r	y（j）

王、陆先生认为三等介音比 i 介音宽而且靠后，跟 I 相联的声母是唇化的，如 P^W、K^W 等。看王静如：《论古汉语的颚介音》，《燕京学报》第 35 期；陆志韦：《古音说略》，《燕京学报》专号之二十。俞敏、李荣、邵荣芬先生不赞成唇化声母说，主单纯介音说。参见俞敏《等韵溯源》，《音韵学研究》第 1 辑第 411 页；李荣《切韵音系》第 140—141 页，科学出版社 1956 年版；邵荣芬《切韵研究》第 70、124 页，中国社会科学出版社 1982 年版。

唐朝高僧不空（705—774）音译梵咒用过重纽字。音译梵咒材料在研究汉语古音上的重要性众所周知。本节主要利用不空译咒材料探讨重纽问题。

我们把不空对音情况列一个表。为方便比较，跟对音字对立的重纽字一并列出，未对梵音的位置填○；没有对立重纽字的位置就空格；反切用《广韵》《集韵》；为了阅读、印刷方便，梵音用拉丁字母转写；韵母举平以赅上去，阳声韵目包含入声。

	三等	四等
支	奇（渠羁）○	祇（巨支）ghi
	同上	岐（巨支）gi
	绮（墟彼）	企（丘弭）khi
	掎（居绮）○	枳（局纸）ki
	陂（彼为）○	卑（府移）pe
	皮（符羁）○	脾（符支）bhi
	縻（靡为）○	弥（武移）mi　bi
	靡（文彼）○	弭（绵婢）mi　bi
	同上	咩（同上）mi　me
	髲（平义）○	避（毗义）bhi
脂		伊（於脂）i
		呬（许四）hi
		祁（渠脂）g
	器（去冀）kṣi	弃（诘利）khi
	邳（符悲）○	毗（房脂）bhi
	鄙（方美）○	比（卑履）pi
	备（平祕）○	鼻（毗至）bhi
祭		曳（余制）yai　ye
		裔（余制）ye
	罽（居例）ke	
	劓（牛例）○	艺（鱼祭）ge
		弊（毗祭）bhya

真	⿱艹醫（於巾）○	因（於真）in
（谆）		寅（翼真）yan
		印（於刃）in
		聿（余律）ir
	乙（於笔）乙栗二合 ṛ	壹（於悉）it
		紧（居忍）kin
	暨（居乙）○	吉（居质）kil
	屈（其述）kṣ－①	
	贫（符巾）○	频（符真）bhin
	珉（武巾）○	民（弥邻）min
		牝（毗忍）bhin
	愍（眉殒）○	泯（武尽）min bin
	笔（鄙密）○	必（卑吉）pil
	同上	毕（卑吉）pis
	弼（房密）○	苾（毗必）bhit
	密（美笔）mit mṛt	蜜（弥毕）mit mṛt
仙	漹（有乾）○	延（以然）yan
		演（以浅）yan
		拽（羊列）yas yes
	骞（去乾）khan	
	謇（九辇）kan	
	巘（鱼蹇）gan	
	彦（鱼变）gan	
	喭（鱼变）gan	
	孽（鱼列）gat	
	蘖（鱼列）gat	
		便（房连）bhyan bhen

① 屈字对音与三等器字一致。屈字《王三》《广韵》入三等物韵，《集韵》为其述切，入质韵（论切当在合口术韵，这一点不影响我们的讨论）。不空读屈音似为质术韵三等，合《集韵》不合《切韵》，故列此位。

宵	憍（举乔）kau	
	乔（巨娇）go	翘（渠遥）○
	娇（巨娇）gau　go	同上
		瓢（符霄）bhyo
		眇（亡沼）byo
		骠（毗召）bhyo
侵	禁（居荫）kum	
		淫（余针）yim
盐		
	炎（于廉）im	盐（余廉）yam
		琰（以冉）yam
		焰（以赡）yam
	晔（筠辄）○	葉（与涉）yav
	检（居奄）kam	

从上面材料看，声母没有唇化痕迹，三、四等的声母对音一致。器屈对 kṣ－牵涉介音问题，下面要讨论。

韵母对音有清楚的对立，有两个现象值得注意。一、主元音是 i 的音节几乎全用四等字对音，如祇对 ghi 等，万不得已才用三等字，如对 kṣi 用器。二、有 y 介音的音节对四等字，不对三等字，毫无例外。这些现象可以解释，四等有强 i 介音，因此它的主元音 i 的音色比三等的更强，更清晰。

四等介音跟普通三等韵 i 介音一样。拟成 i 或者 j 没有原则分歧，写成 i 不意味着更长或者没有摩擦。四等字读音和对音情况举例说明如下：

汉字	飘	便	民	紧	祇	吉	因	延
* 读音	[b‘iæu]	[b‘iæn]	[mbin]	[kin]	[g‘i]	[kit]	[ʔin]	[jiæn]
对音	bhyo	bhyan	min	kin	ghi	kil	in	yan

主元音是 i 的音节 i 介音被吞没，因此紧字读〔kin〕，其余照此类推。

字表里某些对音上的差异，如脾字对 bhi 又对 phe，同音字曳对 yai 而裔对 ye，同韵字乔对 gau 而桥对 go，它们涉及梵文形近而讹，以及元音交替等问题，情况比较复杂，讨论韵母时已经说过，此处从略。好在这不影响我们研究介音。

三等字器屈不对 kh 而对 kṣ，提供了认识重纽的重要线索，k 后头加擦音 ṣ，一方面可以表达送气，另一方面可以暗示［k‘］声母后头有卷舌音素。相映成趣的是乙嘌$_{\text{二合}}$史对 ṛṣi（仙），ṛ 属于梵文短音，乙字对 ṛ，入声嘌字在乙字之后表示短音，同时强调 i 音色，不空读 ṛ 为 ri。他的弟子慧琳和尚用乙$_{\text{上}}$对 ṛ，乙$_{\text{去引}}$对 ṝ，跟 Monier-Williams《梵英辞典》一致，读 ri，ṝ 为 rī[①]。不空一派念 ṛ 不带 u 音色，念 ṛ、ṝ 带 u 音的拿鲁流二字对音[②]。乙字属影纽，应当读〔ʔɹit〕，有 r〔ɹ〕介音。

三等的 r 介音在唐代藏汉对音材料里也流露，石刻《唐蕃会盟碑》左侧吐蕃人名的汉字对音有如下例证[③]：

źan	khri	dtsan		źan	khri	bzer
尚	绮	立	赞	尚	绮	立	热

绮字三等溪纽对 khri，跟梵汉对音精神一致。

三等 r 介音应当不颤舌，像舌尖后半元音〔ɹ〕，不空对颤舌的 r 一律用带口字旁的来纽字，证明唐朝没有颤舌 r 音。

三等字读音和对音情况举例说明如下：

汉字	乙	器	屈	蹇	鄙
*读音	[ʔʴit]	[k‘ʴi]	[k‘ʴut]	[kʴæn]	[pʴi]
对音	ṛ	kṣi	kṣ –	kan	○

① （唐）释慧琳：《一切经音义》，《大正藏》第 54 册。

② ［日］释安然《悉昙藏》卷五记《大涅槃经文字品》注音为 ṛ 鲁、ṝ 流、ḷ 卢、ḹ 楼，《大正藏》第 84 册。

③ 罗常培：《唐五代西北方音》，科学出版社 1961 年版，第 172 页。

介音比 i 介音靠后而且卷舌，在它的影响下，主元音 i 容易模糊，因此对 pi 音不用三等鄙字，而用四等比字。字表里禁字在侵韵，应该读成〔$k^{ɹ}$im〕，实际对 kum，可能是主元音 i 受 r 介音影响模糊化，受唇音韵尾 – m 逆同化，i > u。比方风字，从凡声，《释名》：“风，氾也”。与氾同音的梵字后汉对音 brahma 可知梵氾风等当时的主元音为 a，但是《切韵》风入东韵，读 ɯŋ，主元音是 u。从音理上说，风字音读演变过程是：

元音 – a – 受 – m 尾逆同化 > – um，– m 尾并入 – ŋ 尾 > – ɯŋ

炎字在《王三》有于廉反、余念反两音，三、四等归属难定，炎对 im 不必讨论。仙宵的牙音字騫对 kan，憍对 kau 等，对音看不出 r 介音，这可以有两种解释。唐代或者稍早些时候梵汉对音，牙音三等字可以同对有 y 介音和无 y 介音的两种音节，如迦对 ka、kya，佉对 kha、khya 等。这是由于当时梵文有一种读法，把印欧母语 k 组音发音部位前移，往 c 组靠近，k 发音产生过渡性介音，这个介音近似 i，不是真正的 i。日本人信范《悉昙密传记》在𑖎字下注两读：カ ka、きゃ kya①。我们表示这个过渡性介音在声母右上角用小 i 标记，如迦 k^{i}a。仙宵牙音字对音可能就是騫［$k^{ɹ}$æn］对 kian，乔［$k^{ɹ}$æu］对 kiau。另外一种可能是三等字没有对立的四等字，被四等吸收，照普通三等读，騫读［kiæn］对 kian，憍读［kiæu］对 kiau。

二　重组的相关问题

r 介音的来源可以追溯到上古。汉字掩盖了很多语音现象，我们从汉藏语系其他语言里能发现线索。藏语里有 r 介音，如②：

---

① 见《大正藏》第 84 册，第 643 页中栏。另外，［日］释净严《悉昙三密钞》说カ为南天竺音，きゃ为中天竺音，列不空音为中天竺音。信范、净严文章均见《大正藏》第 84 册。

② 材料采用《汉藏韵轨》，看俞敏师《汉语的其跟藏语的 gji》附录，《燕京学报》第 37 期，第 75—94 页。

藏音	bkres	bgre	bkregŋ	sgreŋ	sgrim
字义	饥	耆	馑	擎	禽

古汉语里某些象声词照着有 r 介音念就更形象生动。如俞敏老师主张[①]：

《诗·大雅·生民》："释之叟叟，烝之浮浮"，浮浮念 * bru bru。

《诗·小雅·伐木》："伐木许许，酾酒有萸"，许许念 * hra hra。

重纽三等 r 介音存在的时间。颜之推说的"江陵陷没"时当 6 世纪中叶，重纽存在的上限至少能上溯到那个时候。慧琳（737—820）读音仍然能区别重纽，那么下限至少能到 9 世纪初。上下限之间绵延 250 年左右。

8 世纪重纽音存在的地域。不空、慧琳音可以代表以长安为中心的西北地区。义净（635—713）是齐州人，齐州一说是今济南一带，一说是北京西南一带。他的音系跟不空有显著的区别，如：

梵音	brahme	pacani
义净	跋逻寐	波折你
不空	没囉撼铭	播左顊

净公用阴声韵字对 me、ni，空公则用"青齐对转"音（铭，青韵；顊，迥韵），净公音系跟代表初唐洛阳音的玄奘音系相近。义净音大概反映齐州音。他的重纽字对音和不空一致，如[②]：

① 承俞叔迟师面授。

② 义净译《大孔雀咒王经》，《大正藏》第 19 册。

三等	绮 kṣi	器 kṣi
四等	企 khi	弃 khi

西至西北地区东到齐州，北方很大一片地区的人能区别重纽音。

重纽对立的程度在各种文献里有不同的反映。慧琳音主要依据《韵英》反切，韵部大量简并，脂祭仙宵侵盐等韵系重纽界限泯没，只有真韵系因类和𧄍类分为两组，显示重纽对立。[①] 不空音在八个重纽韵里都有对立迹象，脂真两韵系有清楚的例证。这种差异也许反映了他们基础语言有分别。不空译咒意在让人见字能念咒音，不同于做韵书字书，更需要照顾到长安一带的"普通话"。慧琳音表现的重纽对立弱化，不空音也有，字表里密蜜二字对音情况就是明证。三等密当对 mṛt，四等蜜当对 mit，可是《佛顶尊胜陀罗尼》《无量寿如来根本陀罗尼》里对 amṛta、amṛte、amṛto 共 10 次，全用蜜字[②]，不空译音在多篇咒里密蜜二字 mṛt、mit 两对。如此大量混淆决不是抄手"偶其疏也"。密蜜混同在义净对音里也有证据，请看《大孔雀咒王经》里他的对音统计[③]：

mṛt	密 0 次	蜜 3 次
mit	蜜 23 次	密 2 次

打义净、不空到慧琳音，重纽对立是消弱的趋势。《切韵》系统韵书正好相反，由唐写本的《切韵》到《广韵》，不单是三、四等反切沟界画然，所收重纽也越来越多。请看《王三》、《裴本》（裴务齐正字本《刊谬补缺切韵》）和《广韵》纸、寘韵的例子：

① 黄淬伯：《慧琳一切经音义反切考韵表》，《国学论丛》第 2 卷 2 期。
② 《大正藏》第 19 册。
③ 《大正藏》第 19 册。

《王三》

绮丨○	掎丨○	○丨企	䫏丨○	

《裴本》

绮丨○	掎丨○	搋丨企	䫏丨○	○丨孈

《广韵》

绮丨企	掎丨枳	搋丨企	䫏丨觖	毁丨孈

《广韵》的五对重纽字，在早的《裴本》只有一对，最早的《王三》一对也没有。这种重纽对立不断加强的现象，和韵书本身不断膨胀、收字越来越多有关系；跟编书的“高级知识分子”读书音也有关系，知识分子读书音的韵类往往比活语言的韵类多。

重纽跟齿音的关系。从对音上看，重纽三等和庄组字可归一类，四等和章组、精组（四等）能归一类。如：

精组（一等）	左 ca	蹉 cha	娑 sa					
庄组	参 kṣam	察 kṣa	叉 kṣa	灑 ṣa	诜 ṣin			
章组	支 ci	者 cya	车 ccha	瞋 cchin	扇śan śyan	尸śi	世śe	奢śa śya
精组（四等）	呰 ci	际 ci	私 si	辛 sin	暹 syam	悉 sid	写 sya	

庄组初纽对 kṣ，山纽对 ṣ，由重纽三等字屈器绮对 kṣ 推论，庄组声母接 r 介音合适。精组读 ts 组音，章组读 tɕ 组音，它们同对梵文 c 组的原因在本章第二节中讨论过，兹不赘述。精组四等和章组对音显示有 y 介音，和重纽四等一致，也应当是 i 介音。这种分类有反切材料可以证明。重纽三、四等跟齿音各组亲疏近远，可以拿它们反切下字的系联关系考察。《王三》《广韵》的系联次数邵荣芬先生已经做过统计，迻录如下：

		庄	章	精
重纽三等	《王三》	7	2	3
	《广韵》	9	7	6
重纽四等	《王三》	1	8	8
	《广韵》	2	8	10

《王三》的趋势庄组和三等密切，精章两组和四等密切，跟对音的分

类“若合符节”。《广韵》有差异，章组归类倾向尤其不明。但是《广韵》在宋代编修，虽说大体保持《切韵》反切系统旧貌，也难保没有杂入后代语音。审查唐音用《王三》更可靠。另一个反切材料是慧琳音真（谆）韵开口类系联情况①：

湮类十八
平　唇三、四·喉四·章·精
上　唇喉四·章
去　唇喉四·章·精
入　唇牙喉四·章·精
筋类二十一
平　牙三·庄（臻韵）·喉三（欣韵）
上　牙喉三（欣韵）
去　牙喉三（包括欣韵牙三）·精（庄?）
入　喉三

平声唇音三等字（彬斌邠岷旻）和四等字（宾民泯）合流，去声一个阠字难定声母②，除此之外，三等和庄组一类，四等和精章两组一类，界限不紊。另外，现代厦门方言有这样分类的迹象，如真韵开口③：

重纽三等	重纽四等	齿音	
衅 hin，hun	因 yin	津 zin	慎 sin
银 ggun	印 yin	亲 cin	榇 cin
巾 gun	仅 gin	尽 zin	莘 sin
旻 bbun，bbin	民 bbin	信 sin	
珉 bbin	牝 pin，bin	烬 zin（白）sin（文）	

① 黄淬伯：《慧琳一切经音义反切考韵表》，《国学论丛》第2卷2期。

② 阠字，《王三》息晋反又思见反，《裴本》息晋反，《广韵》息晋切又所臻切、试刃切。唐写本在精组心母，慧琳音似近《广韵》所臻切，在臻韵庄组山母。

③ 材料据罗常培《厦门音系》“厦门音与十五音及广韵比较表”，科学出版社1956年版；黄典诚等编《普通话闽南方言词典》。两书记音偶有出入，如旻字罗书记为bbun，黄书记为bbin，本节姑并存之。罗书表中章组书纽伸字读cun，这是个反证。据漳州市念cuĩ是穿字音。

贫 bin	宾 bin	真 zin
彬 bin		身 sian（白）sin（文）

三等韵母主元音有 i 和 u，自成一类；四等和精章组一类，主元音是 i；庄组随着精章组变了。厦门话不是唐代长安话直传后裔，我们并非靠它分割前面论证的两类，用这点儿零星的材料就想说明，文献表明的分类局面容或有之。

第四节　唐代北部方音分歧[①]

一　引言

唐代中国北方有两个势力很大的方言，一个是以洛阳为中心的东部地区方言，一个是以长安为中心的西部地区方言，它们在语音上有明显的差异[②]。本节试图用《大孔雀明王经》咒语义净跟不空的梵汉对音材料证明这个推断。

一上来得先解释，为什么选中《大孔雀明王经》的咒语对音材料？原因有两个。头一个，大家知道梵咒汉译的对音最严格，研究价值最高。《大孔雀明王经》是咒语数量最多的一部经，同时它还有梵本可以核对，能让我们做尽可能精密的研究。第二个，唐代高僧义净（635—713）和不空（705—774）先后都翻译过这部经。义净形成个人语音习惯的时期生活在今天的北京西南郊或山东泰山一带，对音材料说明，义净音跟玄奘音（通常认为是初唐洛阳音）一致；不空音跟藏汉对音记录的唐五代西北方音相似。

另一个得声明的是，本节做义净、不空译音的比较研究，着重分析他们之间的不同点。早先研究不空音，笔者发表过一组论文：《唐代八世

① 本节曾以《〈大孔雀明王经〉咒语义净跟不空译音的比较研究——唐代中国北部方音分歧初探》为题，发表于《语言研究》1994 年增刊。

② 1984 年笔者在《唐代八世纪长安音声纽》里提出中原洛阳音跟西北长安音有各自方言特点，就是分析比较不空、义净对音得出的结论。

纪长安音声纽》（以下简称《声纽》）、《唐代八世纪长安音的韵系和声调》（简称《韵调》）、《试论唐代长安音重纽》（简称《重纽》）。① 有些旁证材料、音理分析，这组文章里详细交代过，本节只做简略的说明。

顺便说点儿技术性问题。用到《南海寄归内法传》字母对音材料的时候，加＊号，跟咒语对音区别开。为减少打印烦难，尽量写简化字、规范字，比如"麽"改写"么"，"挐"改写"拿"。字音用《广韵》《集韵》的。

二　声母

（一）声母对音情况

1. K 组

（1）k　义净：（见纽）迦枳计矩拘俱句孤古高甘劫剑紧讫干羯割。不空：（见纽）迦枳计矩俱句矫禁劫剑紧讫建羯。

（2）kh　义净：（溪纽）可企弃区诘渴搴揭。不空：（溪纽）契弃企搴佉齲。

（3）g　义净：（群纽）伽祁瞿宴具乔笈近健揭祇。不空：（疑纽）遇蘖仡彦。

（4）gh　义净：（群纽）伽瞿。不空：（群纽）伽具。

（5）ṅ　义净：（疑纽）我＊。不空：（疑纽）仰＊（鼻呼）。

对 k 用见纽字，对 kh 用溪纽字，对 gh 用群纽字，对 ṅ 用疑纽字，净公和空公没有差别。对 g 净公是用全浊群纽字，空公却用次浊疑纽字，这类现象下头还有，到下面一起讨论。

2. C 组

（1）c　义净：A（章纽）遮者只至朱主真质旃折斫祝。B（精纽）卒。不空：A（章纽）者止枳战斫。B（精纽）左子赞祖唧镞咭。

（2）ch　义净：（昌纽）车。不空：A（昌纽）车。B（清纽）磋。

（3）j　义净：（禅纽）社氏时侍逝誓竖树善膳慎。不空：A（禅纽）

---

① 《唐代八世纪长安音声纽》，《语文研究》1984 年第 3 期；《唐代八世纪长安音的韵系和声调》，《河北大学学报》1991 年第 3 期；《试论唐代长安音重纽》，《中国人民大学学报》1987 年第 6 期。

膳。B（日纽）惹尔饵乳孺入。C（从纽）荠祖粗。

（4）jh　义净：（清纽）縒＊。不空：（从纽）酂＊。

（5）ñ　义净：（日纽）若喏尔。不空：A（日纽）惹。B（娘纽）娘。

这一组梵音净空二公用精、章两组字对音。义净和不空的日纽对音值得注意：对 j 音义净用禅纽，不空用禅、从二纽，也用日纽；对ñ音义净用日纽，不空用日纽、娘纽。

3. T 组

（1）t　义净：（端纽）多底蒂带都耽答擔点敦单旦怛丁登窒睹妒頞埵渧朼。不空：（端纽）多哆底帝睹妒咄擔顿钝单旦怛蹬膽答跢。

（2）th　义净：（透纽）他剃土炭闼托。不空：（透纽）他剃闼。

（3）d　义净：（定纽）陀拖柁堕地提睇徒杜度覃蹋突惮达宕铎独侄。不空：（泥纽）那娜你祢努怒难捺能嗫纳妳。

（4）dh　义净：（定纽）陀驮地睇昙惮但达钿甸铎。不空：（定纽）陀驮地等达钿邓荡。

（5）n　义净：A（泥纽）娜奴努怒南喃纳难捺涅诺泥。B（娘纽）尼。不空：（泥纽）那努南难捺诺宁拿。

义净的娘纽尼字也对过 n，这是例外。对 d 净公用全浊定纽，空公用次浊泥纽。

4. Ṭ 组

（1）ṭ　义净：A（知纽）吒智窒徵摋㭊。B（端纽）帝。不空：（知纽）吒置窒徵擿觫。

（2）ṭh　义净：（彻纽）侘耻。不空：（彻纽）姹耻。

（3）ḍ　义净：（澄纽）茶迟雉持治峙宅侄滞。不空：（娘纽）你腻拿妳。

（4）ḍh　义净：（澄纽）绽＊。不空：（澄纽）茶$_{去}$。

（5）ṇ　义净：A（娘纽）尼你腻拿。B（泥纽）泥。不空：（娘纽）拿柅䵑。

义净端纽帝字对过ṭ，泥纽泥字对过ṇ，都是例外。对ḍ净公用全浊澄纽字，空公用次浊娘纽字。

5. P 组

（1）p　义净：（帮纽）波闭必毕补哺晡布班般半钵边冰谤箄。不空：

（帮纽）播跛闭比毕补布半钵冰膀。

（2）ph 义净：A（滂纽）普怖叵＊。B（非纽）发。不空：（滂纽）颇。

（3）b 义净：A（並纽）婆婢薜菩部频勃薄盘畔跋仆傍频鞞蒱。B（奉纽）佛。不空：（明纽）冒母门没么泥。

（4）bh 义净：（並纽）婆婢避媲薜部步频盘薄跋鞞苾。不空：（並纽）婆鼻陛步仆部牝勃伴跋。

（5）m 义净：（明纽）A 靡摩么弭迷谜密蜜寐母暮慕曼忙末菲木目。B（微纽）文。不空：（明纽）摩么弭谜密蜜麻铭母目慕谟没末沫满曼瞢亩。

空公在别的经里也有非纽发字对 ph，就是说，用非纽、滂纽同对 ph 是二位一致的做法。需要研究的是净公並奉二纽对 b、明微二纽对 m，可是空公明纽对 m 又对 b。

6. 半元音和摩擦音组

（1）y 义净：（喻$_{四}$）耶也夜裔悦瑜庾喻愈延琰演药葉曳。不空：（喻$_{四}$）耶野葉曳庾琰演药孕。

（2）r、l 义净：（来纽）罗逻梨黎里哩栗隶励丽卢鲁路鹿娄喽阑滥洛喇六陵噜啰攞囇嗽嚧嚩律。不空：（来纽）罗黎里哩栗览卢鲁噜路唠懒律陵啰攞嗽嚟嚧嘱。

（3）v 义净：A（並纽）婆毗仳鼻勃跋鞞苾，B（奉纽）乏伐吠。不空：A（微纽）微尾味，B（奉纽）吠。

（4）ś 义净：（书纽）奢舍设摄施尸始世式识失室戍扇赡商尚说铄舍。不空：（书纽）舍设施矢室式试势输湿饷烁失舍。

（5）ṣ 义净：（山纽）师瑟率屣山钐洒＊。不空：（山纽）：史瑟洒晒衫。

（6）s 义净：（心纽）娑莎飒萨细悉死四塞三散僧苏酸逊索写锁窣。不空：（心纽）娑飒萨细悉塞三散僧苏逊素写窣枲。

（7）h 义净：A（晓纽）呵诃呼忽醯蚶汉呬嗽，B（匣纽）颉。不空：A（晓纽）呬，B（匣纽）系户护贺撼。

原则上他们用不带口字旁的来纽字对 l，如罗对 la，用带口字旁的对 r，如啰对 ra，可是传下来的本子里有二者混乱的情况，可能是抄刊之误。

对 v 净公用並奉二纽，空公用奉微二纽。

7. 其他

（1）kṣ　义净：A（初纽）刹。B（溪纽）绮器。不空：（初纽）察。

（2）ts　义净：（清纽）瑳。不空：（清纽）攃。

（3）Ø　义净：（影纽）阿一壹伊乌邬恶燕安因鸯阉頞嗢瞖。不空：（影纽）阿壹伊噎污坞暗爱印頞嗢。

（二）声母的讨论

1. 全浊声母

义净跟不空对全浊声母的念法儿有鲜明的差异。义净的群纽对 g、gh，澄纽对ḍ、ḍh，定纽对 d、dh，並纽对 b、bh，奉纽对 b，可以这么解释，他的语音全浊声母不区别送气与否，对送气浊音是音近替代现象。可是不空群纽对 gh，定纽对 dh，澄纽对ḍh，从纽对 jh，並纽对 bh，说他的全浊是送气音恐怕是最容易解释的结论。详细的讨论请看第六章第二节二。

2. 次浊鼻音声母

他们二位对鼻音声母的读法儿“大相径庭”。义净是疑纽对ṅ，娘纽对ṇ，泥纽对 n，明微二纽对 m，次浊声母是单纯的鼻辅音。不空疑纽对ṅ或 g，娘纽对ṇ、ḍ，泥纽对 n、d，明纽对 m、b，微纽对 v，除了微纽，他的次浊声母应当是鼻辅音后头有同部位浊塞音，比如“那”读 nda。现代陕西北部清涧话就有类似的情况①。

3. 唇音声母

净公的並奉二纽同对 b，明微二纽同对 m，轻重唇不分；非纽字发对 ph 是帮非分化的迹象。空公的並纽对 bh，明纽对 m、b，奉、微纽对 v，轻重唇分化，奉微二纽同音。在别的经里他的非纽废字对 ve，发字对 pha，跟帮纽字对 p 相对立，也是轻重唇分化的模样；他的弟子慧琳的《一切经音义》所记秦音“非”“敷”交切，发音相同②。

我看还是这么处理比较合适，净公非（敷）跟帮滂分开，非（敷）拟成［pf］，帮拟成 p，滂拟成 ph；空公非（敷）也是［pf］，奉微拟成

① 北京大学刘勋宁先生是陕北清涧人，他的方言里有这种读音，比如难［n^{d}ɛ］、岸［ŋ^{g}ɛ］。

② 黄淬伯：《一切经音义反切声类考》，《中央研究院历史语言研究所集刊》1 本 2 分，1930 年。

bv。要是根据他们的对音材料推断唇音分化的进程，好像是帮滂分出非敷在先，並明分出奉微在后。

4. 舌音声母

舌头音端组对 t 组音，舌上音知组对 ṭ 组音，材料里清清楚楚。只有在韵母为前高元音的时候，端知两组才偶尔混乱。比如泥对过ṇe，尼对 ni，帝对过 ṭe。这种例外也许出自传抄之误。对音证明，舌音分化比唇音分化要早。

5. 齿音声母

到了唐朝，梵文 c 组发音部位已经前移，汉语辅音没有能逼真描写它的音，因此净、空二公都拿精、章两组跟 c 组对音。

齿头音精组，他们该念［ts］组音，清纽字对 tsh，心纽字对 s 是证据。

正齿音二等庄组可能念［tʂ］组音，初纽字对 kṣ，生纽字对 ṣ 可以佐证。

正齿音三等章组，通常拟成［tç］组音，可以信从。书纽字对ś是内部证据，藏汉对音材料里章组读如藏语［tç］组音是外部证据①。禅组对音有趣极了，它对 j，应当念成浊塞擦音，跟全浊从纽地位类似，往宋人韵图里排坐次，它该占床$_{三}$（船）纽的位置。咱们至少可以说，宋人韵图对禅组的描写跟唐朝义净、不空的语音不合。

半齿音日纽，义净和不空的念法$_{儿}$分歧挺大。义净的日纽对 ñ［ȵ］；不空的日纽既对 ñ 也对 j，因此拟成ńdź。

6. 喉音声母

净、空二公晓匣两纽都对 h，净公用晓纽字多；空公在本经里用匣纽字多，其他经里有很多晓纽字对 h，净公本经只出现一个匣纽字颉对 h，他在旁的经里罗怙罗对 rāhula，匣纽怙字对 h。说他们的晓匣已经合流不会有什么问题。比义净长 35 岁的玄奘用匣纽对 h，比如曷利沙对 harṣa（《大唐西域记》卷五），初唐已然如此了。

影纽字对音没有声母辅音，我赞成拟为清喉塞音［ʔ］，理由有两个，头一个是它的平声字今读阴平，中古该有个清声母。二一个是净公用遏

---

① 罗常培：《唐五代西北方音》P20，庄组章组同对藏文 c 组音，作者认为它们为［tç］组音，科学出版社 1961 年版。

（影）路、曷（匣）啰对 r－，影纽应当像匣纽似的，是个辅音。

（三）声母表

义净音

帮 p	滂 ph	並奉 b	明微 m	非（敷） pf	
端 t	透 th	定 d	泥 n	来 l	
知 ṭ	彻 ṭh	澄 ḍ	娘 ṇ		
（精） ts	清 tsh	从 dz	心 s	（邪） z	
（庄） tṣ	初 tṣh	（床） dẓ	山 ṣ		
章 tś	昌 tśh	禅 dź	书 ś	（船） ź	日 ń
见 k	溪 kh	群 g	疑 ŋ		
影 ʔ	（喻$_{三}$）	喻$_{四}$ y	晓匣 h		

不空音

帮 p	滂 ph	並 bh	明 mb	非（敷） pf	奉微 bv
端 t	透 th	定 dh	泥 nd	来 l	
知 ṭ	彻 ṭh	澄 ḍh	娘 ṇḍ		
（精） ts	清 tsh	从 dzh	心 s	（邪） z	
（庄） tṣ	初 tṣh	（床） dẓ	山 ṣ		
章 tś	昌 tśh	禅 dź	书 ś	（船） ź	日 ńdź
见 k	溪 kh	群 gh	疑 ŋg		
影 ʔ	（喻$_{三}$）	喻$_{四}$ y	晓匣 h		

三　韵母

（一）韵尾

梵汉对音证明，义净和不空的阴、阳、入声韵尾成系统，比如：

	义净	不空		义净	不空		义净	不空
－Ø	阿 ā	呵 hā	－i	蔼 ai	爱 ai	－u	奥 au	高 kau
－m	庵 am	南 nam	－n	安 an	干 kan	－ŋ	徵 ṭaṅ	僧 saṅ
－p	答 tap	劫 kap	－t	喇 rat	曷 hat	－k	恶 ak	得 tak

阳声、入声字对音跟这个框架不符合的情况也有，利用这些例外正好观察语音流变的轨迹。

1. 阳声韵尾

（1）宕摄和曾摄有的字对 -ṅ尾也对 -n 尾。比如：

义净对音里的例外：

iśānāya 伊商那也，商（阳韵）对śan
paṃsu 谤苏，谤（宕韵）对 pan
daṃṣṭre 宕瑟窒，宕（宕韵）对 dan
saṃjivani 僧侍伐你，僧（登韵）对 sañ

不空对音里的例外：

paṃsu 膀引苏，膀（应属唐韵系）对 pan
rajña 啰枳娘二合，娘（阳韵）对 ña
daṃṣṭre 能瑟二合，能（登韵）对 dan
bandhaṃ（ca）曼荡，荡（荡韵）对 dhañ

宕曾两摄该收ṅ尾，对音混用 n、ñ 尾，是ṅ尾消变的反映。舌根鼻音尾混同舌尖鼻音尾的例子毕竟占少数，不能确证宕曾两摄完全丢了鼻音韵尾，即使退一步，说它们已经变读为舌尖鼻音 n，也没有十分的把握，因此研究不空音的时候，我暂且接受了罗常培先生的学说，用不稳定的鼻摩擦音［ɣ̃］。

（2）梗摄清青韵对音，不空跟义净不同。不空音是“青齐对转”，清、青二韵和齐韵对音混同，比如 me 对谜（齐韵）、冥（青韵），de 对泥（齐韵）、顊（迥韵）。不空音清青韵韵尾或者是ṅ尾变成鼻化的［i］或者ṅ尾消失而主元音鼻化读成［iẽ］。

义净的清青韵尾没有上边儿说的情况。他在这篇经里很少用这两个韵的字对音，只用过一个“丁”（青韵）字对 tyaṅ。《金光明最胜王经》里，hiṅgule 对馨遇隶，miṅgule 对名具隶，馨（青韵）对 hiṅ，名（清韵）对

miṅ足能证明清青韵韵尾是ṅ。

2. 入声韵尾

入声韵尾对音结果符合 -k、-t、-p 三个部位的分类，“各就各位”，也有少数字对音既有合格的时候，也有出格儿的情况。比如：

义净对音里的例外：

busatte	部索帝	索（铎韵）对 sat
dube	宊婢	宊（没韵）对 dub
kiripi	鸡栗比	栗（质韵）对 rip

不空对音里的例外：

闷（屋韵）	该收 -k，对 kṣobh
索（铎韵）	该收 -k，对 sat
设（薛韵）	该收 -t，对 sak
劫（业韵）	该收 -p，对 kap

闽南话是 -ʔ 和 -p、-t、-k 并存格局，假定唐朝北方话入声字韵尾有的已经弱化变化 -ʔ，也跟闽南语似的，那么，韵尾是 -ʔ 的字对音就可能混入 -p、-t、-k 类。

（二）介音

1. 合口介音

现代印度讲声明学的人念 v 有两种音，前头没有辅音的 v 念唇齿音，前头有其他辅音的 v 念半元音［w］①。念成半元音的 v 在音节当中，它的地位跟汉语 u 介音类似。义净有汉字一个音节对梵文“辅音 + v + 元音”的例子，反映汉语有合口介音。比如：

莎（戈韵）svā　　锁（果韵）svā　　堕（果韵）dvā

① Whitney：《梵文语法》，第 75 节。

埵（果韵）tvā　　　　酸入（桓韵入声为末韵）svas

篅入（仙韵入声为薛韵）jval

不空对音情况相同。另外，他们二位也有合口字对音不带 - v - 的梵文音节，那批字或者是以 u 为主元音的，或者是唇辅音音节，音理分析已经做过，请看第六章第二节。

2. 前颚介音

前颚介音应当有两类：i 和 r。

普通三等韵有 i［j］介音。比如义净：写 sya、细 sye、扇 śyan、若 nya，卒 cyut。不空：者 cya、写 sya、便 bhyan、瓢 byho、略 lyāḥ。他们也有三等字对不带 - y - 的音节，那些汉字或者是以 i 为主元音，或者是唇辅音字，或者是对 k 组、c 组辅音的，音理分析请看第六章第二节。

重纽三等韵有 r 介音。比如重纽三等义净：绮器 kṣi，不空：器 kṣi。重纽四等义净：企弃 khi，不空：弃 khi。同是溪纽字，重纽三等跟普通三等、重纽四等不同，它不对 kh，而是对 kṣ。我们的解释是重纽四等和普通三等韵一样，颚介音是［j］，重纽三等的介音可能是 r［ɹ］，详细的讨论请看第六章第三节。

（三）一二等主元音

梵文 ā 保持十足的 a 音。梵文 a 复现率极高，占全部字母出现次数的 19.78%①，它容易磨损，实际音读是［ɐ］［ə］。梵文 ā 应当比 a 开口度大。

统计汉语主元音为 a 的一、二等韵在梵音 ā 和 a 上的分布情况，有利于分析一、二等主元音的区别。不空的对音情况证明，一等韵主元音 a 在梵文 ā 上的出现频率高，请看第六章第二节。

这里再补充一个统计材料。在“四、声调”部分列举了 42 个梵词的净、空二公对音表，其中 ā 出现了 14 处，下边儿是他们对音用字的情况（重复出现的只列一次）：

---

① Whitney：《梵文语法》，第 75 节。

	kā	nā	dhā(r)	vā	(s)vā	bhān	bhā	mā	rā	hā
义净	哥	那	达	婆	莎	盘	颇	摩	啰	诃
不空	迦	曩	驮	嚩	嚩	伴	婆	麽	啰	贺

14 处对音字来自歌个哿戈果曷桓荡等韵部，几乎全是一等韵字，只有迦字是歌麻韵两出。从对音情况看，通常 a 类元音一等拟成［ɑ］，二等拟成［a］，可以接受。

四　声调

梵语单词的重音是乐调重音，元音有长短区别，利用梵汉对音可以反过来看汉字四声的大体轮廓①。

（一）音高

梵文重音音节用高调 udātta，非重音音节用低调 anudātta。对比义净和不空在梵文重音音节上的汉字声调分布情况，可以分析四声的相对音高状况。

梵音	义净对音	不空对音
1　ásura	阿苏罗	阿上苏罗
2　úpakāla	邬波哥罗	坞跛迦引罗
3　nāgá	那伽	曩誐
4　námo	南谟	曩谟
5　dharanánda	达喇难陀	驮啰难上拏
6　agní	恶祁尼	阿儗顊二合
7　ambá́	庵婆	暗嚩
8　kumbhá́ṇḍa	俱盘荼	禁伴引拏
9　mayū́rye	摩瑜利裔	么庾引哩二合
10　svá́hā	莎诃	娑嚩二合引贺引
11　yakṣá	药叉	药乞洒二合
12　índra	因达罗	印捺罗二合

① 利用梵汉对音研究汉语声调的方法是跟我的导师俞敏教授学来的，请看他的《后汉三国梵汉对音谱》，《中国语文学论文选》，日本光生馆 1984 年版。

13	kéśa	鸡舍	计烁
14	dīrghá	地啰伽	你你逸反伽去
15	séna	西那	细曩
16	sū́rya	苏利耶	素利野
17	mahā́	莫诃	摩贺
18	bhā́radvāja	颇罗堕社	婆引罗纳嚩二合惹
19	udyogá（pa）	嗢独伽	嗢你庾二合业
20	pūrṇá	哺啡拿	布啰拿二合
21	yámāya	琰摩也	琰么鼻引野
22	gurú	寠鲁	麌噜
23	vāyú	婆庾	嚩引庾
24	rā́jña	啰慎若	啰引枳娘二合
25	bráhma	跋啰蚶摩	没啰二合撼么二合
26	bhadré	跋侄囇	跋捺嘌二合
27	ṛ́ṣi	颉利师	乙嘌二合史
28	amṛ́ta	阿密嘌頞	阿蜜栗二合多
29	gárbhe	揭鞞	蘖陛
30	dhármāya	达摩也	达么野
31	śákti	铄底	铄底
32	sárva	萨婆	萨嚩
33	pháli	发里	颇里（颇，上声）
34	cára	折啰	者啰
35	tad yátha	怛侄他	怛你也二合他
36	nára	捺啰	曩啰
37	páśu	钵戍	跛输
38	khadirá（k－）	渴地洛	佉上你啰
39	váruṇa	伐噜拿	嚩噜拿
40	sumúkha	苏目可	苏母契
41	dhā́raṇi	达喇你	驮引啰柅
42	hári	嗽里	贺哩

1—20 例词的重音位置上，净公放了平声字，空公除了第 20 例也用平声字，其余 18 例都改用了别的声调。1—11 例改用上声字，或者用平声字加注“上”，其中“嚩”字不空照着“无可反”念音（《文殊问经字母品》，《大正藏》14 册，第 509—510 页）；12—18 例改用去声字，或者用平声字加注“去”，第 18 例“婆”字对 bha，不空照着去声读（《文殊问经字母品》）；第 19 例改对入声字。

21—25 例词的重音位置上，净公用了上声字，空公也用上声，用字几乎是照搬。

26—27 例词的重音位置上，净公用的去声字，空公一例照用去声，一例改对入声。

28—42 例词的重音位置上，净公用的都是入声字。空公在 28—32 例也用入声字；33—40 例改用上声，其中“颇”字也念上声（参见慧琳《一切经音义》“大般涅槃经音义”第八卷）；41 例和 42 例改对去声，“驮”有平去两读，对 dha 念去声（《文殊问经字母品》）。

重音上的四声分布：义净平声 20，上声 5，去声 2，入声 15；不空平声 1，上声 24，去声 10，入声 7。统计大势表明：义净音平声最高，去声最低；不空上声最高，平声最低。平声音高的地位，在这两种方言里恰好颠倒过来。

（二）音长

梵文学者说 a、i、u、ṛ、ḷ 有长短音对立，e、ai、o、au 都是长音。对比义净和不空给梵文元音对音的汉字，分析四声的分布情况，能够窥测它们的相对音长轮廓。

	a	ā	i	ī	u	ū	ṛ	ṝ	ḷ	ḹ	e	ai	o	au
义净	恶	痾	益	伊	屋	乌	颉里	蹊梨	里	离	医	蔼	污	奥
不空	阿$_{\text{上}}$	阿$_{\text{引去}}$	伊$_{\text{上}}$	伊$_{\text{引去}}$	坞	污$_{\text{引}}$	唿	唿$_{\text{引去}}$	力	嚧$_{\text{引去}}$	曀	爱	污	奥

短元音对音，义净用入声（恶益屋）、上声（里），不空用上声（阿$_{\text{上}}$伊$_{\text{上}}$坞）、入声（力）。

长元音对音，义净用平声（痾伊乌梨离医）、去声（蔼、奥），不空用去声（阿$_{去}$伊$_{去}$唱$_{去}$噓噫爱奥）。其中污字有平去两读，看对音规律，好像义净用平声，不空用去声，无论他们用哪个声调都不影响咱们的结论。

看长短元音上四声分布情况，统计的趋势是：净、空二公的上声、入声短，平声、去声长。不空似乎是去声最长，平声次长，上声较短，入声最短；义净是平声、去声长，上声较短，入声最短。推断入声最短的根据是现代汉语方言。

（三）升降

印度梵文学院有一派单念字母的时候，短元音用高平调，长元音用降调。

我曾经推测，不空的去声是高降调，上声是高平调（或高升），入声跟去声调型相近，是中降调，平声大概是低平调（阴平阳平稍有差别）。

义净的四声，平声是高降调，上声是高平（或高升）调，入声是中降调，去声是低平调。

某些段咒语用 svāhā 作结句，念诵到最后一个音节 hā，音调降下来是很自然的。义净对娑诃，不空对娑嚩$_{二合}$贺，诃是平声，贺是去声，跟我们刚才说的义净的平声，不空的去声是降调相映成趣。

五　尾声

义净跟不空在语音上有如下分歧：

1. 义净音奉微还没跟並明分开，不空音轻重唇已经彻底分裂。

2. 义净音全浊声母並、定、澄、从、群等不送气，不空音它们送气。

3. 义净音次浊声母明、泥、娘、疑等是单纯鼻辅音，不空音是鼻辅音后随同部位浊塞音。

4. 义净音日纽是 ñ，不空音是 ńdź。

5. 义净音清青二韵保持ṅ尾，不空音ṅ尾脱落形成“青齐对转”。

6. 义净音平声是高调，去声是低调，不空音平声是低调，去声是高调。

有这么多不一样的地方，划归两个不同的方言集团无可置疑。不空音可以代表当时北方西部（以长安为中心的）地区方音，义净可以代表北方东部某些地区的方音。由义净跟玄奘音大体相同，似乎可以推论，义净音反映了黄河中下游中原方音的基本特征。

用社会语言学的观点说，凡是通行于官场、宗教、课堂等正式场合的用语属于一种语言的高变体（high），凡是不能登这些“大雅之堂”的用语属于低变体（low）。义净和不空都是一代高僧，精通汉语和梵语；他们奉旨译经，翻译助手有一批高级知识分子。译经的语言应当属于高变体，假定这个命题不错，咱们就可以说，唐朝北方地区有两个影响很大的方言：一个是以洛阳为中心的东部方言，一个是以长安为中心的西部方言。这两个方言在官场、宗教等正式场合都是通用语言。

第七章

指空、沙啰巴对音与元代音系①

第一节 引言

借助汉译佛典的梵汉对音探讨元朝汉语语音，这个工作，还没听说有谁做过。佛经的翻译，尤其是密宗经典的翻译工作，比起唐宋两朝，元朝已经是低潮，无论是译经名师，还是译作，数量都显著降低。对于做梵汉对音研究来说，这当然是令人遗憾的情况，金沙少，淘金难啊。

为了保证对音的可靠，咱们只用咒语对音。

材料主要从指空和沙啰巴法师的四部译经里头采集②，为了比照分析，还参考了唐朝义净、善无畏、金刚智、不空、空海法师，宋朝法天、慈贤和元朝释智法师的相关译经。

研究元朝梵汉对音为什么从指空、沙啰巴译经开始?

佛经译咒的梵本或者梵文的拉丁转写大都附在唐朝译作的篇末，宋朝译经有一部分带梵文的拉丁转写，元朝译经还没发现附着梵本或者梵文拉丁转写音的。

研究元朝对音必须千方百计找到唐宋的异名同经译作，根据前朝译作所附梵本或者拉丁转写做对音研究。比如，指空的《于瑟抳沙毗左野陀罗尼》，咱们得根据汉译恢复原典梵音，推测原来的梵词，于可能是汙

① 本章曾以《元朝指空、沙啰巴梵汉对音初释》为题，发表于耿振生主编《近代官话语音研究》，语文出版社 2007 年版，第 109—121 页。

② 日本新修《大正藏》No. 979《于瑟抳沙毗左野陀罗尼》、No. 1113《观自在菩萨广大圆满无碍大悲心大陀罗尼》、No. 1189《佛说文殊菩萨最胜真实名义经》、No. 1417《佛说坏相金刚陀罗尼经》。

的误抄，汙瑟抳沙应当对 uṣṇīṣa，指佛头顶上的髻；毗左野的左野应当对 jaya，指胜利，前头的毗对 vi，表示程度高；陀罗尼应当对 dhāraṇī，指咒语。结果出来了，这就是唐朝义净、不空法师翻译的《佛顶尊胜陀罗尼经》，宋朝法天译的《佛说一切如来乌瑟腻沙最胜总持经》。唐朝是义译，宋朝是半义译、半音译，元朝是音译，同经异名。找着唐译就找着了梵本，不光是可以做对音了，还找着了译文的比勘对象，有利于刊缪补缺。指空译的两部经都找着了唐朝不空的译作，都有了梵音根据，“幸甚”！

沙啰巴的两部译经还没找着梵本，可是这位经师太重要，他的对音里头有咱们必不可少的东西，不能放弃。巴公大约生于 1259 年，1314 年圆寂，据说是陕甘交界的陇山一带的人，可能是藏族，做过“总统”，元世祖任命他做江浙释教都总统。他出生在翻译世家，担任过帝师八思巴给元世祖讲佛经时候的翻译。他以译经传世，称得上是当时最杰出的佛经翻译家①。巴公译经用字有革新，方便观察时音。

巴公的译音也能找到解读方法。

指空、沙啰巴的译经都能找到宋朝译经师的同经译作。宋朝译经对音的体系，比如法天、慈贤对音体系，跟唐朝不空学派的对音体系一致。可以照着不空学派对音体系掌握宋朝对音体系，再对比同一部经的宋译和元译，用宋译对音推定元译对音，这么做能保障得出的元译对音体系比较可靠。再加上指空对音材料的校正，咱们求出的沙啰巴对音结果应该比较可信。

为了方便了解上边儿的话，咱们举点儿例证，说明一下宋译跟唐译在对音体系上的关系：

梵音	唐义净	唐不空	宋法天
1 namo	南谟	曩谟	曩谟
2 sarva	萨婆	萨嚩	萨嚩
3 buddhāya	菩驮也	冒驮也	冒驮也

---

① 王启龙：《元代佛经译师沙啰巴考》，《普门学报》2002 年第 12 期。

续表

梵音	唐义净	唐不空	宋法天
4 tadyathā	怛姪他	怛你也他	怛你野他
5 bhagavate	薄伽伐帝	婆誐嚩帝	婆誐嚩帝
6 tathāgata	怛他揭多	怛他蘖多	怛他誐多
7 vajra	跋折啰	嚩日啰	嚩日啰
8 vijaya	毗逝也	尾惹也	尾惹也

第1例、第2例表示义净跟不空对音用字不同。第3例对b，义净用並纽菩，不空用明纽冒。第4例对d，义净用定纽姪，不空用泥纽你。第5例、第6例对g，义净用群纽伽、揭，不空用疑纽蘖、誐。第7例、第8例对j，义净用禅纽折、逝，不空用日纽日、惹。第3例到第8例反映义净用中原方音体系，不空用西北方音体系。宋朝法天完全继承了唐朝不空西北方音体系。咱们已经掌握了不空对音体系，解决法天的对音问题自然没什么困难。

译经的语言应当使用通语，换句话说，译经对音的读音应当反映当时影响很大的方言语音。指空、沙啰巴法师对音的汉语音系应当跟元朝通语音系一致，或者很接近。咱们想拿他们的对音探讨《中原音韵》的面貌。

第二节　声韵讨论

一　全浊声母

龙果夫（A. Dragunov）教授分析八思巴字对音认为，元朝官话还存在读bh、gh、dzh这一类送气浊塞、浊塞擦音的全浊声母①。咱们观察梵汉对音得出的结论正好跟他的意见相反。

元朝译经语言的全浊声母应该消失了。这能由两个方面的材料证明。一个是对音清浊混乱，一个是有的译文对浊音另加小注。

---

①　为印刷方便，用h代替‘，表示送气。

先说说对音清浊混乱。

汉语清声母的字对梵文浊辅音，浊声母的字对梵文清辅音，元朝对音出现了两个方向的混乱。例如：

1. priya	钵哩野	bandha	班多重呼
2. puraṇi	富啰尼	buddha	富陀
3. sphāraṇa	沙跛啰拏	svabhāva	莎跛缚①
4. tijavate	底拶拔帝	paca	拔拶
5. karāya	迦啰野	gati	迦地
6. gagaṇa	伽伽拏	trilokya	怛哩路伽也
7. bhūta	簿多	dhara	多重呼啰
8. samcudite	僧祖地帝	gati	迦地
9. carā	左啰	jvāla	佐辣

例 1 帮纽班字对 b，例 2 非纽富字对 b，例 3 滂纽跛字对 bh，例 5 见纽迦字对 g，例 7 端纽多字对 dh，例 9 精纽佐字对 j，都是清声母对梵文浊辅音。例 4 並纽拔字对 p，例 6 群纽伽字对 k，例 8 定纽地字对 t，是全浊声母对梵文清辅音。

这样的混乱不是个别的现象。唇音帮非滂並四母对音字 11 个：闭班钵跛披普毗簿拔频菩，其中有对音混乱的字 7 个：闭班跛披普拔菩，占 63%。牙音见群两母对音字 11 个：加迦伽计枳葛简竭具孤固，其中有对音混乱的字 6 个：迦伽计葛竭具，占 54%。舌音端定两母对音字 16 个：底帝谛覩多哆咄埵怛地逗杜堕提陀沱，其中有对音混乱的字 9 个：谛覩多哆怛地杜提陀，占 56%。齿音精母对音字有 8 个：积唧匝拶祖左佐赞，其中有对音混乱的字 5 个：积拶佐匝祖，占 62%。对音的清浊混乱在唇、舌、牙、齿音都出现了，对音用字读音有一半儿以上乱了套，证明这是一种普遍的现象。这种现象用全浊声母消失来解释比较合理。

再看看对浊音加小注。

① 跛字《广韵》《中原音韵》读帮纽音，《集韵》有补火、滂和切，帮、滂两读，元朝译音这地方当用滂纽音。

沙啰巴法师《佛说坏相金刚陀罗尼经》一部分对音字下边儿加注“重呼”两个字。下头举例的时候，为了证明咱们恢复的梵音符合唐宋译咒对音体系，把同经异译的宋朝慈贤法师译音字也列出来，作为参证。例如：

梵音	宋慈贤	元沙啰巴
1. bodhāya	冒驮也	跛（?）多重呼耶
2. amogha	阿谟伽	阿摩葛重呼
3. bandha	满驮	班多重呼/班陀重呼
4. krudhāya	骨噜二合驮野	孤噜二合陀重呼耶
5. bhūtanī	部哆蘖	菩重呼怛尼
6. dhara	驮啰	多重呼啰
7. dāha	娜贺	多重呼诃

端母多、哆对 t 不加小注，多字对 dh，注“重呼”，告诉念咒儿的人别照着多字声母 t 音去念梵文 dh，得“重呼”。怎么“重呼”？“终须师授，方能惬当”。以上七个例子的“重呼”意义类同。唐朝译咒在这些地方都不注“重呼”，为什么元朝非加“重呼”不可？自然是因为他们的全浊声母不念浊辅音了。典型的例证是並纽菩字对 bh、定纽陀字对 dh，也得注“重呼”。也许有人会问：“重呼二字是不是指送气浊音？”不是。第 6 例、第 7 例，多字加“重呼”既对 dh 又对 d，证明跟送气不送气没关系。

二　照穿审

《中原音韵》知、照合流。罗常培先生主张变成照、穿、审三个声母，读 tʃ、tʃʻ、ʃ。陆志韦先生主张这三个声母依韵母不同读成 tʂ 等、tɕ 等两类①。咱们打算用梵汉对音考察一下二位太老师的学说。

眼下收集的知、照系对音字不多：

① 罗常培：《中原音韵声类考》，《罗常培语言学论文选集》，中华书局 1963 年版，第 77 页；陆志韦：《释中原音韵》，《陆志韦近代汉语音韵论集》，商务印书馆 1988 年版，第 9 页。

知母：jaṭa 惹吒，koṭi 固知，vidyaṃ 毗张

彻母：adhiṣṭhite 阿致瑟耻帝

初母：kṣaṇa 刹拏

生母：kṛṣṇa 乞哩瑟拏，raśmi 啰瑟尾二合，uṣṇīṣa 于（汙?）瑟尼沙，niśa 尼沙，samudra 沙舞怛啰

书母：śatru 设咄噜二合，viśuddhā 尾秫驮，mañjuśrī 曼祖室利，sthira 室提啰

知组的知对 ṭ、彻对 ṭh，庄组的初对 kṣ，生一般对 ṣ，都显示出有卷舌音的因素①。罗先生研究中古音，根据这种对音情况，判断知组念 ṭ 组音②。元朝也这么对音，应该怎么分析？能不能沿用罗先生这个学说？咱们想，作为一种可能，不能绝对排除它，假定再深入一步思考，恐怕得提出另一种可能。打汉语语音史上想，解释对音不能不考虑汉语语音的变化。知组对 ṭ 组音大势形成，大约在西晋（265—316）③。元朝（1217—1368）离西晋将近一千年，难道知组音始终没变化吗？再说，元朝《中原音韵》和八思巴字对音都是知、照合流，照组中古音一般认为是塞擦音、擦音，知、照组在清朝官话、今天的北京话里也是塞擦音跟擦音，假定说知组元朝还念 ṭ 组音，就是照组中古念塞擦音，到元朝跟知组合并变成塞音，到清朝再变回塞擦音，在三百年里转一个大圈儿。恐怕可能性不大。这些顾虑迫使咱们不得不提出另一种可能：知组念舌尖后塞擦音，对舌尖后塞音 ṭ、ṭh是音近代替。

拿梵汉对音研究元朝知、照系读音，得同时分析精组对音，它们有牵连。请看精组对音。

精母：cara 左啰/拶啰，jvāla 佐辣，ajite 阿积帝，samcudite 僧祖地帝，mañjuśri 曼祖室利

① 张对 dyaṃ 是例外，也好解释，江阳韵端组只有一等字，对音有 - y -，只好拿知组三等带 i 介音的张字顶替。

② 罗常培：《知彻澄娘音值考》，《罗常培语言学论文集》，商务印书馆 2004 年版，第 29—69 页。

③ 参看本书第二章第一节。

清母：chinda 亲多/chīda 砌$_{引}$怛①

心母：aṭṭahāsa阿吒诃萨，samanta 三满多，abhisicanto 阿毗枲赞杜，viśuddhe 毗素谛，svāhā 莎贺，śvaraya 莎啰野

精母字左拶对 c，佐积对 j，祖对 c、j。清母字亲砌对 ch。精、清二组对 c、ch、j。

眼下指空、沙啰巴对音资料已经整理出来的，只看见精组对 c 组音。回头查查梵汉对音史，给梵文 c 组对音，唐朝高僧分成两派。一派用章组字，比方说地婆诃罗、义净用者对 ca，车对 cha，社对 ja。另一派用精组、章组两类字，比方说金刚智、不空用左/者对 ca，砌对 che 而车对 cha，荠/逝对 je。外表看着复杂，其实解释起来也容易，梵文 c 组念舌叶 tʃ 类音，tʃ 组音既像精组念的 ts 组音，也像章组在唐朝时候念的 tɕ 组音。您听听广州人、珠海人说北京话，教他说“自［tsɿ］己［tɕi］”，费了半天劲，他照样说［tʃi］［tʃi］，还觉着说得满不错。也别怨他，ts、tɕ、tʃ 本来就是音相近嘛。

精、章两组同对 c 组音，这一派对音法延续到了宋朝，比方说施护法师就这么译音②。请看：

	ca	ci	can	cha	che
精组	左拶	唧	赞	蹉	砌
章组	遮	支止	旃		

完全跟唐朝不空一派对音一致。这应该是 c 组念的 tʃ 类音跟宋朝的精、照$_{三}$（章组）两组读音都有相近之处，恐怕不是宋朝精、照$_{三}$合流。对音依然能证明精组念 ts 类音。至于宋朝照$_{三}$念什么音，跟本节关系不大，以后再说。

---

① 宋僧慈贤、元僧释智对亲那、捺，该是词根 chid 的过去被动分词 chinna，沙啰巴对音第二个音节不同，应当是承传梵音不一致。

② 储泰松：《施护译音研究》，《薪火编》，山西高校联合出版社 1996 年版，第 340—364 页。

有了上头的铺垫，元朝精组对 c 组的现象就不难看懂了，那是汉语拿 ts 类音近似的描写梵文 tʃ 类音。

假定咱们的推测不错，就能拿精组对 tʃ 类音的资料考察罗先生、陆先生的结论了，结果对罗先生不利。罗先生主张知、照合流之后念 tʃ 类音，要是这样的话，为什么空、巴二公不拿照组给梵文 c 组对音，偏拿读 ts 类的精组去对音？对音跟陆先生的学说没有冲突。

三　疑母

中古疑母到《中原音韵》一分为三。有的跟中古影、喻合流，有的跟泥、娘混并，有的独立成一个小韵。前两种好说，最后一种到底念什么音？杨耐思先生推测："'疑'母字不跟'影云以'小韵对立的可能保存 ŋ 声母。跟'影云以'对立的，应该说，肯定会保存 ŋ 声母。"[①] 杨先生有八思巴字对音当后盾。比方说，《中原音韵》江阳韵平声阳"昂卬"小韵没有对立的小韵，可是上声阳"仰"小韵有以影母字合流的"养痒鞅"小韵对立，去声"仰"小韵没有对立的小韵。一翻八思巴字对音，疑母字这平上去三个小韵，声母全对 ŋ，中古音保存完好。

不过，这个学说还可以进一步研究。为什么？头一个理由儿，《中原音韵》疑纽读音跟八思巴字对音本来就不完全一致，比方说，齐微韵阳平疑纽字宜仪打头儿的小韵，合并有喻母字彝贻颐遗等，应该是零声母，一翻八思巴字对音，宜仪是 ŋ 声母，彝贻等是零声母，不一样。[②] 二一个理由儿，说"'疑'母字不跟'影云以'小韵对立的可能保存 ŋ 声母"，不好解释元朝的梵汉对音。比方说，疑母昂瓦卧三个字，《中原音韵》里头它们都不跟"影云以"小韵对立，梵汉对音里头它们都没有 ŋ 声母：

1. vajraṃ 嚩日啰昂三合
2. varavacanā 瓦啰嚩左曩
3. varaṇa 卧啰那

---

① 杨耐思：《中原音韵音系》，中国社会科学出版社 1981 年版，第 20 页。

② 罗常培、蔡美彪编著：《八思巴字与元代汉语》（增订本），中国社会科学出版社 2004 年版，第 135—136 页。

昂对 aṃ，瓦、卧对 va。这种资料让咱们推测《中原音韵》疑母读音的时候必须考虑其他可能性。

照着梵汉对音的情形看，疑纽的一等、二等字，ŋ 声母已经消失了。陆先生的说法得到证明。①

四　日母

日母字对音出现了日、爾、惹三字，全对 j。请看：

1. vajra 嚩日啰二合
2. jita 爾多
3. jaya 惹野

照着元朝对音给日母拟音，有两条路可以走。一条路顺着中古知照合为一组以后的读音走，它们不对梵文 c 组音，看看后来的河北、河南方言，能拟成 ʐ 或者 dʐ；一条路顺着梵文 j 的读音走，能拟成 ʒ 或者 dʒ。《中原音韵》日母念成 ʐ 或者 dʐ 的可能性更大。

从梵汉对音史上看，唐朝日纽字对音分两派。玄奘、义净他们代表大中原方音，拿日纽对 ñ、n，比方说若字对 ña、nya；不空代表西北方音，拿日纽对 j、ñ，比方说若、惹一般对 ja，惹字也对过 ñya。有一点值得注意，日母对 j 是唐朝西北方音的特点。

宋朝反映汴洛方音的译经跟咱们见着的元朝译经，一改唐朝两军对垒的局面，一边儿倒，都是日母对 j，应该怎么理解？有两种可能。头一种，可能是译经用字相沿成习，书面用字掩盖了实际语言。二一种，可能是唐朝西北方音的日母音势力强大，逐步挤进中原方音日母音的地盘儿，覆盖了河北、河南等地。后一种可能性更大。

五　微母

八思巴字对音里头，望对 waṃ，未对 wi，武对 wu，龙果夫给微母拟

---

① 陆志韦：《释中原音韵》，《陆志韦近代汉语音韵论集》，商务印书馆 1988 年版，第 11 页。

了个 v 音。梵汉对音里出现了另外的局面，目前找着三个对音字：

1. abhisicantu māṃ 阿毗臬杜望[①]
2. raśmi 啰瑟尾二合
3. mudre 舞怛噤

望对 māṃ，尾对 mi，舞对 mu，不支持微母念 v。

一般认为，元朝汉语有轻唇音。非母的梵汉对音也支持这种观点。

元朝重唇音帮母对 p，滂母对 ph：

1. parama 钵啰摩
2. pariśuddhe 波哩叟痴
3. sphāraṇa 沙跛啰拏
4. sphoṭa 室菩吒

可是元朝非母跟帮母有区别，非母对 p 也对 ph：

1. phaṭ 发吒半音
2. sphoṭa 沙富多
3. pūraṇi 富啰尼

唐朝不空法师梵汉对音就用非母字对 ph，唐五代藏族人做藏汉对音也用 ph 给汉语非母对音。对 ph，近似描写了发音部位，强调了送气的特征，罗先生认为唐五代西北方音非组已经唇齿化，非母念 pf。根据梵汉对音，元朝非母可以拟测成 pf 或者 f。

回过头来，再考虑微母，咱们认为，它应该是唇齿音ɱ。

---

① 这个短语有不同版本，比如日本新修《大正藏》No. 974B 记为 abhiśincatu mām，唐僧金刚智对音阿鼻诜左覩鋡引。这不影响咱们的讨论。

六 晓匣影喻

请看晓、匣两母对音的例子：

1. sahasra 沙诃沙啰二合
2. hulu 呼噜
3. saṃhatāna 僧贺多那
4. hṛte 吃哩二合帝

晓母诃呼跟匣母贺吃都对 h，应该是二者合流，念舌根清擦音，跟今天的北京话一样。

影母是零声母，有两种资料能证明。一种是梵文元音字母对音，比如 a 阿、i 伊、ū 污、ai 爱、ao 奥引。一种是咒语对音，比如 bandhana 弗隐陀那、hṛdayaṃ 讫（纥?）哩多伊应，隐对 an，应对 aṃ，伊对 y。对音证明，影纽没有辅音开头儿。

喻母只能说清楚喻四，请看例证：

1. tadyathā 多怛也他
2. vijaya 毗匝耶
3. bhaye 跛曳

也对 ya，耶对 ya，曳对 ye，音节拿半元音 y 开头儿。喻四是舌面前半元音。

七 入声韵

《中原音韵》“正语作词起例”说：“平上去入四声，音韵无入声，派入平上去三声”，又说：“然呼吸言语之间，还有入声之别。”这话听起来，真像俗话说的“一头儿放火，一头儿放水”，也有人把那两段儿话解释成没矛盾。

谈论入声应该区别入声韵和入声调。

研究汉语语音史的时候，入声韵的有无是一个重要问题。中古音音系格局，打韵尾上看，是阴声韵、阳声韵、入声韵三足鼎立。到近代官话音系，假定入声韵的韵尾消失，只剩下阴声韵跟阳声韵对立，这是一个重要的变化，是一个关系到音系格局的变化。入声韵的有无，可以当成划分中古音跟近代官话音系的一个标志。

元朝对音显示，入声韵应该消失了。

梵汉对音有一点儿表面上矛盾的现象得先理顺了。指空法师用入声韵字对音，有两个字似乎能证明入声有 r 韵尾，sarva 对萨嚩，karma 对竭摩，萨对 sar，竭对 kar，不承认有 r 尾就没法儿解释对音。可有一宗，更可能是指空沿袭旧译。咱这么判断有两条儿根据。头一条儿，这是唐朝的译法，不空就是 sarva 对萨嚩，karma 对羯摩，还有个 dharma 对达摩，到宋朝，施护法师还是这么对音。sarva、karma、dharma 是咒语当中复现率很高的梵词，几百年来大家都这么翻译，指空这么继承也可以理解。二一条儿，沙啰巴法师就不这么对音，他是 sarva 对萨哩嚩二合，dharma 对达哩摩二合，其中 r 单独拿哩字对音。巴公所以改革旧译，应该是根据时音，萨达已经没有入声韵尾，r 必须另加哩字描写才合适。为什么沙啰巴勇于一改唐宋旧译？也许因为他是一代名僧，身为灌顶国师社会地位很高，“艺高人胆大”吧。

以下是沙啰巴法师一部分入声字的对音资料，梵文短语或者句子都是译经里头切好了的。为了方便验证本节恢复的梵文，也列上宋朝慈贤法师的译音。请看例证：

梵音	宋慈贤	元沙啰巴
1. vajra aṭṭahāsa	嚩日啰二合阿吒贺娑	嚩日啰二合阿吒诃萨
2. trasaya	怛啰二合娑野	怛啰二合萨耶
3. vajrakilikilāya svāhā	嚩日啰二合枳隶枳攞野娑嚩二合诃	嚩日啰二合吉哩吉辣引耶莎诃
4. jvālāya svāhā	入嚩二合攞野娑嚩二合诃	佐辣引耶莎嚩诃
5. vitatale atale	尾怛怛嚟阿怛嚟	闭怛怛烈阿拶（?）烈
6. vajra amogha	嚩日啰二合阿谟伽	嚩日啰二合阿摩葛重呼
7. vajra vijaya svāhā	嚩日啰二合尾惹夜娑嚩二合诃	嚩日啰二合毗匝耶莎嚩诃
8. vajra paca paca	嚩日啰二合钵左钵左	嚩日啰二合拔拶拔拶

第1例、第2例对 sa，贤公对娑，巴公改成萨。第3例、第4例对 lā，贤公对攞，巴公改成辣。第5例对 le，贤公对嚟，巴公改用烈。第6例对 gha，贤公对伽，巴公改用葛。第7例对 ja，贤公对惹，巴公换成匝。第8例对 ca，贤公对左，巴公换成拶。贤公用的都是阴声韵字，巴公用的全是入声韵字。咱们就是拿连声法观察，也找不着巴公入声字对的塞音尾。有了这些证据，咱们敢说，对音的入声字没有塞音尾了。

假定《中原音韵》跟梵汉对音一致，它就没有入声韵了。

八 歌戈韵

龙果夫照着八思巴字对音给歌戈韵主元音注的是 o，比如我 ŋo、那 no。有些研究《中原音韵》的先生接受了这个拟测。可是梵汉对音的情况跟八思巴字对音有些出入，让咱们不得不另行拟测。请看元朝沙啰巴、释智法师给梵语元音的对音[①]，巴公简称 s，智公简称 sh。

梵音	a	ā	u	ū	o
s 译	阿	阿引	嗢	污引	乌
sh 译	哑	阿长呼	乌	邬引	阿

他们的共同之处是歌韵阿字对 ā，证明当时歌戈韵主元音音色像梵文 ā。他们最大的分歧是 o 的对音，巴公对模韵乌，智公对歌韵阿，这就证明当时汉语没有单元音韵母念 o 的。巴公觉着模韵主元音音色跟 o 接近，智公觉着歌韵主元音音色跟 o 接近。单看智公拿歌韵对 o，似乎跟八思巴字对音一致，可他还拿歌韵对 ā，歌韵音在 ā、o 之间动摇，跟八思巴字对音有出入。

梵文的短 a 由于复现率太高，产生磨损，往往念成央元音 ɐ 什么的，长 ā 保持十足的 a 音，研究中古歌韵音的时候，根据歌韵对 ā 拟成后 ɑ。

元朝歌戈韵该读什么音？不妨参考《洪武正韵译训》的记音。它在1455年出版，距离指空法师辞世不到九十年，它记的明初汉语音应当跟

① 看《佛说文殊菩萨最胜真实名义经》，《大正藏》第20册，No. 1189、No. 1190。

元朝音接近。

《洪武正韵译训》给歌字注的谚文读音是 kə，可是下面双行夹注“韵内诸字，中声若直读以 ə，则不合于时音，特以口不变而读如 ə、ɨ 之间，故其声近于 o”。① 朝鲜时代的学者听汉语歌韵不是 ə 音，这个音的舌位在中元音 ə 和高元音 ɨ 之间，该是个半高元音，音色又接近 o，再加上像 ə、ɨ 的“口不变”，换句话说，就是开口呼。咱们推定，歌韵主元音是ɤ。

北京人眼下说的哥［kɤ］，元朝就这么念了。

第三节　尾声

在中国北方地区，元朝应当有一种相当流行的通语语音。《中原音韵》、八思巴字对音、梵汉对音，这些资料都应当是反映了这个通语的语音，它们在声韵上存在（或者可能存在）一些不同，也许是次方言有差异的反映。

过去，大家习惯拿八思巴字对音推测《中原音韵》声韵读音，今天咱们拿梵汉对音推测《中原音韵》音读，给大家提供一点儿新资料，一点儿新看法。角度越多，材料越多，对一个事物的研究越可能更深入。

咱们把研究的结论概括出来，写在下头。

声母部分，直接有对音字能证明的，上一行列声母名称和音标，下一行列对音例字：

1.	帮 p	滂 p‘	明 m	非 f（pf）	微 ɱ
	钵 pa	跛 pha	摩 ma	富 phu	尾 mi
2.	精 ts	清 ts‘	心 s		
	左 ca	亲 chin	三 sam		
3.	端 t	透 t‘	泥 n	来 l	
	多 ta	他 tha	那 na	辣 la	

① 《洪武正韵译训》第 4 卷，韩国高丽大学校影印丛书本，第 43 页。因为谚文印刷困难，改用国际音标标出谚文读音。

4. 见 k　　溪 k'　　晓 x
　计 ke　　　　　　诃 ha
5. 影 Ø　　喻 j　　乌 w
　阿 a　　野 ya　　瓦 va

声母部分，有的是有一部分对音字能作证，主要靠分析推理得出来的：

6. 照$_1$tʂ　　穿$_1$tʂ'　　审$_1$ʂ　　日 ʐ（dʐ）
7. 照$_2$tɕ　　穿$_2$tɕ'　　审$_2$ɕ

韵母部分只有两条儿：

8. 入声韵消失。
9. 歌戈韵主元音念 ɤ。

其他东西，暂且略而不提了。

眼下，咱们开发的资料还不算丰富，靠着这批东西做的元朝汉语语音研究，只能算是初步的。

末了儿说点儿必要的题外话。几年前黎新第兄就问到过元朝梵汉对音的事情；现如今北京大学耿振生教授又让我写一篇讨论近代音的文章，“军令”不敢违犯。文章是在二位仁兄鞭策之下写出来的，我应该谢谢他们。

第八章

梵汉对音的专题研究

第一节　介音问题的梵汉对音研究①

咱们用梵汉对音的资料考察汉语的介音，正文有五节，先按时间顺序分别研究后汉三国、两晋、唐、宋四部分资料，第五节研究重纽跟介音的关系②。

一　引言

梵汉对音资料有些东西方便研究汉语的介音，比方说若ṇya，沙śra，螺 lvā，由梵文音丛里的 -y-、-r-、-v- 正好观察汉语的颚介音跟合口介音。汉语颚介音 i 实际发音前头有摩擦，严格的描写得用半元音［j］，同样，合口 u 介音前头的摩擦得用半元音［w］描写。梵文的 y 是颚音半元音，v 前头有辅音就读成半元音［w］，梵文有 -y-、-v- 的音丛跟汉语有 i、u 介音的音节有相似之处，这可太可贵了。

---

① 本节发表于中国台湾第十九届声韵学学术研讨会《声韵学研究之蜕变与传承》论文集，2001 年。

② 资料来源：俞敏《后汉三国梵汉对音谱》，《中国语文学论文选》，日本光生馆 1984 年版；刘广和《东晋译经对音的晋语韵母系统》，《薪火编》，山西高校联合出版社 1996 年版；刘广和《西晋译经对音的晋语韵母系统》，《芝兰集》，人民教育出版社 1999 年版；刘广和《唐代八世纪长安音的韵系和声调》，《河北大学学报》1991 年第 3 期；刘广和《试论唐代长安音重纽》，《中国人民大学学报》1987 年第 6 期；张福平《天息灾译著的梵汉对音研究与宋初语音系统》，《薪火编》，山西高校联合出版社 1996 年版；储泰松《施护译音研究》，《薪火编》，山西高校联合出版社 1996 年版。

为了方便大家看本节的对音材料，有几件事得先说说。汉语声母对梵文辅音个别材料有清浊混乱的现象，比如婆字属並纽该对梵文 ba 或者 bha，可是兜婆 stupa 里头它对 pa，浊纽字对了清辅音 p－，问题出在梵文，梵文夹在两个元音中间的清辅音能浊化，p＞b，在印欧语言里这不算新鲜事儿。当然，问题也可能出在汉字这方面，波字属帮纽，累世传抄，波婆讹误也会清浊混淆。汉语韵母对梵文音有的材料乍看起来也不太好理解，比如螺 lvā、沙 ṣa、输 śva、首 śva，好像螺、沙对音顺眼，输、首对音瞅着别扭，梵文的 a 怎么这么万能呢？梵文 ā 是十足的［ɑ］，短 a 实际可能念［ə］、［ʌ］或者［ɔ］，现代印度人就这么发音，孟加拉国一带的人读 a 为［ɔ］。两晋时期虞模部主元音是［o］，侯尤部主元音是［u］，输字当时假定念成［ɕio］，对梵文 śva［$ɕ^{i}$wɔ］合适，首字假定念［ɕiu］，对梵文 śva［$ɕ^{i}$wɔ］也可以。再比如翅 ki、kin 后汉三国翅字对出 n 韵尾，可以由梵文方面解释，名词 śikhin 的主格形式是 śikhī，照着佛经行文主格形式对音的汉字是 i 韵母的，由字典查出来的词形就是带 n 尾的，翅对 kin 就是这么来的，尸对 śyin 也一样。

还得声明，本节为了围绕话题，往往只罗列某个汉字的跟介音相关的对音资料，比方说罗字对过 la、lā、lo、ra、rā、lya、lvā、rua，只列出罗 lya、lvā、rua。

二　后汉三国对音

（一）对音的情况和说明

1. 对－y－的

（1）一等字。陀 dya，罗 lya，迦 ghya，和 vyā。

（2）三等字。毘 vya，藐 myak，尼 nya，泥 nya，璃 rya，祇 khya，罽 kye，驶 ṣya，疏 ṣya，支 tye，遮 tya，周 cyu，舟 tyu，舍 śya，尸 śyin，葉 śyap，摄 śyap，旃 tyāyan，禅 dhyan，阇 jya，儿 ṇya，若 ṇya，如 nya，然 ntya。

（3）四等字。提 tya，填 dyan，黎 rya。

对音字迦《广韵》古牙切又居伽切，歌麻两韵重出，一、二等都占，情况特别，暂列一等。驶、疏是庄组字，韵图列二等，依着切下字系联属于三等，本节放在三等。藐《广韵》亡沼切又亡角切，三等小韵和二等觉韵重出，暂列三等。阇，视遮切又德胡切，三等麻韵和一等模韵两见，照着声母对 j 是禅纽音列入三等。

昆、並纽字，它的声母一般对 b、bh，比方 bih、bhī、bhe，这儿对 v，b 和 v 混乱，译经师读 v 成 b。梵语史上有 b、v 混乱，印度方言也有把 v 读成 b 的①。支遮舟旃、章纽字对 t，禅字对 dh，恰好证明上古照三归端组。以后再碰上这一类的情况就不重复了。

2. 对 – r – 的

（1）一等字。波 pra，钵 prapt，般 prajñ，多 tra，阇 dhra，陀 dra，伅 druṃ，勒 tyey，迦 gra。

（2）二等字。咤 tra，叉 tra，沙 śra。

（3）三等字。辟 pra，梵 brahm，凡 brahṃ，枫 brahm，利 triṃ，拘 kra，惧 kra，鸠 kra，吉 kṛt，犍 grān，健 grāṇ，舍 śra，须 sro，焉 grāṇ，夷 tri。

（4）四等字。提 dri、dra，坻 dra。

3. 对 – v – 的

（1）一等字。陀 dvā，螺 lvā，罗 lvā、rua。

（2）二等字。沙 sva。

（3）三等字。叠 dvip，葉 śvap。

（4）四等字。提 dvi 。

沙字生纽应当对 ṣ，梵汉对音有 ṣ、s、ś 混淆现象。

（二）对音情况的讨论

1. i 介音问题

（1）三等字有 i 介音。梵文有相当于汉语 i 介音的 – y – 音丛，主要用三等字对音，统共用了二十四个字，数量不少，而且涉及唇、舌、牙、齿音各部位。咱们可以肯定，后汉三国译音系统里头三等字有 i 介音。

（2）一等字也有对 – y – 的，怎么解释？除了迦字歌麻二韵重出，陀和罗三个字都是歌戈韵字，等韵图上歌戈韵没有三等字。答案有了：用一等字对 yā、ya 是近音代替。

（3）四等有没有 i 介音？三个四等字对有 i 介音，再说它们的对音也不是无可代替的，提跟三等遮同对 tya，黎跟三等璃同对 rya，填 dyan 跟

① Whitney：《梵文语法》，第 50 节。

三等禅 dhyan 也相等。虽说不能肯定当时相当于后来四等的字一律有 i 介音，可至少能证明有一部分四等字已经有 i 介音。假定承认语音有演变不能一整类在一夜之间转变，那么，说 i 介音先在一部分四等字里出现就能接受。

2. u 介音问题

（1）合口有 u 介音。一等歌韵陀、罗，戈韵螺韵母对 vā 清清楚楚表明 u 介音存在。陀罗对 vā 一读很有意思。《广韵》它们分在歌韵，《切韵指掌图》歌韵属开口，陀罗应当只对 ā。可是更早的唐写本《切韵》不分歌戈，《韵镜》虽说歌戈分图，可是都注合口，跟陀罗对 vā 符合，这一读可能反映了早期某种方言实际语音。

（2）二等沙对 sva，可能当时方言有合口读音，现代厦门话沙白读就念［suɑ］；另一种可能是戈韵莎字抄刊之误。三等收 p 尾开口字叠葉对 u 介音，纯粹因为没有相应的合口字。四等开口提字是译经史上的对音"专业户"，它不光对齐韵音，还包揽止摄字对音，dvi 找不着相应的止摄字，又让它代劳了。

3. r 介音问题

（1）对音把 -r- 跟 -y- 似乎一样看待。最明显的例子是三等字同样大量的出现 -y- 和 -r-。另外，有些对音字 -y-、-r- 两对，比如舍śya、śra，提 tya、dri，迦 ghya、gra，祇 khya、gṛ = gri，等等。咱们把对音上的 -r- 当成观察汉语介音的资料没什么不妥。

（2）庄组来自精组，知组来自端组，庄、知二分化的条件是 r 介音。这个假说已经有一批学者赞成了。对音初纽叉、生纽沙、知纽二等咤只对 -r-，不对 -y-，例字数量不多，可是恰好对这个假说有利。咱们应该承认当时有 r 介音。

三　两晋对音

（一）对音的情况和说明

1. 对 -y- 的

（1）一等字。迦 kya。

（2）二等字。沙 ṣya。

（3）三等字。藐 myak，璃 rya，利 riya，连 lyāyan，长ḍyaṅ，苌ḍyaṅ，

羁 kye，祇 khye，支 tye，遮 tya，尸 śyin，施 śyi、śya，葉 śyap，树 jyo，禅 dhyan，若 ñya，如 nya，饶 nyā（k）。

（4）四等字。提 tya，填 dayan，田 dhyan，梨 riya、rya，丽 riya。

沙普通对 ṣa，对 ṣya 属于音近代替。假定换成麻韵三等对音，奢是 ś－，些是 s－，声母不对。

2. 对－r－的

（1）一等字。波 pra，钵 pra，般 prajñ，多 tra，陀 tra，阇 dhra。

（2）二等字。咤 ṭra，咤 ṭra，加 kra，沙 śra。

（3）三等字。既 kri，拘 kra（k），乾 gran，揵 gran，犍 gran，须 sro，舍 śra。

（4）四等字。坻 dra，提 dri、dṛ。

3. 对－v－的

（1）一等字。埵 tva，头 tva，堕 dva、dhva，螺 lvā，罗 lvā。

（2）二等字。沙 sva。

（3）三等字。奢 śva，输 śva，首 śva，葉 śvap 。

头 tva，首 śva，输 śva，这些看着很怪的对音产生的原因，引言部分已经说过了。

（二）对音情况的讨论

1. i 介音的问题

（1）三等 i 介音很清楚。对－y－增加了东汉没用过的对音字利连施树饶，最可贵的是澄纽长苌，透露出知组三等的 i 介音。

（2）四等新增了 3 个对音字田梨丽，一共有 5 个。三、四等对－y－的总共 23 个，四等占到 20% 以上。原本三等字比四等字就多，这么一比，咱们就敢说，主张中古音四等不带 i 介音的学说跟对音语言的事实不符。

2. r 介音问题

跟后汉三国一致，知二、庄组对出 r 介音。新添了知二咤字，咤沙是沿用汉译。一、三、四等对 r 介音的，只有三等既乾是新添字，其余都是沿用，继承汉代译音词用字，比方 prajñā 汉译般若，晋代沿袭。可是也有变化，后汉三国对 r 介音的一、三、四等字共有 30 个，两晋减少到 15

个。这个现象也许主要因为对音手法儿发生变化的结果，比方 brahmaṇa，东汉对 brahm 用梵字，梵对 r 介音，西晋用婆罗门对音，婆对 b，罗对 ra，取消了梵这个对音字，这种变化反映了译音手段精密化。

3. u 介音问题

对音证实它存在，以后也不必再讨论了。

四　唐朝对音

唐朝高僧义净、不空二公的语音系统有一些差别，可是介音基本一致[①]，本节用他们的译音当讨论对象。

（一）对音的情况和说明

1. 对 -y- 的

（1）二等字。洒ṣya 。

（2）三等字。鼻 bya，便 bhyan，骠 bhyo，瓢 bhyo，眇 byo，藐 mya（k），婢 vye，独 dyog，侄 dyath，捻 dyam，娘ṇya，嚩 rya，略 lyāh，例 lye，者 cya，奢śya，舍śya，设śyat、śya（n），叶śyap，扇śyan，树 jyo，扰 jyo，乳 jyo，孺 jyo，若ṇya，喏ṇya，惹ṇya，纫ṇyun，暹 syam，写 sya，泻 syā，呬 hye。

（3）四等字。谛 tye，店 tyam，甸 dyam，钿 dhyan，殿 dhyan，淰 dyam，细 sye，傒 hye，系 hye 。

眇、明纽对 b，捻淰、泥纽对 d，是不空的鼻音声母有同部位的浊塞音，比如 mb、nd、ŋg，属于唐朝长安音特点，因此婆字对 ma 又对 ba，以此类推。日纽字义净对 ñ、ṇ，不空一般对浊塞擦音 j［dʑ］，少数也对 ṇ，因此字表有乳对 jyo、若对ṇya 等。洒对 ṣya 跟两晋沙对 ṣya 是一个道理。

2. -r- 的

（1）一等字。多 tra。

（2）二等字。觨ṭre。

（3）三等字。施śre。

---

① 参见本书第六章第四节。

3. 对 -v- 的

（1）一等字。埵 tva，堕 dvā、dhva，锁 svā，莎 sva、svā，索 svah，碎 svay。

（2）二等字。幢 dhva。

（3）三等字。输śva，舍śva，首śva，说śvas、śvar，烁śvar，篅入jval。

篅、市缘切、禅纽仙韵，加注入声，该属薛韵。译音人找不着合适的入声，就用阳声韵字加注“入”代替，可见对音态度的严谨。

（二）对音情况的讨论

1. i 介音问题

（1）三等 i 介音很清楚，有 32 个对音字，数量相当多，而且唇舌牙齿喉五音俱全。除了藐叶树若四个字是汉晋译音用过的，其他 28 个全是新添对音字。

（2）四等有 i 介音。对音字已经有 9 个，还都是汉晋译音没用过的，声母涉及舌、齿、喉音，韵母涉及 5 个纯四等韵当中的 3 个：齐、先、添。凭这几条儿，咱们敢推断，唐朝译经语言四等有 i 介音。

我们的推断还能从另一个方面得到旁证。唐朝已经形成比较严格的对音方法，追求对梵音的尽可能逼真的描写。汉译对有 i 介音的音丛，找不见合适的三等字就拿一等字替替差事，比如迦对 ghya。唐朝不空和义净一般不这么干，尤其在给咒语对音的时候。比如义净 vakya 对薄伽枳也反，对音字写了一等字那是没法子，歌麻韵牙音没三等字，可是对音字下加小注儿：枳、见纽代表声母 k，也、麻韵三等字代表 ya 。这简直就是新造一个反切来描写梵音。在这么严密的对音体系里头，四等字对带 i 介音的音丛例字不少，又不加小注儿，应当信它。

2. r 介音问题

难得瞧见汉字对音带 r 介音。空公用了六百多个汉字给咒语对音，仅仅出现一个二等知纽鵽字对ṭe、ṭre。净公对音有两例，一等多字对过 tra，三等施字对过śre，梵语名词儿子念 putra，他对弗多，咒语śre 他对施。能不能根据以上情况判定唐朝没有 r 介音？不能。以不空对音为代表的译音新体系不容易出现对 r 介音的汉字。比方说空公、净公给咒语对的音：

梵音	indra	prabhuḥ	triphali
义净	因达罗	钵喇部	窒里发里
不空	印捺啰$_{\text{二合}}$	钵啰$_{\text{二合}}$仆	底里$_{\text{二合}}$颇里

dra、pra、tri 都不再用一个汉字对音，而是用第一个汉字声母对第一个梵文辅音，用第二个汉字来纽字音节对 ra 或者 ri 。r 介音问题放到重纽那一小节讨论。

五　宋朝对音

（一）对音的情况和说明

1. 对 - y - 的

（1）一等字。蹉 tsya，祖 jyo。

（2）二等字。沙 ṣya，洒 ṣya，挐 ṇya。

（3）三等字。缅 myan，咩 bya，连 lyāy，吉 kya，煎 cyan，写 sya，支 tyai，舍 śya，奢 śya，阇 śya，葉 śyap，世 śyi，乳 dyo。

（4）四等字。提 dhye，钿 dhyan，殿 dhyan。

2. 对 - r - 的

三等字。日 jri、jra，必 pri、pre，辟 prat，吉 kri。

3. 对 - v - 的

（1）一等字。埵 tva，堕 dvā，驮 tva，挼 dva，罗 lva，莎 sva、svā，碎 sve。

（2）三等字。说 sva、śvā。

蹉、清纽歌韵，对出三等字音，其实清纽麻韵三等有且字，施护偏不用，显得很怪，假定蹉是嗟之误就比较好理解了。天息灾的对音整理出来日字对 jri、jra，第二个读音尤其不好理解，咱们没见着成段$_{\text{儿}}$的对音资料，不能检验。唐朝不空对 vajra 用嚩日罗$_{\text{二合}}$，要是传抄之中丢了罗字，后人就容易误认日字对 jra。

（二）对音情况的讨论

资料告诉咱们，三、四等都有 i 介音，合口有 u 介音。

宋朝跟唐朝一样。比如 vaiśra 对吠室罗$_{\text{二合}}$，室对 ś，罗对 ra，当然出不来带 r 介音的对音字。施护、天息灾只有三个对出 r 介音的字：吉、必，重纽四等字；辟，普通三等字。关于宋朝有没有 r 介音的问题放到下一小节里讨论。

六 重纽跟介音的关系

由唐朝的对音看，当时的重纽三四等区别在于介音不同。

为了加大对音准确性的保险系数，咱们用不空跟义净的咒语对音。重纽三等跟四等对音字分别左右罗列，为了对比它们读音特点，跟对音字对立的重纽字也列出来，没有对音的位置画个 O，没有对立重纽字的位置就空着。反切用《广韵》《集韵》的，韵目举平以赅上去，阳声韵目包括入声。

	三等	四等
支	掎（居绮）O	枳（居纸）ki
	绮（墟彼）kṣi	企（丘弭）khi
	奇（渠羁）O	祇（巨支）ghi、ghī
		岐（同上）gi
	陂（彼为）O	卑（府弭）pe
		箄（同上）pe
	皮（符羁）O	脾（符支）bhi 、phi
	髲（平义）O	避（毗义）bhi
	縻（靡为）O	弥（武移）mi、bi
	靡（文彼）O	弭（绵婢）mi、bi
		咩（同上）mi 、bi
脂		伊（於脂）i 、e
	齂（虚器）O	呬（许四）hi、he
		夷（以脂）e
	器（去冀）kṣi	弃（诘利）khi
	耆（渠脂）gi	
	鄙（方美）O	比（卑履）pi
	邳（符悲）O	毗（房脂）bhi. 、bhy
	备（平祕）O	鼻（毗至）bhi、bi

续表

	三等	四等
脂	郿（明祕）0	寐（弥二）mī
祭		曳（余制）ye、yai
		裔（同上）ye
	蹶（居例）ke	
	劓（牛例）0	艺（鱼祭）ge
		弊（毘祭）bhya
真	礥（於巾）0	因（於真）in
		印（於刃）in
	乙（於笔）ṛ	一（於悉）it、ir
		壹（同上）it、ir、ic
		寅（翼真）yan、yaṃ
		紧（居忍）kin
	暨（居乙）0	吉（居质）kil、kis
		诘（去吉）khil
	笔（鄙密）0	必（卑吉）pil、piś
		毕（同上）pis
	贫（符巾）0	频（符真）bhin、bin
		牝（毘忍）bhin、bhid
	弼（房密）0	苾（毘必）bhit、bi
	珉（武巾）0	民（弥邻）min
	愍（眉殒）0	泯（武尽）min、bin
	密（美笔）mit、mṛt	蜜（弥毕）mit、mṛt
仙	漹（有乾）0	延（以然）yan、yaṇ
		演（以浅）yan
		拽（羊列）yes
	謇（九辇）kan	
	骞（去乾）khan	
	褰（同上）khan	
	朅（丘竭）khar	
	甗（鱼蹇）gan	
	彦（鱼变）gan	

续表

	三等	四等
仙	孽（鱼列）gat、gar	
	蘖（同上）gat、gar	
		便（婢面）bhyan、bhen
宵	憍（举乔）kau、ko	
	娇（居夭）kau、gau	
	乔（巨娇）gau、go	翘（渠遥）O
	娇（同上）ge（?）	
		瓢（符霄）bhyo
		骠（毘召）bhyo
		眇（亡沼）byo
侵	禁（居荫）kum	
		淫（余针）yim
盐	检（居奄）kaṃ	
	笈（其辄）ga（m）	
	炎（于廉）im	盐（余廉）yam
		阎（同上）yam、jam
		焰（以赡）yaṃ
	曄（筠辄）	葉（与涉）yab

炎字《王三》有于淹反、以赡反，三、四等两见，《韵镜》三十九图炎列三等，四十图盐列四等，炎、盐的重纽问题暂时不论。

上面这张表传达了很重要的信息。

第一，抛开没有重纽对立的字做做统计，以 i 为主元音的梵文音从所对译的汉字，涉及二十三对儿重纽，一般是用重纽四等字对音。比方说，ki 对四等枳而不对三等掎，bhi 对四等脾而不对三等皮，mi 对四等寐而不对三等郿，等等。对音有这么强烈的倾向，最简捷的理解就是重纽四等的主元音 i 音色比重纽三等的更强。既然主元音都是 i，音色的强弱就可能是由介音不同造成的。

第二，重纽三等字对主元音 i 的有两个字值得注意，它们跟对立的四等字所对的辅音不同：

三等绮 kṣi　　四等企 khi
三等器 kṣi　　四等弃 khi

是不是重纽三、四等声母不同？不可能如此。净公、空公一般用初纽字对 kṣ－，比方叉 kṣa、察 kṣat、刹 kṣat、差 kṣe、铲 kṣan、创 kṣāṅ、閦 kṣobh，梵文 kṣ 读音更接近［tʂ‘］或者［tʃ‘］，假定咱们说溪纽字的重纽三等声母跟初纽声母一样，那可太冒险了，文献不支持咱们。溪纽字重纽三等对 kṣ 也能从介音上找着解释，kṣ 的 ṣ 一方面相当于 kh 的 h，能反映出送气成分，另一方面 ṣ 又能反映［k‘］声母后头有卷舌音素，不是普通三等韵舌面的［j］介音。重纽三等是 r 介音。

字表里三等密跟四等蜜都是 mit、mṛt（= mrit）两对，也好解释，这对儿重纽字已经不对立了，介音统一到重纽四等，都是 i 介音了。

说重纽三等有 r 介音不光凭这个字表，还有更直接的证据。梵文 ṛ 有一派的读音是 ri，空公跟他的徒弟慧琳和尚拿重纽三等乙字对字母 ṛ 音，乙不是来纽字，不是对 ri，它属影纽，当时该有声母［ʔ］，念［ʔʴit］，有 r 介音。上头字表里有个乙栗二合对 ṛ，那是乙字［ʔʴ］对 r－，栗字对 i，或者是用乙字的［ʔ］表示发 r 音之前的预备动作，栗字对 ri，都能说通了。

另外，咱们在唐朝汉藏对音材料里也能找着有利的旁证。石刻《唐蕃会盟碑》上吐蕃人名的对音，źan khri bzer 对尚绮立热，重纽三等绮字对 khr－，跟梵汉对音一致。

咱们说重纽的区别在于三等是 r 介音，四等是 i 介音，是对音透露出来的。本节的目的并不是追求精细地描写汉语古音音值，是要寻找重纽三、四等之间到底有什么样的“区别性特征”，咱们对三、四等介音的描写是音位式的。

至于其他朝代有没有重纽，假如有，三、四等的区别在哪儿，这两个问题目前不容易回答，关键是眼下能见着的现成材料解决不好这些问题。

两晋对音已经整理出材料来了，可惜对音的重纽字少得可怜，能直接观察介音的也就俩字儿，三等羁对 kye，它还没有对立的四等字；另一个四等祇对 khye、gṛ，它还混淆了 r 和 i 两种介音。

宋朝对音已经整理的施护跟天息灾的材料在重纽上有相互矛盾的东西。有的材料对证明重纽存在有利，头一条儿，支脂祭真仙五个韵系一般拿重纽四等字对梵文以 i 为主元音的音丛，二一条儿，用乙里二合音对 ṛ，这都有跟唐朝对音情况一致。可是有的材料对证明重纽存在或者三等为 r 介音不利，头一条儿，唐朝用重纽三等绮对 kṣ-，四等企对 kh-，这一类鲜明对立的资料宋代还没发现，反倒是重纽四等必对 pri、pre，辟对 prat，吉对 kedh 又对 kri，它们反过来倒能证明不存在重纽三四等对立。第二条儿，二等庄组跟三等章组混淆，初纽跟昌纽同对 kṣ-，比如初纽的叉 kṣa、刹 kṣat、雏 kṣu，昌纽的嗤 kṣi、叱 kṣi、称 kṣaṃ，出现这样的资料，谁还敢说庄组声母接 r 介音合适而章组声母接 i 介音合适？

魏晋南北朝和宋朝的 r 介音问题只好等一等，到相关的对音资料大量挖掘、整理出来以后再做结论。

七 尾声

开始做这篇文章的时候，咱们想摊开打东汉到宋朝的对音材料看看汉语介音的发展变化过程，文章写完了，发现咱们的目的没完全达到，特别是考察 r 介音留下的窟窿最多。

由于材料不同于传统文献，咱们也发现了如下几个有意思的结论：

第一，颚 i 介音、合口 u 介音“古已有之”，至少能古到东汉。有人主张，到了中古（隋、唐、宋）软音声母的舌面化成分才促成了 i 介音的产生①，对音证明这个结论的时代猜想太保守了。

第二，纯四等字对音东汉就有 i 介音，两晋增强，唐宋大备。假定有谁主张《切韵》纯四等没有 i 介音，而且这种情况代表中古的通语，咱们就要提出怀疑，因为它跟对音文献不合，译音语言应当代表通语或者当时影响很大的方言。

第三，历史上有过 r 介音，它是跟 i 介音对立的成分。

① 李新魁：《古音概说》，广东人民出版社 1982 年版。

第二节 《圆明字轮四十二字诸经译文异同表》梵汉对音考订①

一 引言

罗常培先生在《梵文颚音五母的藏汉对音研究》文末附了两个表，他说：

> 泰县缪子才先生（篆）在他的《字平等性语平等性集解》后面列过一个《悉昙字母表》，我就他所收的材料加以增订，改成四十九根本字及圆明字轮诸经译文异同两表，附录在本篇之末，以供研究华梵对音的人们参考。②

李荣先生的《切韵音系》附录的根本字译文表和圆明字轮译文表是照着罗先生的两个表画的。李先生发现圆明字轮表有点儿问题，他说：

> 圆明字轮诸家次序可能不完全相同。如佛驮跋陀罗、地婆诃罗、实叉难陀的“吒”跟“侘耻加反”的位置恐怕要对掉一下才合适。这一点可能还有形近而误的原因在里头。前二人的“室者”当移到“多娑”的位置。其他不列举。不单如此，恐怕字轮内容也略有差别。③

可是，不知道出于什么原因，李先生仍然转录了罗先生这个表，也没做大的改动。

二 字表的校勘

这个字表问题不少，严重地损害了它的使用价值。打梵汉对音上说，

---

① 本节发表于《中国人民大学学报》1997 年第 4 期。

② 《罗常培语言学论文选集》，中华书局 1963 年版，第 64 页。

③ 李荣：《切韵音系》，科学出版社 1956 年版，第 165 页。

值得研究的地方共有68处。其中竺法护12处，无罗叉8处，鸠摩罗什9处，佛驮跋陀罗15处，玄奘2处，地婆诃罗15处，实叉难陀6处，般若1处。唯独不空和慧琳的梵汉对音丝毫不差。

下边儿照着表上的顺序，逐人逐字讨论对音有问题的地方。

竺法护译音。13 计（古诣，一般用《广韵》反切，下同）该对辅音 k 而对 y。14 吒（陟驾）当对 ṭa 而对 ṣṭa。15 阿（乌何）应对 a 而对 ka。21 波（博禾）可对 va 而对 sva。波所对的 va 读 ba，比如法显《佛国记》译的城名波罗奈，梵音是 vārāṇasī，又作 bārāṇasī，b、v 混淆[①]。28 咤（陟驾）呵（虎何）当对 ṭha 而对 rtha。31 那不该对 sma。32 沙波不应对 hva。35 咤徐（似鱼）不当对 ṭha。39 磋误对 ysa。40 伊（於脂）陀（唐何）该对 ṛdha 却对 śca，拿影纽字对 ṛ 不乏其例，比方慧琳用乙（於笔）对 ṛ[②]。41《大正藏》不是陀，是侈[③]。42 吒对 ḍha 不妥。

无罗叉译音。14 吒不该对 ṣṭa。21 湿（式质）波当对 śva 而对 sva，此处译音跟玄奘一致。26 侈似应对 ṭa，不对 sta。31 魔（莫婆）当对 ma 而对 sma。32 叵（普火）该对 pha 而对 hva，可是37 格儿已经有破对 pha，叵字难理解。38 歌（古俄）应当对 ka 而对 ska。39 嵯（才何）该对 jha，错对 ysa。40 嗟（子邪）该对 tsa 或者 ca，误对 śca。

鸠摩罗什译音。14 吒误对 ṣṭa。21 簸（布火）可对 pa 而对 sva。26 哆（丁可）该对 ta 而对 sta。28 拖（讬何）当对 tha 而对 rtha。31 魔（莫婆）该对 ma，湿么当对 śma 而对 sma[④]。38 歌误对 ska。39 醝（才何）错对 ysa。40 遮（正奢）当对 ca 而对 śca。

佛驮跋陀罗和地婆诃罗译音。5 多（得何）该对 ta 而对 na。7 茶（宅加）可对 ḍa 或者 ḍha，误对 da。11 他（讬何）应当对 tha 而对 va。12 那（奴箇）该对 na 而对 ta。16 地婆诃罗婆字误。19 娑（素何）他应对 stha 而对 tha。21 室（式质）者（章也）当对 śca 而对 sva。28 颇不应对 rtha。33 诃（虎何）应对 ha 而对 tsa。35 吒错对 ṭha。37 娑颇（滂禾）该对 spha

---

① 梵文 b、v 混乱古已有之，参见 Whitney《梵文语法》，第50节 a。

② 慧琳：《一切经音义》25卷《大般涅槃经音义》8卷，《大正藏》第54册，第470页。

③ 侈又可作奓。奓、陟加切，该对舌尖塞音 ṭa 或 ta。

④ 鸠摩罗什译《大智度论》31字，《大正藏》本作魔，不是湿麽。《大正藏》第25册，第407—408页。

而对 pha。39 阇（视遮、当孤）应当对 ja 或者 ta，误对 ysa。40 多娑该对 tsa 而对śca。41 侘（原注耻加反）该对ṭha 而对ṭa。42 陀（徒何）应当对 da 而对ḍha。另有两处像钞刊之误，佛婆跋陀罗 32 字诃娑的娑是婆之误，地婆诃罗的诃婆可证；地婆诃罗 16 婆是娑之误。8 和 29 已有婆对 ba、bha 可证。

玄奘译音。21 湿缚（符卧）误对 sva，该对śva，《大唐西域记》菩萨aśvaghoṣa 译阿湿缚窭沙是明证①。40 酌（之若）应当对 ca 而对śca。

实叉难陀译音。2 多对 ra 不当。28 曷（胡葛）攞（《集韵》来可）该对 ra，对 rtha 不合适。匣纽字加来纽字对 r 习见，比方义净用蹊（胡鸡）梨对ṛ②，般若 28 拿曷啰他对 rtha。35 吒对 ṭha 不当。37 娑颇（滂禾）该对 spha 而对 pha。41 侘应当对ṭha 而对ṭa。42 陀当对 da 而对ḍha，7 和 22 已经有柂（《唐韵》徒可，《集韵》汤何）对 da、dha，因此陀字很可疑。

般若译音。对音汉字跟空公、琳公基本一致，只有 41 字侘当对ṭha 而对ṭa，鉴于 35 姹（慧琳注拆贾反）已经对ṭha，侘或是咤之误。

三　异文成因探讨

是什么原因造成这么多问题？依我看，至少有如下六个因素。

1. 未明四十九根本字和圆明字轮四十二字的性质不同。四十九根本字属于悉昙（siddhaṃ）的内容，它教初学者念梵文元音、辅音、半元音的读音。不论谁介绍，字母都照着固定的顺序排列，成了“统编教材”。圆明字轮的根本字是文字陀罗尼（dhāraṇi）；讲四十二字是让信徒讽颂而修功德：

> 善男子：我唱如是入诸解脱根本字时，此四十二般若波罗蜜门为首，入无量无数般若波罗蜜门……如诸菩萨摩诃萨，能於一切世出世间善巧之法，以智通达到於彼岸。③

---

① 季羡林等：《大唐西域记校注》，中华书局 1985 年版，第 649 页。

② 义净：《南海寄归内法传》英译本叙论。

③ 佛驮跋陀罗译：《大方广佛华严经》57 卷，《大正藏》第 9 册，第 766 页。

四十二个解脱根本字诸经没有统一的“教案”。

2. 不同经、论的解脱根本字有区别，字序有差异。比如《大方广佛华严经》有śca 这个字[①]，其他经论没有；《光赞经》把 a 字排在第 15，其他经论放在第 1 位。其余的不列举。

3. 同一部经不同梵本的解脱根本字有区别，字序有差异。比方《大方广佛华严经》，不空、慧琳、般若根据的梵本相同，佛驮跋陀罗、地婆诃罗根据的梵本是另一种。第 19 字空公一派是 tha，罗公一派是 stha；37 字空公一派是 pha，罗公一派是 spha，字有区别。空公一派第 5 字是 na，12 字是 ta，罗公一派第 5 字是 ta，12 字是 na，字序正好颠倒。两派居然有十三处不同。

4. 译音字抄刊有误。比方，前边儿提过的，佛驮跋陀罗 32 字诃婆的婆误作娑，地婆诃罗 16 字娑误作婆，般若 41 字该写吒或咤却写作侘，都可能是形近而误。竺法护 41 字《大正藏》是侈，罗先生表里误作陀[②]。

5. 译音字增删不当。比如竺法护译解脱根本字，《大正藏》本是四十一个字，第一字是罗[③]。本表首字增添阿，像是为凑齐四十二字。此阿跟 15 阿重叠，倒扰乱了原本字序。本表删了玄奘一个呵字，小注说：

> 案他经《陀罗尼门》皆四十二句，独玄奘译《大般若波罗蜜多经》四十三句，缪篆云：字轮第二十八字后衍“呵字门悟一切法因性不可得故”十四字。是也，今从之。

缪子才先生说不该有呵 ha，这话不可靠。佛驮跋陀罗和地婆诃罗的 33 字就是呵的同音字诃。硬把四十三个字切下一个，这可真成了“削足

---

① 圆明字轮译文表里当对śca 者：佛陀跋陀罗、地婆诃罗 21 室者，实叉难陀、不空、般若 40 室者或室左。空公一派拿精章两组音同对梵文 c 组音，左（藏可）、者（章也）都对 ca。详见本书第六章第二节。

② 竺法护译：《光赞经》7 卷“摩诃般若波罗蜜观品第十七”，《大正藏》第 8 册，第 195—196 页。

③ 竺法护译：《光赞经》7 卷“摩诃般若波罗蜜观品第十七”，《大正藏》第 8 册，第 196 页。

适履”。

6. 制表未审差异，强人就我。本表表头的梵音，明显是照着空公一派译音字的字音字序列的。竺法护、无罗叉、鸠摩罗什、佛驮跋陀罗、玄奘、地婆诃罗、实叉难陀的译音字，照着各自原本字序往空公四十二字框架里填，梵汉对音自然乱套。

罗先生的《四十九根本字诸经译文异同表》横行表头标四十九字梵音，下边儿每一横行列一部经、书的译音字，按时代先后排序。悉昙字母的字音、字序有定，梵汉对音大体无误。看这个字表，不单能学会梵文字母读音，还能研究很多问题，比方汉语语音历史音变，等等。《圆明字轮四十二字诸经译文异同表》照着前一个表的体例编，读者要是不小心，完全照着前一个表理解这个表的对音，就要出错儿。我的一位朋友相信了这个表上佛驮跋陀罗的吒对ṭha、侘耻加反而对ṭa，拿它当梵文ṭa、ṭha经常混淆的证据，让我吃了一惊，因此我写了这篇文章。这叫“情动于中而形于言”。

［附录］：圆明字轮四十二字诸经译文异同表

说明：表中原注罗马字音有误，第3字原注ba今改为pa，第42字原注d‘a今改为ḍ‘a

第九章

汉语的其他研究

第一节 “名字”“静字”章刍议
——读《马氏文通》札记①

一 分类存在的问题

笛卡尔说得不错，辩论先得确定范围。我们只谈两章里头有关词分类的几个小问题，别的不谈。②

我们先得弄清楚这一点：《文通》说的“假借”，也叫“用作”“用为”“用如”“用之”什么的，是指一个词打甲类变成乙类。③

《文通》的词分类，不论第一层（分成名、代、动、静、状），第二层（名字分的小类。静字分象静、滋静等），还是词跟非词的疆界，都有

---

① 本节发表于《河北大学学报》1986年第4期，第93—98页。

② 比如，误解词性：说“苍苍”“昏昏”“察察”等“重言皆状字”，其实是形容词、动词重迭。误解词义：“一气二体三类四物……”他说一、二、三、四是数数儿。其实都像“五讲”“四美”，是压缩成的名词。析句有误：“愿夫子辅吾志，明以教我”，说“以教”是“明”（象静）的宾语（司词），当解为“以明（大白话儿）教我”。如同“肉食者鄙”当解为“食肉者鄙”，是汉藏母语语序。藏语说“我看见一个人”，“人”在动词“看见”前边儿：我、人、一、看见、了。这些跟本节宗旨无关，姑不论。

③《马氏文通校注》第25页“通名往往假借静字”。“‘精微’与‘微眇’皆静字。今用为通名矣”，“‘勤’‘远’二字本静字。而用如通名”，“‘进’‘退’动字也，而用作通名”。诸如此类。书中随处可见。第8页“字各有义，而一字有不止一义者……义不同而其类亦别焉”。第9页“字无定义，故无定类，而欲知其类当先知上下文之文义何如耳”，在“正名”里归进各类的词好像算本类，一到句子里，一个词没准儿变成哪一类了。所以“字无定类”不是平常说的活用。

可商量的。

（一）“字无定类”等于不分类

1.1　静—名。（在“正名”章里归静字的，马氏认为到文章里用如［变成］名字。以下凡是 x—y 者都是这种意思。为省篇幅，每种变类只举三四例。[①]）

①赐之大，礼之过……宜以何报。（P25）

②故善用兵者不以短击长……（P143）

③无以小害大，无以贱害贵。（P144）

④君子以裒多益寡，称物平施（P145）

1.2　静（数词）—名

①以一服八，何以异于邹敌楚哉？（P143）

②方六七十，如五六十，求也为之，比及三年，可使足民。（P143）

③吏皆送奉钱三，何独以五。（P144）

1.3　动—名

①圣贤之能多，农马之知专故也。（P25）

②窃自计较，受与报不宜在门下诸从事后。（P25）

③冀足下知吾之退未始不为进。（P25）

1.4　状（副词）—名

①天之苍苍，其正色耶？（P25）

②千人之诺诺，不如一士之谔谔。（P25）

③人又谁能以身之察察，受物之汶汶者乎？（P26）

2.1　名—静

①舜本臣敞素所厚吏。（P162）

②虎者戾虫，人者甘饵也。（P162）

③陨石记闻，闻其磌然，视之则石，察之则五。（P162）

2.2　代—静

“‘吾国’‘吾家’‘其言’‘其行’诸语，‘吾’‘其’二字皆代字也，今则用如静字”。（P140）

---

①　为省篇幅，例句只注在章锡琛《马氏文通校注》里的页数。“校注”本用中华书局 1954 年版。

2.3 动—静

①“‘饥色’‘饿莩’诸语，‘饥’‘饿’本动字也，今则用如静字”。（P140）

②彻者彻也，助者藉也。（P284）

③庠者养也，校者教也，序者射也。（P284）

2.4 状—静

“‘款款之愚’‘拳拳之忠’‘区区之薛’等词，凡重言皆状字也。今则用如静字”。[①]（P140）

1类是形容词、数词、动词、副词里的一批词，跑进名词。2类是名词、代词、动词、副词里头的词，变成形容词。“他是老头儿”，照马氏的看法，“老头儿”成了形容词。一个词在几个词类里转悠。《文通》一翻，“比比皆是”。

从逻辑上说，词类拿具体的词做概括对象。每个词类包含的词这么灵活不定，概括对象交叉这么厉害，概念的外延就模糊不清。打语法上说，分类的目的要反映不同类的词在句子结构里有不同的活动方式，《文通》“字无定类”的分类没完成这个任务。

（二）小类不尽合理

3.1 名词分出的公名（普通名词）、本名（专有名词）可以合并。他管“天下”叫公名，“湖南”叫本名。在汉语里头它们到句子中间形态、功能区别得开吗？

3.2 表示方位处所的“东、西、南、北、上、下、左、右、内、外”等，《文通》归副词，“东败于齐……西丧地于秦七百里，南辱于楚”，说状其丧败之情境。有时候又把它们叫成介字（介词）。[②] 可是“东邻杀牛不如西邻之禴祭”（《礼记》），“西、东”当定语，“焦头烂额为上客”（P36），“上”既不“状”也不“介”。它们跟名词关系更密切，叫“方位名词”或者“名词附类”更合理，不用打名词圈儿里给挑出去。

4.1 静字包括形容词（象静）、数词（滋静），理由很勉强：“象静者以言事物之如何也，滋静者以言事物之几何也”。要是类推下去，言事

① “款款”等该算形容词。抄他的分类为说明他体例里的情况。

② 《马氏文通校注》，第119页。

物之"动静"是动词、形容词的任务，抓住相通的这一点儿也能把它们合到一块儿。他这是参考拉丁文法定的"静字"，后面要说。古汉语里恐怕动词、形容词更难分。形容词跟数词甭管是词汇意义还是广义的形态（重迭方式），差别都比较明显。①

4.2　形容词分三级："象静为比有三：曰'平比'，曰'差比'，曰'极比'"。平比：君子之交淡若水（P170）。差比：季氏富于周公（P173）。极比：诸子中胜最贤（P176）。比较的两边儿，差别从无到有、从小到大。"象静"是分三级吗？"淡""富""贤"没有任何形态上的区别。说"季氏贤于周公""诸子中胜最富"也行，语法上没毛病。形容词本身没有三级的分别。汉语表达比较意义靠什么？加动词"若、如、犹"，加介词"於、于"，或者副词"最、甚、极、尤"等，是靠词汇手段。②

（三）词跟非词混同

《文通》把以下 a 小类带"·"的看成名词。b 小类带"·"的看成形容词：

5.1　叫"词"的

5.1a　①故怒形则千里竦……（P24）

②四海之内皆曰非富天下也。（P24）

③夫千乘之王，万家之侯……（P108）

④齎三十日粮（P110）

5.1b　①此特群盗、鼠窃、狗盗耳。（P164）

②天下者，高祖天下……（P162）

5.2　叫"顿""读"的

5.2a　①吾未见好德如好色者也。（P33）

②夫论至德者不和于俗……（P33）

③如吾徒者，宜当告之以二帝三王之道，日月星辰之行。天地之所以著……（P33）

---

①　赵元任先生《汉语口语语法》归形容词入动词。陆志韦先生《北京话单音词词汇》认为有一批词很难分清属于动词还是形容词。吕叔湘先生对现代汉语动词形容词的分合举棋不定。

②　俞敏师认为欧洲人的比较是单向的，产生 A 好 B 更好 C 最好的三级。汉人的比较是双向的，所以还可以说"我好你坏""我高你矮"，表达了更合辩证法的相对观念。

5. 2b ①且此数家之事，皆先帝所亲论……（P162）

②所与上从容言天下事甚众，非天下所以存亡，故不著。（P163）

③此夫为盗不操矛弧者也……（P164）

5. 3 不、无 + 静而“并为一名”的

5. 3a ①多行不义。（P31）

②晋有三不殆。（P31）

③且多行无礼于国。（P31）

5. 3b ①城非不高也，池非不深也……（P165）

②夫隘楚太子弗出，不仁……（P162）

③因人之力而敝之，不仁；失其所与，不知；以乱易整，不武。吾其还也。（P162）

《文通》叫“词”“顿”“读”或者“并为一名”的，都不是词，比词大，是词组或者短语。他看成名词、形容词，把词的范围扩大了；叫了“顿”“读”又看成词，“自乱其例”。

二 背后原因的探讨

《文通》立词类照抄拉丁，不过是略有增减。古印欧语形态变化厉害。古罗马学者瓦罗（Varro）抓住这个特点，按有没有格变、时变把拉丁语的词分成四类。传统的印欧语法往往分成名词为中心变格儿的一块，动词为中心变位的一块。拉丁语变格儿那一块的格式：

名词（马氏叫名字）
形容词（马氏叫象静）
数词（马氏叫滋静）
代词（马氏叫代字）

除了代词的座次提前，《文通》卷二、卷三内容正是这样。拉丁语变位的那一块包括动词、分词跟副词，正好儿是《文通》卷四至卷六的内容。拉丁的形容词跟数词都经常出现在名词的前边、都得跟名词的性数格一致，它俩很像（形容词有三种变格，数词有四种，是不同点）。拉丁文法让它俩挨着，马氏就全叫成静字。

名词里头拉丁的公名跟本名有区别：公名单数多数都有；本名一般没有多数，本名第一个字母得大写。本名里希腊人名跟拉丁名词变格法还有点儿区别。比方 Aeneas 的属格，照拉丁语是第三变格阳性变化，词尾该是 -is，实际变成了 -ae。汉语没有形态分别，马氏就打词汇意义上分公名、本名。照这么分，还能更细点儿，不过已经不是语法分类了。

名词，拉丁语常常拿来改装成副词。māne 早晨，是名词；它也能表示“在早晨”，是副词。比较多的是用名词第四格（对格），比如：“东” oriens（主格），在东边 oriente（对格），“西” occidens（主格），在西边 occidente（对格）。也有用第五格（夺格）的：晚上 vesper（主格），在晚上 vespere（夺格）。《文通》跟着把“东、西、南、北、上、下、内、外”也当成表示处所的副词，“旦、暮、日、岁”也当表示时间的副词。

拉丁语有些词单用是副词，跟名词合着当状语它又是介词。supra 单用表示“上边”“从前”，suber 单用表示“下边”“以后”，都是副词。supra 加在名词前头表示“在……上”，supra mensam 在桌子上，supra 成了介词。所以马建忠把“上、下、左、右、内、外、边、侧”这些方位词，归到副词，又归入介词。为了证明这种归类对，他说汉语“记地记时之语率用‘上’‘下’……缀于地名、人名、时代之下，概无介字为先。盖‘上’‘下’……即所以代介字之用，故泰西文字遇有此等字义，皆为介字。”[①] 这话就说错了，汉语的“×上”“×下”“×中”“×侧”之前决非“概无介字”：

①王坐于堂上。(P16)
②仲尼适楚，出于林中。(P214)
③伯夷死名于首阳之下，盗跖死利于东陵之上。(P225)

他爱引证《孟子》，我们随手一翻就找着一批反证。[②]

---

① 《马氏文通校注》，第 119 页。

② 王立于沼上……移其粟于河内……则是方四十里为阱于国中……民以为将拯己于水火之中也（《梁惠王》）。人伦明于上，小民亲于下……救民于水火之中……水由地中行，江淮河汉是也（《滕文公》）。（其为气也）塞于天地之间……虽袒裼裸裎于我侧（《公孙丑》）。以事舜于畎亩之中……舜避尧之子于南河之南……由射于百步之外也……今有御人于国门之外者（《万章》）。水，信无分于东西，无分于上下乎？……犹彼白而我白之，从其白于外也……距人于千里之外……舜发于畎亩之中，傅说举于版筑之间，胶鬲举于鱼盐之中（《告子》）。

形容词在印欧语有表示比较意义的三个级。例如：

原级（gradus positius）	比较级（gradus comparatius）	最高级（gradus superlatius）
梵文 bahu 多	bahutara 更多	bahutama 最多
拉丁 beātus 幸福的	beatior 更幸福的	beatissimus 最幸福的

俄文也有，它们表示比较意义的词形区别都挺明显。汉语没有。马氏也跟着分“为比有三”；汉语要是照意义分，不止三级。赵元任先生觉着有四级。其实，何止四级?[①] “多的要命”算哪级?

《文通》划分词类真正的精神是摸着拉丁语问汉语，尽可能朝上头凑。他说的很多话是为圆满这个体系。

印欧语的形态跟功能一致。具有同一形态的词都有相同的几种功能；不同类的词形态不同，句法功能可以有交叉。比方，当表语的功能，拉丁语里是形容词多。像Gratum erat videre magnum numerum equorum。看见大批的马是挺新鲜。名词、代词、动词也能当表语。[②] 它的词类跟功能（作句子成分）不是绝然整齐对应，功能也灵活。印欧语按稳定的形态分类。汉语没有拉丁语那样的形态，《文通》转向句法功能找出路，这是叫汉语事实挤上这条道儿的。

《文通》运用功能标准有两点没处理好。第一，让句子成分跟词类整齐对应。“用为起词、止词、司词者，皆可以名名之”，[③] 结果 1. 1、1. 2、1. 3、1. 4、5. 2a、5. 3a 把形容词、数词、动词跟词组都当成名词。说偏次由名词当，5. 1a 有拿词组当名词的。说“表词则概为静字，然有以名字与顿、豆为之者，则必用若静字然”[④]，结果 2. 1、2. 3、5. 1b、5. 2b、5. 3b 把名词、动词、词组等当形容词。这办法儿给黎锦熙先生的“‘依句辨品，离句无品’说”开先河，打通了词类的一切疆界，等于没有词类。

---

① 《北京口语语法》里分同等、比较级、劣级、最高级，《汉语口语语法》里分同等、较胜、较差、最高、反最高；是五级。

② 名词表语：Marius erat consul。马利乌斯是执政官。代词表语：Itaria nostra erit。意大利将是我们的。动词作表语：Videre est credere。看见才可相信（眼见为实）。

③ 《马氏文通校注》，第 33 页。

④ 《马氏文通校注》，第 160 页。

第二，同一次划分用两个标准，连形式逻辑都违背了。说“若静字先名而有浅深对待之义者，概参‘而’……‘以’‘且’……‘又’字者。惟从未见如名、代诸字，以‘与’‘及’‘并’等字为连者”①。跟特定词的接触（姑且叫“广义的句法功能”），把二者分开了。又照着刚说过的担当职务（句子成分标准）把名词跟形容词混淆了。

再追问一下，马氏为什么抄拉丁文法？他认为语法不变，各种语言语法都差不多。他说“会聚众字以成文，其道终不变。”② 其实，印欧语本身就有反证。论资排辈儿，印欧语里梵文比拉丁文更古老。梵文名词形容词大部分是打动词根派生的分词演变出来的，不好分。例如：√śudh -（被）弄干净，（变）清新，派生分词śuddha；当它表示“清洁的”，“完美的”是形容词，表示“上半月”“干净”是名词。√mṛ死，派生分词mṛta，加上表示否定的a-就成了amṛta，表示不死的状态是形容词，说人有不死的品质则是名词，词形上难分。到拉丁语二者分开了，名词五种变格法，形容词三种变格法。拿格位说，梵文八个格儿（八转声），到恺撒时代拉丁语六个格儿，《高卢战记》里清清楚楚。往下，拉丁语（口语）后裔，葡萄牙语、西班牙语、意大利语、法语等，没一种完全像恺撒的拉丁语，全是“不肖子孙”。

“若希腊，若辣丁之文词……皆有一定不易之律，而因以律吾经籍子史诸书，其大纲盖无不同”。③ 这话跟事实不符。印欧语一般是词法发达。《梵文法》就讲两“声”：苏曼多声（变格），丁岸多声（变位），相当于现代汉语的词法部分。希腊文拉丁文是梵文体系，主要讲两“声”，拉丁文句法极简单：讲第二格一般是属声，有时候是动词或者介词的要求。汉语翻了个过儿，没有那样的词形变化，重心在句法上头。《文通》可是用了九卷篇幅讲词类，拿出一卷说句法。再比方说，梵文、拉丁文、俄文的词都有“性”，汉语词就不讲究这个。看到不同种语言的共同点是必要的，研究一个具体语言的体系，更需要把握住它的特殊性。张三跟李四区别开正是由于各自的特点不同。

---

① 《马氏文通校注》，第149页。

② 《马氏文通校注》，第2页“序”。

③ 《马氏文通校注》，第5页“后序”。

批评马建忠生搬硬套，要否定的是我们觉着不对的东西，不是打算抹杀他创业的功绩。说句公道话，他没解决的问题，比方词分类标准，《文通》发表到今天八十多年了，学者们还没找着个令人满意的方案。再说，语法研究作为社会科学总得不断发展，怎么能要求《文通》“毕其功于一役?”我们为了探索、前进才拿起批评的武器。

第二节 熟语的语形问题[①]

一 引言

成语、惯用语、歇后语、谚语等固定短语，在高等院校《现代汉语》教材里头一般统称熟语。叫熟语不一定最合适，本节暂且不讨论这个问题。

书卷气味浓，通常用四个字构成的，比如“美不胜收”“花好月圆”，叫成语。剩下的口语意味浓的，比如“老大难”“挂羊头，卖狗肉”“有枣儿没枣儿打一竿子”，叫惯用语（或者习惯语）；比如“剃头挑子，一头儿热”“小葱拌豆腐，一青二白”，后一截儿可以省了不说，叫歇后语。意在传达知识、经验、训诫的，比如“年纪不饶人”“三个臭皮匠，顶个诸葛亮”，叫谚语。

一个熟语由一定的词构成，有一定的意义，有相对固定的组成成分和一定的搭配规律。本节讨论的语形就是上述表现形式的简称。

人们发现，有的熟语有两个以上的语形。比如：

（1）王仁利：“你就劝她改嫁?”王仁德：“哥哥，改嫁比饿死强！那年月就那样，胳膊拧不过大腿去！”（老舍《全家福》）

（2）老伴说：“你吃吧！你不知道胳膊扭不过大腿？有啥理可说哩！”（李准《黄河东流去》）

（3）老爷子一声令下便是圣旨，我娶不了金裹银儿和小戏子，看不到斗蛐蛐儿的好戏，烦恼了好几天，怎奈胳膊拗不过大腿……（刘绍棠《野婚》）

① 本节发表于《中国语文》1996年第4期，第288—292页。

“胳膊拧不过大腿”里边的动词“拧”，跟“扭”“拗”语音形式不同，它们之间的交替产生三个语形，三个语形包含的基本意义相同。编辞典的人可以把它们看成一个东西，给一个共同的释义：比喻双方在权势或者力量上相差悬殊，一方难以跟另一方抗衡。

有的熟语的语形还可能有其他变异，比方说插入其他成分或者变动语序。例如：

（4）吃不开啦！得忍气就忍气，胳膊反正扭不过大腿去。（老舍《方珍珠》）

这个惯用语的中间插进去了一个副词“反正”。

人们理所当然地会提出一个问题：既然是固定短语，它的组成成分和结构就该是不变动的，可是实际上有的熟语语形容许变动，这怎么解释呢？流行的解释是说它们既有固定性（或者叫凝固性、定型性），又有灵活性。说有固定性，是因为成分和结构比较固定，不能随意变动；说有灵活性，是因为有的可以变动成分，或者插进别的东西，甚至于颠倒词序。为了引述方便，我把这种主张叫“双性说”。“双性说”描绘了某些熟语的形式特点，不失为一种见解，可是这种解释有值得进一步琢磨的地方。第一，说它既固定又灵活，把两种对立的性质统一起来，理论支柱不是语言学，是哲学，是对立统一的辩证法。咱们能不能另辟蹊径，直接到语言学里头找到解释？第二，“双性说”提出固定性跟灵活性的二元对立，把非固定性的表现都归到灵活性，结果持这种见解的人有时候把词汇问题跟运用问题混为一谈。上头举了四个书证，例（1）（2）（3）里头的语形差异属于词汇问题，例（4）里头的语形变异应该是造句时的用法问题。

二 语形单位和变体

正因为一个熟语可能有几个相对固定的语形，就有必要建立“语形单位”这个概念。熟语的各个语形单位包含的语形数量可能不完全一样，“开夜车”“一鼓作气”这两个语形单位都只有一个语形，“跑了和尚跑不了庙”这个语形单位，我由手头儿的材料找着了六个语形：

（5）跑了和尚跑不了庙（周立波《暴风骤雨》）
（6）跑了和尚跑不了寺（梁斌《红旗谱》）
（7）跑了和尚跑不了寺院（赵树理《李家庄的变迁》）
（8）走了和尚走不了庙（丁玲《太阳照在桑干河上》）
（9）逃得了和尚逃不了寺（马忆湘《朝阳花》）
（10）躲得了和尚躲不了寺（清·吴敬梓《儒林外史》）

当然，言语作品里头不止这几个语形。

属于同一语形单位的几个语形互为变体，或者说互为异形语。变体的基本语义相同，基本语形相近。变体的语形差别属于个性特征，一个变体的个性特征不足以造成另外一个对立的语形单位。变体之间差就差在语形上，也可以叫异形语。

熟语当中可以有同义语。两个熟语有相同的语义，基本语形不相近，不属于同一语形单位的变体，可以构成同义语。比如：

（11）老鼠舔猫鼻子，找死（刘子威《在决战的日子里》）
（12）耗子舔猫鼻子，找死（冯志《保定外围神八路》）
（13）小草鱼赶鸭子，找死（黎汝清《万山红遍》）

照着我们的尺子量，例（11）和例（12）能归进同一个语形单位，因为它们语义相同，语形相近，“老鼠”和“耗子”虽说语音有差别，可是它们所指相同，这两个歇后语显然有同源关系。例（13）跟它们的语义相同，可是语形差得远，应当作为同义语，归到另一个语形单位。再如：

（14）物以类聚（鲁迅《两地书·一二一》）
（15）人以群分（李六如《六十年的变迁》）

虽说语义相同，都是指人或者事物同类的凑在一块儿，不同类的自然分开，可是语形差异大，不能算异形语，应当算同义语。

熟语当中也有反义语。两个熟语之间有反义关系就可以构成反义语，无论它们语形相近不相近，都分别属于不同的语形单位。比如：

（16）花好月圆（宋·张先《木兰花》）
（17）花残月缺（元·关汉卿《望江亭》）

前者可以比喻爱情圆满，后者可以比喻爱情破裂，语义对立，它们是反义语。

三　语形的两类变异

语形的变异有两类：一类是形成异形语的变异，另一类是不形成异形语的变异。

1. 形成异形语的变异

这类变异产生的语形不是临时的，是固定的语形，A 变体可能在此时此地或者甲社团的言语作品里常用，B 变体可能在彼时彼地或者乙社团的言语作品里常用。这类变异的主要方式有四种：

第一种是语序变化，比如：

（18）新愁旧恨（唐·雍陶《忆山寄僧》）
（19）旧恨新愁（元·王实甫《西厢记》）
（20）胡子眉毛一把抓（李劼人《大波》）
（21）眉毛胡子一把抓（古立高《隆冬》）

第二种是成分替换，比如：

（22）看家本领（清·文康《儿女英雄传》）
（23）看家本事（同上）

本领和本事是同义词。再比如：

（24）身在曹营心在汉（雪克《战斗的青春》）
（25）人在曹营心在汉（袁静等《新儿女英雄传》）

身和人在这个语境里是所指相同的成分。

第三种是成分增减，比如：

(26) 哪壶不开提哪壶（凌力《星星草》）

(27) 哪壶水不开提哪壶（张笑天《没画句号的故事》）

第四种是结构变化，比如：

(28) 大名鼎鼎（清·李宝嘉《官场现形记》）

(29) 鼎鼎大名（朱自清《三家书店》）

前者是主谓结构，后者是偏正结构，同时有语序差别。再比如：

(30) 老鼠钻到风箱里，两头受气（马烽等《吕梁英雄传》）

(31) 钻进风箱的老鼠，两头受气（冯志《敌后武工队》）

前者是主谓结构，后者是偏正结构，同时有成分和语序变化。

2. 不形成异形语的变异

这类变异产生的语形是临时的、不固定的。它是出于达意或者修辞上的需要，属于语词的用法问题。比如惯用语“戴高帽子”可以有这样的变异：

(32) 哪怕您再捧出一两打高帽子来给我戴……（茅盾《锻炼》）

“戴”后移，语序变了，又拆开用，它跟“高帽子”中间又插进其他成分，可是并没构成新的固定语形。再比如：

(33) 竹篮打水，一场空（梁斌《播火记》）

(34) 还是搞了个竹篮打水，还是啥也没有捞住。（马烽等《吕梁英雄传》）

后者把歇后语的后半截儿省了，这是习惯用法，它没产生新的固定语形。

四 异形语的来源

异形语的来源至少有如下几个。

1. 时间方言。语词由古代传下来，有的经过历时变化出现古今差异。假定古代的一个熟语传下来了，基本语义没怎么变，可其中的组成成分有变化，就会产生变体。比如：

（35）百日斫柴一日烧（唐·李諲《妒神颂序》）
（36）千日斫柴一日烧（宋·普济《五灯会元》）
（37）千日打柴一日烧（今）

古时候说“斫柴”，现在说“打柴”，所指相同。再比如：

（38）揠苗助长（宋·吕本中《紫微杂说》）
（39）拔苗助长（今）

“揠”是往上提溜，现在改成“拔”也是这个意思。由词汇古今演变造成的变体可以叫时间方言变体。

2. 地域方言。同一时代的不同地区有方言分歧，也会造成变体。比如：

（40）呆头呆脑（北京、天津）
（41）木头木脑（上海）

这两例都是形容人头脑不灵活。再比如说，西南官话有一批叠音名词，北京、天津人叫“虾米”的，四川人叫“虾虾”，这种分歧也会造成变体：

（42）大鱼吃小鱼，小鱼吃虾米，虾米吃滓泥（京津）

（43）大鱼吃小鱼，小鱼吃虾虾，虾虾吃泥巴（四川）

这么产生的变体叫地域方言变体。

3. 俚俗语源（popular etymology）。有时候人们把一个不甚理解的熟语语形歪曲了，让人歪曲的语形居然还流传开了，这种现象叫俚俗语源现象。比如：

（44）打开窗子说亮话（老舍《不成问题的问题》）

（45）打开天窗说亮话（老舍《四世同堂·饥荒》）

（46）打开鼻子说亮话（老舍《老张的哲学》）

它们都表达“直截了当地说”或者“毫不隐瞒地说”。前两个好理解，窗户一开让阳光直接进来，屋里更亮，“亮”能落实。例（46）就费解。鼻子一打开，连［m］［n］［ŋ］都念不成了，怎么说“亮话”？这是把“壁子”歪曲成了“鼻子”。请看：

（47）打开板壁讲话，这事……没有三百，也要二百两银子，终有商议。（清·吴敬梓《儒林外史》）

（48）这个哑迷，足足叫你猜了三四个月。今天我来可要打开壁子说亮话，同你正式谈判了。（濯婴《新新外史》）

板壁、壁子就是墙，“打开板壁（壁子）说亮话”跟“打开窗子说亮话”很容易联系起来，在不说壁子这个词的方言里头，把壁子错成鼻子，或者换成窗子，都有可能。由哪位圣人这么歪曲出来的语形可以叫俚俗语源变体。

五 词典条目和异形语的安排问题

编词典面对纷纭歧出的语形你没法儿回避，总得做出选择、安排。一般地说，人们不采取有一个语形立一个词条的办法，比如“胡子眉毛一把抓”和“眉毛胡子一把抓”，不列成各自独立的两个词条，恐怕是觉得这种单摆浮搁的办法缺乏归纳。人们通常都是把某些个语形归纳到一个词条下头，只要做这种归纳排列，就得先明确一个前提：根据什么标准归纳。本节讨论的语形理论可以给确立归纳的标准提供一种根据。

一般的辞书，如果收熟语条目，理想的体例是每个词条下头只归纳属于同一语形单位的各个变体，也就是说，只类聚异形语。以往有些辞书没注意这些理论问题，所做的归纳有时就值得研究。比方，有一部《歇后语辞典》做了如下归纳：

1. [老虎身上去搔痒，寻的送死] 这个词条下头，又收了 [老虎头上抓痒，找死] [小草鱼赶鸭子，找死]；

2. [老虎嘴上拔胡子，危险] 这个词条下头，兼收了 [老虎嘴上拔毛，找死]。

这么归纳缺乏明确的标准。第 1 条归纳的是同义语，第 2 条归纳的又不是同义语了，好像瞧着那俩歇后语前半截儿差不多就归成一条儿。归纳同义语当然可以作为一个标准，假定贯彻这个标准，那么第 2 条里的 [老虎嘴上拔毛，找死] 就该归纳到第 1 条里。歇后语的前半截儿往往是打比方，当引子，后半截儿点明语义，有些歇后语虽说前半截儿相同或者相似，可后半截儿不同，整体语义不一样，就该分属两个语形单位。照着咱们的理论分析，第 2 条里的两个歇后语就不应当归到一个词条下头。假定不是同义词典，一般辞书的每个词条没有类聚同义语的任务。

紧接的一个问题是挑哪个语形立条目，或者说找哪个语形代表一个语形单位呢？这就得看是编什么样儿的词典了。假定是编一部反映历史源流的，一般用早期的固定语形立条目，把晚期的语形附列在下头。假定是编一部现代汉语词典，想做语言文字规范工作，就需要挑一个语形推荐给读者，这个语形一般是现代汉语里最常用的。所谓最常用，一是使用频率高，二是分布率高，各行各业的人多数都用这个语形。这需要做调查统计，发调查表做统计是个办法，没有条件这么办的时候，依靠现有的、足够大的语料库的统计也是一途。比如，成语“千山万水”和“万水千山”，这两个语形在唐诗里都有，现代汉语里都用，拿哪个立条目呢？向国家语委语用所“现代汉语通用词数据库”查询的结果是：

	频率	分布率
万水千山	0.0005393	6
千山万水	0.0001115	4①

可以用“万水千山”立条目，用它当这个语形单位的代表，“千山万水”附列在下头，或者列成互见条、参见条。

本节想用语形单位、异形语、同义语这些概念分析熟语的某些形式特点，试图做归纳和划分工作，这只能算是初步探索，恐怕还得经过大量实践的检验，才能得出最后的结论。

第三节　说“$上_2$、$下_2$……$起来_2$”

——兼谈趋向补语、动趋式②

动词加上“趋向动词”，比方说“跳上（桌子）”“看上（他）”，比较通行的说法是一律叫动趋式，管“上”叫趋向补语。

我们觉着，动词后头的“趋向动词”分成两类更合适。“跳上”的“上”是$上_1$，“看上”的“上”是$上_2$。本节主要讨论“$上_2$、$下_2$……$起来_2$”。

一　语言现象的描写与分析

上、下、进、出、来、回、过、起……上来、下去、进来、出去、回来、过去、起来，等等，都能单独当动词使用，习惯上叫趋向动词。

它们又经常跟在别的动词后头，合着用。这时候它们该算成什么，就不大容易说清楚了。

有的先生把动词后头的这些东西都叫趋向补语③，有的先生把动词加

---

① 这个资料是国家语委语用所方世增先生提供的，谨致谢忱。

② 本节内容发表在《汉语学习》1999 年第 2 期，第 11—14 页。

③ 丁声树等：《现代汉语语法讲话》第七章，商务印书馆 1961 年版。

上“趋向动词”叫动趋式短语①。

从语法分析的实践看，同意上述主张的人往往见了动词后头有“趋向动词”，就把“趋向动词”叫成趋向补语。这么办在解释言语事实的时候会碰上困难。比方说：

你起来
你坐起来
你站起来
你爬起来
你扶着（凳子）起来

头一句“起来”单用，它是主要动词，这么说没有问题。后头几句，假定解释语意的时候，说“坐”“站”“爬”“扶”是主要的，“起来”不“起来”是次要的，那可就不近情理了。让他“起来”是说话人要达到的目的，至于“坐”“站”“爬”“扶”那是动作方式。从这儿看，说“坐”是主要动词，“起来”是次要动词，起补充说明作用，恐怕不合适，管“起来”叫补语太勉强了。动词后头的这种“起来”可以叫“起来$_1$”，类似的“上”可以叫“上$_1$”。比如：

他走上讲台
他爬上了房顶子
老鼠跳上桌子

“下$_1$”“进$_1$”……“回去$_1$”“过来$_1$”等依次类推。“起来$_1$”“上$_1$”都有方向的含义。

主张“趋向补语”说的，碰到的最大困难还不在这$_{儿}$，而是在解释另一批没有趋向含义的“趋向动词”的时候。比如：

看起来，她也就三十多岁。

---

① 吕叔湘主编：《现代汉语八百词·现代汉语语法要点》，商务印书馆1980年版。

看起来，他不愿意上大学了。

“看起来”，是（根据外表或者外在的表现）观察之后开始做判断。说话人光是“看”，并没“起来”，被观察的也没“起来”，“起来”也没补充说明“看”的趋向。这两句的“看起来”假定要找个替换对象，可以用“（我）看着”顶替。再看两个例子：

论起来，他还得管我叫舅舅。

小孩儿没娘，说起来话长。

“论起来”，是开始（由某种情况）分析、说明，“说起来”，是开始说（某种情况）。“起来”给前头的动词附加上动作开始的意思，似乎还加上了一点儿假设的语气，这些个跟动作行为的方向都没有关系，这个“起来”还能叫“趋向补语”吗?

再说说“上”的例子。

我打算今年盖上五间北房。

盖的时候没有房，往哪儿“上”?“盖上”，是盖的行为完成的意思。

再置上几套高档家具。

“置上”，是购买的行为完成、实现了。

我跑了三家饭馆儿，才吃上可口的饭。

“吃上”的“上”绝不是表示到饭的上头去吃，是表示“吃”这个行为落实了、完成了。

类似的例子太多了：

喝上一盅酒

做上三个菜
听上一段京剧
走上两个钟头儿
再搁上点儿糖
贴上一副对联儿
写上几句知心话
哭上三天三夜也没用
穿上一件新衬衫
爱上一个画家

以上例子中所有的“上”，都没有动作方向的含义，都是表示动作行为的状态：实现、完成、起始或者持续，等等。这种附加意义应该归到语法意义里头。

“趋向动词”还有跟前头的动词黏得更紧的，简直可以说是融合了。比如：

一个演员看上了她，老给她写信。
总经理看上了他，提拔他当了领班。

头一个“看上”，意思是观察或者接触之后产生爱情。第二个“看上”，意思是观察或者接触之后，感到满意，“看”本身没有爱或者满意的含义，“看”和“上”结合成一体，才有了这些意思。离开“上”还不行，比如，“看出、看来、看起来”都没有这些含义。

刚说过的这些动词后头的“上”，“看起来、说起来、论起来”的“起来”，讲成补语都不合适。把它们看成动词的接尾部更好一点儿。本文管它叫“$上_2$”“$起来_2$”。

咱们把动词后头的“上、下、来、去”等分成了两类，一批有方位意义的，叫“$上_1$”什么的；一批没有方位意义、有语法意义的，是动词接尾部，叫它词缀也可以，是“$上_2$”什么的。

人们自然会提出一个问题：这个“$上_2$”“$起来_2$”跟“着”“了”这一类是什么关系？

“上$_2$”“起来$_2$”跟“着”“了”有共同的地方：表示动作行为的状态。根据这个共性也可以把它们归成一类，本节赞成把它们都叫成动词接尾部，假定有人习惯于叫助词，也无不可。

跟形态丰富的俄语进行比较，对理解我们的主张有帮助。

俄语表达“着”“了”“上$_2$”“起来$_2$”，采取的办法是往动词主干前头加东西，或者变换后头的词尾，也有两手儿都用的。比方说：

他（正）唱着歌儿　Он поёт песню
他唱了一个歌儿　Он спел песню
他唱起歌儿来　Он запел песню

相当于汉语“着”的意思，俄语用未完成体动词的现在时词尾 –ёт 表示；“了”的意思，它用完成体过去时表示，前头加 с 变成完成体，词尾换成 –л；“起来$_2$”的意思是开始，它还是用完成体过去时表示，不过前头这一回加的是 за。

再如，“上$_2$”的意思俄语有这么表达的：

（用别针儿）扎、别　колоть〈未〉
（用别针儿）别上　подколоть〈完〉
印、印刷　печатать（未）
印上、印成　напечатать〈完〉
写（字）　писать〈未〉
写上（字）　написать〈完〉

俄语把附加“上$_2$”意思的动词叫完成体，头一个例子是前头加 под，后两个例子是前头加 на，под 和 на 都可以独立作前置词。

汉语的办法跟俄语不太一样，是一律往动词后头加东西。

“上$_1$、下$_1$、起来$_1$”和“上$_2$、下$_2$、起来$_2$”靠什么东西分类呢？

它们都是永远跟在动词后头，一般地说，大都含轻音，靠这两条儿不行；靠语法功能也有问题，眼下的争论就是打这儿出来的。由表层的特点找区别比较困难，可以由深层结构找出路。看下面的例子。

老鼠跳上了桌子

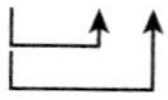

是“老鼠跳＋老鼠上（桌子）”。

他爬上了房顶子

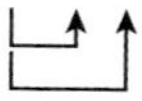

是“他爬＋他上了（房顶子）”。

再比如说“上$_2$”的用例：

我盖上了五间北房

不是“我盖＋我上了（五间北房）”，是“我盖上了（五间北房）”，“上$_2$”负载的语法意义限制了它，它不能独立跟主语组成一个什么结构。

二　相关理论的探讨

现在我们对“动趋式”“趋向补语”的学说发表不同意见，不是为了争论一个名称，是发现它对语言事实的解释有不大理想的地方，想找个更合适的说法。

《现代汉语八百词》这部书，前头有一篇《现代汉语语法要点》（以下简称“要点”）。“要点”提出了“动趋式”：“有两种短语式动词需要特别提一下：一类是主要动词加表示趋向的动词，可以叫作动趋式……”（P. 10）

照着这个定义说，“走出去”是动趋式，是短语式动词，是一个词。

可是，“要点”又说过：“动词可以有三种连带成分：宾语，补语，状语。动词和它的连带成分构成动词短语。”（P. 10）“短语是词的组合。”（P. 5）

照着这种定义说，“走出去”不是个词，是个短语。

我们的理解并没歪曲作者的原意。“要点”在“动趋式动词有关句式表”里把“走出去”叫动趋式动词（P. 35），在“总论”里介绍“动词短语”（动词加连带成分），把“走出去”叫动词短语（P. 5）。

那么，“要点”说的“短语式动词”到底是短语还是动词？假定承认这种东西是短语也是词，就惹出了另外一个麻烦：短语和词的界限问题又得讨论。

由“短语式动词”这个显得很特别的名称，和“要点”举例归类的矛盾现象，可以体会到作者对“记下”“种上”“跑来”“走回去”这一类的东西看出了它的复杂性，在分类和命名的时候采取了模糊化的处理方法。

我们把“动词 + 上$_2$”看成“动词 + 接尾部”，承认是一个动词。这么办，有两个好处：一个是符合言语实际，指出“上$_2$”没有动作趋向的意义；一个是肯定它是一个词，不是短语，避免了“要点”遇上的困难。

《现代汉语语法讲话》主张趋向动词在其他动词后头当趋向补语。这个学说影响很大。国内高等学校用的三本《现代汉语》教材，《实用现代汉语语法》，《对外汉语教学语法大纲》都是这么讲的。[①]

主张“趋向补语”说的各位先生已经看到一个问题：“趋向补语”有的“没有趋向的意味”，名跟实有矛盾，于是提出“趋向补语”的引申用法（或者叫引申意义），试图解决这个矛盾。

涉及我们说的“上$_2$、下$_2$”这一批东西，有些先生的讲解意见应当一分为二。比方说：

①他刚进门，电话铃就响起来了。

②姑娘说着说着突然哭起来了。

---

① 胡裕树主编：《现代汉语》，上海教育出版社 1981 年版；黄伯荣、廖序东主编：《现代汉语》，高等教育出版社 1997 年版；张静主编：《现代汉语》，高等教育出版社 1988 年版；刘月华等：《实用现代汉语语法》，外语教学与研究出版社 1983 年版；王还主编：《对外汉语教学语法大纲》，北京语言学院出版社 1995 年版。

他们认为，这是“起来”的引申用法，表示动作开始并继续。再如：

③你讲的这件事很重要，快讲下去。

④这样干下去，要七年才能完成。

说这是“下去”的引申用法，表示动作继续进行。[①]

例句当中的“起来”是“起来$_2$”，“下去”是“下去$_2$”。他们所讲的“起来$_2$”“下去$_2$”的意义颇有道理。这一类的意义应当归到语法意义，这一点他们没说。

他们的讲解意见有些个是值得研究的。比如说“上”的引申用法：

⑤请你把门关上。

把“上”讲成“表示由开到合”。假如门由开到合是“上”表示的，“关”是干什么的？

⑥这块地今年第一次种上庄稼。

把“上”讲成“表示使某物存在于某处”。把植物的种子埋在土里，苗$_{儿}$栽到土里，“使某物存在于某处”，是“种”的词义，不是“上”的词义。

⑦解放前住了几十年席棚的孙大娘，搬进了大楼，一家五口住上了一套房子。

把“上”讲成了“表示达到了很不容易达到的目的”这么讲更难理解：整个$_{儿}$句子里无论哪个词都没有“表示达到了很不容易达到的目的”的引申义，是整个$_{儿}$句子的潜台词有这个意思。

① 例句①、②、④见《实用现代汉语语法》（P. 346），例句③见《对外汉语教学语法大纲》（P. 97）。

⑧盖上毛毯。

说“上”是“使事物或人通过动作处于一定位置”。通过动作让毛毯遮在人（或物）体上头，是盖的词义，不是“上”的词义。再比方讲“起来”的引申用法的例子：

⑨团结起来，争取更大的胜利。

⑩晒干的衣服都收起来吧。

把“起来”讲成“表示动作使事物由分散到集中”。使人们的力量由分散到集中，是“团结”的一个义项，把分散的物品集中到一块儿，是“收”的一个义项，这些个意思不是由“起来”负载的。[①]

他们讲引申用法有个共同的问题，都把前头动词的词义安到后头“$上_2$、$下_2$……$起来_2$”的头上，算成引申义。照这个样子讲，连句子都讲不清了，一个句子里头同一个意思怎么用两个词说两遍？

假定上头这些个例句里头的“$上_2$”“$起来_2$”照我们第一节的讲法儿讲，说它们表示“动作行为的实现、完成”等意思，能讲通。

说到这儿，自然而然会问一个问题：他们讲引申用法为什么会出现这种问题？头一个原因是把“$上_2$”“$起来_2$”这一批东西看成“趋向动词”，是动词就有表示动作行为的词义；第二个原因是把它们看成补语，是补语就有对主要动词的补充说明，而且是独立的词汇意义。

把“$上_2$”“$起来_2$”看成“趋向动词”认为它们是补语，根源就在把它们当成了实词。

我们不能忽视语言发展变化的事实。一个实词产生引申义是正常现象，词义的引申超出了一定的范围也会引起这个词的词类变化。一个实词在一定的条件下，如果规律性地丧失了实词意义，只有语法意义，就应当承认它在这种条件下已经变成虚词或者某种语法成分了。《现代汉语八百词》就是这么做的。它把“在”分成了三个：1.“父母健在”的

① 例句⑤、⑥、⑦、⑨见《实用现代汉语语法》（P. 346），例句⑧、⑩见《对外汉语教学语法大纲》（P. 42、P. 97）。

“在”表示“存在”，动词；2. “红旗在飘扬”的“在”表示“正在”副词；3. “生在一八九九年”“在高空飞翔”的“在”跟时间、处所、方位词语结合表示时间，是介词。由大类上说，前两个是实词，第三个是虚词。我们把动词后头的“上、下……起来”分成两批，把“$上_2$”“$起来_2$”看成动词词尾（喜欢叫成助词也行），是承认它们已经虚化，只有语法意义了。

后　　记

本书收录了刘广和先生梵汉对音方面的绝大多数文章及汉语词汇、语法方面的3篇代表作，书名定为《梵汉对音与汉语研究》。

和刘广和先生2002年出版的《音韵比较研究》相比，本书删去了一些非梵汉对音的文章，补充了南朝宋齐僧人对音、梁僧伽婆罗对音、唐初《佛顶尊胜陀罗尼经》诸家对音和元代指空、沙啰巴对音，以及刘先生近些年发表的《研究梵汉对音材料须知》《梵汉对音学科述略》等概论性的文章；另外，不空对音字表上次只收录了声母部分，这次把韵母部分也补了进来。这样，有概论，有历代音系的梵汉对音研究，也有某一专题的梵汉对音研究，更能系统体现刘先生的学术贡献。

刘广和先生在研究方法上非常重视比较和对照，我们又选了3篇体现这种方法的其他类文章。《“名字”“静字”章刍议——读〈马氏文通〉札记》拿《马氏文通》和拉丁语语法相比较，《说“上$_2$、下$_2$……起来$_2$”——兼谈趋向补语、动趋式》拿俄语中动词的形态变化和现代汉语“上$_2$”“起来$_2$”相比较，《熟语的语形问题》是参照音位和音位变体提出语形单位、变体、异形语的概念。

刘广和先生对书稿的内容精益求精。他花了大量精力逐条核对原始卡片，细致校订《不空梵汉对音字谱》。书稿一校样收到后，他亲自校改了部分稿件，从材料、统计数字到语言表达都留下了推敲的痕迹。和原先发表时的文字相比，一些稍有疑惑的材料或推测性的话语或者删去，或者修改。刘老师曾经谦虚地说：“我做学问越来越胆儿小。”校样上一丝不苟的笔画、语重心长的话语再次向我们展示“一分材料说一分话”的原则，提醒我们无论什么时候，做学问都要虚心谨慎。

梵汉对音是汉语音韵学的重要分支和研究方法之一，对音材料与反切、韵文等传统材料互为补充、互相发明。刘广和先生对梵汉对音材料的处理颇具匠心，为我们树立了典范。

刘先生坚持从材料出发，注重观点和材料的直接联系。比如东晋时期匣母的对音情况是开口字一部分读 g，合口字对 v，另一部分开口字跟晓类字混淆对 h。《东晋译经对音的晋语声母系统》最初发表时认为中古的匣母在东晋包含两个声母：ɦ、ɣ。声母念［ɦ］的开口字跟晓类一同对［h］，声母念［ɣ］的开口字可以对 g，合口字［ɣw］听觉上近 v。可是［ɣ］在梵文材料中并没有直接的证明。后来该文收入《音韵比较研究》一书时作了修改，按照对音材料，把中古匣母一分为三，合口字读［w］，开口字一部分读［g］，一部分开口字跟晓类字混淆念［h］。观点和材料直接建立起联系，更有利于统一解释从后汉三国到隋唐时期匣母对音的演变，体现出梵汉对音材料独特的价值。

刘先生强调，研究梵汉对音要注重和传统音韵研究相结合。对鱼韵的构拟充分体现了这一点。《切韵》音系各家的音值构拟，鱼韵系主元音一般构拟为 o。可是不空对音材料中，遇摄鱼韵系字对 u 和 ṛ，虞模韵系字对 u 和 o，有时效摄字也对 o，而梵文的 o 从来不用鱼系字对，甚至宁用效摄字也要规避鱼韵系字。刘先生注意到白居易诗中有鱼韵字和止摄押韵的，鱼韵字“唔”和之韵字“哩”都对 ṛ，所以推测鱼韵舌位偏央，鱼韵属遇摄，又可对 u，所以主元音拟为［ʉ］。

刘广和先生学术的严谨与精审体现在随处可见的细节之中，大家研读刘先生的著作，一定会深有体会。

文献文本校勘是梵汉对音研究必不可少的一个程序。俞敏先生《后汉三国梵汉对音谱》中，曾经举例探讨过支谶译《佛说阿阇世王经》一段译名背后的梵词，他用的方法是把音译和意译相比较，再参考字典辞书，确定和汉语音译对应的梵词。比如支谶音译“师利劫”，竺法护意译“首藏”，法天意译“吉祥藏”，字典中有梵词śrīgarbha。śrī 有吉祥的意思，也有尊贵、首要之义；garbha，胎藏，支谶译成“劫”，大概是把 garbha 错成了 kalpa。刘广和先生《东晋译经对音的晋语声母系统》也谈到了梵词校勘，比如外道六师之一“摩息迦利”正该对正梵文 maskari，《中阿含》拉丁转写 makkhali 显然跟晋译不合，可据《梵英辞典》、日本中村元《佛教语大辞典》《佛学大辞典》和季羡林《大唐西域记校注》等书做订正。要做好这一步，应该具备较多的梵语和其他相关语言的知识。刘老师曾经跟我说过，梵语掌握得越深，做梵汉对音研究时能看出的问题就越多。这个话我一直记在心头。近些年来，中国人民大学国学院汉语言文字专业努力培养学生多语言相结合的知识结构，希望能为梵汉对音事业的发展尽一分力量。

和前辈学者相比，当前我们在资料获得方面有很大的便利条件。除了习见的《大正藏》之外，汉文大藏经的一些珍贵版本得到刊布；在国家大力支持下，敦煌、吐鲁番、黑水城等地出土的文献丛书陆续结集出版；另外，“国际敦煌项目”网站亦刊布了大量更为清晰的图片。以梵语为代表的相关语言的教学和研究力量有了较大的发展。新一代的学者继续从事梵汉对音研究，有条件在前辈学者的引导下，扎扎实实做创新工作，努力拓展新的研究领域，推动梵汉对音研究向纵深发展。这是我们出版“敦煌文献咒语对音研究丛书”的初衷。感谢刘广和先生对这项工作的大力支持。

在国学院建院之初，刘广和老师亲自讲授音韵学，邀请北师大陈绂教授讲授训诂学。他的课程设计和知识结构一直延续和影响至今。感谢刘广和先生为国学院的发展作出的贡献。

谨以此书恭贺刘广和先生 80 寿诞!

感谢中国人民大学科学研究基金项目“敦煌文献中的藏文咒语对音研究”（15XNL014）的资助。我的学生向筱路、郭禹彤、赵文博、王娅晴、刘洋等为本书文字的录入、校对做了大量细致具体的工作，他们有的已经进入学术发展的新阶段，是梵汉对音研究的新生力量和后备人才。感谢中国社会科学出版社编辑吴丽平先生及排版校对人员付出的辛劳。

李建强

2023 年 4 月

以学术为生命

——刘广和先生学术传略

2014年夏天，刘广和老师告诉我，有位编辑向他约稿，请他谈谈学术研究的历程。刘老师约我到他家访谈，委托我写一份学术传略。如今再读此文，客厅的圆桌边，刘老师向我认真地讲述自己求学、研究的经历，一幕幕浮现在眼前……这些曾经温馨的回忆在2023年9月27日之后永远蒙上了辛酸的色彩，令人伤恸之至！

刘广和，1942年阴历六月初二生于天津。1962年至1967年，在河北大学（当时校址在天津）中文系学习。1968年至1970年在张家口驻军部队农场锻炼。1970年至1979年在河北省廊坊等地高中、中等专业学校任语文教师。1979年至1982年在北京师范大学中文系师从俞敏先生攻读古代汉语专业研究生，获硕士学位。1982年至1984年在国家文物局《文物》编辑部任编辑。1984年起，在中国人民大学语言文字研究所、对外语言文化学院工作，历任讲师、副教授、教授，退休后，受邀在北京师范大学汉语言文化学院、中国人民大学国学院任教。曾任中国人民大学对外语言文化学院学术委员会主任、中国人民大学校学术委员会委员，中国音韵学会学术委员会主任、顾问等。

刘老师不仅在音韵学方面做出了令人瞩目的成就，而且在词汇、语法和文学方面都有重要成果。这恐怕与他对文学的爱好和独特的求学经历有关。

一　求学经历

刘广和先生读本科时是“文艺青年”，对文学，尤其是现当代文学兴趣浓厚，勤学好思，成绩优异，在王振华先生（时任河北大学中文系主任）的指导下，组织学习小组，结合课程进度，对现代文学进行深入探讨。当时，刘老师的志向是在文艺理论方面继续深造。临近本科毕业时，“文化大革命”爆发，学校受到冲击，正常教学工作瘫痪，当时已经没有进一步深造的条件了。但是刘老师对文学的爱好一直坚持了下来，即使在高中和中专教书的那段岁月，在简陋和艰苦的条件下，仍然坚持阅读文学作品。“文化大革命”结束后，刘老师报考研究生，此时已经决定转读语言方向了。

刘老师首先考虑报考的是南开大学，为的是将来能够在天津工作，方便照顾天津家中的老人。然而在考试前不久，南开大学中文系出现一些人事变动，报考的那位先生不再招收研究生。辗转联系到北京师范大学，在报名即将截止时，提交了档案材料，此时，离考试仅剩下一个月了。凭着长年的积累和刻苦努力，刘老师顺利地考到俞敏先生门下。

俞敏先生学识渊博，传统经史小学功底深厚，又精通多种古今语言。除了传统的汉语研究课程之外，还给研究生开设梵文、拉丁文、藏文课，而且都有严格的结课考试。刘老师念研究生时，已经是 37 岁了，但学习知识一丝不苟，连每一个梵文悉昙字母书写的笔顺都要弄明白。学习梵语离不了英文版的文献和工具书，由于大学本科时候学习的外语是俄语，研究生阶段刘老师又自学了英语。取得这样的成绩，除了勤奋之外，恐怕也反映出刘老师有较高的语言天赋。在北师大求学期间，在俞敏先生、陆宗达先生、萧璋先生等诸位学术大师的直接培养下，刘老师在语言学领域，打下了坚实的基础。

二 词汇、语法、文学方面的研究

刘老师在词汇研究方面着力颇多，这与他对文学的爱好有关，大量阅读文学作品，积累了汉语词汇研究的丰富素材。1989 年出版专著《熟语浅说》，这是比较早的专门探讨熟语问题的专著。该书提出熟语包括惯用语、成语、谚语和歇后语，为各类熟语下定义，提出划界标准、分析语法结构，并对它们的特性加以描述，说明了其来源和演变的情况。既介绍了各家观点，又不囿于成说，深入思考，对不少问题都发表了新鲜见解。该书例证丰富，比如，有人认为惯用语和成语的区别在于没有表义的双层性，字面意义就是真实的意义。刘老师举出反例，“开夜车、穿小鞋、碰一鼻子灰”显然有表义的双层性，但不是成语。这些例证信手拈来，恐怕与长期阅读积累密不可分。这部著作在汉语词汇研究史上具有重要地位，周荐、杨世铁先生《汉语词汇研究百年史》专辟一节介绍该书。

《熟语的语形问题》（1996）是一篇重要的论文。该文提出“语形单位”、变体、异形语的概念，分析语形变异的种类、异形语的来源，并对辞书收熟语条目时的编排体例作了设计。该文借鉴音位和音位变体的理论提出“语形单位”和变体的概念，在此之前，还没人从这个角度分析熟语。这篇文章的概要收入《中国语言学年鉴》，全文收入周荐编《二十世纪现代汉语词汇论文精选》。

《说俏皮话儿》（1993）一文提出广义俏皮话儿的概念。指出俏皮话不仅包括歇后语，还包括惯语、谚语等广泛流行的、俏皮的固定短语。这为编写《中国俏皮话大辞典》确定了收录范围。

《“名字”“静字”章刍议——读〈马氏文通〉札记》（1986）指出《马氏文通》在划分词类上的局限，与拉丁语、梵语语法相比较可以看出《文通》是照搬拉丁语法分析汉语。拿拉丁语、梵语语法和《马氏文通》相比较，这种知识结构和视角得益于俞先生的指导。学习拉丁语、梵语是为汉语研究服务，形成独具特色的研究风格，这在当前尤其有重要的现实意义。

《说“上$_2$、下$_2$……起来$_2$”——兼谈趋向补语、动趋式》（1999）把动词后头的“上、下、来、去”等分成两类，一批是有方位意义的，叫“上$_1$”什么的；一批没有方位意义、只有语法意义的，是动词接尾部，叫词缀也可以，是“上$_2$”什么的。“上$_2$”是“上$_1$”的虚化。这篇文章拿俄语跟汉语相对比，具有鲜明的比较特色。

《屈原的人格与诗歌》（2000）一文是应约撰写的。该文探讨屈原的精神内涵，指出具有爱国、追求美政、追求完美人格三个方面。屈原的诗歌具有浪漫主义色彩，他的文学思想、艺术风格、表现手法等影响了两千多年来的中国文学。作为语言学家，刘老师能够发表高水平的文学研究方面的文章，与大学本科时在文学方面爱好和钻研分不开。

三　音韵学研究

刘老师近年来发表的文章主要是汉语音韵学的，这也是他成就最大的领域，其中最耀眼的成就是梵汉对音。主要论文有：《唐代八世纪长安音声纽》《唐代八世纪长安音的韵系和声调》《试论唐代长安音的重纽》《〈大孔雀明王经〉咒语义净跟不空译音的比较研究》《东晋译经对音的晋语声母系统》《东晋译经对音的晋语韵母系统》《西晋译经对音的晋语声母系统》《西晋译经对音的晋语韵母系统》《南朝梁语声母系统初探》《南朝梁语韵母系统初探》《元朝指空、沙啰巴对音初释》《〈佛顶尊胜陀罗尼经〉大正藏九种对音本比较研究——唐朝中国北部方音分歧再探》《南朝宋齐译经对音的汉语音系初探》等。另外，还研究过朝鲜汉字诗用韵。宏观方面，对历史语言学的若干研究方法进行评议，对中古音的分期谈了自己的看法。2015 年之后，主要发表总结梵汉对音研究方法的文章，为培养学术后备力量不遗余力。

就音韵学的研究而言，刘老师的治学有以下特点。

（一）用大量的材料说话

刘广和老师多次指出，语言学的研究要充分占有材料，从材料出发提炼观点，观点要符合材料。他的研究，充分体现了这一点。比如硕士学位论文《不空密咒的音系跟唐代（八世纪）长安音》，收集、整理了不空的全部汉译梵咒、金刚智的几乎全部译咒、义净的大部分译咒。仅不空的密咒（有梵本的）对音材料就包括《金刚顶莲华部心念诵仪轨》《金刚顶一切如来真实摄大乘现证大教王经》等 40 部佛经。以《佛母大孔雀明王经》为例，《大正藏》标有序号的咒语就有 1293 句，假如每句平均 4 字，那也有 5000 多字。40 部佛经下来，至少得整理数万个对音字的汉语音韵地位及对应的梵文语音形式，排除重复的，体现在对音字谱当中的有 750 多个，每个字后头都有大量材料作为支撑。以这些厚实的材料为证据，得出的结论自然具有强大的说服力。不空对音材料整理完后，由于整天抄写资料，刘老师手臂都有些僵直了。

刘广和老师的研究，纠正了法国学者马伯乐关于不空对音的一些错误观点。马伯乐认为，不空用有鼻韵尾的鼻声母字对梵文鼻辅音开头的音节，例如瞢对 maṅ，用没有鼻音尾的鼻声母字对梵文浊塞音开头的音节，例如娜对 da。这个学说在 20 世纪 20—80 年代，一直没人怀疑。实际上，马伯乐并没有系统研究不空的对音材料，只挑了 36 个汉字，根据这些材料总结的规律是片面的。刘广和先生选择《佛母大金曜孔雀明王经》为典型样本，统计次浊声母的对音情况，分为鼻音（尾）前、非鼻音（尾）前两类来统计。统计的结果是，有鼻韵尾或者有尾随鼻音的次浊声母字对梵文鼻辅音的占 62%，对梵文浊塞音的占 38%，没有鼻韵尾或者尾随鼻音的次浊声母字对梵文鼻辅音的占 57%强，对梵文浊塞音的占 42%强，仅此一部经，涉及次浊声母字 58 个，对音 644 次。大量的材料充分证明，马伯乐先生的假设不符合不空对音事实。

马伯乐认为，不空学派创建了一种相当规则的对音体系，能比较准确地把梵文原始经文保存下来，不空对这种体系有发明权。刘广和老师比较《大正藏》九种对音本《佛顶尊胜陀罗尼经》，指出给对音字加小注的办法，佛陀波利、地婆诃罗和杜行顗早在初唐已经使用了，杜行顗还对几种小注术语逐条儿写过说明，应该说不空是这种译音体系的集大成者，而并非发明者。

正是因为刘老师收集的材料全面丰富，他关于不空对音的研究得到学术界的广泛认可。

（二）从材料出发，重视观点和材料的直接联系

梵汉对音材料与反切、注音等传统材料相比，有独特的地方；遇到这种情况，刘老师往往直接从对音材料出发提炼观点，即便是这种观点与通常的认识不太一致。因为这样更能体现实事求是的原则和梵汉对音材料的独特价值，能够从多个角度帮助大家更全面地认识问题。比如说，李荣先生提出《切韵》音系四等韵无 i 介音，证据主要是《切韵》一、二、四等韵用同一类反切上字，从声韵和谐的角度看，一二等韵没有 i 介音，那四等韵也不应该有 i 介音。可是梵汉对音材料中，纯四等韵经常对梵文含有 -y- 的音节，刘广和老师从对音事实出发，提出译经方言中，纯四等韵有 i 介音的观点。

（三）在研究方法上，注重多角度的比较

刘老师借鉴生物学、医学上“对照实验”的方法，许多文章当中，都用到了比较的方法。比如研究不空对音，拿义净的对音材料跟不空的材料相比较，显示长安音的特点，探讨唐代中国北部方音的分歧。《颜氏

家训·音辞篇》《切韵序》等文献中对中古方言的分歧保存了一些零散的记录，刘老师运用比较对照的方法第一次以实际语料证明，唐代中国北方有两个势力很大的方言区，一个是以洛阳为中心的东部地区方言，一个是以长安为中心的西部方言，它们在语音上有明显的差异。在西晋、东晋、南朝的梵汉对音研究中，刘老师拿对音的结论跟王力先生《汉语语音史》魏晋南北朝音系进行比较，展示出汉语历史语音的演化是一步一步走过来的，不同时期、不同地域有独特的语音面貌。

（四）敢于创新

梵汉对音这种研究方法，相对于传统韵书、韵图、反切、音注等材料的研究而言，是新的方法，从诞生以来，一直到现在，都受到不同程度的质疑。在20世纪80年代，敢于从事这项研究，需要足够的勇气。这项研究不仅需要音韵学知识，更需要下大力气学习梵文，所以能够胜任者少，鲁国尧先生称之为“绝学中的绝学”。俞敏先生《后汉三国梵汉对音谱》第一次用梵汉对音方法研究一个时代音系，刘老师沿着这条路，有计划地利用梵汉对音方法系统地做语音史的断代研究，探讨了唐代不空对音音系，接着往上研究两晋南北朝的对音音系，往下研究元代对音特点，这些都是前人没有做过的。

对于早期对音的源头语言是不是梵语的质疑，刘老师用不断发表的两晋南朝对音来回答。有材料证明，东晋法显直接到印度求学，那他的译经中的音译词应该是从梵音译的。再往前推，从后汉、西晋对音看，大量的对音规律与东晋法显、唐代玄奘、不空对音规律是一致的，如果承认法显、玄奘、不空对的是梵文音，那么早期对音词的源头语言至少与梵音相差不远。在具体的操作中，刘老师强调梵汉对音不是机械对音，对音材料要进行必要的整理和分析，具体的做法在《东晋译经对音的晋语声母系统》《研究梵汉对音材料须知》中有详细的表述。对材料校勘和分析，保证了对音规律的科学性，在客观上回应了对梵汉对音研究的质疑。

拿朝鲜汉文诗的押韵研究朝鲜汉字音，这也是具有开创性的。鲁国尧先生说：“过去有的学者做朝汉对音研究，是跟高本汉利用高丽译音相同，为的是考察汉语语音史。刘广和先生反过来，归纳朝鲜王朝时期汉诗用韵系统，跟汉语语音史做比较，考察朝鲜汉字词古音系统的性质，研究汉语字音传入朝鲜半岛以后的变化。在国内学者当中，他大概是做这种研究的

第一人吧。”（《绝学中的绝学——序刘广和〈音韵比较研究〉》）

2015 年之后，刘老师发表了《研究梵汉对音材料须知》《关于梵汉对音》《梵汉对音学科述略——纪念俞敏老师一百周年诞辰》等总结梵汉对音研究方法、注意事项的文章。他尤其强调，做梵汉对音研究要避免机械对音，这是非常有针对性的真知灼见。

四　培养学生颇具匠心

刘老师以梵汉对音研究见长，但是要求学生从传统材料入手做创新性的研究，为梵汉对音研究和传统材料研究相结合打下基础。20 多年前，《洪武正韵》研究还比较薄弱，刘老师带领学生比较《广韵》《集韵》《增韵》《洪武正韵》中的小韵分合和反切注音，分析《洪武正韵》音系。为了探讨《洪武正韵》音系的社会语音基础，指导学生研究明初的诗歌用韵。一般的诗文用韵是拿《广韵》作参照分析独用、合用，而他指导学生用《洪武正韵》的分韵考察明代诗文用韵，这在当时是非常有创新性的。刘老师本人发表过《刘伯温乐府歌行古体诗韵考》（1998），他指导研究生完成《高启古体诗、乐府歌行用韵考》（王晨，1997）、《明初闽东方言区诗人古体诗用韵考（江舒远，2001）、《明初江西泰和、抚州诗人古体诗用韵考（许国永，2002）、《明初山西诗人薛瑄古体诗用韵考》（陈伟栋，2002）、《明代河南籍诗人王廷相古体诗用韵考》（李建强，2003）。

前面提到的内容，只是刘广和先生学术生涯中很少的一部分，即便如此，也充分体现出刘老师以学术为生命的精神追求。这正是最值得我们永远学习的地方。

2023 年 8 月底，我到刘老师家把本书二校样送给他审读。刘老师虽然很消瘦但是精神很好，思维敏捷。晚饭时，我带他到小区外常去的那家餐厅吃饭，清蒸鲈鱼、梅菜扣肉、鸡汤、时蔬，都是他平时喜欢吃的。饭后，阵雨已经停歇，天空几缕阴云披上了霞光，很是壮观。我陪他回家，路上跟我谈的仍然是学术的发展、学生的培养。临别时，刘老师充满期待地对我说：“我知道你工作很忙，但是希望你在不影响工作的前提下，常来看看。”他的措辞保持着一贯的严谨，但是明显有感情的流露，这让我很意外，因为刘老师跟我从来不客套，我平时有事就随时去，也没跟他客套过，这样的话语他以前从没对我说过。或许当时他已经隐隐感知到了什么。万万想不到，这一别，竟然是天人永隔。2023年9月27日下午，我收到刘老师的公子刘津发来的令人心碎的消息……

2000年9月我到刘老师门下读研究生，我的每一步成长，刘老师都倾注了大量的心血。他不仅引导我在学术上有所发展，而且给予我家人般的关爱。他教导我，有一分材料说一分话，千万不要说过头的话；他指导我，写文章要字斟句酌，一定要从不同的角度多推敲。当我面临人生抉择时，他提醒我要尽量做万全的准备，即使出现不好的结果也一定要有方法去应对。他的学术和人格深深地影响着我。

刘老师继承俞敏先生的学术道路，在梵汉对音研究领域辛勤耕耘，硕果累累。2002年的《音韵比较研究》一书是应中国人民大学中文系申报博士点的需求而仓促出版，书稿的编辑和排印留下不少遗憾，刘老师一直想找机会弥补。这次出版专著，他根据现存的资料卡片把《不空梵汉对音字谱》认真地做了校勘，加了不少批注。比如原稿“赖”对rai，批注“待查，暂不收入”；“粗”对jo，批注“声母不合，删”；也有增加的地方，比如“逝”，增加了jay的对音形式。像这样给出明确处理意见的就径直增删了。有的是存疑，比如“蓖”，小注彻母，是送气音，却对ṭo，校本中标了问号，批注“可能ṭho误抄成了ṭo”。存疑的地方，保留原稿，同时加上作者的批注。这样增增减减，对音字表和正文的数据、解释可能会有出入。但是正文中相应之处是否要改或者如何修改还没来得及做。原本我计划先把这些差异找出来，再请他过目裁断。如今刘老师溘然长逝，这个任务只能落在我们的肩上。

为保证书稿质量，我请我的学生们每人分别校读一部分稿件，核对引文和原始数据，标出问题，再由我通读，决定如何修改。如此往复校勘两遍二校样。形式上的修改好决断，最麻烦的是涉及内容的，有一些问题请示过施向东先生，有的问题本身就是值得深入研究的课题，不宜根据附录轻易改动以前发表过的文字，好在这些地方不影响宏观音系的描写。刘老师几个月前还跟我感叹，不空对音的研究已经过去四十多年，当时写作的细节现在很难记清楚了，有的数据“卡片未见”、具体原因不得而知，所以我们觉得，本着尊重历史、尊重作者的原则，正文一般不改动。细心的读者可能会读出其中的差异，这些地方正是继续研究下去的线索。这么处理应该符合刘老师一贯严谨的作风和推动学术发展的夙愿。如果文稿的处理有不当之处，责任概由我承担。

我的学生们为整理文稿尽心尽力。二校样最后一遍校勘分工如下：冯冰倩，第一章；黄玉彬、肖清三，第二章、第三章；孙磊，第四章、第五章；赵文博、刘洋，第六章；徐杰、张晨鑫，第七章、第八章；赵琪，第九章。他们的工作非常细致，大大提升了书稿的质量。尤其是赵文博，承担了任务最重的唐代语音部分，后来又通读了三校样。尽最大努力把书稿编辑好，是我们共同的心愿。年轻学者们逐步成长起来，一定是刘老师最欣慰的事情。

最后，我深深地怀念我的师兄许国永。他比我小两岁，勤勉好学、勇于担当，深得刘老师的赞赏。当年读研究生时，我们一起将《广韵》《洪武正韵》的语音信息制成数据库，他出力最多，他的学位论文也是最厚重的。编辑《音韵比较研究》时，录入、校勘是我们师兄弟三人分工，他承担了大部分的任务。他对梵汉对音研究有极大的热忱，如果还在世，主持校勘书稿工作的一定是他。可惜的是，2016 年初，他在美国意外离世了。

逝者已经长眠，但是学术研究不能中止，只要我们努力把学术继承发展下去，他们的学术生命就永不凋谢！

李建强

2023 年 12 月于中国人民大学国学院

附：刘广和先生著作目录

《唐代八世纪长安音声纽》，《语文研究》1984 年第 3 期。

《徐国汤鼎铭文试释》，《考古与文物》1985 年第 1 期。

《“名字”、“静字”章刍议——读〈马氏文通〉札记》，《河北大学学报》1986 年第 4 期。

《试论唐代长安音重纽——不空译音的讨论》，《中国人民大学学报》1987 年第 6 期。

《“梵汉对音”“汉藏词音比较”“汉藏对音”》，《中国大百科全书·语言文字》，中国大百科全书出版社 1988 年版。

《熟语浅说》，中国物资出版社 1989 年版。

《唐代八世纪长安音的韵系和声调》，《河北大学学报》（哲学社会科学版）1991 年第 3 期。

《东晋译经对音的晋语声母系统》，《语言研究》1991 年增刊。

《俞敏语言学论文二集·前言》，北京师范大学出版社 1992 年版。

《唐朝不空和尚梵汉对音字谱》，日本早稻田大学《中国语学研究·开篇》，1993 年。

《说“俏皮话儿”》，《语文建设》1993 年第 7 期。

“Neologisms in Beijing and their Socio-Cultural Background”, *Journal of Macro Linguistics*, 1993, No. 3, pp. 57 – 63.

刘广和主编：《中国俏皮话大辞典》，中国人民大学出版社 1994 年版。

《〈大孔雀明王经〉咒语义净跟不空译音的比较研究》，《语言研究》1994 年增刊。

《异体词语和异形词语的规范问题》，《中国人民大学学报》1995 年第 4 期。

《东晋译经对音的晋语韵母系统》，谢纪锋、刘广和主编《薪火编》，山西高校联合出版社 1996 年版。

《熟语的语形问题》，《中国语文》1996 年第 4 期。

《动趋式、趋向补语刍议》，韩国庆尚大学《人文学研究》1996 年第 1 期。

《痛悼叔迟师》，《文教资料》1997 年第 1 期。

《〈圆明字轮四十二字诸经译文异同表〉梵汉对音考订》，《中国人民大学学报》1997 年第 4 期。

《十六世纪朝鲜文学语音探索》，韩国南冥学研究院《南冥学研究论丛》第五辑，1997 年版；又《语言论集》第四集，中央民族大学出版社 1999 年版。

《刘伯温乐府歌行古体诗韵考》，《语言研究》1998 年增刊。

《说“上$_2$、下$_2$……起来$_2$”——兼谈趋向补语、动趋式》，《汉语学习》1999 年第 2 期。

《西晋译经对音的晋语韵母系统》，《芝兰集》，人民教育出版社 1999 年版。

《屈原的人格与诗歌》，《高校理论战线》2000 年第 9 期。

《历史语言的若干研究方法评议——读徐通锵〈历史语言学〉札记》，《汉语学习》2000 年第 5 期。

《汉语和藏语同源体系的比较研究·序》，施向东《汉语和藏语同源体系的比较研究》，华语教学出版社 2000 年版。

《读徐宗才编〈古代汉语课本〉第一册》，《语言研究国际汉语教学学术研讨会论文集》，2001 年。（与冀小军、武惠华合撰）

《西晋译经对音的晋语声母系统》，《中国语言学报》第 10 期，商务印书馆 2001 年版。

《介音问题的梵汉对音研究》，台湾第十九届声韵学学术研讨会《声韵学研究之蜕变与传承》论文集，2001 年。

《中古音分期问题》，《汉语史学报》第 2 期，上海教育出版社 2001 年版。

《音韵比较研究》，中国广播电视出版社 2002 年版。

刘广和、叶君远主编：《中国古代文学选读》，人民文学出版社 2002 年版。

《南朝梁语声母系统初探》，《音韵论丛》，齐鲁书社 2004 年版。

《南朝梁语韵母系统初探》，董琨、冯蒸主编《音史新论：庆祝邵荣芬先生八十寿辰学术论文集》，学苑出版社 2005 年版。

《元朝指空、沙啰巴对音初释》，耿振生主编《近代官话语音研究》，语文出版社 2007 年版。

《〈佛顶尊胜陀罗尼经〉大正藏九种对音本比较研究——唐朝中国北部方音分歧再探》，《中国语言学》第 5 辑，北京大学出版社 2011 年版。

《近代古体诗元韵字归部的问题》，龙庄伟、曹广顺、张玉来主编《汉语的历史探讨——庆祝杨耐思先生八十寿诞学术论文集》，中华书局 2011 年版。

《南朝宋齐译经对音的汉语音系初探》，《西域历史语言研究集刊》第八辑，科学出版社 2015 年版。

《研究梵汉对音材料须知》，周碧香主编《语言之旅——竺家宁先生七秩寿庆论文集》，台北：五南图书出版股份有限公司 2015 年版；又收入孙伯君、麻晓芳主编《“译音对勘”的材料与方法》，黄山书社 2021 年版。

《关于梵汉对音》，《陈新雄教授八秩诞辰纪念论文集》，台北：万卷楼出版社 2015 年版。

《梵汉对音学科述略——纪念俞敏老师一百周年诞辰》，《励耘语言学刊》2017 年第 2 期，该文修改后与储泰松、张福平共同署名，以《音韵学梵汉对音学科的形成和发展》为题，发表于《博览群书》2017 年第 4 期。

《敦煌·对音·初探“序言”》，中国社会科学出版社 2017 年版。

《玄奘译音夹注“旧曰……，讹也”考》，《语苑探赜：庆祝唐作藩教授九秩华诞文集》，商务印书馆 2021 年版。

《梵汉对音与汉语研究》，中国社会科学出版社 2024 年版。

补　　记

本书即将交付印刷之际，我在刘老师的遗稿中发现了一份手稿，题目是《我做梵汉对音研究的几点体会》（代序）。我猛然想起，这是他为本书写的序！以前我们曾经为这件事情交流过。那是在2022年10月19日，他发微信说："我思考再三，决定用《我做梵汉对音研究的几点体会》（代序）为名的文章作为本论文集的序言。……文章总结了我做梵汉对音分析佛经译音多年来积累的经验，现在应该贡献给相关的语言学者。"当时"疫情"管控政策还没完全结束，见面不是特别方便，文章的详细情况我不太清楚。我的电脑上没有这篇文章的电子稿，没法核对，刘老师和我都以为内容就是《研究梵汉对音材料须知》，因与本书第一章第二节重复，后来这件事情就搁置了下来。如今，他的手稿展示在我面前，许多细节逐渐回忆了起来。

这篇文章是刘老师为孙伯君教授举办的"'译音对勘'的材料与方法国际学术研讨会"（2019年12月2—3日）专门写的发言稿，特意请我的学生赵文博（当时还在读大三）将文稿录入电脑，郭禹彤（当时读研一）制作PPT。刘老师的发言，言辞恳切，将自己多年来研究梵汉对音的心得和经验娓娓道来，既是对晚辈后学的谆谆教导，也是为学科的健康发展把脉引路。看到几代学人密切合作完成发言，会场上时时响起欢快的笑声。那场发言由聂鸿音、储泰松先生主持，气氛热烈又温馨。会后交付论文集收录的是《研究梵汉对音材料须知》，而这份发言稿至今尚未正式发表过。现作为本书序文之一呈现给读者，以表达我们对刘老师永远的怀念。

当年为序文的录入加工付出辛劳的赵文博、郭禹彤如今都已经读博士，他们对梵汉对音研究已颇有心得。看到精心培育扶持的学科发展后备人才茁壮成长起来，相信刘老师在天国一定非常欣慰！

这份手稿装在一个崭新的牛皮纸档案袋中，封面上写着“做梵汉对音的体会”。随手稿一同存放在袋中的还有两份复印件，那是为交给我们录入准备的。刘老师做事细致入微若此！近年来每完成新作，他都会同步制作复印件交由我或我的学生录入、分头存留。而这份手稿是唯一原件、复印件保存在一起的文章。

刘老师非常注重资料的存档。他本科、研究生读书时重要的课堂笔记、课程作业以及历年来的手稿基本都精心保存。封尘的纸箱外壳上贴着目录标签，纸箱里的手稿用塑料袋包裹防尘防潮。我们从中选择一些与本书内容相关的页面扫描制作成彩页。刘老师写文章字斟句酌，手稿中显示的修改的过程可以展示他的深思熟虑和精益求精。与《东晋译经对音的晋语韵母系统》手稿放在一起的还有按照韵编排的对音表，大概80来页稿纸，以前没有发表过，我暂定名为《东晋梵汉对音字谱》。看到手稿才发现，《说“$上_2$、$下_2$……$起来_2$”》在俄语例词的形态变化之处也用下加点的方式作了标注，还标了词重音，与文中论述相照应。我们附上一张彩页，书稿中就不再修改了。梵汉对音方面的文稿还有《玄奘译音夹注“旧曰……，讹也”考》，4千多字，这篇文章其实是份大纲，发表时刘老师标注为“提要”。我本来计划等他不紧不慢地把文章修改完善到满意的程度，再和别的作品一起另外结集出版，如今这个愿望永远不能实现了；暂刊发几张整理玄奘译音的资料卡片以弥补这个遗憾。在电脑普及的情况下，刘老师一直坚持抄录资料卡片、手写文章。他的字体工整，苍劲有力。这些手稿是珍贵的学术史文献。在此由衷地感谢刘津对学术事业的大力支持和无私奉献！

本书稿从2022年5月交付出版社，到今天已经两年有余，前前后后校勘修改不下5遍。最后的几次通读，赵文博花费了大量的精力，发现并解决不少细节问题；向筱路提出了宝贵意见。虽然如此，我们也不敢保证所有的文字录入编排问题都得到了解决。尤其是看到刘老师早年的手稿、油印本论文之后，有些以前令人困惑的地方豁然开朗：当年特殊字母的铅字排印比较困难，有的地方删除了一些文字或者用其他方式表述，导致一些信息的缺失或错漏；后来历次转载时又很难发现其中的问题。不过目前本书不宜再做全面的改动，否则出版就遥遥无期了。本书一校样的部分章节是作者本人校改的，他是去核查原始材料，把研究的过程再复盘一遍。我们的校勘显然远远达不到刘老师本人的严谨与精审，而且有些问题必须花时间深入研究。所以本书一定会存在诸多不足，这些遗憾只有等将来合适的机会再版时尽力弥补了。文稿的处理遇到不少棘手的问题，本书的责任编辑吴丽平老师以高超的专业素养和真诚的责任心，指导我们稳妥又不失灵活地解决一个个难题，这是需要格外感谢的。

最近几年，每年6月初，天气还不是特别热，我会约着两三位学生一起去给刘老师祝寿。每次他都提出到树村的麦当劳用餐，理由是干净、简单。于是餐厅里会出现几位一边啃着汉堡，一边大谈汉语音韵问题的怪食客。去年，我带着十几位学生去给他祝寿，刘老师不好再领着我们吃快餐了，于是在农大南路西口的一家中餐厅热热闹闹地举办了寿宴，记得他还发表了即兴讲话。

如今又到6月初，往事不由自主地浮上心头。追忆前辈，可以汲取激励我们不断前行的力量。

李建强

2024年6月11日